壹卷
YE BOOK

让思想流动起来

论世衡史
— 丛书 —

消费需求的变动与近代中日经济增长

张东刚 著

四川人民出版社

图书在版编目（CIP）数据

消费需求的变动与近代中日经济增长/张东刚著. —— 成都：四川人民出版社，2023.1
（论世衡史）
ISBN 978-7-220-12748-9

Ⅰ.①消… Ⅱ.①张… Ⅲ.①顾客需求—影响—经济增长—对比研究—中国、日本—近代 Ⅳ.①F129.5 ②F131.395

中国版本图书馆CIP数据核字（2022）第110706号

XIAOFEI XUQIU DE BIANDONG YU JINDAI ZHONGRI JINGJI ZENGZHANG

消费需求的变动与近代中日经济增长

张东刚　著

出 版 人	黄立新
策划统筹	封　龙
责任编辑	封　龙　戴黎莎
版式设计	戴雨虹
装帧设计	周伟伟
责任印制	周　奇

出版发行	四川人民出版社（成都市三色路238号）
网　　址	http://www.scpph.com
E-mail	scrmcbs@sina.com
新浪微博	@四川人民出版社
微信公众号	四川人民出版社
发行部业务电话	（028）86361653　86361656
防盗版举报电话	（028）86361661
照　　排	四川胜翔数码印务设计有限公司
印　　刷	成都东江印务有限公司
成品尺寸	145mm×210mm
印　　张	13.875
字　　数	300千
版　　次	2023年1月第1版
印　　次	2023年1月第1次印刷
书　　号	ISBN 978-7-220-12748-9
定　　价	92.00元

■版权所有·侵权必究
本书若出现印装质量问题，请与我社发行部联系调换
电话：（028）86361656

目 录

导 论 / 001

　　第一节　消费需求变动与经济近代化 / 002

　　第二节　消费需求及其变动理论 / 008

　　第三节　消费需求的内容及其构成 / 013

　　第四节　选题、资料的说明和研究方法的运用 / 015

第一章　中日消费需求变动的宏观分析 / 017

　　第一节　近代中国消费需求的变动趋势 / 017

　　第二节　战前日本消费需求的变动趋势 / 035

　　第三节　影响中日消费需求变动的因素分析 / 064

　　第四节　中国与日本消费需求变动的比较分析 / 090

　　第五节　中日与同期发达国家消费需求变动的对比研究 / 096

第二章　中日消费需求变动的微观透视 / 100

　　第一节　近代中国家庭收入水平和消费水平的分析 / 101

　　第二节　战前日本家计收入水平与消费水平的考察 / 161

第三章　中日消费者行为比较分析 / 196
- 第一节　消费者行为的外部环境设定比较 / 198
- 第二节　消费者行为的内在设定比较 / 208

第四章　中日消费需求结构的变动及其特征 / 212
- 第一节　近代中国消费结构的变动分析 / 213
- 第二节　战前日本消费结构的变动分析 / 261
- 第三节　中国与日本消费结构变动的比较分析 / 321
- 第四节　中日与同期发达国家消费结构变动的对比研究 / 327

第五章　中日政府消费支出的变动分析 / 330
- 第一节　近代中国政府消费支出的变动趋势及其特征 / 330
- 第二节　战前日本政府消费支出的变动及其特点 / 335
- 第三节　影响中日政府消费支出变动的因素分析 / 346
- 第四节　中国与日本政府消费支出变动的比较分析 / 355
- 第五节　中日与同期发达国家政府消费支出变动的对比研究 / 358

第六章　中日消费需求变动的宏观经济效应 / 361
- 第一节　消费需求的变动对总需求的贡献 / 362
- 第二节　消费需求总量的变动与近代中日经济增长 / 369
- 第三节　消费需求总量的变动与近代中日市场供给的变化 / 376

第四节　消费需求的上升与投资需求的变动 / 384
第五节　消费需求结构的变动与产业结构及资源配置结构的变化 / 386

附录一　近代中国国民消费需求总额的估算（1887—1936年）/ 404
附录二　参考文献 / 415
　　一、中文著作 / 415
　　二、中文论文、资料 / 421
　　三、英文论著 / 426
　　四、日文论著 / 427

后　记 / 432
再版后记 / 434

导 论

19世纪中叶，中日两国长期闭关自守的国门均被西方列强的坚炮利船叩开。外国资本主义的入侵完全改变了中日两国社会的自然历史进程，促成了各自封建经济的解体，带来了各自传统社会所不能容纳的新的生产力和制度安排，直接刺激了资本主义生产方式的产生和发展。从19世纪80年代开始，中日两国开始步入经济近代化的历史进程中[①]。

由传统经济向近代经济转化，除生产力的因素之外，中日两国最根本的特征是自然经济转变为商品经济。亦即由一种依靠习惯或指令分配资源的经济转变为一种依靠市场配置资源的市场经济，以及与之相伴随的，在生产组织和制度上的变迁和重组。近代中日两

---

① 日本著名学者大川一司等人把日本近代经济增长及工业化的起点定在1886年，而将1868年的明治维新至1885年的18年间视为连接近代经济增长的过渡时期。中国自1840年鸦片战争以后的30年中，西方列强对华的侵略方式尚处于暴力扩张和争夺殖民地与市场的资本积累阶段。外来的机制品并未能从根本上打开中国市场，中国传统社会结构和生产关系尚未解体。但随着列强国内劳动生产率的显著提高，外来工业品竞争能力的不断增强，以及从中国取得更多的种种特权和便利，才促使中国传统经济基础开始分解。从19世纪80年代开始，中国近代工业肇始产生。为便于资料的选择，我们亦将中国近代经济增长视为从19世纪80年代中期开始。

国过渡型经济形态的本质特征，决定了在其经济发展过程中需求导向作用的显著和强化。本书主旨就是对这一历史转换过程中，中日两国总需求中的重要组成部分——消费需求的变动趋势及其特征展开实证性分析，论证和说明两国近代消费需求变动的内在规律及其异同，并就消费需求变动对两国经济发展与不发展所产生的宏观经济效应展开分析，进而辨析中日两国经济发展与不发展的历史经验和启示。

第一节　消费需求变动与经济近代化

经济近代化或曰由传统经济向市场经济的过渡，是人类文明发展史中的重要阶段。建立和完善市场经济体制，通过市场实现资源最优配置，促进经济发展和人类进步是这一过渡时期的核心。"资产阶级社会的真正任务，就在创造世界市场，……并创造以世界市场为基础的生产。"[①]"国内市场的发展程度，就是国内资本主义的发展程度。"[②]因此可以说，市场发育的程度是衡量经济近代化的一个重要标志。

由传统经济向市场经济的转变经历了一个复杂而漫长的发展过程。其转变标志，传统观点强调工业革命[③]，第二次世界大战后西方经济史学界兴起"贸易根源说"（又称："贸易推进说""商业化模式"），认为始于16世纪的重商主义是促进中世纪欧洲向资本主义演

---

① 《马克思恩格斯论中国》，人民出版社1957年版，第143页。
② 《列宁选集》第1卷，人民出版社1995年版，第194页。
③ 吴承明：《洋务运动与国内市场》，载《文史哲》1994年第6期。

进的根本性力量，西方世界的兴起在于贸易推进和市场拓展。二百年后的工业革命不过是市场需求扩大和它所引发的政治经济变革的结果。法国史学家P.布瓦松纳认为："西方基督教国家的经济和社会主要是商业革命的结果，从十一世纪末起，这种革命不断出现，而且日益加速地向前推进。"①比利时史学家亨利·皮雷纳说："商业资本主义在十二世纪发展的气势和相对速度看来，拿它与十九世纪的工业革命相比拟，并无夸张之处。"②他认为贸易和国内外市场不仅是新旧社会转换的动力，而且还是资本主义经济的最初载体，在整个中世纪及其向近代化经济过渡期，商业始终保持着"牵头"的地位和作用。目前国外研究中国经济史的学者亦有此说，认为从19世纪20年代至80年代，中国发生了一场"商业革命"，其"作为工业化的一个跳板"，"导致中国社会结构和制度发生根本的变化，并"显著地增进了中国的经济发展"③。

从本质上看，市场关系是在某一历史时期和条件下，一个国家供给和需求的总和。这二者各自的变动趋势和它们相互之间的关系对市场机制和经济发展具有决定性的作用。关于需求和供给之间的相互关系，现代经济理论的重大进展之一就是从新古典经济学仅仅重视供给方面的因素，开拓到重视总量和结构变动的需求方面的因素。上述历史观的转变即对经济增长和发展的看法由供给导向转向

---

① P.布瓦松纳著，潘源来译：《中世纪欧洲生活和劳动（五至十五世纪）》，商务印书馆1985年版，第181页。
② 亨利·皮雷纳著，乐文译：《中世纪欧洲经济社会史》，上海人民出版社1991年版，第44页。
③ 郝延平著，陈潮、陈任译：《中国近代商业革命》，上海人民出版社1991年版，第4、12页。

需求导向正是这种新经济理论在经济史学研究领域的具体反映。这种历史观的变革可以从经济发展理论中探寻根源。由于人类受其自身生产能力和生存环境的制约，只有通过交换这一基本经济活动才能获得经济增益和安全保障。古典经济理论十分强调交换对分工和专业化及经济发展的促进作用。分工是交换的产物，专业化是分工的结果，而获得规模经济是专业化的目的。亚当·斯密《国富论》开宗明义的论点就是，人类生活的发展归结于分工和专业化带来的劳动生产力的增进，而分工是由交换引起的，分工程度受交换能力即市场范围广狭的限制。但自18世纪法国重农学派经济理论产生以后，在经济发展观上生产导向思想占据主流地位，"供给创造自身需求"的萨伊定律成为古典学派信奉的教条。强调生产是古典学派经济理论的显著特点。虽然古典学派对消费问题已有论及，并作了一些开创性的尝试性分析，但消费理论是其理论中最薄弱的环节。19世纪70年代兴起的边际效用学派，从人们的需求程度和物品的效用上阐述价值，并把人的需要和需要的满足程度作为研究的出发点。边际效用价值论成为以后消费经济学说的理论基础。帕累托"无差异曲线"的分析工具深受学界重视。此后，瓦尔拉斯在边际效用价值论基础上，建立一般均衡理论，将需求与供给视具同等地位。

20世纪早期，以马歇尔为代表的新古典经济学派首创"需求理论"，并居主导地位，使经济理论至此皆从需求谈起。需求理论的本质就是马歇尔关于微观消费经济的理论[1]。但新古典学派理论核心仍是供给理论，认为短期内需求决定均衡价格，长期内仍是供给

---

[1] 厉以宁：《消费经济学》，人民出版社1984年版，第32页。

起决定作用。20世纪30年代的凯恩斯革命，宣告了新古典经济理论的破产。凯恩斯彻底否定了萨伊定律，提出了有效需求不足理论，有效需求及其不足成为凯恩斯宏观经济分析的出发点和理论基础。而凯恩斯首次提出的消费函数理论则成为其有效需求理论的重要组成部分。"二战"后，以萨缪尔森和托宾等为代表的新古典综合派，将凯恩斯理论同新古典经济理论相结合，形成"需求决定论"的宏观经济理论，强调生产的发展要看市场，即有效需求的大小。与此同时，出现了多种消费需求函数理论。从此，经济史学中的需求导向思潮亦于焉而兴。代表这种新史学思想的巨著是C.M.奇波拉主编的六卷本《欧洲经济史》，其对每阶段的分析皆从总需求讲起。

《现代经济理论》颇具代表的经济学家希克斯于1969年发表《经济史理论》，认为世界经济发展的总趋势是由习俗经济和指令经济过渡为市场经济。最早的市场主体是专业商人，而后的专业化取决于"需求的集中程度"。需求的集中化（通过封建王朝岁入的集中，或是通过习俗经济的边缘易货贸易的发展）是市场得以发展的主要原因。从此，经过长达二三百年的"市场渗透"阶段，即适应市场经济的货币、法律、信用制度的确立；政府财政和行政管理的改造；领主制被破坏、货币地租和农业的商业化；自由劳动代替奴隶劳动、劳动力市场的出现，最后导致工业革命和近代化[①]。20世纪80年代兴起的以道格拉斯·C·诺思为代表的新制度学派的新经济史理论提出，对经济增长起决定作用的变量是制度性因素而并非技术性因素。在技术没有发生变化的情形下，通过制度创新或变

---

① 参见约翰·希克斯著，厉以平译：《经济史理论》，商务印书馆1987年版。

迁亦能提高生产率和实现经济增长。而正是一系列制度方面的变化才给欧洲工业革命这一根本性变革铺平了道路。市场规模的扩大引起了专业化和劳动分工，进而引起交易费用的增加；交易费用的增加意味着资源的浪费，也说明原有的经济组织出现了不适应性，这迫使经济组织发生变革，从而降低了技术变革的费用，加速了经济增长[1]。

合理预期学派也许称得上为现代经济理论的又一次变革。从本书分析的角度，值得一提的是，20世纪70年代早期，大多数合理预期学派的研究集中于与总供给相关的问题，而到70年代后期和80年代，研究的着重点转移到需求方面，尤其是消费和投资[2]。

在由传统社会向近代化转变过程中，经典作家是十分重视交换和市场的作用的。马克思在《德意志意识形态》中指出，始于16世纪的"商人阶级"的出现促成了城市间分工，导致了工场手工业的出现。17世纪以来世界市场的扩大和航运业的大发展又造成了"超过了生产力的需求"，最终促使大机器工业的诞生[3]。在《资本论》中，马克思指出商业资本是最早的资本自由存在方式，它"在封建生产的最早的变革时期，即现代生产的发生时期，产生过压倒一切的影响"[4]。列宁在考察俄国资本主义发展时是以社会分工为基础，从简单商品生产出发来分析资本主义市场问题的。他指出，社

---

[1] 道格拉斯·C·诺思著，陈郁、罗华平等译：《经济史中的结构与变迁》，上海三联书店1991年版，第188、199页。
[2] 参见米契尔·卡特、罗德尼·马多克著，余永定译：《合理预期理论——八十年代的宏观经济学》，中国金融出版社1988年版。
[3] 《马克思恩格斯选集》第1卷，人民出版社1995年版，第113页。
[4] 《资本论》第3卷，人民出版社1975年版，第376页。

会分工愈细，商品生产愈发展，市场就愈扩大。国内市场的扩大是同资本主义的发展密不可分的，是资本主义发展的必然结果和标志。

"必须寻求国外市场，决不像民粹派经济学家所爱描述的那样，是证明资本主义无力维持下去。完全相反。这种需要明显地表明资本主义进步的历史作用。"[①]

综观上述经济发展史观，其显著特点都是以交换关系的扩大作为历史发展的动力，视"需求的集中程度"为市场得以发展的动因，以市场经济的确立作为经济近代化和经济增长的标志。人类知识积累的丰富启迪着后世，本书正是出于这种启示而加以立论的。

任何一种社会经济的发展，最终取决于生产资源配置的优化程度。自从亚当·斯密《国富论》问世以来，"看不见的手"理论至今为人们所信奉。市场经济体制是人类迄今为止发现的一种最灵活、最有效的生产和配置资源的手段和方式。市场化程度越高，需求特别是消费需求对经济发展的牵动作用就越大。根据市场需求进行生产，已成为市场经济的一个显著特点。占总需求三分之二左右的消费需求的变动状况如何，显然是分析宏观经济运行和经济增长时所不容忽视的重要因素。

中日两国在从传统经济向资本主义经济转变过程中，随着市场化进程的不断加快，消费需求上升引导生产，促进社会生产资源自由流动和配置的宏观经济效应日渐显著。消费需求作为一个主要的宏观经济变量和调控经济的着眼点，并作为总需求决定上的主要因素，已成为测度中日两国近代宏观经济运行和经济发展的重要指标

---

① 《列宁全集》第3卷，人民出版社1984年版，第50页。

之一。因此，全面而系统地探讨中日两国消费需求变动趋势及其特征，比较二者的异同，有助于我们认识中日两国经济发展与不发展的脉络和原因，并为广大发展中国家的经济发展和现实的中国经济建设提供一些可资借鉴的历史经验和启迪。

第二节　消费需求及其变动理论

消费需求是现代西方宏观经济理论中的基本范畴，也是现代宏观经济分析的一个基本工具。自凯恩斯《就业、利息和货币通论》（1936年）问世以来，这个范畴得到广泛应用。在西方经济学说发展史的不同阶段，消费需求概念的含义存在着差别，可以说，经济学家对消费需求概念认识的不断深入及其理论的逐渐完善，贯穿于经济学的全部发展过程中。在经济思想史上，早期西方经济学家在对社会生产过程进行考察时，就对生产与消费之间的同一性和矛盾、消费的性质、资本主义经济危机与消费之间的关系问题做过研究。古典经济理论中，有关消费经济问题的中心思想十分明确：提倡积累，反对消费，以促进资本主义生产的扩大和国民财富的增加。这反映了资本主义生产方式确立时期古典学派对消费需求的看法。以马歇尔、瓦尔拉斯和庇占等人为代表的西方经济学中的新古典学派，以萨伊定律和边际主义为基础，以自由竞争和充分就业为假设前提，首创"需求理论"，主要从微观层面、单个经济主体的经济行为和单个商品市场的角度界定需求概念，认为经济分析中的需求是消费者在一定时期内和一定市场，按照一定价格愿意而且能够购买的商品或劳务的数量总和。由于新古典学派接受萨伊定律，因此，其对消费需求范畴以及需求与供给之间相互关系的研究具有以下几个重要特征：

1. 消费需求理论包含于一般经济原理之中，尚未形成独立的经济学分支学科；

2. 需求概念的含义基本上是微观经济学意义上的，需求理论的核心就是消费经济理论；

3. 需求理论包含在传统的货币数量学说中，需求理论和供给理论处于相对分割的状态；

4. 价格是需求函数的决定性变量，供求关系的变动主要受价格变化的制约。而在完全竞争和充分就业假定条件下，主张价格具有充分灵活性，供给和需求不会脱节，二者总会自动趋于均衡，资源达到充分利用。

凯恩斯《通论》问世，标志着西方宏观经济理论的形成。凯恩斯依据其"边际消费倾向、资本边际效率和灵活偏好"三大基本心理法则，提出"有效需求"概念，建立了宏观经济分析的总需求理论。众所周知，凯恩斯宏观经济理论关注的焦点是就业问题，而有效需求理论是其就业理论的基础。因此，有效需求理论就成为凯恩斯宏观经济理论体系中的核心内容。而消费需求理论则是其有效需求理论的重要组成部分，它构成凯恩斯宏观经济理论的核心[1]。

西方经济学一般认为，凯恩斯的有效需求理论就是总需求或总购买力。总需求包括消费需求、投资需求、政府支出和国外需求。消费需求表现为对消费品的支出总额，决定于收入水平和消费倾向

---

[1] 参见爱德华·夏皮罗，杨德明等译：《宏观经济分析》，中国社会科学出版社1985年版，第324页。

（或储蓄倾向）。消费需求作为一个影响国民收入或就业总水平的总量包含在凯恩斯的宏观经济体系之中，并成为测度宏观经济运行和经济发展的重要指标。与新古典理论相比，凯恩斯的消费需求理论及其供求关系的特点在于：

1. 首创消费函数理论，其在凯恩斯宏观经济理论体系中处于核心地位。消费经济学作为一个独立的经济学分支学科开始产生；

2. 消费需求概念具有非常显著的宏观经济意义；

3. 从宏观经济的角度，把总需求变动和总供给变动联系起来，总需求变动通过影响就业水平来影响总供给。而新古典理论则不然，没有总需求理论，它也能够决定物价水平和产量水平；[1]

4. 总需求和总供给有可能不相等，在价格刚性条件下，消费需求取决于消费倾向。认为消费倾向在短期内大体上是一个稳定的函数，长期内存在边际消费倾向递减规律。

"二战"结束以后，西方消费需求理论有了长足的发展。消费问题成为当代经济学家们经久不衰关注和研究的专门领域并逐渐形成了完善的理论体系。一些杰出的经济学家，如西蒙·库兹涅茨、托宾、弗里德曼、摩迪里安尼均研究消费函数理论和开展实证分析，取得了惊人的研究成果。具有代表性的消费函数理论有：杜生贝利的相对收入假说、弗里德曼的持久收入假说、摩迪里安尼的生命周期假说，等等。

其实，马克思就曾较早地、系统地阐述过需求的组成部分之一——消费在社会再生产过程中的地位和作用，论证和说明了消

---

[1] 加德纳·阿克利著，陈彪如译：《宏观经济理论》，上海译文出版社1981年版，第444—445页、240页。

费与生产、交换、分配之间辩证统一的关系，并从这个角度揭示出资本主义再生产的周期性的重要原因之一[①]。他指出，消费需求必须是"市场上出现的对商品的需要"[②]，或者说是"由货币体现的""有支付能力的、实现交换价值的需求"[③]，这种支付能力所反映的数量关系是指"社会需要所要求的商品量，也就是社会能够按市场价值支付的商品量"[④]。"社会需要所要求"和"能够按市场价值支付"恰恰是消费需求范畴的两项本质规定和特征。

基于上述西方经济学和经典作家的论述，我们对宏观经济生活中的消费需求概念作如下一般性表述：从物质形态上看，指的是一定时期内，社会各个方面、各个层次和所有经济主体对物质产品和劳务提出的有支付能力的社会性需求；从价值形态上看，表现为一定价格水平下的货币购买支出。

"变动"是世界各国经济发展的一个共同特征。没有变动或变化，就没有发展或进化。因此，"变动"应当是我们思考一切社会经济问题的出发点，同样也是认识中日两国近代经济发展过程的基点。

消费需求变动趋势是指一个国家或地区的人们在一定时期内有支付能力需求的总体态势。它的变动是一个复杂的宏观经济变化过程，是社会经济变动关系中的重要组成部分。一般来说，它表现为消费需求曲线的连续移动或转变过程。宏观经济分析中的消费需求变动具有两层最基本的含义：一是总量变动；二是结构变动。所谓

[①] 《马克思恩格斯全集》第46卷上册，人民出版社1979年版，第18—50页。
[②] 《资本论》第3卷，人民出版社1975年版，第211页。
[③] 《马克思恩格斯全集》第46卷上册，人民出版社1979年版，第147、407页。
[④] 《资本论》第3卷，人民出版社1975年版，第202页。

总量变动，指的是在不同时期内消费需求规模的扩张或收缩过程。所谓结构变动，指的是消费需求自身各子项构成在不同时期所发生的消长关系的变化。总量变动和结构变动是消费需求变动的两种基本形式。在实际经济生活中，消费需求变动常常是以总量形式直接表现出来，但其基本和前提却是结构变动。消费需求总量变动成为消费需求结构变动的集中表现。

经济发展的过程不仅仅是产出总量的增长过程，更有特征意义的是发展过程中结构转换方面，其中需求结构变动尤为突出。西方在近代化过程中，需求总量和需求结构都发生了大的变动，并成为经济学家的研究对象。而现代西方经济学家在讨论需求变动问题时，重点讨论的是总量变动，很少或不涉及结构变动。这是因为，现代西方经济学家一般是以发达的资本主义市场经济作为研究对象，在充分发达的市场经济条件下，供求失衡可以通过价值规律自行调节和解决。因此，在宏观经济运行中，通过市场调节，需求的结构变动大体能够适应宏观经济总体发展的要求而趋于平衡。

与当代西方成熟的市场经济国家不同，在中日两国近代经济发展中，消费需求变动不仅表现在总量上，而且表现在结构上。结构变动和总量变动是中日两国消费需求变动的两种基本形态，是双重变动的有机统一。这是因为，中日两国近代社会都是处于以农业和家庭手工业相结合的传统经济或自然经济，向以商品形态普遍化为基本特征的资本主义市场经济的过渡时期。经济体制、政治体制的变更，价值观念、意识形态的变化，使中日两国处于非常态的制度变迁与重组过程中。产业结构变动、供给结构变动以及与此相关的社会需求总量和结构的变动，都要频繁、剧烈得多。加之，消费"示范效应"和"棘轮效应"已经开始发生深刻的诱发和制导作用，导致消费结构转换加快。努力进行"模仿"，并力图尽快"赶上别人"的消费心理和消费行为强化了消费需求总量与结构两方面的非对称发展和变动。因此，本书的重点不仅在研究近代中日两国消费需求总量变动状况，而且更注重对其结构变动的探讨，努力从二者辩证统一的角度，认识和比较近代中日两国消费需求变动的一般规律性特征和趋势。

第三节 消费需求的内容及其构成

在分析中日两国近代消费需求构成之前，有必要提及凯恩斯宏观经济总需求模型。

凯恩斯以"有效需求"为基点，着重阐述他的两部门总需求模型。凯恩斯把总需求划分为消费需求和投资需求两大类。消费需求表现为对消费品和劳务的支出总额；投资需求表现为对投资或投资品的支出总额。这样的两分法称为凯恩斯简单两部门总需求模型。后来的宏观经济学家又将政府纳入总需求模型中，构建了消费、投资和政府三部门领域模型，来说明封闭经济的总需求结构。若加进对外领域，分析开放经济条件下的总需求结构，应将国外部门纳入模型中，在以上三项内容之外再加上净出口需求，这样就构成了由萨缪尔森后凯恩斯主义经济学家所阐述的四部门总需求模型。家庭或消费领域是消费品的购买者，企业是资本品的购买者，政府是公共商品和劳务的购买者，再加上国外部门的需求，因此，总需求等于消费（C）、投资（I）、政府支出（G）、对外净出口需求（X）

四项需求的总和。消费需求占总需求的三分之二，是总需求中的重要组成部分。

人们一般将消费需求划分为生产性消费需求和生活性消费需求两大类。前者作为中间产品的需求，是指生产过程中的耗费；后者是指一定时期内社会各经济主体为满足个人生活需要和社会生活需要而对消费品和劳务的最终支出总和。对生活性消费需求还可划分为个人消费需求和社会消费需求两类。具体说来，中日两国近代开放经济生活中的消费需求构成发端于三大主体：城镇居民、农民、政府；形成于两大部门：私人部门、政府部门；表现为两大需求：城镇居民个人消费需求、政府消费需求。

必须指出的是，如上提及，近代中日两国社会的本质特征是过渡型经济形态，尽管中国在甲午战争以后经济的市场化进程加快，市场规模不断扩大，近代市场体系、市场机制和市场制度初步形成，但有发展又不充分，全国性统一市场始终处于发育和完善的过程中。而日本虽然自19世纪80年代中期近代经济增长及工业化开始起步，至20世纪初，商品市场、劳动市场、金融市场等国内市场体系业已形成，到了20世纪30年代，日本已发展成为一个工业化国家。但在日本近代经济发展过程中，社会经济结构中的二重性结构特征依然十分突出。加之，日本人的消费模式过多地受传统生活方式的影响和束缚，使得两国在近代经济生活中，不经过市场的非市场消费需求即各类使用者不直接通过市场，而通过实物分配、自产自用的消费需求，仍占有相当比重，且对整个国民经济活动产生一定影响。为此，本书亦将这部分纳入消费需求构成中。这样，将各项需求子项数额，按时间序列进行水平加总，即可得到按可变价格计算的消费需求。有此，就为我们分析近代中日两国消费需求变动提供了实证性的基本条件和资料准备。

第四节 选题、资料的说明和研究方法的运用

长期以来，中国经济史研究由于受传统政治经济学研究对象的影响，忽视甚至完全抛弃了对分配、流通、消费等问题的研究。笔者曾对中国近代经济发展过程中的总需求变动趋势作过全面而系统的研究[①]，其中虽然对旧中国国民消费行为、消费结构及其与经济增长的关系进行了成功性考察，但有待进一步深入研究的问题尚有不少。而从消费需求变动与经济增长关系的角度探讨中日两国近代经济发展的状况、原因及其异同更是中外经济史比较研究中一个非常复杂、难度很大的课题。除研究内容本身因素之外，统计资料的缺乏无疑是制约研究工作得以顺利进行的最大障碍。加之，我们所要探讨的消费需求变动，不仅是指它的短期变动，更是对其长期变动趋势开展实证性分析。因此，由于研究对象特性的规定，本书必须以连续的时间序列资料和横截面资料为分析基础，探讨长达半个世纪以来的中日两国消费需求变动及其特征。笔者1996年10月至1998年4月赴日本研究期间，搜集了大量日本消费需求的相关资料和最新研究成果，为本课题研究打下了坚实的资料基础。遗憾的是，有关中国方面可使用的数据过于贫乏，现成的统计资料几乎没有，致使中外学术界迄今尚无人对该课题做出系统而全面的动态研

---

① 拙著《总需求的变动趋势与近代中国经济发展》，高等教育出版社1997年版。

究。所幸的是旧中国遗留下来的大量有关城市和农村家计调查及其他调查的统计资料（包括家庭生活费调查和农场经营及成本调查），为本书的研究提供了初始资料，并使研究成为可能。笔者正是在依据这些极为珍贵而分散的时点调查资料，进行修订和重组基础上，估算出了中国近代国民消费需求总额、政府部门经常性消费支出等长期变动数列以及一些横截面统计数据。

"研究必须充分地占有材料，分析它的各种发展形式，探寻这些形式的内在联系。"[①]"原则不是研究的出发点，而是它的最终结果。"[②]经典作家的至理名言，为我们研究近代中日消费需求变动趋势及其与经济发展的关系提供了方法论的指导。因此，本书总的指导原则是坚持马克思主义的历史唯物论和辩证唯物论，依据大量而翔实的历史资料和研究文献，以现代经济学理论为指导，在统计检验的基础上，注重总量分析和结构分析相结合，实证分析和规范分析、静态分析和动态分析相结合，重在实证性的长期动态比较分析。

---

① 《马克思恩格斯全集》第23卷，人民出版社1972年版，第23页。
② 《马克思恩格斯选集》第3卷，人民出版社1995年版，第374页。

第一章
中日消费需求变动的宏观分析

近代中日两国消费需求是由国民个人消费需求和政府消费支出两部分构成。本章首先从宏观的角度，运用实证分析和动态分析方法，比较分析中日两国国民个人消费需求的变动趋势及其成因，以求从整体上认识两国近代消费需求水平，并进一步考察和比较中日两国消费需求不断上升的规律性特征和异同。

第一节 近代中国消费需求的变动趋势

一、中国传统社会后期消费需求的态势及其特点

中国的传统社会是一个以农业和家庭手工业相结合的自然经济占主导地位的社会经济形态。虽然商品交换在其内部很早就已经出现，并较中世纪的西欧和日本远为发达，到了封建社会晚期，商品经济又有所发展，但市场交换仍然是建立在个体农民和手工业者简单商品生产基础之上，始终作为自然经济的必要补充形态而存在和

发展，在整个封建社会经济体系中不起决定性作用，未能成为动摇和冲击传统社会经济结构的积极力量。在这种社会经济形态下的多数农民和小生产者，主要生活和生产资料全部或绝大部分都是在经济单位内部进行而获得自身满足的。一个经济单位不是为了交换，而是为了自身的物质需要进行生产。因此，中国传统社会的小农家庭就具备双重经济功能，既是生产经营活动的基本单位，又是消费活动的基本单位。生产的主要目的是为了自身生存和消费。他们不但生产自己需要的农产品，而且生产自己需要的大部分手工业品。只有多余的产品才拿出去出售，以换取由于资源分布和所需生产条件的限制而无法获得的生产和生活必需品，如盐和铁之类的东西。因此，交换一般来说只是在有限的范围和区域内偶然地发生。

由于中国传统社会中农业生产居主导地位以及自给自足的社会经济形态决定了小农家庭的自给性生产经营广泛存在，其消费亦具有浓厚的自给或半自给色彩。消费的自给或半自给就成为中国传统社会农家消费行为和消费模式的显著特征。虽然随着农业生产和商品经济的发展，农民从市场上获取消费资料的机会逐渐增多，但受家庭经济收入水平和商品价格等预算约束的限制，至明清时期，对大部分农民来说，消费资料基本上还是依靠自给，向市场购买小额消费品需斟酌再三。农民的粮食消费全部自给自足不必言，蔬菜、食用油、衣服、柴薪自给率也极高。有资料显示，即使相当数量的中小地主也仍然摆脱不了节俭型的消费模式，往往要以半自给为主，必要时辅之于市场消费。

尽管如此，鸦片战争前的200年间，伴随着农业生产的发展和人口的迅速增长，促使中国传统社会后期的国民消费需求缓慢地增长。就人口规模及其增长率来看,与世界大多数工业化国家情况不同的是,中国人口增长在进入近代化社会之前的200年间就明显加速。据统计,在1650—1850年的200年间,中国的人口规模由1.25亿人增加到4.1亿人[1],200年间人口增加2.28倍,年平均增长率高达0.6%。既高于同期世界人口的增长速度,也高于前资本主义时代欧美国家人口的增长速度,从而使中国在近代化开始以前形成了一个很大的人口基数。根据美国经济学家西蒙·库兹涅茨的研究,人口加速增长是近代经济增长的显著特征和前提条件。从世界范围来看,这一变化是从1750年开始的。在此之前的750年间,世界人口约由2.7亿人增加到7.28亿人,750年中增加仅1.7倍,年增长率为1.3%[2]。而1750—1850年的100年间,世界人口规模增加了65%,达到12亿人[3],年平均增长率高达0.5%。

在人口增加的压力下,清代的农业生产有所发展,为国民消费需求的上升提供了物质基础。1650—1850年,耕地面积由6亿亩增至12亿亩,粮食产量由625亿斤增加到2050亿斤[4],200年间增加2.3倍,年均增长0.6%,高于耕地的增长幅度。受农艺技术进步和集约化耕作的影响,单位面积产量和土地边际生产率也有小幅度的提高,但人均粮食产量却变化不大。它由1650年的500斤左右,经过

---

[1] 刘佛丁:《有关清代农业生产力发展水平的几个问题》,载《南开经济研究所年刊》1984年。
[2] 西蒙·库兹涅茨编著,戴睿、易诚译:《现代经济增长:速度、结构与扩展》,北京经济学院出版社1989年版,第28页。
[3] 卡洛·M·奇波拉著,黄朝华译:《世界人口经济史》,商务印书馆1993年版,第86页。
[4] 刘佛丁:《有关清代农业生产力发展水平的几个问题》,载《南开经济研究所年刊》1984年。

一度增长到清中期的1750年左右达到550斤,而到1850年时又降至500斤。①这说明农业劳动生产率处于一种停滞状态。

由于农业生产的缓慢发展和人口以较快的速度增加,造成前资本主义时代中国市场供求关系发生变动。受人口增长的拉动,使清代200年间的国民消费需求水平呈现出一种平缓的上升趋势。消费总量归根结底要受制于社会生产力水平所造成的物质财富总量,消费能力和消费水平的提高最终依赖于经济的发展和收入水平的上升。社会生产力水平十分低下,劳动生产率处于停滞状态,由于人口增长所促成的消费需求的扩大必然是一种自然的需求上升,它不能促使消费需求结构发生根本性变化而趋于合理和优化。

表1.1 明清时期中国江南地区农家人均消费支出估算

		年消费量	年消费值	所占比重(%)
食物	主食	3.6石	3.6两	55.2
	副食		1.4两	21.5
衣服		棉布六匹 麻布六匹	0.4两 0.2两　0.6两	9.2
房租			0.32两	4.9
燃料		稻草5400斤	0.6两	9.2
合计			6.52两	100.0

资料来源:根据方行:《清代江南农民的消费》(载《中国经济史研究》1996年第3期)文中数字整理。

---

① 刘佛丁:《有关清代农业生产力发展水平的几个问题》,载《南开经济研究所年刊》1984年。

纵观中国传统社会后期整体国民消费格局的变动，基本上呈现出两极分化的态势。广大农民及部分贫寒的士子消费需求严重不足，仅能维持最低的生存和消费；而贵族、官僚、士绅、地主等富有阶层则奢侈消费，挥霍无度。处于二者中间的中等收入阶层的消费水平只是相对的宽裕，仍属于自给或半自给性的低消费水准。因此，可以说中国传统社会后期国民消费格局呈现出三元消费需求态势。以消费主体区分，大致有贫困型、温饱型、豪奢型三种；以消费方式分，又有自给型、市场型和市场与自给混合型三种；以消费区域来分，则有村、大中城市和市镇三级类型。其中中间类型所占比重十分微弱。

上表估算所得反映了中国传统社会后期经济发达地区江南农民的消费支出水平和消费结构状态。根据表中数字可以看出，食物支出，特别是粮食支出，在农民生活消费支出中占有重要地位，这是封建时代农民消费的显著特点。农民食物支出约占生活消费总支出的77%，其中粮食支出比重很大，超过全部生存性消费资料的一半以上，约占55%略强，副食支出约占21.5%。而衣服、房租、燃料所占比重分别为9.2%、4.9%、9.2%，合计23.3%。中国农耕发达，农民食物历来是以粮食为主，江南主要是食用稻米。明清时期江南为我国经济发达地区，农业经济水平居全国之首，农民生活水平较北方为高。江南农民生活水平尚且如此，北方农家更可想而知了。据史料记载，清代山西农民"食以粟为主，佐以荞麦、燕麦，贫者黍菽即为珍膳，有终岁不识膏粱之味者"。"农人夏一袷，冬一袄一裤"，有"布絮缕缕，终岁不制一衣者"。所居"土屋茅舍"，或

"穿土为窑",或"构木数椽,蔽风雨而已"[1]之类文献记载,比比皆是。我国农民生活和消费水平南高北低的格局发端于南宋,至明清日渐明显。受自然环境、生产力发展水平和社会经济制度等因素的制约,中国传统社会中农民的生产活动主要是获取生存资料,以维持自身及家庭成员的最低生存和繁衍,"终岁勤动,不过仰事俯育之资"。因此,在其消费结构中,发展和享受性消费资料所占比例极其微弱,而食物、衣服、住房、燃料等生存资料则占绝大比重,其中又以食物所占比例最巨,属于一种压缩性的节俭型消费模式,消费结构处于一种不合理、畸形状态。

与广大民众窘困的低消费水平形成鲜明对照的是富有阶层奢侈性和政治性消费模式,贫富差距巨大造成消费差别迥异则是传统社会中国民消费格局的又一显著特征。富有阶层凭借广占田产、官僚俸禄与巨额的非法收入,在饮食肴馔、住宅园林、衣着服饰、陈设用具、婚丧寿诞、文化娱乐、民俗信仰、科举官场、纳妾宿妓等消费领域无不炫耀门第,穷极豪奢,消费无度。其消费结构中,日常食物等生存资料支出总值虽然很大,但所占消费支出的比重却十分微小,而发展和享受性消费资料支出所占比重很高。巨额的消费用于追求雕琢、新奇或足以炫耀门庭的婚丧喜庆、珍宝重器、衣着服饰和豪华的园林别墅。更有甚者,为追求功名利禄,官场交际的政治性发展费用以及满足青楼姬妾,歌舞彻夜,酒池肉林的享受性费用,可倾囊而尽,绝不吝啬。这种高消费仍具有传统的贵族奢侈消费性质,并与宫廷消费相互激荡,挥霍社会财富,抑制了社会进步

---

[1] 见郝懿行:《晒书堂笔录》卷下,光绪《五台县新志》卷二,乾隆《孝义县志》物产民俗。

和经济发展。

至于明清时期，随着商品经济发展和市场逐步扩大而出现的跨地区长途贩运贸易，也主要是以贵族、官僚、地主所需的奢侈品和土特产品为主，销往大中型城市，提供给富有阶层消费。北京作为国都，达官显贵云集，成为最大的消费市场。据张仲礼先生估计，19世纪80年代，我国城市人口约占全部人口的20%，达7552.7万人[①]。而最富有阶层大多居住于城市，其人口为750万人，仅占总人口数的2%，但其收入却占全部国民收入的21%，达67135万两[②]。富有阶层的高额收入为其奢侈消费支出提供了充足的物质基础，从而与乡村广大农民的低消费形成鲜明对比。这种消费水平的高低悬殊，反映了传统社会消费的鲜明等级性和强烈的政治色彩。

二、近代中国消费需求的变动趋势及其特征

关于中国近代经济发展过程中城乡国民个人消费需求的长期统计资料十分缺乏，唯一的一次横截面资料是巫宝三先生所著《中国国民所得（一九三三年）》[③]一书中对1933年国民消费需求的调查统计。该书并运用北平等地综合生活费指数加以引申，估算出了1931—1936年各年份的消费需求总量。此后，巫宝三先生赴美国哈佛大学开展进一步研究，撰写博士论文《中国的资本集成和消费支出》，估算出了1931—1946年的国民消费需求总额，但至今未公开

[①] 张仲礼：《十九世纪八十年代中国国民生产总值的粗略估计》，载《南开经济研究所季刊》1987年增刊第一集。
[②] 刘佛丁等：《近代中国的经济发展》，山东人民出版社1997年版，第279—280页。
[③] 巫宝三：《中国国民所得（一九三三年）》，中华书局1947年版。

发表。另外，美籍华人刘大中（Ta-ChungLiu）和叶孔嘉（Kung-ChiaYeh）在《中国大陆经济：国民收入和经济发展1933—1959》（*The Economy of Chinese Mainland: National Income and Economic Development, 1933—1959*）一书[①]中，也曾对1933年国民消费需求总量及其结构进行了估计。从那时至今近50年间，我们再未曾见过新的有关近代中国国民消费需求的估算和研究成果。

统计数据的缺乏无疑是开展该项课题研究的最大障碍，致使迄今尚无人对近代中国消费需求长期变动趋势作过专门而系统的研究，影响了我们对近代中国的宏观经济运行和经济发展作全面而深刻的认识。不过，可喜的是，旧中国遗留下来的大量零散而又极其珍贵的家计调查资料为我们的研究提供了初始资料，使研究成为可能。笔者就是依据这些原始统计资料并对其加以重组和综合，推算出近代中国经济发展中若干年份的国民消费需求总值。请看下表：

表1.2　近代中国国民消费需求的长期变动（1887—1952）

1933年币值单位：亿元

年份	消费需求总额	消费需求各项内容总额				
		食品	衣着	房租	燃料灯火	杂项
1887	131.94	—	—	—	—	—
1917	132.45	98.47	9.00	10.76	8.23	5.99
1922—1925	166.96	107.94	28.54	6.67	13.90	9.91
1926	216.53	136.41	16.02	17.88	21.52	24.70
1927—1928	224.96	132.89	15.66	25.93	19.20	31.28

---

① 刘大中、叶孔嘉：《中国大陆经济：国民收入和经济发展，1933—1959》，普林斯顿大学出版社1965年版。

续表

年份	消费需求总额	消费需求各项内容总额				
		食品	衣着	房租	燃料灯火	杂项
1929	238.25	144.29	14.34	19.40	12.56	47.64
1930	218.33	127.14	15.24	20.33	15.24	40.38
1931	265.90	169.20	22.10	13.50	21.20	39.90
1932	273.90	176.80	21.00	13.60	21.40	41.10
1933	273.20	175.20	21.70	13.70	21.60	41.00
1934	252.90	157.80	21.40	13.90	21.90	37.90
1935	267.60	168.10	23.10	14.10	22.20	40.10
1936	279.80	177.40	23.70	14.30	22.40	42.00
1952	206.60	—	—	—	—	—

资料来源：1887—1936年见附录一；1952年见《中国统年鉴（1984）》，第33页，按2.1:1折算成1933年币值。

以上表我们估算所得，来分析近代中国国民消费需求的长期变动趋势及其特征，似乎可以从中得出如下几个结论：

1. 中国自19世纪80年代中期近代化开始起步以后至20世纪30年代中叶，中国国民消费需求变动的总趋势是不断上升的。名义国民消费需求总额由1887年的43.98亿元，增加为1936年的322.13亿元，49年间增加6.3倍，年均增如值为5.67亿元，年平均增长率为4.1%。若以1933年可比价格计算，1936年比1887年增加147.86亿元，49年中增加1.1倍，年平均递增1.55%。这充分表明，持续上升是中国近代消费需求长期变动的一个总体特点。

表1.3 近代中国国民人均消费需求的长期变动（1887—1952）

1933年币值

年份	消费总额（亿元）	人口数（亿人）	人均消费额（元）	年份	消费总额（亿元）	人口数（亿人）	人均消费额（元）
1887	131.94	3.775	34.95	1931	265.9	4.747	56.01
1917	132.45	4.409	30.04	1932	273.9	4.748	57.69
1922—1925	166.96	4.450	37.52	1933	273.2	5.090	53.67
1926	216.53	4.462	48.53	1934	252.9	5.096	49.63
1927—1928	224.96	4.518	49.79	1935	267.6	5.101	52.46
1929	238.25	4.617	51.60	1936	279.8	5.107	54.79
1930	218.33	4.623	47.23	1952	206.6	5.748	35.94

资料来源：人口数，1887年见王士达：《近代中国人口的估计》，载《社会科学杂志》第2卷1期，1931年3月；1917—1927年见附录一；1931年见国民政府内政部调查统计；1932年依据1931年人口数，按吴承明：《中国近代农业生产力的考察》（载《中国经济史研究》1989年第2期）文中人口年均增长率比例折算而成；1936年数见章有义估算（《近代中国人口和耕地的再估计》，载《中国经济史研究》1991年第1期）；1952年见《中国统计年鉴（1984）》；其他数据系推算而得。

据上表可以看出，近代中国人均国民消费需求额亦呈逐步上升态势，名义人均国民消费额，1887年仅为11.65元，1936年增加到63.07元，年平均增长率为3.5%。若按1933年可比价格计算，1936年比1887年增加57%，年均递增0.92%。可见，无论是现期价格，还是可比价格计算的人均消费需求增长速度均低于国民消费需求总额的增长速度。需要指出的是，近代中国人均国民消费需求虽呈现上升趋势，但其基本特征是低水平上升，且上升幅度较小。19世纪80年代中国人均消费额为30元有余，至20世纪10年代略降至30元，而到20年代也不过45元左右，到了30年代，1931—1936年人均消费额略升至54元。这说明旧中国国民人均消费需求呈明显的低水平波动上升。

西方工业化国家经济增长的历史表明,消费需求上升趋势是商品经济不断发展过程中一种客观规律性。列宁在《论所谓市场问题》一文中论证了需求上升的规律,指出:"资本主义的发展必然引起全体居民和工人无产阶级需求水平的增长。""欧洲的历史十分有力地说明了这一需要增长的规律,例如把18世纪末和19世纪末的法国无产者,或把19世纪40年代和现代的英国工人比较一下就可知道。这个规律在俄国也显出了自己的作用:商品经济和资本主义在改革后时代的迅速发展引起了'农民'需求水平的提高,农民比从前'干净些了'(在衣着、住房等方面)。这种无疑是进步的现象,应归功于俄国资本主义而不能归功于别的什么。"[1]马克思在谈及资本主义社会再生产不断扩大时指出:"一切需要,其中也包括表现为社会需要的个人需要……在多大程度上通过交换的形式得到了满足,——还有,这些需要通过交换,通过个人交换,在多大程度上不仅被消费,而且还被生产出来",这样,"资本就达到了最高发展"[2]。经典作家的论断,不仅适用于19世纪的英国、法国和俄国,也适用于20世纪的资本主义国家。从资本主义发展的历史来看,实际工资呈上升趋势,在存在商品货币关系的情况下,需求的上升主要表现为有支付能力的需求的上升。实际工资的提高,反映着需求的上升,反映着需求上升规律的作用。正是由于消费需求的上升,从而促进社会生产的发展和经济的繁荣,反过来又进一步促

---

[1] 《列宁全集》第1卷,人民出版社1984年版,第84—85页。
[2] 《马克思恩格斯全集》第46卷下册,人民出版社1980年版,第25页。

使需求上升。

同样，中国在由传统社会向近代社会的转变过程中亦日经济近代化的过程中，消费需求不断上升的变动趋势也是近代中国资本主义经济和商品经济不断发展的客观要求和必然结果。随着近代经济增长和商品化程度的加深，实际工资水平的提高和生产供给能力的增强，人们的消费需求不断得到开拓，需求不断得到满足，消费能力日趋增强，从而导致消费需求逐步上升。

2. 19世纪80年代至20世纪30年代中国国民消费需求总额和人均消费需求额的上升并非直线的运动，而是在曲折的升降波动中逐步上涨，并呈现出某种周期性波动的迹象。这表现在自1887年至1952年的65年间，各阶段的消费需求的增长速度是不尽相同的。国民消费需求总额在1887—1917年的30年间，每年平均增加170万元，年均递增幅度极为有限；反而人均国民消费需求年平均减少0.16元，年增长率为-0.5%。1917—1932年的15年间，国民消费需求总额呈明显的上升趋势，平均每年递增9.43亿元，年增长率将近4.9%；人均消费需求年均增加1.84元，年均增长4.4%。而1932—1934年，国民消费需求总额年平均增加额和增长率均为负值，分别为-7亿元和-2.6%；人均国民消费需求亦显现同样的趋势，1934年比1932年减少8.06元，平均每年少消费2.68元。1934—1936年，国民消费需求迅速上涨，平均每年增加额为8.97亿元，年均增长3.4%；人均国民消费需求也表现出相同的态势，其年均增长率达3.3%。1936—1952年的16年间，名义国民消费需求年均增加额也没有超过1934—1936年和1917—1932年，为7亿元，年增长率仅为1.9%，若以1933年币值计算，其年均增加额和增长率却为负值，分别为-4.6亿元和-1.8%。

我们若将表1.2数值绘制成曲线,可以清晰地显示出中国近代国民消费需求变动的周期性波动迹象。若以1917年作为周期的上升期的起点,则1932年上升至最高点,从1933年开始下降,至1934年跌至谷底,其后为上升期,预示着下一周期的开始。而上一周期(1887—1917)由于缺乏连续的国民消费需求数值,我们无法做出明确的分析。1937年抗日战争爆发后,中国转入战时经济状态,通货膨胀,物价上涨,生产供给能力大幅度下降。1936—1949年,国民收入年平均增长率为-2.35%,人均国民收入为-3.74%。[1]国民经济遭受严重破坏,国民收入水平急剧下跌,因而,即便在没有计量分析的情况下,也不难判断,这期间实际国民消费需求将会大幅度下跌。以1936年可比价格计算的1952年人均需求值仅为30.4元,只相当于20世纪10年代末的水平,即明证。

近代中国消费需求变动趋势,我们还可以从生活费指数的变动中得到验证。生活费指数被认为是"测量生活费升降之寒暑表"[2],是"测视工人生活程度及货币购买能力的重要指标"[3]。

据上表数字可以看出,生活费指数呈曲折不居的波动上升趋势。1936年与1900年相比,指数上涨了81.1%,36年间年平均递增1.66%,这与我们上述分析结果基本吻合,从而从一个侧面验证了本文的估算,同时也证明了我国近代国民经济发展过程中民消费需求上升变动的存在。

---

[1] 王玉茹:《论两次世界大战之间中国经济的发展》,载《中国经济史研究》1987年第2期。
[2] 杨西孟:《生活费指数编制法》,商务印书馆1931年版序言。
[3] 转引李惠村:《南开生活费指数研究》,载《南开经济研究》1993年第4期。

表1.4　1900—1936年中国生活费指数变动

1926=100

年份	指数	年份	指数	年份	指数	年份	指数
1900	62.3	1910	69.2	1920	87.7	1930	118.8
1901	52.3	1911	76.9	1921	90.0	1931	113.8
1902	58.5	1912	78.5	1922	86.9	1932	105.2
1903	64.6	1913	76.9	1923	90.8	1933	92.5
1904	60.0	1914	71.5	1924	96.9	1934	89.7
1905	57.7	1915	75.4	1925	98.5	1935	99.0
1906	63.8	1916	73.8	1926	100.0	1936	112.8
1907	66.9	1917	78.5	1927	105.6		
1908	68.5	1918	74.6	1928	109.5		
1909	68.5	1919	67.7	1929	115.7		

资料来源：1900—1924年，根据甘博、孟天培：《二十五年来北京之物价工资及其生活程度》，载《社会科学季刊》第4卷第1、2期合刊，1926年5月，"北京生活费指数表"，基期折算为1926年；1926—1936年，根据孔敏主编：《南开经济指数资料汇编》，中国社会科学出版社1988年版，第241页"天津工人生活费年指数表"连接而成；中断部分是参照"北京生活费指数"变动幅度补充而成的。

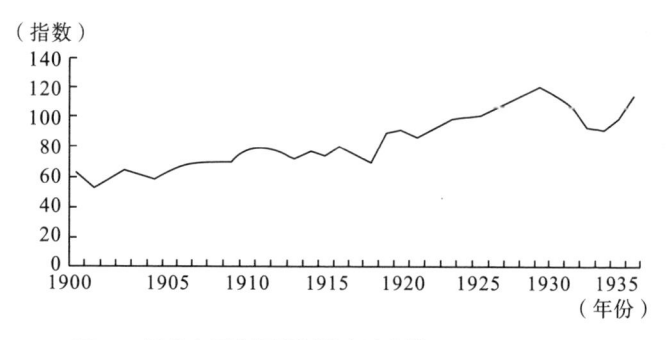

图1.1　近代中国生活费指数变动曲线（1900—1936）

资料来源：根据表1.4中数据绘制。

3. 19世纪80年代中期至20世纪30年代中叶的50年间,中国国民消费倾向变动呈现一种较为稳定的状态,但总体上趋于下降。

表1.5 近代中国国民消费倾向变动(1887—1936)

年份	消费支出总额(C)	GNP(GNE)总额(Y)	消费增量(ΔC)	GNP(GNE)增量(ΔY)	消费倾向(APC)	边际消费倾向(MPC)	消费收入弹性(Em)
1887	131.94	138.12	—	—	0.96	—	—
1917	132.45	142.13	—	—	0.93	—	—
1922	166.96	177.18	34.51	35.05	0.94	0.98	1.04
1927	224.96	237.34	58.00	60.16	0.94	0.96	1.02
1931	265.90	285.7	40.94	48.22	0.93	0.85	0.91
1932	273.90	294.7	8.00	9.00	0.92	0.88	0.95
1933	273.20	294.6	−0.70	−0.10	0.92	7.00	7.60
1934	252.90	269.0	−20.3	−25.6	0.94	0.79	0.80
1935	267.60	290.9	14.70	21.90	0.92	0.67	0.72
1936	279.80	309.4	12.20	18.50	0.90	0.65	0.72

说明:C、X、ΔC、ΔY 的货币单位为亿元,1933年币值。

资料来源:根据拙著《总需求的变动趋势与近代中国经济发展》,高等教育出版社1997年版,第152页表4.1中数字;《中国国民收入,1931—1936》,见《中国近代经济史会议论文集》,台北"中研院"经济研究所,1977年,第128页表中数字计算。

按照现代经济学原理和大量实证研究表明,收入水平是影响消费和消费结构变动的最基本因素。在价格水平一定的条件下,消费需求是收入的函数,随收入的变化而变化,二者呈同步增长[①]。

---

① 西蒙·库兹涅茨编著,戴睿、易诚译:《现代经济增长:速度、结构与扩展》,北京经济学院出版社1989年版,第234页。

著名发展经济学家H.钱纳里在其研究成果《发展的型式（1950—1970）》一书中，曾对101个国家的大量统计资料进行回归分析，发现影响居民消费需求变动的诸因素中，与收入水平变动相关程度最为显著，各国对比的一致性程度也最为强劲。[①]收入水平变动对消费需求的影响程度可以用消费倾向和消费的收入弹性方法加以说明，本书也主要以消费倾向（又称消费率）和消费的收入弹性作为揭示消费水平与收入之间相关关系的指标。所谓消费倾向是指消费支出额在收入额中所占的比重，消费倾向有平均消费倾向和边际消费倾向之分。平均消费倾向，是指一定量的收入中消费所占的份额，若用Y表示收入额，C表示消费额，则$APC=C/Y$。边际消费倾向是指在收入增加1（减少）额中消费增加（减少）额所占的份额，它是消费支出变量与收入变量的比例，若以ΔY表示收入变量，Δ表示消费支出变量，则

$$MPC = \frac{\Delta C}{\Delta Y}$$

消费的收入弹性是指收入变动一定比率而引起的消费变动率，它反映消费变动对收入变动的敏感程度。消费的收入弹性（E_m）可以用公式表示：

$$E_m = \frac{\Delta C}{\Delta Y} \cdot \frac{Y}{C}$$

Y、ΔY分别代表收入量和收入变动量，C、ΔC分别代表消费量和消费变动量。

---

① H.钱纳里等著，李新华等译：《发展的型式（1950—1970）》，经济科学出版社1988年版。

一般来说，随着收入水平的提高，人们将增加他们的消费，但消费的增加速度不及收入增加得那样多，在高收入水平或在收入增长速度较快时尤其如此，这一现象被称为边际消费倾向递减的心理规律。消费倾向概念最早由凯恩斯提出，并且认为，短期内消费与收入的关系不稳定，长期内边际消费倾向递减，在一定情况下平均消费倾向可以大于1。但是，诺贝尔经济学奖获得者西蒙·库兹涅茨以美国的统计资料分析之后否定了凯恩斯的观点。他的研究表明，自1869年至1938年的70年间，美国的实际国民收入增加8倍，但以十年为组距计算出的长期平均消费倾向却十分稳定，消费占国民净产值的比重在0.84—0.89之间（1924—1933和1929—1938经济大恐慌时期除外），没有下降的趋势。[①]"二战"后，为解释凯恩斯消费函数理论与库兹涅茨长期平均消费倾向不变的经验统计验证之间的矛盾，先后出现了一些解释性的消费函数理论，但更多的经济学家倾向于支持库兹涅茨的观点，即消费与收入成固定的比例。

表1.5中数字反映了近代中国国民消费倾向和消费的收入弹性的变化状况。近代中国长达50年间的统计资料表明，这期间国民收入增加了1.2倍，但消费倾向基本上呈现一种较为稳定的状态，始终处于0.90—0.96之间，平均为0.93。但以首末年份相比较可以看出，这50年间的长期消费倾向总体上呈略微的下降趋势，由1887年的0.96，降至1936年的0.90，50年间下降了0.06个百分点。其中1934年消费倾向略有上升，因为这一年GNP显著下滑，而生存最低预算线又制约着消费支出的减少，使其不能以GNP下降的速度下降，因此

---

① 西蒙·库兹涅茨：《1869年以来的国民生产总值》，转引罗志如等编：《当代西方经济学说》上册，北京大学出版社1989年版，第108页。

生成这一年较高的消费倾向。平均消费倾向呈下降趋势表明，国民消费与现期收入的关系相对弱化，而国民收入中用于储蓄的份额增加。但近代中国国民消费倾向下降幅度十分狭窄，国民在现期消费和未来消费之间的选择余地极小。这反映了近代中国国民收入的低水平，国民的现期消费主要取决于现期收入。

从边际消费倾向角度来看，基本上呈下降趋势，而且其下降幅度大于平均消费倾向的下降幅度。由1922年的0.98，降到1936年的0.65，50年间下降了0.33个百分点。平均边际消费倾向为0.82（除1933年）。其中，1933年的边际消费倾向大于1，因为1933年的国民收入较之1934年有轻微下降，对人们的消费心理预期造成不良影响，于是减少消费以备不测。国民边际消费倾向呈下降趋势，表明随着时间的推移，消费随收入变动而变动的程度减少。当一个社会变得比较富裕时，边际消费倾向必然呈下降趋势。世界经济发展的历史表明，一些国家在经济增长时期，国民的边际消费倾向小于平均消费倾向，并使后者趋于下降。如上所述，这种现象也存在于中国近代经济发展的过程中，只不过其下降幅度大大小于同期发达国家消费倾向的下降幅度。

再看消费的收入弹性，弹性是以边际消费倾向除以平均消费倾向得到的，它反映着消费主体在整体上消费随收入变化所引起的变化。从表1.5数字可知，近代中国国民消费需求的收入弹性介于1.04—0.72之间（除1933年），平均为0.88，这说明国民收入每增加一单位，消费增加0.88个单位，消费支出占国民收入的份额过高，国民储蓄率低下。

第二节　战前日本消费需求的变动趋势

一、前资本主义时代日本消费需求的变动及其总体状况

明治维新以前250余年间，日本是处于封建社会的后期，这个时期在日本历史上被称作德川幕府时代或江户时代。与中国传统社会一样，日本的封建社会也是自然经济居主导地位的社会经济形态。社会财富的主要生产者——农民被"身份制"强制性地束缚在世袭的土地上，不但生产自己需要的农产品，而且生产自己所需的大部分手工业产品。这种农业和家庭手工业相结合，使他们过着自给自足的经济生活。与中国传统社会的农家相同，日本封建社会的农民家庭亦具有生产和消费合而为一的双重经济功能，生产的主要目的是为了维持生存和消费。不过，交换活动还是存在的，一方面，农民为了获得自己所无法生产的部分生活必需品，如盐、茶之类，必须将自己的部分产品出卖；另一方面，用以交纳部分赋税（年贡）的货币也必须靠交换才能获得。另外，一些专营某种土特产品地区的农民也必须将其生产的土特产品出卖后才能换得他们日常生活所需的多种生产资料或交纳货币年贡。但这些交换活动只不过是自然经济的补充形式，属于小商品生产性质。

如同中国一样，在日本封建社会中，由于农业生产居主导地位和自给自足自然经济形态的广泛存在，就使得农家自给性生产活动强烈，其消费行为和消费模式呈现出鲜明的自给性或半自给性特征。

到德川幕府中后期以后,随着劳动生产率的提高,商业性农业和农村手工业的发展以及国内市场的扩大,在当时封建贡租率水平下降并趋于比较稳定[①],年贡成为农租中心,对非农业生产不实施有效的年贡课赋的情况下[②],使得一部分农户手中保留了一定数量的剩余产品可用于出卖,即形成所谓的"萌芽利润"。这种"萌芽利润"成为日本农村经济繁荣和农民富裕化的物质基础,为其消费水平的提高和消费结构的改善提供了保障。在这一过程中,日本经济生活中的货币化程度不断提高,据推算,1877—1879年间日本平均每年全国农产品的商品化率,大米为48%,经济作物为77%,麦及杂粮为24%,全部农产品商品率平均达到48%,即在全国有将近半数的农产品是作为商品而投放市场。在一些经济发达地区,农产品商品率还要高一些,如摄津地区,大米的商品化比率为77%,经济作物为91%,河内地区分别为67%和93%[③]。农产品商品率水平的提高表明农民同市场的联系日益密切,反映了幕府时代后期日本经济的市场化程度。

表1.6　日本德川幕府晚期人均消费需求结构

项　　目	长州1840年左右	
	大岛宰判（%）	前山代宰判（%）
食料费	82.8	82.0
饭　费	74.7	79.1

① 托马斯·史密斯著,大内力译:《德川时代的年贡》,东京大学出版社1965年版。
② 西川俊作:《江户时代的政治经济学》,日本评论社1979年版,表1-1。
③ 中村哲:《明治维新的基础构造》,未来社1968年版,第156页。

续表

项　目	长州1840年左右	
	大岛宰判（%）	前山代宰判（%）
其　他	8.1	2.9
被服费	9.6	13.7
住宿费	1.7	2.9
光热费	4.6	1.4
其　他	1.3	0.0
合　计	100.0（札银94.04匁）	100.0（札银83.7匁）

资料来源：西川俊作：《过渡时期长州的谷物消费和人民的日常食物》，载《三田商学研究》，第25号，1982年。

在农民向市场出售的产品日益增多的同时，他们从市场上购买的商品，包括生产资料和消费资料也呈上升趋势，农家的日常生活同市场密切联系增多。有别于中国传统社会晚期农民受家庭收入预算约束的限制，货币化消费支出被压缩在较低水平的特点，随着劳动剩余的增多和收入水平的提高，日本封建社会晚期农民的现金消费水平已达到一定程度。在18世纪20年代，仙台藩农民在33贯589文总支出中，有20贯936文为货币支出，其中14贯919文为现金消费支出，占总现金支出的比重高达44.4%。18世纪末期，摄津农家在其5994匁[①]的总支出中，3851匁为货币支出，其中现金消费支出为552匁，占总货币支出比重近10%[②]。

[①] 银一两=60匁。
[②] 楢西光速等：《日本资本主义的成立》第1卷，东京大学出版会1980年版，第72—73页。

表1.6反映的是19世纪40年代前后日本长州二宰判的平民消费支出状况。据表中数字显示,长州地区大岛和前山代二宰判平民人均消费支出总额分别为94.04匁和83.7匁,其中食品消费支出分别为77.8匁和68.6匁,恩格尔系数前山代为82%,大岛为83%,平均为82.5%。如看一下在含有储蓄的可支配收入中食物消费支出构成所占比率,则前山代人均不足88匁,所占比重为79%,大岛人均130匁,所占比重降至60%,大岛人均130匁,所占比重降至60%,两者平均达69.5%。

表1.7中数字显示出明治维新后至19世纪80年中期近代经济增长开始启动之前日本国民消费需求的时间序列变动状况。从中可以看出,日本近代经济增长开始起步之前的国民消费需求变动呈现缓慢的上升趋势。名义国民消费需求总值由1874年的4.17亿日元,增加为1885年的7.58亿日元,11年间增加82%,年均增加值为0.31亿日元,年平均增长率为5.6%。实际国民消费需求总值由1874年的28.38亿日元增至1885年的33.92亿日元,11年间增加近20%,年平均递增1.6%。这表明消费需求不断上升是经济近代化之前日本国民消费需求变动的总体特征。

表1.7 1874—1885年日本国民消费需求的变动

单位:亿日元(1934—1936年价格)

年份	食品费	被服费	居住费	光热费	保健卫生费	交通费	通信费	交际费	教育娱乐费	合计
1874	18.23	0.80	3.69	0.79	0.60	0.03	—	3.45	0.75	28.34
1875	19.05	0.79	3.87	0.79	0.65	0.04	0.001	3.50	0.83	29.52

续 表

年份	食品费	被服费	居住费	光热费	保健卫生费	交通费	通信费	交际费	教育娱乐费	合计
1876	19.48	0.63	3.98	0.80	0.71	0.04	0.002	3.49	0.72	29.85
1877	20.10	0.80	4.01	0.81	0.73	0.04	0.01	3.53	0.77	30.80
1878	19.86	1.01	4.02	0.82	0.77	0.05	0.01	3.53	0.78	30.85
1879	20.94	1.33	4.05	0.82	0.81	0.06	0.01	3.59	0.95	32.56
1880	22.93	1.25	4.12	0.83	0.86	0.06	0.01	3.60	1.19	34.85
1881	21.73	0.98	4.10	0.86	0.91	0.06	0.01	3.62	1.24	33.51
1882	22.34	0.86	4.09	0.88	0.98	0.07	0.02	3.65	1.07	33.96
1883	21.89	0.92	4.07	0.90	1.05	0.07	0.02	3.68	0.98	33.58
1884	23.72	0.88	4.20	0.92	1.16	0.07	0.03	3.77	0.92	35.67
1885	22.31	1.07	4.28	0.94	1.27	0.07	0.02	2.98	0.95	33.89

资料来源：大川一司、筱原三代平、梅村又次编：《长期经济统计：推计与分析》卷6《个人消费支出》，东洋经济新报社1967年版，第138页。

据上表可以看出，经济近代化开始启动之前日本人均消费支出变动与国民消费需求变动呈现相同的态势。名义人均消费额，1874年仅为12日元，1885年增加到20日元，年平均增长率4.7%，若按1934—1936年不变价格计算，1885年比1874年增加不足10%，年均递增率0.8%，大大低于同期国民消费需求的增长幅度。由上可见，这一时期日本人均消费支出虽呈现上升趋势，但其基本特征是低水平上升，上升幅度较小。

消费水平的提高和消费需求的缓慢增长还反映在消费需求结构的变化。表1.7和表1.8中数据显示了同期日本国民消费需求结构的变动状况及其特征。从中可以看出，1874年国民实际食品消费支出为18.23亿日元，至1885年升到22.31亿日元，11年间增加22%，年平均增长率为1.8%。期间食品支出占总消费支出的比重，即恩格尔系数随食品支出绝对值上升的同时，其走势平衡，并没有明显的下降趋势，1874年至1885年恩格尔系数平均为65%。这说明明治初期日本国民的恩格尔系数低于幕府晚期82.5%的水平，反映了经济近代化之前日本国民消费水平的提高和消费结构的改善。同时，包括保健卫生费、交通费、通信费、交际费和教养娱乐费在内的杂项消费支出总值则由1874年的4.83亿日元微升至1885年的5.29亿日元，11年间增加不足10%，年均递增率0.8%，增幅较低，期间所占总消费支出比重平均为10.9%。

表1.8　1874—1885年日本人均消费支出的变动

单位：日元（1934—1936年价格）

年份	食品费	被服费	居住费	光热费	保健卫生费	交通费	通信费	交际费	教养娱乐费	合计
1874	52.41	2.32	10.63	2.29	1.74	0.11	0.00	9.92	2.17	81.59
1875	54.41	2.28	11.06	2.28	1.88	0.12	0.00	9.99	2.40	84.42
1876	55.12	1.80	11.27	2.27	2.03	0.13	0.01	9.88	2.04	84.55
1877	56.39	2.25	11.26	2.29	2.08	0.14	0.03	9.91	2.18	86.53
1878	55.23	2.83	11.19	2.28	2.15	0.15	0.04	9.83	2.18	85.88
1879	57.93	3.68	11.21	2.29	2.26	0.17	0.05	9.93	2.63	90.15
1880	62.85	3.44	11.31	2.30	2.38	0.18	0.05	9.87	3.26	95.64
1881	59.07	2.68	11.51	2.36	2.50	0.19	0.05	9.84	2.38	91.22
1882	60.22	2.34	11.04	2.39	2.66	0.20	0.06	9.85	2.88	91.64

续表

年份	食品费	被服费	居住费	光热费	保健卫生费	交通费	通信费	交际费	教养娱乐费	合计
1883	58.36	2.46	10.87	2.41	2.81	0.20	0.07	9.83	2.63	89.64
1884	62.64	2.32	11.09	2.44	3.08	0.20	0.09	9.98	2.45	94.29
1885	58.55	2.82	11.25	2.47	3.33	0.19	0.06	7.82	2.51	89.00

资料来源：同表1.7，第140页。

人均消费需求结构变动与国民整体消费结构变动呈现相同的走势。人均食品消费支出额由18.74年的52.41日元微升至1885年的58.55日元，11年间仅增加12%，年率1%，低于国民整体食品消费支出的增长幅度。期间食品支出占总消费支出的比例亦无大变化，仍处于65%水平。人均杂项消费支出，也无明显变化，略有微弱下降，由1874年的13.94日元，降至1885年的13.91日元。

从食品消费结构中主食供应量来看，这一时期日本国民的生活质量，也有轻微的提高，但总体趋势是变化颇微。18世纪30年代，根据享保、元文的《各国物产表》中记载的31国25个地区的统计资料显示，主食作物的品种数量构成比率分别为稻米46%，麦类19%，杂粮35%，甘薯不足1%[1]。如果以此作为主食构成的代理指标，那么18世纪初期杂粮的重要性是极大的。至80年代，据明治政府1880年进行的全国主食调查《人民常食种类比例》显示，其构成平均为大米53%，麦类27%，杂粮类14%，其他（甘薯、芋头、干

---

[1] 鬼头宏：《近世日本的主食体系和人口变化》，载速水融、斋藤修、杉山伸也编：《德川社会之展望——发展、结构、国际关系》，同文馆1989年版，表3-2。

果、海带）6%①。以上说明工业化开始之前的日本国民主食体系是以大米为中心，杂粮、麦类为补充的类型。这种主食结构尚呈现地域性差异特征，日本海沿岸、北陆、近畿、中国地方东部（是指日本山口、岛根、鸟取县附近）、北九州等地大米食用比率较高；而太平洋沿岸、西关东到东海、浓尾、飞弹等地区，四国及南风州则以大米以外的食物为主②。

关于明治初期日本国民热量摄入量，据速水佑二郎、山田三郎的推算，1874—1877年的全部粮食消费为1758千卡。另据山口县主食消费推算，1887年热量供给量为1902千卡，而1840年前后长州藩主食消费为1664千卡。基于以上数据，将明治初期工业化起步前日本国民总消费热量供给量定在不低于1800千卡的标准是合适的，这一标准达到菲律宾1954—1956年的水平，相当于现代日本人人均日摄入2500千卡的72%的水准③。

由上可见，日本经济近代化之前国民消费需求总体上呈现一种缓慢增长的趋势，并导致消费水平和消费层次轻微上升，消费结构有所改善，应该说，已达到了日本前资本主义时代的最高水平，而促使同期日本国民消费需求得以缓慢上升的动力则源于18世纪以来日本国内社会经济的发展以及国民收入水平的提高。

---

① 大川一司、筱原三代平、梅村又次编：《长期经济统计：推计与分析》卷13《地域经济统计》，东洋经济新报社1983年版，表4-1。
② 鬼头宏：《明治前期的主食结构和地域模式》，载《上智经济论集》第31卷第2号，1986年。
③ 新保博、斋藤修编，厉以平监译：《近代成长的胎动》，载《日本经济史》第2卷，生活·读书·新知三联书店1997年版，第325—326页。

表1.9 江户时代日本宏观经济变量的变化

年份	人口N （万人）	耕地R （千町）	实收获量Y （千石）	R/N （反/人）	Y/N （石/人）	Y/R （石/反）
1650	1718	2354	23133	1.370	1.346	0.983
1700	2769	2841	30630	1.026	1.106	1.078
1720	3128	2927	32034	0.936	1.024	1.094
1730	3208	2971	32736	0.926	1.020	1.102
1750	3110	2991	34140	0.962	1.098	1.141
1800	3065	3032	37650	0.989	1.228	1.242
1850	3228	3170	41160	0.982	1.275	1.298
1872	3311	3234	46812	0.977	1.414	1.447

说明：1町＝14.88市亩，1石＝137公斤，1反＝0.1町。
资料来源：速水融、宫本又郎编，厉以平译：《经济社会的成立：17—18世纪》，载《日本经济史》第1卷，生活·读书·新知三联书店1997年版，第47页。

据表1.9可以看出，有别于中国近代化之前200年间人口加速增长的特征，江户时代的全国人口变动的总体特点是17世纪急速增长，18世纪停滞，进入19世纪后再度呈现缓慢增长。人口规模由1650年的1718万人增至1872年的3311万人，220年间人口增加93%，年平均增长率仅为0.3%，大大低于同期中国人口的增长速度。期间耕地面积一直呈明显的上升趋势，由1650年的2354千町增加至1872年的3234千町，增加37%。生产量增幅较大，由1650年的23133千石增至1872年有46812千石，增加一倍有余。生产技术的进步，劳动的集约化和土地的节约化导致了土地生产率的提高。表1.9中数字人均收获量的变化显示了这一趋势。其间人均耕地面积虽处于停滞状态，但人均收获量和单位亩产量均有显著增长。农民人均生产量增加，从分配方面看显示农民生活水平有上升的物质基础。

同时，伴随着农业经济的发展以及人口增长缓慢等因素的牵动，前资本主义时代日本国民的实际收入水平也有一定程度的提高。总的来说，农民的实际工资从18世纪初期至18世纪中期乃至19世纪初期一直呈上升的趋势。用米价指数除货币工资指数（1802—1804年的平均指数为100）而得西摄津农村工匠实际工资指数从1740—1744年的平均指数80上升到1770—1774年的101，上升率达26%；农业雇工工资从64上升至96，上升率为50%。而1786—1790年到1814—1818年的大约30年间，工匠的工资上升率为22%，农业雇工的工资上升达31%。由此可知，农业部门实际工资有显著增长[1]。城市居民的实际工资水平亦呈同样的上升态势，有资料显示，京都都后屋绸布店雇佣的建筑劳动者的实际工资指数，在18世纪70年代至19世纪20年前一直趋于上升，由1780—1789年的88.2上升至1810—1819年的103.2[2]。而江户的建筑工人的名义工资和实际工资都有缓慢增长，由1830—1939年71.6上升至1880—1889年的110.7[3]，增幅55%。

由上可见，与中国传统社会中受人口急速增长拉动而引发的消费需求具有自然增长的特征相比较，前资本主义时代日本消费需求的上升更多是建立在农业经济发展和实际工资上升之上的增长，它是中世（1183—1573年）末期以来存在于日本社会经济生活中"经

---

[1] 新保博：《近世物价和经济发展》，东洋经济新报社1978年版，第156—157页。
[2] 梅村又次：《建筑工人的实际工资，1726—1958年》，载《经济研究》第12卷第2号，1961年。
[3] 佐野阳子：《建筑工人的实际工资，1830—1894年》，载《三田学会杂志》第55卷第11号，1962年。

济社会化"总体趋势的具体反映和体现。

二、战前日本消费需求的变动及其特征

与中国不同的是，日本在其战前经济发展过程中国民个人消费需求的长期统计资料较为丰富和完整。从明治时代以降，日本家计调查研究就十分盛行，目的是了解和把握乡村农家和城市下层百姓家庭的消费水平和经济状况。采用西方先进统计方法，而具有现代意义的日本家计调查起始于1916年高野岩三郎采用家计簿方式（即记账法）所进行的"东京二十职工家计调查"[1]。此后各种家计调查和研究更加广泛和普遍。1926—1927年日本内阁统计局首次大规模地开展家计统计调查，并发布《家计调查报告》[2]，刊行于世。此制度一直沿袭至今，其调查结果成为政府制定最低限度生活费以便规定工资水平及社会经济政策的重要依据。日本农村省进行的《农家经济调查》创建于昭和初期，其中有大量关于农家生产经营与家计消费的调查统计资料。

以上家计统计调查为战后日本学者推算战前国民收入和消费支出提供了重要的初始历史资料。从20世纪60年代开始，以一桥大学经济研究所大川一司为中心的一大批日本经济学家完成了以《长期经济统计：推计与分析》（LTES）为题的国民经济核算数据估计工作，为世人开展近代日本经济发展研究提供了丰富而翔实的时间

---

[1] 中钵正美：《家计调查与生活研究》，载《家计调查与生活研究——生活古典丛书7》，光生馆1971年版。
[2] 1931—1941年尚有一次内阁统计局的《家计调查报告》。1946年至今，日本政府定期发布《消费者价格调查》《消费实态调查》报告，成为日本有关消费生计调查最具权威性和代表性的研究资料。

序列数据资料。其中，筱原三代平主编的《个人消费支出》（第6卷），对1874—1940年间国民消费需求总量及其结构进行了估算。此后大川一司在《国民所得》（第1卷）一书中，运用消费者物价的区域差指数对其进行了修正，重新估算出了战前日本国民消费需求总量（见请看表1.10）。

表1.10中列出了战前日本国民个人消费需求的长期时间数列。图1.2和图1.3是分别以可变价格和不变价格绘制而成的长期变动趋势曲线。以上图表清楚地反映出19世纪80年代中期至20世纪40年代之间日本国民消费需求的长期发展状况和趋势。以此图表统计数据来分析战前日本经济发展过程中国民消费需求的变动趋势及其特征可以看出，日本自19世纪80年代中叶近代化开始起动以后至20世纪40年代的半个世纪中，国民消费需求的长期变动总体上呈现出明显的上升趋势。1885—1940年的55年间，名义国民消费需求总额由1885年的6.52亿日元，增加到1940年的202.9亿日元，55年间增加了30多倍，年均增加值为3.57亿日元，年平均增长率高达6.45%。若以1934—1936年可比价格计算，1940年比1885年增加了101.05亿日元，55年间增加3.07倍，年平均增加值1.84亿日元，年均递增率2.59%。由此可见，无论是可变价格还是不变价格计算的战前日本消费需求增长速度都大大高于近代中国国民消费需求的增长速度。从长期趋势看，是一条斜率较陡的上升直线，这充分说明，战前日本消费需求总的发展趋势是在起点较高的基础上，保持了持续、稳定和快速的增长态势。

表1.10 战前日本国民消费需求的长期变动（1885—1940）

单位：百万日元（1934—1936年价格）

年份	消费需求总额	年份	消费需求总额
1885	3284	1908	5936
1886	3466	1909	6051
1887	3765	1910	6305
1888	3837	1911	6223
1889	4096	1912	6402
1890	3992	1913	6604
1891	4342	1914	6430
1892	4291	1915	6806
1893	4610	1916	7193
1894	4522	1917	7521
1895	4791	1918	7949
1896	4976	1919	8697
1897	4972	1920	8566
1898	5278	1921	9132
1899	5388	1922	9698
1900	5270	1923	9867
1901	5349	1924	10073
1902	5346	1925	10271
1903	5363	1926	10417
1904	5515	1927	10718
1905	5202	1928	11030
1906	5169	1929	10956
1907	5840	1930	11005

续 表

指标年份	消费需求总额	指标年份	消费需求总额
1931	11247	1937	13567
1932	11085	1938	13057
1933	11842	1939	13433
1934	12589	1940	13389
1935	12580		
1936	12910		

资料来源：大川一司、筱原三代平、梅村又次编：《长期经济统计：推计与分析》卷1《国民所得》，日本东洋经济新报社1974年版，第215页。

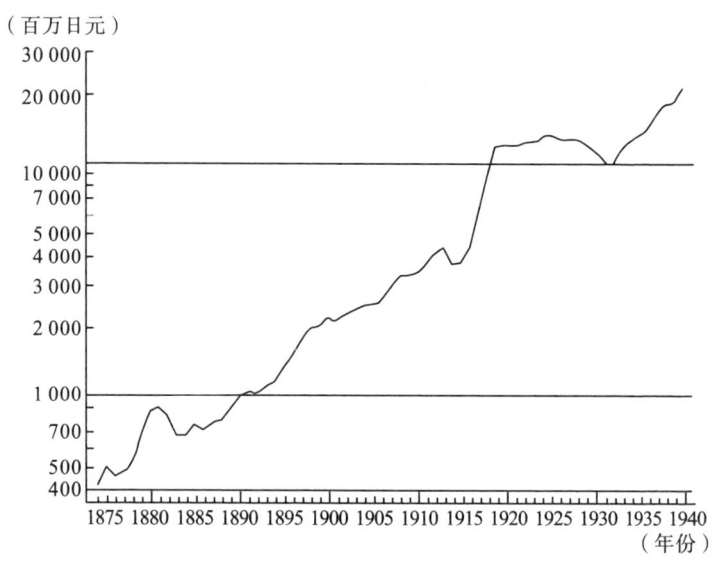

1.2　战前日本国民消费需求（当年价格）的长期变动曲线（1885—1940）

资料来源：根据大川一司、筱原三代平、梅村又次编：《长期经济统计：推计与分析》卷1《国民所得》，第180—181页数字绘制。

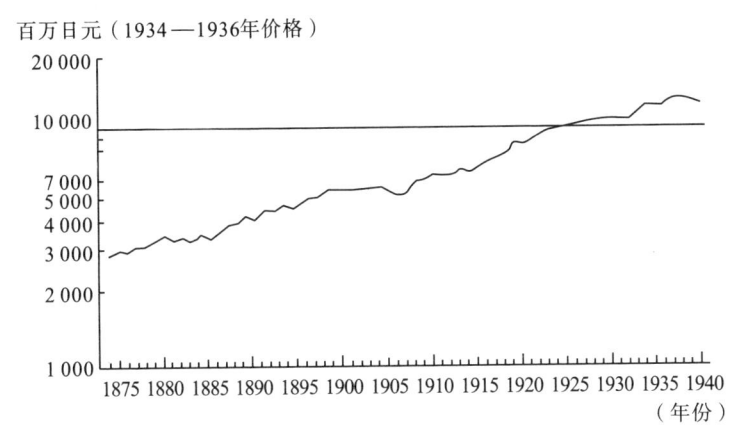

百万日元（1934—1936年价格）

1.3 战前日本国民消费需求（不变价格）的长期变动曲线（1885—1940）

资料来源：根据表1.10中数字绘制。

表1.11 战前日本国民人均消费需求的长期变动（1885—1940）

单位：日元（1934—1936年价格）

年份	消费额	年份	消费额	年份	消费额	年份	消费额
1885	86	1896	118	1907	123	1918	145
1886	91	1897	117	1908	123	1919	158
1887	97	1898	123	1909	124	1920	153
1888	98	1899	124	1910	127	1921	163
1889	104	1900	119	1911	124	1922	171
1890	100	1901	120	1912	126	1923	172
1891	108	1902	118	1913	128	1924	174
1892	106	1903	117	1914	123	1925	174
1893	113	1904	119	1915	128	1926	174
1894	110	1905	111	1916	134	1927	176
1895	115	1906	110	1917	138	1928	176

续表

年份	消费额	年份	消费额	年份	消费额	年份	消费额
1929	175	1932	167	1935	182	1938	184
1930	171	1933	176	1936	184	1939	188
1931	172	1934	184	1937	192	1940	186

资料来源：同表1.10，第237页。

表1.11中的统计数据反映了战前日本人均消费需求的长期变动状况。图1.4是采用5年移动平均的方法对人均消费需求的时间数列进行处理后所显示的长期发展趋势曲线。两份图表中清晰地反映出1885年至1940年间日本人均消费需求的变动趋势及其特征。从以上图表可以看出，战前日本人均消费需求变动程度与整体国民消费需求的发展趋势十分相似，均呈现出持续上升和快速增长的态势。名义人均国民消费需求额，1885年为17.1日元，到了1940年猛增至282日元，55年间增加了15.5倍，年平均增加额4.8日元，年均增长率5.2%，略低于国民整体消费需求的增长幅度。若以1934—1936年不变价格计算，人均消费额则由1885年的86日元增加到1940年的186日元，55年间增长1.2倍，年平均增长率1.4%，也低于国民消费总额的增长幅度。人均实际消费支出指数在第二次世界大战期间大幅度滑坡为-5.46%，复兴期和经济高度增长期（1945—1975年），伴随着日本经济高速增长，人均消费支出额年递增率高达6.17%，1975—1990年间又趋下降，年平均递增2.95%[①]。

[①] 西川俊作、尾高煌之助、斋藤修编著：《日本经济200年》，日本评论社1996年版，第429页。

图1.4 战前日本实际人均消费需求的长期变动曲线（1885—1940）
资料来源：根据表1.11中数字绘制

如同中国一样，日本在由传统社会向近代社会的转变过程中，消费需求显著上升的变动趋势同样是战前日本经济增长和商品经济不断发展的必然反映。伴随着战前日本经济增长的推动和市场化程度的不断深入，国民实际收入水平明显提高，从而为消费需求的不断上升创造了坚实的物质基础。

19世纪80年中期至20世纪40年代的战前日本国民消费需求总额和人均实际消费支出额的变动同近代中国消费需求变动一样，并不是直线增长，而是在曲折的升降波动中不断上升，呈现出阶段性的发展特征和周期性波动规律。对这种阶段性和周期波动进行深入研究，有助于我们更加深刻地认识战前日本国民消费需求发展的规律和本质。

表1.12 战前日本国民消费需求的阶段性波动（1887—1938）

单位：%

期间（年数）		国民消费需求（1）	总人口（2）	人均消费需求（3）	人均消费需求与GNP的差(4)
（A）					
Ⅰ（U）	1887—1897（10）	3.15	0.96	2.19	−0.06
Ⅱ（D）	1897—1904（7）	1.02	1.16	−0.14	−0.83
Ⅲ（U）	1904—1919（15）	2.99	1.19	1.8	−0.41
Ⅳ（D）	1919—1930（11）	2.6	1.51	1.09	0.33
Ⅴ（U）	1930—1938（8）	2.23	1.28	0.95	−2.78
（B）					
Ⅰ′	1887—1904（17）	2.27	1.04	1.23	−0.38
Ⅱ′	1897—1919（22）	2.37	1.18	1.09	−0.65
Ⅲ′	1904—1930（26）	2.83	1.32	1.51	−0.09
Ⅳ′	1919—1938（19）	2.45	1.35	1.1	−0.94
（C）					
Ⅰ″	1887—1930（43）	2.61	1.21	1.4	−0.2
Ⅱ″	1904—1938（34）	2.69	1.25	1.44	−0.72
Ⅲ″	1887—1938（51）	2.55	1.22	1.33	−0.61

说明：表中表示的波峰和波谷是根据即将转为下降之前，以及即将转为上升之前的标准选定的。

资料来源：同表1.10，第20页。

通过对1887年至1940年53年间日本消费需求变动的分析，可以看出各阶段的消费需求增长幅度是不尽相同的，呈现出明显的阶段性变动特征。根据长期趋势曲线波动的轨迹，我们可以将战前日本消费需求的发展变动大体划分为五个阶段。从表1.12中数字可知，上升期与下降期的消费需求的增长幅度波动升降,阶段性特征显著。1887—1897年为第一阶段,期间实际国民消费需求总额由1887年37.65亿日元增加至1897年的49.72亿日元,10年间增加32%,年均增加额1.2亿日元,年平均增长率3.15%。人均实际消费需求额则由97日元增至117日元,10年间增加21%,低于国民消费需求的增加幅度,年平均增加额2日元,年递增率2.79%。与后几个阶段相比较,第一阶段没有出现太大的波动,但增长的速度比较显著,增长幅度均高于以后几个时期,是50余年间发展最快的阶段,属于战前日本国民消费需求的高速发展阶段。这时期又由于人口增幅缓慢,只有0.96%,致使人均实际消费需求增长幅度也大大高于以后几个阶段的增长幅度。

第二阶段是处于1897—1904年的7年间,国民实际消费需求总额由1897年的49.72亿日元增加到1904年的55.15亿日元,7年间仅增加了11%,年平均递增率1.5%;人均消费需求额受人口增幅加剧,呈现负增长态势,年增长率为-0.14%,人均实际消费的绝对值虽有增加,但增幅极为有限,10年间只增加2日元。这说明19世纪末20世纪初日本消费需求的增长速度十分缓慢,增幅也颇为狭窄,属于高速发展后的低速下降阶段,也是50余年发展最慢的阶段。

第三阶段是1904—1919年的15年间,是继第二阶段低速下降后的又一飞跃增长时期,其发展速度明速加快,增长的幅度也大大提高,属于低迷徘徊后的快速发展阶段。期间国民消费需求总额由1904年的55.15亿日元增加至1919年的86.97亿日元,15年间增加58%,大大高于上两个时期的增加幅度,年均递增额3.2亿日元,年平均增长率3.87%,同期人口增长速度较第二阶段大体相似,呈现平稳增长的趋势，因此人均消费需求额亦表现出相同的走势，其消费额由1904年的119日元增加至1919年的158日元，15年间增幅33%，年均递增1.9%。在战前50多年的各阶段发展过程中，第三阶段是仅次于第一阶段国民与人均消费需求增长速度较快的时期。

第四阶段是1919—1930年的11年，期间国民消费需求总额1930年比1919年增加23.08亿日元，11年间增长27%，年平均增长率2.60%，略低于上一阶段的增长幅度。同期人口增幅快于上一时期，达1.51%，导致人均消费额与国民消费需求总额呈现出相同的走势，年均增长率1.09%，也略低于上一阶段的增长幅度。在第三阶段增长快速的基础上，第四阶段的增长速度开始有所减慢，但国民消费需求总额和人均消费需求绝对值有增无减，仍然保持了良好的上升势头。第四阶段是快速发展之后出现的稳定增长时期。

第五阶段是从1930—1938年的8年间，期间国民消费需求总额由1930年的110.05亿日元猛增至1938年的130.57亿日元，8年间增加18.65%，年均递增率2.16%；人均消费需求额则由171日元增加至184日元，8年间增加7.6%，年平均增长率仅为0.95%。由上可见，第五阶段无论是国民消费需求总额还是人均消费支出额的增长幅度均低于前两个时期，仍处于快速增长后的稳定上升时期。概括半个多世纪以来的战前日本消费需求变动的总体情况，我们可以看出，其发展阶段经历了初期阶段的快速增长，而后增幅减慢和平稳增长发展的全过程。

战前日本消费需求的发展变动还反映出十分明显的周期性波动趋势。消费需求周期波动是经济周期波动的一种特殊形态。经济周期是指社会经济生活中总体经济活动交替出现的扩张或收缩从一个低谷到另一个低谷周而复始的规则性变动过程。就此意义而言，消费需求周期也就是其扩张或收缩交替反复出现的波动过程。根据西方经济学一般将经济周期划分为"古典周期"和"增长周期"的分法，我们也可以将消费需求周期区分为"消费需求古典周期"和"消费需求增长周期"。前者是指消费需求绝对量下降或上升的交替变动，后者是指消费需求增长率上升或下降的波动过程。

我们采用不变价格统计的战前日本消费需求绝对量为分析消费需求周期波动的主要指标，运用环比增长率来测度波动的周期变化，并用七年移动平均（首末两端为五年移动平均）为计算单位的周期偏差，来消除不规则因素，从而使周期波动更加清晰。按照图1.5中周期波动曲线的轨迹，可以发现战前日本消费需求呈现出周期性波动，从1885—1940年间起码经历了三个完整的周期性波动。第一个周期从1887年为上升期的起点，中间由于1890年世界性经济危机的影响而经过一次低落后继续上升，到1896年上升至最高点，从1897年开始下降，至1903年跌到谷底。第一个周期的上升期长度为9年，下降期长度为7年，周期长度16年。第二个周期从1904年开始上升，上升期到1919年达到波峰，从1920年开始回落，到1929年降至谷底。第二个周期上升期长度为16年，下降期长度为10年，周期长度26年。第三个周期性从1930年开始，上升期至1934年达到最高点，从1935年开始下降，其后为下降期。从1938年至1945年，日本经历了中日战争和太平洋战争，经济处于战时状态，正常的经济运行及其发展规律受到严重干扰和破坏。按照西方多数经济周期理论，这为期7年的战时经济时期，正常的经济周期波动由于外生因素的巨大影响而中断，无法进行分析。

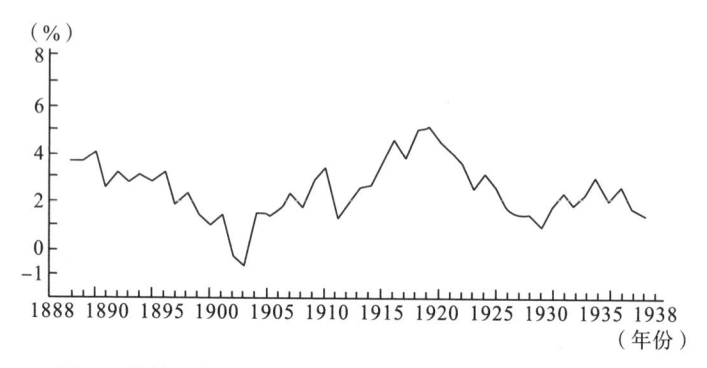

图1.5 战前日本国民消费需求的周期波动曲线（1888—1938）
资料来源：根据表1.10中数据绘制。

根据图1.5所显示，我们可以看出，战前日本消费需求周期波动呈现如下特点：首先，平均为期20年的周期波动是战前日本消费需求周期波动的基本长度。根据上图得到的长期波动周期归纳如下：

从波谷到波谷（T—T）

1887—1903年　　16年
1903—1929年　　26年　　} 平均21年

从波峰到波峰（P—P）

1896—1919年　　23年
1919—1934年　　15年　　} 平均19年

以上可见战前日本消费需求周期波动中，从波峰到波峰的时期平均为19年，从波谷到波谷的时期为21年，因此战前日本消费需求的周期波动大体上是20年。这种类型的波动是属于库兹涅茨（Knznets）提出的时度跨度平均为20年左右的中长期波动。

其次，第一个周期属于"古典周期"，第二个周期呈现出"增长周期"的征兆。"古典周期"的突出特点是消费需求绝对量低于前期，增长率接近或降至零值以下，表现为普遍衰退。在第一个周期（1887—1903年）中，1903年消费需求不变价格绝对量不仅在1902年53.48亿日元（七年移动平均值）的基础上下降为53.16亿元（同上）[1]，下降了3200万日元，而且其增长率也比1902年下降了0.6%。显然，这次周期是属于明显的"古典周期"。"增长周期"一般表现为增长中的下降，主要是增长率下降，绝对量呈上升趋势。战前日本消费需求的第二个周期波动就体现这种特征。在第二个周期（1903—1929年）里，消费需求绝对量逐年上升，其年平均增长率为2.8%。谷底年份（1929年）的消费需求绝对量和增长率分别比上年上升了1.17亿日元和1.1，因此，这次周期是属于"增长周期"。

表1.13 战前日本消费需求波动幅度

周期序次	波峰 年份	波峰 PC增长率	波谷 年份	波谷 PC增长率	波幅
Ⅰ.1887—1903	1896	3.3	1903	1.0	2.3
Ⅱ.1903—1929	1919	7.9	1929	2.6	5.3
Ⅲ.1929—1938	1934	2.3	1938	2.0	0.3

说明：消费需求增长率为七年移动平均（首末年份1887、1938年为五年移动平均）。
资料来源：根据表1.10中数据计算。

---

[1] 大川一司、筱原三代平、梅村又次编：《长期经济统计：推计与分析》卷1《国民所得》，第241页。

再次，战前日本消费需求周期波动的幅度（简称波幅）总体上呈显著下降趋势，波幅的峰谷落差额各周期间呈相反走势。从表1.13可以看出，三次周期波幅落差值分别为2.3、5.3、0.3个百分点，最高值与最低值相差5个百分点，三次周期波幅峰谷值落差平均为2.6个百分点，总体上呈下降态势。仔细观察还可以发现，各周期间波幅落差额呈相反走势，表现出较强的波动频率。

下面有必要对战前日本消费需求阶段的变动和周期波动的成因展开进一步分析，以求能够更加深入地揭示消费需求变动特征及其内在规律。

第一周期处于明治时期的二三十年代。明治初期，日本政府积极推行近代化政策，废除封建等级制度和改革地税，颁行国内、国外交通自由化，实施义务教育法令，加大通讯等社会间接资本投入，保护和扶植各类国营和民间企业，积极引进先进产业、技术和设备以及制度安排，从而使日本从19世纪中期后开始步入了近代化的道路。该周期的上升期（1885—1896年），日本的近代产业显著增长，私营铁路从1881年日本铁道开设后迅速发展，营业里程在1895年达到2731公里，大大超过了国营铁路955公里[①]。电力在1887年东京电灯公司开办以后，在全国迅速普及。海运业自1885年开设了大阪商船公司、日本邮船公司，并在日本政府大力援助下顺利地发展起来。近代棉纺织业自1883年大阪纺织公司成立后，取得了良好的实绩，1887年以后得以快速发展。中日甲午战争的巨额赔款高达当时日本国民收入的四分之一之巨，加大了这期间资本投入和财

---

① 南亮进著，毕志恒、关权译：《日本的经济发展》，经济管理出版社1992年版，第30页。

政支出。1894年治外法权的撤销和自1889年以后关税自主权的逐步恢复，使日本不仅"一扫三十年来之污辱，跃身于国际友谊伙伴之中"[①]，开始摆脱半殖民地的政治经济局面，而且这期间由于银价在世界市场上的低落（当时日本也实行银本位制），使出口价格低廉，促使出口大幅度扩展，从而刺激了产业活动，国民经济显著增长。这一时期日本经济的年平均增长率达3.21%，人均生产增长率达2.25%。[②]国民消费需求随经济的发展也获得较快增长，1896年达到最高点，国民消费需求比1895年上升了38.6%。但自1897年确立金本位制后，导致由于银价下跌而使出口增长的推动力受挫，国际收支恶化，经济多次出现恐慌状态，国民收入水平下降。1903年的国民消费需求和人均消费需求均为负增长，分别比去年下降了0.6%和1.7%（原数据为7年移动平均值），达到低谷。

第二个周期内，日俄战争刺激了所有产业的发展。战争过程中，日本政府四次大举外债和五次发行内债，战后推行铁路国有化政策和开拓海外殖民地，以及受日俄战争的刺激，积极推行产业调整政策，使产业结构逐渐向重工业转移，从而使日本自1906年下半年开始出现了一个新建和扩建企业的投资高峰。此后随着第一次世界大战的爆发，使参战国丧失了出口余力，日本大举进入国际市场，出现了前所未有的出口增加，使恶化的国际收支得以改善。出口的扩张，刺激了投资活动，投资率上升。以纤维为中心的轻工业以及钢铁机械、造船等重工业的急速发展，扩大了对劳动力的需

[①] 日本外务省编：《日本外交年表并主要文书》上册，原书房1965年版，第152页。
[②] 大川一司、筱原三代平、梅村又次编：《长期经济统计：推计与分析》卷1《国民所得》，第16页。

求，加剧了农村和城市剩余劳动力的转移。这时期经济增长创造了5%—6%的高速度，该周期上升期的GNP和人均GNP年平均增长率分别为3.4%和2.21%，从而使国民消费需求得以快速增长，1919年达到高峰，其增长率比去年上升了4.6%。此后，随着出口受挫，使国际收支出现新的不均衡。1920年的经济恐慌、1923年的关东大地震以及1927年爆发了金融恐慌，日本政府于1929年被迫推行紧缩财政政策（井上财政），加之受到1929年世界经济危机的影响，日本经济遭到极其严重的破坏，企业倒闭，失业增加，社会购买力急剧下降，国民消费需求至1929年跌入低谷。

第三个周期从1930年开始，转年日本政府禁止黄金出口，推行积极财政政策（高桥财政），将国内货币机制同国际金本位制度隔开，采取了以赤字公债为中心的通货膨胀政策，以图恢复景气。由于禁止黄金出口，汇率下跌，交易条件处于低水平，促使出口快速增长。加之这时期工业生产的飞速发展，特别是重工业的发展极其显著，以及化学工业也蓬勃发展起来，使劳动力需求增大，失业减少，国民收入和社会总需求快速增长，国民消费需求至1934年达到最高点，1934年比1933年增长了31%。此后，1937年日本发动全面侵华战争，并大力推行经济军事化和长期扩军备战的法西斯体制。1941年爆发太平洋战争，日本经济处于战时经济体制，由于战局的恶化乃至最后战败，使经济陷入崩溃状态。

表1.14 战前日本国民消费倾向变动（1885—1940）

时期	消费支出（C）	GNP（GNE）总额（Y）	消费增量（ΔC）	GNP（GNE）增量（ΔY）	消费倾向（APC）	边际消费倾向（MPC）	消费的收入弹性（Em）
1885—1890	37.40	43.38	—	—	0.86	—	—
1891—1895	45.11	52.93	7.71	9.55	0.85	0.80	0.94
1896—1900	51.77	59.86	6.61	6.93	0.86	0.95	1.10
1901—1905	49.95	66.14	1.78	6.28	0.81	0.75	0.92
1906—1910	58.60	72.20	5.15	6.06	0.81	0.85	1.04
1911—1915	64.93	80.88	6.33	8.68	0.80	0.73	0.91
1916—1920	79.85	106.24	14.92	25.36	0.75	0.59	0.78
1921—1925	98.08	118.53	18.23	12.29	0.82	1.48	1.80
1926—1930	108.25	133.11	10.17	14.58	0.81	0.69	0.85
1931—1935	118.09	160.62	10.44	27.51	0.73	0.38	0.52
1936—1940	132.71	208.46	14.02	47.84	0.63	0.29	0.46

说明：C、Y、ΔC、ΔY的货币单位为亿日元，1934—1936年价格。

资料来源：根据大川一司、筱原三代平、梅村又次编：《长期经济统计：推计与分析》卷1《国民所得》，第213页中数字计算。

表1.14列出了以5年为组距的战前日本国民平均消费倾向、边际消费倾向和消费的收入弹性的变动状况及其趋势。首先看平均消费倾向的变动，从表1.14中数字可以得知，战前日本55年的时间序列统计资料表明，1885—1940年期间，日本国民收入增加了近5倍，而国民平均消费倾向却呈现明显的下降趋势，由1885/1890年间的0.86，降至1936/1940年间的0.63，平均为0.79，55年间下降了0.23个百分点，大大高于近代中国国民平均消费倾向的下降幅度。从上表中还可以看出，战前日本国民平均消费倾向的变动呈现显著的阶段性变化特

征。19世纪80年代中期至20世纪之初,平均消费倾向基本无变化,较为稳定,一般介于0.85—0.86之间。到了20世纪20年代之前,平均消费倾向趋于下降,平均在0.8左右。进入20年代,又趋于轻微上升,介于0.81—0.82之间。到了30年代,平均消费倾向又有较大幅度下降,平均介于0.73—0.63之间,其中1940年达到0.58,为55年中的最低点。边际消费倾向与消费的收入弹性如同平均消费倾向一样,也呈现显著的下降趋势,且前者的下降幅度大大高于后者。1885—1940年间,日本国民边际消费倾向由1891/1895年间的0.80,降至1936/1940年间的0.29,55年间下降了0.51个百分点,平均为0.75,低于近代中国边际消费倾向的平均水平。同期日本国民消费的收入弹性下降幅度也十分明显,由1891/1895年间的0.94,下降至1936/1940年间的0.46,55年中下降了0.48个百分点,平均为0.83,这说明国民收入每增加一单位,消费支出则增加0.83个单位。

表1.15中列出了经过重新计算而得的1891—1938年战前日本个人消费倾向时间序列变动状况。图1.6是根据上表数字绘制而成的散点图和长期趋势曲线。图表中清楚地反映出战前日本个人消费倾向的长期变动趋势及其特征。从中可知,战前日本个人消费倾向的变动亦呈现明显的下降态势,由1891年的1.01降至1938年的0.76,47年间下降了0.25个百分点,其下降幅度高于战前日本国民平均消费倾向下降幅度,更大大高于近代中国国民平均消费倾向的下降幅度。从长期趋势曲线看,近50年的发展变动过程中体现出一个明显的特点,即20世纪10年代中期以前消费倾向变动较为平缓,振荡不大,大体上介于1.02—0.90之间;而自1915年以后的消费倾向变动变得波动较大,曲线波幅振荡较为激烈;进入20世纪20年代以后呈

现显著的下降态势。

表1.15 战前日本个人消费倾向变动（1891—1938）

年份	消费倾向（APC）	年份	消费倾向（APC）	年份	消费倾向（APC）	年份	消费倾向（APC）
1891	1.01	1903	0.92	1915	0.93	1927	0.98
1892	0.94	1904	0.94	1916	0.80	1928	0.94
1893	1.02	1905	0.94	1917	0.79	1929	0.89
1894	0.87	1906	0.83	1918	0.83	1930	0.98
1895	0.91	1907	0.90	1919	0.88	1931	0.98
1896	0.99	1908	0.93	1920	0.95	1932	0.88
1897	0.96	1909	0.96	1921	0.95	1933	0.86
1898	0.88	1910	1.00	1922	0.99	1934	0.92
1899	1.00	1911	0.94	1923	0.98	1935	0.90
1900	0.95	1912	0.94	1924	0.96	1936	0.86
1901	0.94	1913	0.96	1925	0.95	1937	0.87
1902	1.02	1914	0.98	1926	0.96	1938	0.76

资料来源：根据大川一司、南亮进编：《近代日本的经济发——长期经济统计分析》，东洋经济新报社1975年版，第576—577页附表5中数据计算而得。

图1.6 战前日本个人消费倾向的长期变动曲线（1891—1938）
资料来源：根据表1.15中数字绘制。

消费作为收入的函数，随收入的变动而变动。消费倾向变动趋势取决于社会平均边际消费倾向和社会平均消费倾向的对比关系。如果社会平均边际消费倾向高于社会平均消费倾向，那么随着收入水平的提高，社会消费倾向将趋于提高；反之，如果社会平均边际消费倾向低于社会平均消费倾向，那么，社会消费倾向就会随收入水平的提高而下降。如果社会平均消费倾向等于社会平均边际消费倾向，那么消费倾向则保持不变。从实证分析的角度看，一定时期内消费倾向呈现递减趋势，即随着收入增加，消费支出绝对量会随收入的增加而增加，但消费支出增加的比例低于收入增加的比例。如上所述，战前日本经济发展过程中，国民收入呈现强劲的增长势头，1885年至1940年的55年间，国民收入增长近5倍，年均增长速度达3.16%，但同期社会边际消费倾向一直低于社会平均消费倾向，前者为0.75，后者为0.79，从而导致战前的日本国民消费倾向呈递减趋势。战前日本个人消费倾向亦呈现相同的变动走势，根据日本学者尾高煌之助建立的消费函数计量模型显示，1892—1938年间日本个人平均消费倾向为0.93，边际消费倾向为0.81[①]，前者亦高于后者，而同期日本人均实际国民收入增长2.4倍（1885—1940年），年平均增长2.26%，说明个人消费倾向亦呈现下降趋势。

第三节　影响中日消费需求变动的因素分析

消费需求不断上升的变动趋势，不是一种个别的、偶然性的短

---

① 尾高煌之助：《个人消费》，见大川一司、南亮进编：《近代日本的经济发展——长期经济统计分析》，东洋经济新报社1975年版，第56页。

期现象，而是一种普遍的、必然的客观规律，它反映着消费与经济增长之间的内在本质联系，是人类社会经济发展规律在消费需求领域中的具体化。消费需求上升的趋势，业已为世界许多国家的统计资料所证明，如上所述，也存在于中日两国近代经济发展的过程中。

近代中日两国消费需求不断上升的变动趋势，受多种客观条件和因素的影响。因为消费需求总是以人为主体和归宿的社会需求，因此从最一般意义上说，凡是影响人的需求以及与其有关的派生需求的因素，都会导致消费需求发生变动，因而也就构成导致消费需求变动的因素。如经济增长、收入水平、人口状况、就业状况、资源禀赋，文化传统、社会习惯、民族习俗、市场状况、物价水平和体制、政策、战争以及国际政治经济环境等等，都会在一定时期、一定条件下以一定的方式影响人的消费需求及其派生需求，而成为导致消费需求变动的因素。但是，从消费需求变动的内在因果联系的角度看，在中长期内直接发生作用，影响全局的因素，主要有以下四个方面：

一、近代中日两国国民经济的不断发展和国民收入的不断提高是消费需求逐渐上升的基本前提条件

众所周知，现代经济学一般都将消费看作是收入的函数，收入是影响消费力和消费需求极重要的因素。凯恩斯就曾指出："在通常情形之下，总需求函数中之消费部分，确以总所得（以工资单位计算）为其主要变数。"[1]美国现代著名经济学家加德纳·阿克利也曾指出："任何消费支出的分析，从而任何总需求的分析（因为消费要

---

[1] 凯恩斯著，徐毓枬译：《就业利息和货币通论》，商务印书馆1963年版，第84页。

占到这个总数的三分之二），要是不把收入作为一个主要的决定因素，它是一点也不值得我们注意。"①从长期来看，收入变动的方向和消费变动的方向总是趋向一致的，消费随收入的变动而变动，国民收入的持续增加必然导致消费需求的增加，而国民经济的不断增长则是国民收入得以提高的根本原因。

表1.16　近代中国国民收入（1850—1949）

1936年币值

年份	1850	1887	1914	1936	1949
国民收入（亿元）	181.64	143.43	187.64	257.98	189.48
人口数（千人）	416669	377634	455243	510789	541670
人均收入（元）	43.8	38.0	41.22	50.51	34.98
时期	1850—1887	1887—1914	1914—1936	1936—1949	
年均增长（%）　国民收入	-0.64	1.00	1.45	-2.40	
人均国民收入	-0.38	0.30	0.90	-3.02	

资料来源：刘佛丁等：《近代中国的经济发展》，山东人民出版社1997年版，第70—71页。

表1.16资料显示了近代中国经济增长的变动状况和发展趋势，从中可以看出旧中国经济在其发展较为正常的19世纪80年代中期至20世纪30年代期间有缓慢的增长，国民收入呈现不断上升的趋势。如果按1936年不变价格计算，工农业总产值由1887年的146.13亿元，到1936年时增加到306.12亿元②，近50年的时间里增加了1.1

---

① 加德纳·阿克利著，陈彪如译：《宏观经济理论》，上海译文出版社1981年版，第336页。
② 王玉茹：《论两次世界大战之间中国经济的发展》，载《中国经济史研究》1987年第2期。

倍，年平均增长率达1.5%。国民收入由1887年的143.43亿元，增加到1936年的257.98亿元，50年间增长了80%，年均增长率为1.21%。人均国民收入也呈现出相同的上升态势，由1887年的38元增至1936年的50.51元，增加了33%，年均增长率为0.6%。据笔者估算，1887年至1936年期间，国民收入增加1.5倍，年平均增长率1.86%，人均国民收入增加83%，年均递增1.23%[①]。其中，两次世界大战之间的1920—1936年期间，是中国近代经济发展史上增长速度最快的时期，在国家工业化和资本主义化的道路上取得了长足的进步和发展。仍以通常用来衡量经济增长的三项主要指标来看，工农业总产值由1920年的229.98亿元，增加到1936年的306.12亿元，年平均递增1.8%。另据吴承明先生估计，同期工农业总产值由159.29亿元增加至242.39亿元，年均递增2.7%[②]。国民收入由1914年的187.64亿元增加到1936年的257.98亿元，22年间增加了37%，年均递增1.45%。人均国民收入则由41.22元增加为50.51元，22年间增加22.54%，年均增长率0.9%。而又据笔者推算，1914—1936年的22年间，国民收入和人均收入分别增加了89%和68%，年平均增长率分别为2.9%和2.4%。由上可见，工农业总产值、国民收入和人均国民收入三项指标均在抗战前的1936年达到旧中国历史上的最高峰。近代中国经济的不断增长和国民收入的不断提高无疑决定了国民消费总量呈现逐渐上升的变动趋势。

与近代中国相比较，战前日本经济取得了持续快速的增长实

[①] 1936年的币值，1887年数字为刘佛丁估算，1936年为叶孔嘉估算。
[②] 吴承明：《中国近代资本集成和工农业及交通运输业产值的估计》，载《中国经济史研究》1991年第4期。

绩，相对经济实力显著提高，从而为其国民消费需求的不断上升创造了坚实的物质基础和前提条件。

表1.17 战前日本经济增长的变动

1934—1936年价格

年份	GNP（亿日元）	人均CNP（日元）	年份	GNP（亿日元）	人均GNP（日元）	年份	GNP（亿日元）	人均GNP（日元）
1885	38.52	101	1904	70.84	153	1923	112.92	197
1886	40.81	107	1905	67.69	145	1924	116.57	219
1887	43.42	112	1906	67.33	143	1925	123.32	209
1888	44.49	114	1907	69.91	147	1926	124.24	208
1889	47.22	119	1908	71.87	149	1927	128.43	211
1890	45.83	115	1909	73.57	151	1928	136.73	222
1891	50.23	125	1910	78.34	158	1929	137.35	219
1892	49.49	122	1911	79.22	158	1930	138.82	215
1893	52.27	128	1912	79.27	156	1931	139.41	213
1894	54.59	132	1913	80.01	155	1932	145.57	219
1895	57.98	139	1914	80.61	154	1933	160.25	238
1896	57.73	137	1915	85.27	160	1934	174.22	255
1897	57.01	134	1916	92.33	172	1935	183.66	265
1898	59.07	137	1917	100.61	183	1936	187.63	268
1899	63.18	145	1918	109.29	200	1937	199.49	282
1900	62.32	141	1919	114.75	209	1938	207.14	292
1901	64.69	145	1920	114.22	204	1939	219.54	308
1902	63.58	141	1921	121.53	217	1940	228.48	318
1903	63.90	139	1922	118.31	209			

资料来源：大川一司、筱原三代平、梅村又次编：《长期经济统计：推计与分析》卷1《国民所得》，第213、237页。

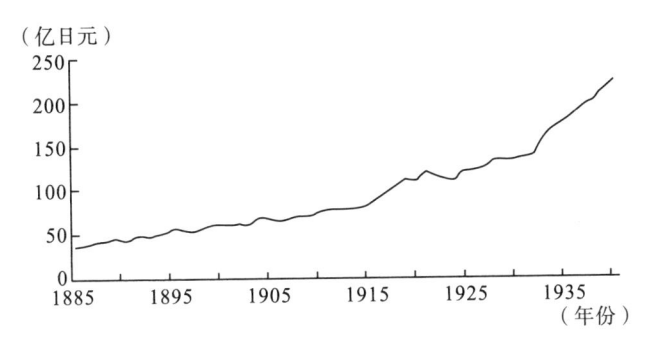

图1.7 战前日本GNP总额的长期变动曲线

资料来源：根据表1.17中资料第178、215页数据绘制。

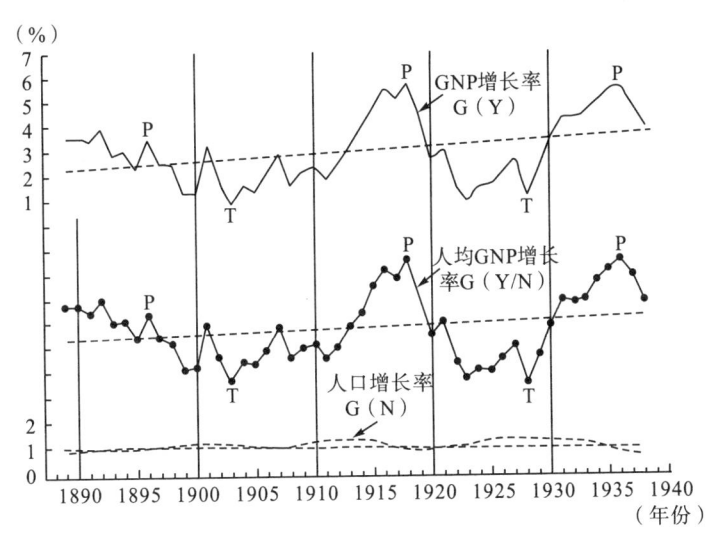

图1.8 战前日本GNP增长率、人口增长率、
人均GNP增长率的长期变动曲线

资料来源：GNP、人均GNP根据表1.17中数据绘制；人口数根据日本银行统计局：《明治以降本邦主要经济统计》，1966年版，第12—13页中数据绘制。

表1.17中列出了战前日本实际GNP和人均GNP的长期时间数列，图1.7和图1.8是分别以可变价格和不变价格绘制的长期变动趋势的阶段性变动状况。以上图表清晰地体现出19世纪80年代中期至20世纪40年代间日本经济增长的长期变动状况和发展趋势。用以上图表统计数据来分析战前经济增长的变动趋势及其特征可以发现，日本战前半个多世纪的时间内，经济呈现出持续快速的增长势头。具体数字显示，1885—1940年的55年间，名义GNP总值由1885年的8.06亿日元，增加到1940年的368.51亿日元，55年间扩大44.72倍，年平均增加值6.55亿日元，年平均递增率7.2%。名义人均GNP总值变动亦呈现同样的上升态势，由1885年的21.1日元增至1940年的512日元，55年中扩大23.27倍，年均递增近6%。若以1934—1936年不变价格计算，战前日本GNP和人均GNP总值及其增长率变动亦呈现强劲的上升发展趋势。实际GNP总值由1885年的38.52亿日元，增加到1940年228.48亿日元，55年中增加近5倍，年平均递增率3.29%。而同期内，日本的实际人均GNP值则由1885年的101日元，猛增加至1940年的318日元，55年间增加2倍多，年均递增2.1%。由上可见，无论是按可变价格还是不变价格计算，战前日本经济增长速度都既大大高于战前日本国民消费需求的增长速度，也大大高于近代中国经济增长速度，从而为战前日本国民消费需求的不断上升提供了物质基础。

从20世纪80年代以来，关于日本德川时代和明治初期经济的数量研究十分盛行，成果丰硕。[①]其中多数强调传统要素的发展和历

---

① 代表著作有日本数量经济史（QEH）研究会编辑《数量经济史论集》多卷本和8卷本《日本经济史》（日本岩波书店）1989年版等数十部。

史的连续性，一改过去认为德川时代经济陷于停滞，日本前工业化的近世与工业化的近代之间横亘着一道裂谷的传统观点，高度评价当时的经济发展成果。一些研究指出江户时代的传统要素在进入明治时代后又得到进一步发展，加之现代要素的作用，19世纪80年代日本的社会和经济已发展到一个相当高的水平，战前日本的现代经济增长已具备了比较有利的初期条件。但与欧美发达国家相比，当时日本的经济水平还很低，资料显示：日本1886年的人均国民收入只相当于英国（1765—1785年）的60%，美国（1834—1843年）的29%，澳大利亚（1861—1869年）的18%，德国（1850—1859年）的45%，加拿大（1870—1874年）的27%[1]。根据格雪克隆和加森克劳提出的"相对后进性"假说，即在初期阶段的经济发展水平（一般用人均GNP来测定）越低，其后来的经济增长率就越高，因为经济发展水平的低下意味着该国的技术水平比先进国家落后，因此从先进国家引进技术促进经济增长的可能性就大。日本在进入工业化之前经济存在着"相对后进性"优势，从而使日本享有现代经济增长开始之前的长期发展趋势所带来的相对有利地位。工业化前与工业化间经济的连续性以及相对后进性优势的存在，就使得日本在进入经济近代化之后的半个世纪里，经济增长出现了显著的趋势加速（trend acceleration）的特征。而这种加速趋势是以人口及劳动力增长率的上升和过剩劳动力的存在为基础所产生的资本形成的加快，及其相关的技术进步的加速得以实现的。

---

[1] 南亮进著，毕志恒、关权译：《日本的经济发展》，第11页。

二、中日两国近代化过程中,近代工矿交通事业的发展,使国民收入分配格局朝着有利于劳动收入的方向转变趋势也决定了中日两国近代消费需求的不断上升

实际收入水平的提高,在很大程度上反映着需求的上升。而消费需求不断上升的变动不仅受国民收入总量变动影响,更受国民收入分配格局的制约。因为无论在总量一定或变化的条件下,国民收入分配流程和结构的变动就成为国民收入发生变化的重要原因。而国民收入向劳动者倾斜后,就会使劳动收入占国民收入的比重提高,财产收入比重下降。因此说,国民收入分配格局朝着有利于劳动收入的方向变动,决定着消费需求上升的速度和方向。

表1.18 1933年中国国民收入分配格局

单位:百万元

	工资薪金所得 实数	工资薪金所得 百分比	其他所得 实数	其他所得 百分比	总数 实数	总数 百分比
农业	4719	38.5	7552	61.5	12271	100.0
矿冶业	138	57.9	100	42.1	238	100.0
制造业	1434	78.0	404	22.0	1838	100.0
营造业	221	100.0	—	—	221	100.0
交通运输业	700	75.9	222	24.1	922	100.0
商业	1757	69.1	784	30.9	2541	100.0
金融业	67	33.5	133	66.5	200	100.0
住宅	—	—	934	100.0	934	100.0
自由职业	312	100.0	—	—	312	100.0

续表

	工资薪金所得		其他所得		总数	
	实数	百分比	实数	百分比	实数	百分比
公共行政	642	100.0	—	—	642	100.0
总计	9990	49.7	10129	50.3	20119	100.0

说明：原表中总计所占比重计算有误，现已修正。
资料来源：巫宝三：《中国国民所得（一九三三年）》上册，中华书局1947年版，第14页。

表1.18显示了20世纪30年代中国国民收入的分配格局状况。它告诉我们，到了20世纪30年代，国民收入中工资薪金所得所占比重达49.7%，而包括地租、利润和利息在内的其他所得为50.3%。其中越是近代化程度高的国民经济部门工薪所得所占该部门全部收入的比例就越高，非工薪所得所占比例则越低；与之相反，越是生产方式落后的经济部门（如农业），工薪所得所占比例就越低，非工薪所得所占比例就越高。如制造业中工薪收入占78.0%，交通运输业占75.9%，商业占69.1%，矿冶业占57.9%。造成这种情况的原因主要是由于近代生产部门的劳动生产率高于传统生产部门，从而导致近代生产部门的名义工资和实际工资的上涨幅度较传统生产部门为高。

近代化过程中，西方国家财产收入在国民收入中的比重呈逐步下降趋势，19世纪中期为20%—40%，在一个长时期内的稳定和轻度增长后，有些国家从第一次世界大战后开始，另一些国家从第二次世界大战开始下降，现在只占国民收入的20%或20%以下；而劳动收入在国民收入中所占的比重则呈相反方向变动，低收入阶层的收入比高收入阶层的收入增长更快。

19世纪80年代中期中国近代化刚刚起步之时，可以认为全部国民收入基本来源于传统经济部门。而当时最为富有的绅士阶层的收入主要为地租、利息及其转化形式（如官僚及其他行业职务的报酬等），财产收入在国民收入中占有绝对大的份额，而以农民为主体的普通居民的收入在全部国民收入中只占相对偏低的比重。根据刘佛丁先生的估算，1887年时占全国人口2%的富有阶层的收入占全部国民收入的比例高达21%，而占总人口98%的普通居民的收入占国民收入的比重为79%；人均年收入前者为397元（1933年币值），后者仅为30元，收入差距悬殊。[①]到了20世纪30年代，如表1.18中所示，富有阶层的财产收入所得在国民收入中的比例下降，而以劳动工资为主要生活来源的普通居民的收入在全部国民收入中所占的份额有所增加，尤其是近代化生产领域更为突出。

中国近代化的历史表明，财产收入在国民收入中比重的下降，劳动收入比重的上升，使国民收入分配结构朝着有利于普通阶层的方向转化，导致普通阶层收入水平上升，其结果必然促进整个社会消费需求呈上升趋势。

战前日本经济发展过程中，随着技术和设备的引进和改善，劳动生产率的不断提高，工人和雇员的工资收入呈日渐上升的趋势。同时随着社会总产品的增加，特别是工业化水平的提高，产业工人收入得到绝对和相对的增加，其所占国民收入的份额在比例上和数量上也得以增加。而财产收入分配到的份额虽然在数量上增加了，

---

① 刘佛丁、王玉茹：《中国近代化过程中国民收入分配问题考略》，载《中国经济史研究》1989年第4期。

但在比例上却减少了,从而使国民收入的分配格局有利于劳动者阶层而趋于合理。

表1.19　战前日本国民收入分配的变动

单位：百万日元,%

年份	劳动收入	个人业主收入	农林水产业收入	财产收入	转移收入	总计
1920	3119	2725	3053	2264	78	11239
1925	4285	2543	2994	3034	175	13031
1930	4411	2280	1473	2610	208	10982
1935	5120	2548	2155	3009	251	13083
1940	10030	4223	5109	3977	470	23809
1944	21388	4771	5848	8346	1228	41581
1920	27.8	24.2	27.1	20.2	0.7	100.0
1925	32.9	19.5	23.0	23.3	1.3	100.0
1930	40.2	20.8	13.4	23.7	1.9	100.0
1935	39.1	19.5	16.5	23.0	1.9	100.0
1940	42.1	17.7	21.5	16.7	2.0	100.0
1944	51.4	11.5	14.1	20.0	3.0	100.0

资料来源：根据山田雄三编：《日本国民所得推计资料》,东洋经济新报社1951年初版中数字整理。

表1.19中数字反映了日本20世纪20年代至40年中期国民收入的分配状况及其变动趋势。从中可以清楚地看出,劳动收入在数量上和所占国民收入的比例上都呈明显的上升趋势,财产收入虽然在数量上增加,但所占国民收入中的比例却波动较小,略升逐降,总体上呈现稳定状态。具体数字表明,劳动收入由1920年的3119百万日

元，增加到1944年的21388百万日元，24年间增加了近6倍，年平均递增率为8.4%。劳动收入所占国民收入比重呈现显著的上升趋势，由1920年的27.8%，上升至1944年的51.4%，24年间上升了近24个百分点。而财产收入则由1920年的2264百万日元增加到1944年的8346百万日元，期间仅增加了2.7倍，年均递增5.6%，大大低于劳动收入的增长速度，而且财产收入所占国民收入的比重大体上为20%。

现代经济学原理表明，各种生产要素都根据自己在生产中所做出的贡献而获得相应的报酬，所得报酬就是生产要素的价格，而生产要素在国民收入中所占份额的大小则取决于它们各自的均衡价格高低。工资是劳动需求和供给均衡时的价格，利息是资本需求和供给均衡时的价格，地租则是土地需求和供给均衡时的价格。

在中日两国长达半个多世纪的近代经济增长过程中，一直存在着二元经济结构，即一方面是现代技术和较高的资本、劳动比率，较高的劳动生产率和工资的资本主义部门或曰现代部门；另一方面是陈旧技术，较低的资本密集度、生产率和工资的生存资料部门或曰传统部门。在两国经济发展初期，现代部门的比重较小，整个经济中的劳动力供给大部分被传统部门所吸纳。第一产业就业人口数占总就业人口的比重，日本在1885年达64.9%[1]，而中国在1887年高达80%[2]。因此，中日两国的传统部门都存在着"无限制的劳动力供给"或称为"剩余劳动"。刘易斯模型认为，在经济发展的初期，有一个以剩余劳动力为特征的阶段，该阶段的工资高低取决

---

[1] 据大川一司、筱原三代平、梅村又次编：《长期经济统计：推计与分析》卷2《劳动力》，东洋经济新报社1988年版，第5、9、10表中数字计算。
[2] 刘佛丁等：《近代中国的经济发展》，山东人民出版社1997年版，第182页。

于生存水平如何。在由劳动力剩余转入劳动力不足的转折点实现之前，农业工资仅能维持生活，不会有很大提高。但大多数第三世界国家的历史实践证明，刘易斯二元结构的发展模型中所设想的，后发展国家由于存在着过剩的劳动力，因而在其开始近代化之后，引进先进技术设备，近代部门可以用农业生存工资雇佣其所需的劳动力，并长期保持低工资率的设想是不符合实际的。伴随着一个国家近代经济的增长，城乡劳动者的工资都有不同程度的上涨。这种现象同样存在于中日两国近代经济发展的过程中。据最新的研究表明，在19世纪末至20世纪初年中国近代化起步后的50年中，城乡劳动者的名义工资在周期性波动中呈现不断上升变动趋势，其中近代生产部门工人的名义工资增长幅度较大，而传统部门工人的名义工资增加较少。用生活费指数加以折算后的产业工人的实际工资也有所增长，而手工业和农业工人的工资则增长不多[1]。在日本，非农业部门的实际工资是以农业劳动生产率的持续增长为基础的，伴随着近代经济增长和成功地发挥二元结构的优势，使日本城乡劳动者的名义和实际工资水平不断上升，而且近代产业部门工人的工资水平与农业部门的工资水平的差距大大低于中国。据日本学者研究表明，18世纪前期至后期，农村及城市劳动者的实际工资呈上升趋势，18世纪末期趋于停滞。1820年开始，有许多资料显示，实际工资处于低落倾向。从1870年开始上涨，进入20世纪以后继续保持上升势头[2]。从20世纪10年代后期至20年代，城乡劳动者实际工资大

---

[1] 王玉茹：《近代中国价格结构研究》，陕西人民出版社1997年版，第167页。
[2] 西川俊作、尾高煌之助、斋藤修编著：《日本经济200年》，日本评论社1996年版，第430页。

幅度上升，尔后下降，1900—1938年的平均增长率为1.4%[①]。其中农业劳动者的实际工资在近代初期比较稳定，1916—1920年急剧上升，尔后因20年代的下降而处于缓慢上升状态。战前的实际工资基本处于稳定状态，增幅缓慢，1896—1938年的增长率按综合消费者物价指数折算为0.2%[②]。制造业的劳动者工资从1915年以后数年间急剧上升，其后至战前以缓慢的速度上升，但总体上，1880—1938年的半个多世纪中，制造业工人的实际工资大体上与人均实际国民收入的变化相同，即"二战"前较为稳定地上涨，30年代下降，战后一直上升[③]。

由上可见，与中国一样，在日本近代经济发展过程中，随着城乡劳动者实际工资收入的不断上涨，劳动收入在国民收入中所占份额不断增加，使国民收入分配格局朝着有利于普通劳动者阶层的方向转化，从而使整个社会消费需求不断上升。

三、人口规模及其构成的变动也客观上决定了中日两国近代消费需求的不断上升

中国是一个人口大国，人口规模及其增长速度的变化，对中国消费需求的变动有着十分重要的影响。人口总量及其结构的变动成为近代消费需求变动的又一至关重要的因素。如前所述，就人口规模及其增长率来看，与世界大多数工业化国家情况不同的是，中国人口增长在进入近代社会前的200年间就明显加速。据估计，在

---

① 南亮进著，毕志恒、关权译：《日本的经济发展》，第211页。
② 南亮进著，毕志恒、关权译：《日本的经济发展》，第207页。
③ 西川俊作、尾高煌之助、斋藤修编著：《日本经济200年》，第430页。

1650—1850年的200年间，中国的人口规模由1.25亿人增加到4.1亿人，200年间人口增加2.28倍，年平均递增率0.6%[1]，既远远高于前资本主义时代欧洲人口的增长速度，也高于工业化之前日本人口的增长速度。从而使中国在近代化开始以前形成了一个很大的人口基数，对中国近代经济的发展产生了重大和深远的影响。

人口的加速增长是近代经济增长的一个重要标志。人口增长一方面能扩大劳动供给量而提高潜在生产力；另一方面则会增加消费人口，提高消费需求总量。中国近代化开始后，人口总量呈缓慢增长，由1887年的377636千人增加到1949年的541670千人[2]，60余年间增加43%，年平均递增率达0.58%。这期间人口规模的变动状况，按章有义先生的估算，1887—1912年25年间，人口增加21.03%，平均年增长率达0.77%；1912—1932年20年间，人口增加12.20%，年均递增0.58%；1932—1949年17年间，为1851年以后各时期中人口增长速度最慢的一个阶段，人口增加6.86%，平均年增长率仅为0.39%[3]。

人类的生存和发展，必须有足够的消费资料来满足他们的生活需要。社会总人口的消费需求量同人口的数量、质量成正比例发展。从社会发展的总趋势来看，生产力水平越发展，社会经济越发达，人口数量就越多；人口质量越高，人口社会结构越复杂，人口分布越是集中和城市化，社会的消费需求量就越大，生活方式和消费模式越趋现代化。

---

[1] 刘佛丁：《有关清代农业生产力发展水平的几个问题》，载《南开经济研究所年刊》1984年。
[2] 1887年人口数见《光绪会典》卷17；1949年人口数见《中国统计年鉴》1984年版，第5页。
[3] 章有义：《近代中国人口和耕地的再估计》，载《中国经济史研究》1991年第1期。

西方国家经济发展的历史表明，如果国民收入增长速度超过人口增长速度，并由此保证人均消费需求不低于或相等于前期，那么，随着人口数量的增多，社会消费需求总量必然呈上升趋势。就近代中国情况而言，如前所述，1887年至1936年的49年间，国民收入由143.43亿元，增加至354.6亿元，增加1.5倍，年平均递增1.86%；而同期人口总量由377636千人，增加到了510789千人[①]，49年间增加35.3%，年平均递增率为0.60%。由此可见，从19世纪80年代近代化起步至20世纪30年代中期，中国经济增长速度高于人口增长速度；而近代人口总量不断增多则是公认的史实，这样，社会消费需求呈上升趋势就是显而易见的。

另外，人口结构对消费需求呈上升趋势也具有重要影响。人口构成的变动包括人口年龄构成、性别构成、职业构成和城乡构成等构成的变化。其中，人口职业的构成和城乡构成对消费需求的决定作用尤其明显，因为人口职业构成的变动直接影响着人口收入水平的变动。如果边际消费倾向不变，那么，消费水平将随收入水平上升而提高。人口的职业构成又可通过人口的城乡构成来反映，因为人口的城乡构成大体反映着人口在三大产业中的分布状况。与传统社会相比较，我国近代人口构成日趋复杂化和多样化，随着社会经济的发展，人口流动与劳动力转移加速，城市化程度提高，城镇人口占全国总人口比重日趋上升，三大产业的人口分布也发生了很大的变化。据统计，从1840年到1949年的100余年间，全国总人口从4.13亿人增至5.41亿人，共增加1.28亿人。在此期间，城镇人口由

[①] 章有义：《近代中国人口和耕地的再估计》，载《中国经济史研究》1991年第1期。

1843年的2072万人，到1893年增至2351万人，城市人口比重由5.1%上升到6.6%，年平均递增率为0.25%①。至1949年增至6765万人，比1893年增加1.88倍，年平均递增率达1.61%，城镇人口比重由6.1%上升到10.6%②。上升幅度之大，速度之快，在中国古代历史上是史无前例的。华北地区和上海的城市人口从1900—1910年的460万上升到1938年的1300万人，增长了将近两倍③。从1912年至1937年，南京市人口由不足27万人增加到100万人；上海市由百万人左右增至300万人以上；北京市由80万人左右增至160万人；天津市由75万人增至110万人；广州市由80万人增至100万人④。中国近代城市人口的急剧增长主要是由人口的机械增长，即农村人口迁入造成。这表明，近代城市化水平的提高是伴随着农村劳动力转移和流入城市而形成的。从三大产业的人口分布来看，近代产业工人人数，1894年为84571人⑤；到了1920年，中国新式工人和矿业中的工人人数为557622人，中小企业和矿业中的工人人数为950000人，两者合计为1507622人⑥；至1933年增至2068000人，其中，新式工矿企业

---

① 1840年数字见梁方仲编著：《中国历代户口、田地、田赋统计》，上海人民出版社1980年版；1949年数字见《中国统计年鉴（1984）》。另据施坚雅研究，1893年时，全国8个区域城市系统中有3个地区明显高于全国城市化程度6.0%的平均水平，其中，长江下游区为10.6%，岭南区为8.7%，东南沿海区为6.4%。参见施坚雅《十九世纪中国区域城市化》，载《城市史研究》1989年第1期。
② 胡焕庸：《中国人口地理》（上），华东师范大学出版社1984年版，第257、261页。
③ 珀金斯著，宋海文译：《中国农业的发展》，上海译文出版社1984年版，第202页。
④ 邓云特：《中国救荒史》，商务印书馆1937年版。
⑤ 陈真、姚洛合编：《中国近代工业史资料》第1辑，北京三联书店1957年版，第54页。
⑥ 上引书；刘佛丁：《试论我国民族资本企业的资本积累问题》，载《南开学报》1982年第2期。

工人人数为968000人，中小厂矿工人为1100000人。[①]农业就业人口由1883—1887年的160060000人，增至1933—1937年的180115000人[②]，年递增率仅为0.24%，增长幅度还不及近代厂矿工人人数的增长速度。由此可见，近代人口构成的巨大变动，特别是城乡构成和职业构成的变动对消费需求上升起着十分明显的推动作用。

如前所述，与中国传统社会人口规模加速增长的特征相比较，日本工业化之前的全国人口总量呈现缓慢增长的态势。人口规模由1650年的1718万人增加至1872年的3311万人，200余年间人口仅增加93%，年均递增0.3%，大大低于同期中国人口0.6%的增长速度，也低于同期世界人口0.47%的增长幅度，使日本在进入近代化之前没有像中国那样对社会经济发展形成一个很大的人口压力。

步入近代社会以后，从19世纪80年中期至20世纪30年后期的50余年间，日本的人口规模和人口结构都发生了巨大变化，进而对近代日本消费需求上升产生了重要影响和拉动作用。人口总量由1886年的3854.1万人增加到1944年的7443.3万人，增加了93%，年平均递增率为1.14%，大大高于同期中国人口总量0.58%的增长速度。这期间日本人口规模的变动状况还呈现出阶段性变动态势，19世纪的最后十余年人口增长开始起动，1887年至1897年，人口年增长速度为0.96%。19世纪末和20世纪初期，人口增长幅度加快，1897年至1904年，人口年增长率达1.16%。1904年至1919年的15年间，人口总量继续攀升，人口年增长率为1.19%。20世纪20年代为1887年

---

① 巫宝三主编：《中国国民所得（一九三三）》上册，第71页；刘佛丁先生上引文章。
② 王玉茹：《在近代化过程中日本和中国农业发展的比较研究》，载《南开经济研究》1992年第2期。

以来各时期人口增长速度最快的一个时期,期间人口年增长率高达1.51%。进入30年代,人口规模仍不断上升,期间人口增长幅度与20年代相比虽有所下降,但仍保持年均增长率1.28%的高水平[1]。纵观明治维新以降日本近代化过程中的人口增长的总体特征是低水平增加,并以1920年作为一个重要的分水岭。从明治至大正时代是日本近代化的初期阶段,人口增长总量由明治初的3500万人增加到大正九年(1920年)的5550万人,约50年间增加60%,年平均递增率0.92%。从大正九年至第二次世界大战结束的25年间,人口总量由大正九年的5500万人增加至昭和二十年(1945年)的7200万人,增加了1600万人,这时期的年平均递增率达1.08%。其中大正十四年(1925年)至昭和五年(1930年)的5年间,人口年平均增长率高达1.53%[2],是日本人口史上史无前例的高人口增长时期。

如上所述,伴随着国民收入的快速增长,并由此保证人均消费水平不低于前期,那么,随着人口规模的不断增加,社会消费需求总量必然呈上升趋势。这种现象不仅存在于近代中国经济发展的过程中,同样也存在于战前日本经济发展的历程中。资料显示,1887—1938年的51年间,战前日本GNP的年均增长率高达3.16%(5年移动平均值)[3],而同期人口总量的年均增长率仅为1.14%,经济增长速度大大快于人口增长速度,这样就为消费需求的上升提供了空间和物质基础。

---

[1] 大川一司、筱原三代平、梅村又次编:《长期经济统计:推计与分析》卷1《国民所得》,第20页。
[2] 总务厅统计局:《人口统计总览》,东洋经济新报社1985年版,第3—4页。
[3] 大川一司、筱原三代平、梅村又次编:《长期经济统计:推计与分析》卷1《国民所得》,第16页。

人口结构变动对战前日本消费需求的上升变动也具有促进作用。从人口年龄结构来看，战前日本经济增长开始时期，"从属人口指数"比较低。"从属人口"是指不参加生产劳动的幼少年（0—14岁）和老年人（65岁以上）（即使参加工作，人数也不多），而从属人口对成年人口之比称之为"从属人口指数"，它表示社会及家庭负担的大小。这一比例在明治初期较低，1865年只有57.8%，其后随着幼少年人口的相对增加而逐渐上升，但增长幅度极为有限，1880年为60.7%，1900年为62%，1930年为70.5%，1940年为69%[①]。从属人口总量的上升主要是因出生率的上升所致，因此幼少年的年龄结构系数由1865年的31.3%上升至1940年的36.1%[②]。幼少年人口是纯消费者，老年人口是负的储蓄者（消耗过去的储蓄，以用于消费），因此，这部分人口的比例低下，会减轻成年人口的生活压力；同时生产人口的比例高，即使劳动力或生产人口人均GNP相同，总人口的人均GNP也会高，这样会促进经济增长，最终牵动消费需求上升。实际上，人口年龄结构对消费需求的牵动作用是有限的，或是间接发挥作用，而人口结构中的职业构成和城乡构成变动对消费需求的上升具有显著作用。随着日本经济的不断增长，"二战"前日本人口流动与劳动力转移较之近代中国更加快速，城市化进程更加显著，城镇人口比重持续上升，三大产业的人口结构分布也更加合理。据资料显示，从1885年至1940年的60余年间，日本城镇人口规模显著扩大，1889年城市人口总量为514.9万人[③]，1893年

---

① 南亮进著，毕志恒、关权译：《日本的经济发展》，第193页。
② 南亮进著，毕志恒、关权译：《日本的经济发展》，第193页。
③ 伊藤繁：《战前时期日本都市的成长》，载《日本劳动协会杂志》1982年第7、8月号。

以前，以5年率计算，城市人口增长率大约不超过10%。这虽也超过了全国人口的增长率，但这一时期城市的发展主要表现在东京、大阪、横滨、神户等大城市，其他的地方城市则或停滞无变化，或仅显示出若干的人口回升。到1893年以后，全国城市人口的增长率（5年率）已达到15%以上，地方城市的人口数量也在显著增加，就是说，全国性的城市化已经开始。到第一次世界大战景气时，达到了最高的增长率19.8%（5年率）。期间，尤其是在明治时代，港口城市的人口显著增加，工业城市的人口增长也在逐渐加速。商业城市的人口增长率虽然较低，但确实在稳步上升[1]。进入20世纪以后，城市人口加速增长，到1920年增加至1408.7万人，比1889年增加1.7倍，年平均递增率3.3%，城市人口与总人口比重也由13.1%上升到25.2%[2]。大正、昭和时代的城市人口变动呈现出更加强劲的势头，请看表1.20。

表1.20 大正、昭和时期日本城市人口的变动

单位：千人

	1920年	1925年	1930年	1935年	1940年
全国人口（A）	55963	59737	64450	69254	71933
城市人口（B）	18501	20674	23470	26688	29248
京滨、京阪神城市人口（C）	8584	9549	11251	13311	15061

---

[1] 伊藤繁：《明治、大正时期日本的城市发展》，载安场保吉、斋藤修编：《原始工业化时期的经济与社会》，日本经济新闻社1988年版。
[2] 伊藤繁：《战前时期日本都市的成长》，载《日本劳动协会杂志》1982年第7、8月号。

续表

	1920年	1925年	1930年	1935年	1940年
四大工业圈城市人口（D）	10387	11636	13675	16117	18311
B/A（%）	33.1	34.6	36.4	38.5	40.7
C/A（%）	15.3	16.0	17.5	19.2	20.9
D/A（%）	18.6	19.5	21.2	23.3	25.5
C/B（%）	46.4	46.2	47.9	49.9	51.5
D/B（%）	56.1	56.3	58.3	60.4	62.6

说明：京滨地区指东京府、神奈川县，京阪神地区指京都、大阪、兵库三府，四大工业地带指京阪神地区加上爱知、福冈两县。

资料来源：中村隆英、尾高煌之助编，厉以平监译：《日本经济史》第6卷《双重结构》，北京三联书店1997年版，第54页。

20世纪20年代，"一战"期间迅速膨胀的城市构成了"二战"前日本近代城市的雏形，这一点颇具时代特征。城市人口在此期间呈强劲增长趋势，市区、近郊以及后来并入市区的地区人口总和，按照日本政府1925年公布的市制城市规模标准，1920年已经达到总人口的三分之一，此后城市人口所占比例不断上升，至1940年城市人口数量已达2924.8万人，占总人口比例达40.7%。其中，京（东京）滨（横滨）、京（京都）阪（大阪）神（神户）地区的城市人口数量由1920年的858.4万人增加到1930年的1125.1万人，又增至1940年的1506.1万人，如果加上爱知、福冈两县，则从1038.7万人增到1367.5万人和18311万人。占全国总人口的比例则由1920年的15.3%上升到1930年的17.5%，又增至1940年的20.9%。若再加上爱知、福冈两县，其比例则由18.6%升至21.2%和25.5%。正是在20年代初至30年中期，日本形成了象征近代工业发展的四大工业地带。自第一次世界大战开始，这四大工业地带的工业无论是工厂数或者是员工数均占全国的半数以上，1914年时工厂数占全国总厂数的比例达51.3%，员工人数占49.1%，生产额达到全国的60%。除在关东大地震后短时期内出现下降倾向外，到30年中期为止，这一比重一直持续稳步上升，到1936年以上三项指标所占各自比重分别为54.1%、54%和65.3%。尤其是重化工业（指化学、窑业、金属、机械仪表工业的合计）的比重占到从业人员70%左右，占生产额的7成以上[1]。1920年东京市区的人口为217万人，达到最高水平，以后再没有突破。大量的劳动力转移和流动人口加剧，使东京的"郊外化"市政规模不断扩大。1920年东京郊区人口117万人，到1925年就增加到210万人，到1930年更高达289万人。大阪市的人口由1913年的99万人，增加到1920年的125万人，进一步增加到1925年的211万人，增长迅速。京都市的人口，1913年为50万人，1925年为67万人，1930年增至76万人。神户市人口在1913年时为39万人，受第一次世界大战时期反常的出口高潮的影响，1920年猛增到60万人，在六大城市中发展最快[2]。从三大产业的人口分布来看，第一产业就业人数占总就业人口比重由1887年的78%，降至1920年的55%，到1936年又降至45%。而第二产业和第三产业就业人数所占比重分别由1887年的9%和13%上升到1920年的22%和23%，又升到1936年的

---

[1] 根据通商产业大臣官房调查统计部编：《工业统计50年史·资料篇I》（大藏印刷局1961年版）数据计算。
[2] 西川俊作、山本有造编，厉以平监译：《日本经济史》第5卷，《产业化的时代》（下），北京三联书店1998年版，第328—333页。

24%和31%[1]。就三大产业人数的增长率而言，1910年至1938年，第一产业的就业增长率几乎为零，而非第一产业增长2%左右，其中第二产业年增长2.4%，第三产业年增长1.3%[2]。日本学者中村隆英利用1920年进行的《国势调查》中职业小分类别资料，将第一产业以外的有业人口分为近代产业、旧有产业和新兴的旧有产业三种类型进行统计，其中近代产业工人数由1881/1885年的40.6万人增加到1911/1915年的196.5万人，又增加到1931/1935年的369.6万人，其所占总就业人口比例则由1.8%上升到7.6%，又升至12.1%[3]。由此可见，伴随着农村劳动力大规模流入城市以及城市化水平的不断提高，人口的城乡结构和职业结构都发生了巨大变化，城乡与职业工资水平差异所导致的收入水平的扩大必然对战前日本国民消费需求的上升起着十分显著的拉动作用。

四、消费的示范效应、攀比行为和不可逆行为也对消费需求不断上升起着一定的推动作用

在现实经济生活中，消费者的消费支出不仅受其收入的影响，而且也受到周围其他人的消费行为及其收入和消费相互关系的影响，这就是消费的示范效应[4]。一般来说，消费示范效应首先影响的是低收入阶层的消费倾向，低收入者总是极力模仿、攀比高收入者的消费模式和生活方式，并努力将自己纳入高收入阶层的消费者的"关系集团"中，因此，高收入者的消费模式就成为低收入者消

---

① 安藤良雄编：《近代日本经济史要览》，东京大学出版会1981年版，第25页。
② 南亮进著，毕志恒、关灯译：《日本的经济发展》，第224页。
③ 中村隆英：《明治、大正时期的经济》，东京大学出版会1985年版，第188页。
④ 厉以宁：《消费经济学》，人民出版社1984年版，第67页。

费行为的引导器，努力进行"模仿"并力图尽快"赶上"的倾向则是消费"示范效应"的典型反映。近代中国和日本的绅士阶层作为高收入者有他们传统的生活标准和消费模式，如住宅、饮食、娱乐等等，这些标准和模式是维持其名誉与声望所必不可少的条件，是他们权力和富贵地位的象征。到了19世纪后半期，随着外国资本主义的入侵，中国和日本的商品经济有了进一步发展，这种发展更加刺激了富有阶层的消费欲望和消费行为。特别是对外贸易的发展，追求西方舶来消费品又成为他们的一种时尚，成为他们权力和地位新的象征。他们挥金如土、奢侈糜费的消费方式和生活方式对社会上其他富有阶层乃至贫穷者都产生了强烈的示范作用。努力进行效仿，并力图尽快赶上，不考虑预算约束的限制，一味地极力攀比，成为许多人追求的生活目标和行为准则。另外，消费者行为中所具有的消费"不可逆性"特征，在旧中国和战前日本社会生活中也不乏其例。所谓消费不可逆性是指消费者的消费支出不仅依赖于其现期收入水平，而且依赖于其过去收入即相对收入和消费水平，特别是受过去"高峰"时期收入和消费水平的影响和牵动。[1]也就是说消费支出在收入下降时，不是减少，而是还维持其原有的消费水准。根据这种假定，消费就成为现期收入和以前达到最高收入之间比率的函数。在旧中国和战前日本，我们看到一些破落的官宦富绅或书香门第的后代虽已十分窘困，外表还极力维持空架子的情景，不愿意降低其消费方式和生活方式，这种事例是不胜枚举的，这种极力维持其原来的消费水平的行为，是消费不可逆性特征的真实写照。

---

[1] 厉以宁：《消费经济学》，人民出版社1984年版，第67页。

第四节 中国与日本消费需求变动的比较分析

在对近代中国和日本消费需求变动趋势及其特征和影响因素作了纵向分析以后，还有必要将两国联系起来进行横向的对比研究，以求进一步分析各自消费需求的变动特征及其异同。

19世纪中叶，西方列强的坚炮利船先后打开了中国和日本封闭已久的国门，中日两国被西方列强强行纳入资本主义的世界市场和世界资本主义体系之中。面对着内忧外患的双重压力，从19世纪80年代开始，中日两国几乎同时开始了各自的近代化过程。中日两国同为欠发达国家，在向西方学习，开始资本主义近代化的过程中，两国在历史背景、起始条件、国际环境和发展过程中有许多相同之处，尤其是两国在开始实行近代化初始时期的经济发展水平都不高。西蒙·库兹涅茨把日本近代经济增长的开始期定为1874—1879年，并推算这期间人均GNP为74美元（用1965年美元价格表示），大约相当于西方一些发达国家进入近代经济增长前夕的一半全三分之一[1]。日本学者西川俊作认为用1965年美元汇率来换算是有偏差的，评价过低，用购买力平价法加以修正后，为110美元，提高了48.6%，但此经济发展水平仍只相当于英国工业化初期经济水平316美元的三分之一左右[2]。1883—1887年日本国民收入为600百万日元，人均国民收入仅为15.6日元（当年价格），按照当时的汇率

---

[1] 西蒙·库兹涅茨著，常勋等译：《各国的经济增长——总产值和生产结构》，商务印书馆1999年版，第30页。
[2] 西川俊作：《日本经济成长史》，东洋经济新报社1985年版，第217—221页。

兑换约合13.2美元[1]。而同期（1887年）中国的国民收入为32.14亿两，人均国民收入为8.5两（均为当年价格），按照当年的汇率折算约合10.88美元[2]，仅为日本人均收入的82.4%。

中日两国经济近代化虽几乎同时起步，初期经济发展水平相差无几，但从19世纪80年代至20世纪30年代之间的50年左右时间里，日本经济取得了令人瞩目的进展和实绩，而中国经济发展的速度却远远落后于日本，且随时间的推移，差距越来越大。到20世纪30年代，日本已经成功地实现了国家的工业化，步入近代化国家的行列，而中国则始终没有实现库兹涅茨所谓的真正意义上的"近代经济增长"，两国的经济实力相差甚远。从表1.21中我们可以清楚地看出这一点。

---

[1] 根据大川一司编：《日本经济的增长率》，岩波书店1956年版，第7页和18页中国民收入和总人口数计算，又按照矢野恒太纪念会编：《日本100年》，时事出版社1984年版，表6-1中汇率折算成美元。

[2] 国民收入数据刘佛丁等：《近代中国的经济发展》，山东人民出版社1997年版，第94页，又据张仲礼《19世纪80年代中国国民生产总值的粗略估计》，载《南开经济研究所季刊》1987年增刊第1集中的1两=1.28美元汇率折算成美元。

表1.21 中国和日本国民收入、消费需求变动的比较（1887，1936）

年份	国民收入（亿元）(1) 1887	(1) 1936	年率(%)	人均国民收入（元）(2) 1887	(2) 1936	年率(%)	民消费总额外（亿元）(3) 1887	(3) 1936	年率(%)	人均消费额（元）(4) 1887	(4) 1936	年率(%)	人口（万人）(5) 1887	(5) 1936	年率(%)	消费倾向(6) 1887	(6) 1936
中国	143.43	309.40	1.58	37.98	60.57	0.96	131.94	279.80	1.55	34.95	54.79	0.92	37763.6	51078.9	0.62	0.919	0.904
日本	43.42	207.14	3.16	112	292	1.94	37.65	130.57	2.55	97	184	1.33	3870.3	7101.3	1.22	0.867	0.630

说明：(1) 中国为1933年币值，日本为1936年币值。(2) 日本1934—1936年数据由1938年数据替代。(3) 增长率，中国为简单算术平均值，日本为7年移动平均值。

资料来源：中国：(1) (2) 两项、1887年数字见佛丁等：《近代中国的经济发展》，山东人民出版社1997年版，第70—71页；1936年数字见叶孔嘉《中国国民收入，1931—1936》）.载《中国近代经济史会议论文集》，台北"中研院"经济研究所，1977年，第128页。(3) (4) 项见本书第一章表1-1和表1-2。(5) 项，1887年数字见《光绪会典》卷17；1936年数字见章有义：《近代中国人口和耕地的再估计》，载《中国经济史研究》1991年第1期。

日本：(1) (2) (3) (4) 项，见大川一司，筱原三代平，梅村又次编，《长期经济统计：推计与分析》卷1《国民所得》，东洋经济新报社1974年版，第16—20页、213、237页。(5) 项，见总务厅统计局监修：《人口统计总览》，东洋经济新报社1985年版，第45—46页。

在战前中日两国经济发展的过程中，国民收入和国民消费需求都呈现不断上升的变动趋势，但两国国民收入和国民消费需求增长幅度不尽相同。1887年至1936年的49年间，日本国民收入和人均国民收入呈现大幅度的增长态势，实际国民收入由1887年的43.42亿日元增加至1936年的207.14亿元，49年中增加3.8倍，年均递增率3.2%，实际人均国民收入由112日元增加到292日元，期间增加1.6倍，年均递增1.94%。而在大致相同的时期内，中国实际国民收入则由1887年的143.43亿元增至1936年的309.4亿元，49年中仅增加1.16倍，年平均递增率1.58%，实际人均国民收入则由37.98元增加到60.57元，增加仅59%，年递增率0.96%。可见中国的发展速度大大落后于日本。中国和日本大体上都从19世纪80年代开始由西方引进近代工业技术、设备和制度安排，从而步入经济近代化历程，但在此后50余年的发展过程里，日本的近代工业迅速发展，经济实力显著增强，取得了公认的经济发展成就。日本工业生产指数在战前增长率为5.4%（1881—1937年），远远超过同时期的欧美各国，欧美各国的增长率，美国为3.7%，意大利为3.1%，德国为2.9%，英国1.6%[1]。日本工业总产值在世界各国工业总产值中的比重由1890年的不足1%，升到1937年的4%[2]，令西方国家不得不刮目相看。而到20世纪30年代，中国的工业生产水平在世界范围内尚无任何地位而言，而且这一时期中国经济的增长速度不仅大大低于同期的日本，甚至也低于西方发达国经济起飞阶段，如美国1834/1843—

---

[1] 南亮进著，毕志恒、关权译：《日本的经济发展》，第71页。
[2] 中国科学院经济研究所世界经济研究室编：《主要资本主义国家经济统计集（1848—1960年）》，世界知识出版社1962年版，第2页。

1869/1878年国民收入年增长率5.2%，人均国民收入为1.4%，英国1801/1811—1831/1841年期间分别为3.2%和1.5%[①]，均高于中国1.58%和0.96%的年增长率。

消费是收入的函数，国民收入水平的提高必然促使国民消费需求水平呈现同步增长的态势。中日两国国民收入增长幅度的不同，必然影响国民消费需求增长速度。如表1.21所示，从19世纪80年代经济近代化起步至20世纪30年代中期的近半个世纪中，中日两国国民消费需求增长变动的总体状况也存在差距。1887年至1936年，中国国民实际消费需求总额由131.94亿元增至279.8亿元，49年间增加1.1倍，年递增率1.55%，实际人均消费需求额则由34.95元增加到54.79元，期间增加57%，年率0.92%。而同期日本国民实际消费需求总额则由1887年的37.65亿日元，增加到1936年的130.57亿日元，增加2.5倍，年率2.55%，人均实际消费需求额由97日元增至184日元，增加90%，年率1.33%。由上可见，中国国民消费需求的增长速度虽然低于同期日本，但其差距不及实际国民收入和人均国民收入那样大。随着工业化水平的提高和国民收入的上升，消费需求呈上升走势是世界性的发展趋势，中国和日本也不例外。如上所述，中国在经济近代化过程，国民消费需求亦呈逐步上升趋势，但与同期日本相比较，中国实际国民消费需求增长速度仅低于同期日本1个百分点，实际人均消费需求增长速度与日本不相上下，仅低于日本0.4个百分点；而同期两国国民收入的增长幅度也迥然有异，实际国民收入和人均国民收入，日本分别为3.16%和1.94%，同期中国这两

---

① 安藤良雄编：《近代日本经济史要览》，第24页。

项指标只分别增长了1.58%和0.96%，与日本形成鲜明的对照。国民消费需求以同于或略低于国民收入的比率增长，其结果必然导致储蓄率的低下，制约了资本供给能力，阻碍了工业化水平的稳步提高和经济增长。

消费倾向反映了收入与消费之间比例关系的变动，从表1.21可以看出，日本国民消费倾向由1887年的0.867下降至1936年的0.630，49年间下降了0.237个百分点；而同期中国消费倾向由0.919降至0.904，仅仅下降了0.015个百分点，下降幅度大大低于日本。

由上可见，战前日本经济发展历程中，国民收入的增长一直是以高于个人消费需求的速度增长，人均消费需求较之中国缓慢，而近代中国国民收入增长却是以略低或几乎相同于个人消费需求的速度增长，人均消费需求变化又较之日本颇为激烈。战前日本消费需求之所以上升缓慢，是由于其在经济发展过程中有效地避免了近代西欧生活方式的影响，日本在引进先进技术和设备以及制度安排的同时，日本人的消费模式仍很大程度上依赖过去形成的习惯，消费生活带有较强的传统因素，避免了消费需求和通货膨胀所造成的困扰，制约和影响消费需求变化的三大因素对战前日本消费需求的变动影响不大，为此，在日本学术界形成了独特的"消费习惯假说"。消费水平的上升落后于生产率的增长，其结果导致了储蓄率的上升，从而保证了资本形成的迅速扩大，为日本经济高速增长创造了条件。而中国在漫长的封建社会时期商品经济就有一定程度的发展，长途贸易的商品主要是那些奇珍怪异的奢侈品和土特产品等消费产品，其消费对象主要是贵族、官僚等富有阶层。到了19世纪后半期，随着外国资本主义的入侵，西方机制消费品大量涌入中国，70年代初期在中国进口货物商品结构中，直接消费品的进口值占进口总值的比重就高达83.4%，至90年代初仍居78.6%之高①。这些琳琅满目、价格昂贵的舶来消费品又成为中国富有阶层新的消费热点，更刺激了他们的消费欲望，获得这些高档消费品就成为显示其权力和地位的新标志。与日本的情况不同，中国在总的经济发展水平提高极慢的情况之下，一些大城市却畸形发展起来。如上海在20世纪前半期号称"东方第一大都会"，其城市面貌和功能结构已经达到和接近西方近代化城市的水准，出现了高楼大厦林立，公司洋行毗邻，娱乐场所彻夜灯火通明，中外游客川流不息的繁荣景象。大量中国富有的寄生阶层云集于此，过着挥金如土、奢侈豪华的生活，其消费水平之高，令西方游客瞠目结舌。他们的超前消费使国民收入剩余的相当一部分被挥霍掉，阻碍了国民收入剩余转化为储蓄并投向生产领域，抑制了经济增长。当时就有学者提出："华人只知享受西方物质文明，而昧于所以创造之道。时人有谓：吾国经济，不啻中古生产与现代消费之混合制，此言并非过甚。"②这种中古生产与现代消费并存的格局就表明生产水平的提高落后于消费水平的变动和发展，其结果必然阻碍中国经济的发展和进步。

第五节　中日与同期发达国家消费需求变动的对比研究

在对战前中国和日本消费需求变动作了纵向和对比分析以后，

---

① 严中平等编：《中国近代经济史统计资料选辑》，科学出版社1955年版，第180页。
② 方显廷：《中国经济之症结》，载《大公报·经济周刊》第153期，1936年2月17日。

还有必要与同期世界其他发达国家进行横截面的对比研究，以冀取得完整的认识。

欧美国家在其工业化历程中，国民消费需求亦呈现明显的上升趋势，而且一些欧美国家国民消费需求的变动幅度较之中国更为剧烈。我们看到，中国国民个人消费需求增长率从1887年至1936年间年平均增长0.9%（以1933年不变价格计算），同期发达国家，例如，美国1889—1938年为2.1%，瑞典1882—1948年为2.3%，日本1887—1938年为1.33%，德国1851—1931年为1.4%，加拿大1870—1930年为1.3%，英国1880—1939年为0.8%，意大利1860—1940年为0.5%，挪威1865—1930年为0.9%[1]，从整体上看，近代中国国民个人消费需求增长率略低于同期世界工业化国家的平均水平，而战前中国国民收入的增长速度却不能与这些发达国家同日而语。战前日本国民消费需求增长幅度虽低于美国和瑞典，却高于意大利、挪威和英国，而与德国和加拿大相近，处于西欧各国的平均水平。但战后（1956—1987年）日本的增长率达3.8%，高于英国（2.2%）、加拿大（2.4%）和美国（2.1%）[2]。

---

[1] 大川一司、筱原三代平、梅村又次编：《长期经济统计：推计与分析》卷1《国民所得》，第22—23页。
[2] 南亮进著，毕志恒、关权译：《日本的经济发展》，第274页。

表1.22 近代发达国家GNP结构中国民消费需求所占比重

单位：%

国别	年限	国民消费需求	国别	年限	国民消费需求
英国	1885—1889	83.3	德国	1885—1889	83.6
	1900—1914	78.6		1891—1913	68.7
	1921—1929	82.0		1914—1928	76.1
	1930—1939	79.7		1929—1938	73.2
	1945—1954	68.2		1950—1959	58.7
美国	1887—1891	78.1	意大利	1881—1900	84.4
	1907—1911	79.2		1901—1910	78.4
	1909—1928	74.7		1921—1930	78.5
	1929—1938	77.9		1931—1940	73.5
	1946—1955	66.4		1950—1959	68.2

资料来源：据库兹涅茨著，戴睿、易诚译：《现代经济增长：速度、结构与扩展》，北京经济学院出版社1989年版，第201—202页；安藤良雄编：《近代日本经济史要览》，东京大学出版会1981年版，第26页；卡洛·M·奇波拉主编：《欧洲经济史》第五卷上册，商务印书馆1988年版，第85—86页中资料整理。

战前日本经济增长取得了骄人的成绩，GNP增长率高于同期欧美工业化国家的平均水准，但国民消费需求上升速度与各发达国家相比并不突出，主要是因为战前日本存在剩余劳动，致使工资增长率低于经济增长率，以及消费生活被传统生活方式所支配的缘故。到了战后，日本增长速度飞速加快，超过了任何国家，这来源于二战后日本高的经济增长率，以及由此产生的劳动力不足和消费西洋化。

GNP结构中国民消费需求所占比重的高低一般可以反映经济发展水平。从表1.22可以看出，随着欧美诸国工业化程度的逐步提高，经济实力的增强，国民个人消费需求所占GNP比重呈明显的下降趋势，由19世纪中后期的80%下降为20世纪30年代的70%左右，到第二次世界大战以后，这一比重又降至60%左右。这意味着居民消费的增长率大大低于国民总产值的增长率。与同期发达国家相比较，近代中国国民消费需求所占GNP比重偏高，1936年时这一比重高达90%，相当于这些发达国家19世纪末期以前的水平。而日本国民消费需求所占GNP比重，在19世纪后期与欧美诸国总体水平不相上下，平均在85%左右，20世纪一二十年代，这一比重降至70%以上，到了30年代中期以后，这一比重明显下降，1940年只占57.4%[1]，大大低于同期欧美诸国的水平。消费需求所占GNP结构中比重的低下，反映了政府消费和资本形成所占比重的上升，而后者正是推进经济增长的强有力推动力量。

---

[1] 中村隆英：《日本经济：成长与结构》，东京大学出版会1993年第3版，第13页。

第二章
中日消费需求变动的微观透视

前一章重点从宏观的角度，采用实证分析和动态分析方法，对近代中国和"二战"前日本经济发展过程中的消费需求变动趋势及其总体特征展开考察，分析了其变动成因，比较了其异同，并就两国消费需求变动特征与同期发达国家进行了对比研究。本章将深入微观层面，采用短期分析与长期分析，动态分析与静态分析相结合的方法，从纵向和横向的角度，分析近代中日两国劳动阶层收入水平和消费水平的各个侧面，并对其层次差异、地区差异和城乡差异进行考察，以揭示近代中日两国民众实际生活程度及其发展趋势。

中日近代化过程中，或曰由传统社会向资本主义社会转化过程中，居民个人或家庭收入来源和物质性消费支出具有双重结构特征。近代中日两国是一个经济商品化和货币化尚不发达的国家，受商品经济发展水平的制约，居民实际获得的消费享受，有相当大比重是不需要支付货币采"购买"，或者不需要全值"购买"的，因此，其近代居民收入来源可以区分为货币性收入和非货币性收入。双重的收入来源构成则决定了居民物质性消费支出亦呈现二元结构特征，即一部分是自给性消费（又称实物性消费），如农民对农副产品自产自用，手工业者将部分产品留归自用等；另一部分是商品性消费（又称货币性消费），由生产经营者出售产品或劳动力本身取得货币收入，再购买商品及劳务以满足自身物质和精神需要。居民商品性消费需求，实际上就是居民的社会商品购买能力，其比重的高低是反映商品经济发展程度的一个重要指标。

本章不准备对近代中日两国民众收入水平作全面考察，而是就家庭收入水平与消费需求的关系开展分析，进而测试近代民众的实际生活程度。另外，笔者还尽可能将非货币性收入和自给性消费以价值形式表现出来，以冀全面展示近代中日劳动阶层收入水平和消费水平总特征。

第一节 近代中国家庭收入水平和消费水平的分析

一、中国城市劳动家庭收入水平和消费水平的总体考察

马克思主义经济学原理认为，生产和消费具有同一性、依存性和互创性特征，消费是生产的结果，又是再生产的先导[①]。社会生产的发展水平，决定消费达到的水平；而全社会的总消费水平，又决定各种类型家庭和个人消费总体水平。社会的收入水平和消费水平是分层次的，在宏观上是社会总国民收入水平和社会总消费水平，在微观上是家庭和个人收入水平和消费水平，两者是整体和局

---

① 马克思：《〈政治经济学批判〉导言》，《马克思恩格斯选集》第2卷，人民出版社1995年版，第8—12页。

部的关系。所谓家庭收入水平是指一定时期内社会各类家庭的实际收入程度，而家庭消费水平是指一定时期内家庭实际消费的消费品与服务数量和质量的总和所表明的需求达到水平和满足程度。衡量家庭消费水平的指标主要是家庭消费总量和人均消费量。本节是以中国家庭为单位[①]，重点选择工厂工人、手工业者和人力车夫等苦力为研究对象开展分析。为简化起见，本节把名义收入和生活费支出作为测度收入水平和消费水平的综合指标。

1. 城市工厂工人的收入水平和消费水平

我们根据资料将城市工人家庭每家年收入水平分为7个组：100元以下组，101—200元组，201—300元组，301—400元组，401—500元组，501—600元组，600元以上组（分别以V1—V7代表之），分别考察工人家庭收入和消费的总体水平。

据表2.1中数字表明，城市工人家庭年收入在201—400元之间有39个，占总调查数的52.70%；在200元以下者有12个，占16.22%；400元以上者共有23个，占总数31.08%。由此可知，年收入在400元以下者总数达51个，占总数的68.92%，换言之，即三分之二以上的工厂工人家庭平均每年总收入介于200—400元之间。

表2.1　近代中国城市工厂工人平均每家全年
总收入和总支出（1923—1939）

收入与支出组别	各收入组调查数	比重(%)	各支出组调查数	比重(%)
V1.100元以下	2	2.71	—	—

[①] 由于旧中国家计生活费调查均以家庭为核心，虽有家庭人口及其等成年男子统计，但不完全，限于资料局限，因此，我们只得以家庭取代人均为单位进行分析。

续表

收入与支出组别	各收入组调查数	比重(%)	各支出组调查数	比重(%)
V2.101—200	10	13.51	7	8.75
V3.201—300	21	28.38	30	37.50
V4.301—400	18	24.32	25	31.25
V5.401—500	15	20.27	11	13.75
V6.501—600	5	6.76	4	5.00
V7.600元以上	3	4.05	3	3.75
总计	74	100.00	80	100.00

资料来源：根据拙著《总需求的变动趋势与近代中国经济发展》，高等教育出版社1997年版书中附录整理。

表2.2　近代中国城市工人家庭收入来源分析

工人类别	家数	工资	其他收入	总计
①塘沽精盐工人	61	89.1	10.9	100.00
②上海纱厂工人	230	95.5	4.5	100.00
③上海杨树浦工人	100	93.4	6.6	100.00
④上海工厂工人	21	86.4	13.6	100.00
⑤上海工厂工人	305	87.3	12.7	100.00

资料来源：①林颂河：《塘沽工人调查》，北平社会调查所1930年版，第178—179页；②杨西孟：《上海工人生活程度的一个研究》，北平社会调查所1930年版，第32—35页；②Fang Fu-an, Shanghai Labor, I. A General Survey of Labor Conditions in Shanghai, *Chinese Economic Journal*, Vol.7, NO. 2, pp.880—883, Aug.1930; ④ H. D. Lamson, The Standard of Living of Factory Workers, *Chinese Economic Journal*, Vol.7, No.5, pp.1243-1246, Nov.1930;⑤上海市社会局：《上海市工人生活程度》，中华书局1934年版，第15—17页。

城市工厂工人家庭总收入以工资为主，我们从工资在工人家庭的总收入中所占比例可以看出。据表2.2中数字显示，工厂工人家庭全年收入中，工资所占比重高达90%左右，且收入愈低，工资占全部收入的百分比就愈高。因此，一旦工人失业或患病或厂方降低工资，全家的生活顿时发生困难，足见工资增减与劳工生活水平关系密切。

从表2.1中数字可见，城市工厂工人家庭每家全年总消费支出在201—400元之间者有55个，占总调查数的68.75%；200元以下者7个，占总数8.75%；400元以上者有18个，占总数22.5%，就是说，三分之二以上的工厂工人家庭平均每年总消费支出介于201—400元之间。若与平均每家全年总收入统计相比较，可以看出，近代中国城市工人家庭每家收入水平和消费水平处于201—400元之间，而有16.22%的工人家庭，其平均年收入在200元以下，但其消费支出合于此数者仅占全部工人家庭总数的8.75%，亦言之，年收入在200元以下家庭收支严重失衡，入不敷出，生活温饱已不可能，只得依靠借债和赈济方能维持最低生活水平。而处400元以上家庭收支状况良好，收入大于支出，说明生活程度较高。

从宏观上讲，社会总消费水平不仅受经济增长、国民收入增长水平的制约，而且在很大程度上受人口规模及其变动的影响，这是客观经济规律作用的结果。从微观上说，家庭人口规模及其构成的变化与家庭消费水平密切相关。笔者兹以工厂工人生活费调查中有等成年男子[①]（Atwater scale）及收支统计共65个调查样本，按家庭中等成年男子数的多寡分组，编制成表2.3来考察人口与生活费支出的关系。

表2.3 近代中国城市工厂工人家庭人口与生活费分析

单位：元

等成年男子组别	调查个数	平均每家		平均每等成年男子	
		全年收入	全年支出	全年收入	全年支出
2.00—3.00	7	276.45	268.26	110.58	107.30
3.01—3.50	17	307.33	309.84	94.56	95.34
3.51—4.00	14	400.06	382.59	106.68	102.02
4.01—4.50	8	326.03	299.06	76.71	70.37
4.51—5.00	8	294.44	317.22	61.99	66.78
5.01—6.00	11	359.72	406.54	68.52	77.44

资料来源：根据拙著《总需求的变动趋势与近代中国经济发展》附录整理。

据表2.3中数字显示，前三组中平均每家全年收入和支出均因家庭人口增加而上升，除第三组和第六组外，其他各组每一等成年男子的全年收入和支出均因家庭人口之增加而下降。换言之，家庭人口增加，虽因全家谋生人数增多，家庭增加收入的机会成本上升，

---

① 等成年男子计算法，系阿特瓦特（Atwater）根据食品消费量将家庭总人口折合成统一人口单位，其计算公式如下：

	男子	女子		男子	女子
两岁以下者	30	30	12岁以上至13岁以下者	70	60
两岁以上至6岁以下者	40	40	13岁以上至15岁以下者	80	70
6岁以上至10岁以下者	50	50	15岁以上至17岁以下者	90	80
10岁以上至12岁以下者	60	60	17岁以上者	100	80

可使总收入随之增加，并因人口加多亦使总支出随之加多，但平均每等成年男子数全年之收入与支出反有下降趋势，这是由于人口增多而增进的收入额尚不能抵消由人口增多而增加的支出额。美国劳工统计局于1918—1919年对92区12096个劳工家庭经济生活状况调查表明，家庭人口随收入的增加而增加，家庭生活费也随人口的增加而上升，同时每等成年男子的生活费并不随人口的增加而下降，却是逐步提高。这表明美国劳工家庭的生活程度是随家庭人口的增加而高涨。①这与中国城市工人家庭形成鲜明对照。因此说，家庭消费水平的提高，不仅要建立在收入不断提高的基础上，还应建立在对人口规模及其构成的严格控制的基础上。家庭人口增长过快，必然限制其消费水平的提高。

以上我们对城市工人家庭收入水平和消费水平进行了横截面分析，下面将采用时间序列分析方法对其收入水平和消费水平的动态变动展开探讨。20世纪20、30年代中国城市工人家庭每家年收入水平和消费水平的动态变化，如表2.4所示。

表2.4 近代中国城市工人每家年收入和消费支出的变动（1926—1932）

单位：元

年份 指标	1926 （1）	1927—1928 （2）	1929 （3）	1930 （4）	1932 （5）
名义收入	252.0	297.7	408.4	361.3	302.6
消费支出	216.0	299.6	409.2	349.3	314.3
消费倾向	0.8571	1.0064	1.0019	0.9667	1.0379

---

① 王子健：《中国劳工生活程度》，载《社会科学杂志》第2卷2期，1931年6月。

注：(1)项数字以1926年上海资料平均数为代表；(2)项数字以1927—1928年塘沽、天津、上海资料平均数为代表；(3)项数字以1929年上海、武汉资料平均数为代表；(4)项数字以1930年工商部和浙江省建设厅资料平均数为代表；(5)项数字以实业部和广西政府统计局资料平均数为代表。

资料来源：根据拙著《总需求的变动趋势与近代中国经济发展》附录整理。

表2.4中数字虽然不能代表各年份的全国情况，但可说明城市工人每家平均年名义收入和消费支出均呈现波动不居的上升趋势。城市工人家庭年均收入与支出水平变动介于200—400元之间，与上述横截面分析结果相一致。城市工人每家年均收入，1932年比1926年增长20.08%，年平均递增3.1%，扣除物价上涨因素，6年间增长5.32%，年平均递增0.9%。据相关研究表明，从19世纪后半期至20世纪30年代近代中国生产部门劳动者的货币工资在周期性波动中上涨，但实际工资增长幅度有限[①]。我们以上数字也证明这一点。城市工人每家年均生活费的变动经历了与年均名义收入基本相同的曲折走势。1926—1932年的6年间增长45.5%，年均递增6.5%，剔除物价变动因素，6年间共增长27.5%，年均递增4.1%。

表2.5　上海、天津、北平、广州、南宁、南京
各地工人生活费指数变动（1926—1937）

（基期：上海、天津为1926年，北平为1927年，广州、南京为1930年，南宁为1931年）

年份	上海	天津	北平	广州	南宁	南京
1926	100.00	100.00	102.00	—	—	—
1927	101.09	105.60	100.00	—	—	—

---

① 王玉茹：《近代中国生产要素市场价格初探》，载《中国经济史研究》1994年第4期。

续表

年份	上海	天津	北平	广州	南宁	南京
1928	93.21	109.51	101.60	—	—	—
1929	101.98	115.67	106.50	—	—	—
1930	116.79	118.81	109.60	100.00	—	100.00
1931	113.82	113.80	95.80	—	100.00	102.09
1932	108.05	105.24	91.20	—	101.28	94.02
1933	97.17	92.48	81.00	93.96	96.87	83.42
1934	97.35	89.70	79.50	84.68	93.11	80.58
1935	98.72	99.02	85.90	77.73	91.71	84.19
1936	105.04	112.82	100.20	88.07	159.20	—
1937	124.11	123.41	—	—	—	—

资料来源：有关上海、天津、北平及广州见财政部国定税则委员会编：《上海物价月报》第13卷6号，1937年6月；南宁见《国际劳工通讯》第5卷9期；南京见实业部编：《物价统计月刊》第10卷第1号，1938年1月。

城市工人生活费指数是反映工人消费需求变动的理想指标。关于旧中国城市工人生活费指数尚无全国性的资料可使用，我们只好选择一些有较长系列的工人生活费指数的城市作典型加以分析，以从中寻求具有共同性的变动趋势特征。

据表2.5，上海、天津、北平三地工人生活费指数自1926年至1930年逐年上涨，呈上升趋势，1931年均下跌，1935年又回涨，至1937年，上海和天津市工人生活费指数达12年来最高点。广州、南宁、南京工人生活费的变动与上述各地相仿。

表2.6　上海市工人真实工资指数（1930—1938）

1930年＝100

年份	工资率指数	实际收入指数	生活费指数	真实工资指数
1930	100.0	100.0	100.0	100.0
1931	96.6	100.4	97.5	103.0
1932	96.6	99.2	92.5	107.2
1933	98.3	96.5	83.2	116.0
1934	94.9	91.7	83.4	110.0
1935	89.8	84.6	84.5	100.1
1936	93.2	93.5	89.9	104.0
1937	84.8	79.3	106.3	81.3
1938	86.4	86.4	137.5	62.8

资料来源：陈达：《上海工人的工资与实在收入（1930—1946年）》，载《教学与研究》1957年第4期。

生活费指数由于受价格因素的影响，并不能真实地反映城市工人实际消费需求变动及其实际生活水平的高低，只有将其与实际收入或工资率结合起来加以考察，才能再现生活程度变动及其优劣。一般而言，工人实际收入增加，同时生活费支出降低时，其生活必然得到改善；反之，实际收入减少，生活费上涨时，则其生活必然感到困难。由表2.6统计表明，1930年至1935年，上海工人的每小时工资率和每月实际收入均呈逐步下降趋势。这五年中，上海的工商业遇到了重大困难，如1932年的"一·二八"事件和"九·一八"事变所引起的1933年以后的不景气潮流。直到1936年下半年，上海经济状况才得以复兴，这主要是由于政局的稳定，法币的推行，农业的丰收等因素所致，所以商务隆盛，物价上升，而棉纺、纺织、缫丝等业尤为活跃，1936年的每小时工资率与每月实际收入均见上升。不过上升的趋势是暂时的，"八一三"事变后，工商业骤然萎缩，工资和实际收入均往下降。上海工人生活费指数自1931年至1935年呈下降的趋势，1935年冬因实行法币而刺激了上海工商业，工人生活渐见好转。待"八一三"事变爆发，物价狂涨，生活费指数一直上升，1938年为最高峰，达137.5点。如表2.6所示，受实际收入和生活费变动影响，上海工人的真实工资亦有相应波动。1931—1933年，实际收入指数和生活费指数均为下降，所以同期的真实工资指数均逐步上升，1933年为最高点，达116.0点。1934年实际收入指数续降，生活费指数无大变动，次年微升，所以1935年的真实工资指数下跌至100.1点。至1936年，三种指数均呈上升态势。1937年沪战起后，实际收入指数显著下降，生活费指数急剧上升，真实工资指数遂由104.0点降至81.3点，1938年更降到62.8点，比最高点的1933年下降了54.1%。综上所述，上海工人真实工资历年并无显著的上涨趋势，而呈上下波动之态，致使工人家庭生活程度并不随时间推移而逐渐升高，反而有下降之危。

按照现代经济学原理和大量实证研究表明，收入水平是影响消费水平和消费结构变动的最基本原因。在价格水平一定的条件下，消费需求是收入的函数，随收入的变化而变化，两者呈同步增长。消费倾向是测度收入水平变动对消费需求影响程度的主要方法之一。据表2.4显示，这一时期城市工人家庭的消费倾向在0.85—1.03之间波动，即收入总额的85%—103%用于消费支出，这一比重表明近代中国城市工人家庭生活水平低下。

从消费倾向的横截面角度，笔者根据相关资料将城市工人家庭按每家收入水平分为七组，分别考察各收入组的消费倾向的变动状况，请看表2.7。

表2.7 近代中国城市工人家庭消费倾向变动（1925—1932）

年份	V1	V2	V3	V4	V5	V6	V7	平均
1925—1926	—	—	0.7512	—	0.8809	—	—	0.8161
1926	—	1.000	—	0.7778	—	—	—	0.8889
1927—1928	—	—	1.0762	0.9980	—	—	—	1.0371
1929	—	—	—	1.0917	1.0779	—	—	1.0848
1930	—	1.1541	1.1018	1.0138	0.9219	0.7587	0.9366	0.9812
1932	1.6532	1.3401	1.0373	0.9987	0.9124	0.8566	0.8533	1.0931

资料来源：根据拙著《总需求的变动趋势与近代中国经济发展》附录整理。

据表2.7中数字显示，各组的消费倾向具有明显差异。V2组，消费倾向在1.000—1.3401之间波动，除个别年份不详外，其余各年消费支出均大于其收入额，且逐年上升，到1932年，消费支出超过收入34%以上，只得靠举债和救济维持最低生活水平。V3组，消费倾向在0.7512—1.1018之间波动，8年间总平均0.9916，这说明实际收入的99%用于消费支出，收支基本平衡，没有什么剩余。V4组，消费倾向在0.7778—1.0917之间，8年间总平均为0.9760即收入的97.6%用于消费，收支亦基本相等，无储蓄和结余可言。V5组，消费倾向在0.8809—1.0779间波动，其间总平均消费倾向为0.9482，即94.8%的收入花在消费上。V6和V7组，只有1930年和1932年数据，消费倾向分别在0.7587—0.8566之间和0.9366—0.8533间波动，其间总平均分别为0.8077和0.8949，这说明总收入的81%和89.5%用在消费上，而有不足20%和11%的比例用于储蓄或结余。上述变动和主要原因在于：V1—V4组由于收入水平低下，消费支出的绝对额太少，其消费内容主要为生存资料，甚至生存资料都不能满足，收入弹性小，收入水平下降时，消费支出没有压缩的余地，所以消费支出不能随收入水平的下降而下降。V5—V7组收入水平较高，消费支出的绝对额较大，其消费内容除保证生存资料的消费外，还有一定余地消费相当数量的发展资料和享受资料，收入弹性较大，收入水平下降时消费支出有压缩的可能，所以消费支出随收入的下降而下降。

另据统计资料表明，城市工厂工人生活费的家庭调查中，有盈亏统计者共38个调查，共2504户，其中953家有盈余，占总户数的38.06%；1479家有亏欠，占总数的59.06%；另有2.88%的家庭收支平衡。大体言之，工人家庭预算有盈余者少于有亏空者。若按各收入组进行家庭预算分析，据塘沽、上海等地三个调查资料显示，随着收入增加，有盈余家庭所占比例随之上升，而有亏欠家庭所占比例下降，各收入组平均每家之亏欠数目，因收入增加而减少[①]。

一般情况下，经济发展水平高的国家，消费水平高，消费倾向低；反之，经济发展水平低的国家，消费倾向则高。西方发达国家和发展中国家的历史实践证明，收入水平越高，消费倾向就越低，储蓄或扩大再生产所占的份额就越大，反之亦然。消费倾向与收入

[①] 关于塘沽精盐工人，见林颂河：《塘沽工人调查》，北平社会调查所1930年版，第199—200页；关于上海纱厂工人，见杨西孟：《上海工人生活程度的一个研究》，北平社会调查所1930年版，第41—42页；关于上海工厂工人，见上海社会局：《上海市工人生活程度》，中华书局1934年版，第20—21页。

呈反方向变动是消费倾向的运动规律[①]。以上我们对消费倾向与收入水平的变化分别进行的纵向和横向考察可以看出，二者的变动趋势亦呈相反方向变化，符合短期内消费倾向的运动规律。

下面我们将分析不同地区间城市工人家庭收入水平和消费水平的差异。我国幅员辽阔，地区之间的经济和社会发展不平衡，各地区居民生活情形和生活习惯迥然有异，造成地区间城市工人家庭收入水平和消费水平存在较大的差异。

表2.8　近代中国城市工人家庭收入水平和消费水平的地区差异

地点	被调查家数(家)	每家等成年男子数(人)	平均每家全年总收入(元)	平均每家全年消费支出(元)	消费倾向	储蓄和投资倾向
华北	498	4.07	321.39	311.91	0.9705	0.0295
华东、华中	3817	3.78	384.69	300.27	0.7806	0.2194
华南	477	3.77	407.51	401.41	0.9850	0.0150
西南	55	5.50	120.00	180.96	1.5080	−0.5080

资料来源：根据拙著《总需求的变动趋势与近代中国经济发展》附录整理。

从表2.8整体上可以看出，近代中国南部地区城市工人家庭生活水平高于北方地区。具体数字显示，平均每家全年总收入额最高地域为华南，其次为华东、华中，华北和西南；平均每家全年消费支出总额为西南地区最低，其次为华东、华中，华北和华南。将家庭收入和消费支出结合起来看，华东和华中地区城市工人家庭生活水

[①] 这种消费倾向的运动规律仅限于短期分析的结果，从长期看，平均消费倾向是较为稳定的。

平较高，消费倾向为0.7806，即总收入中的78.06%用于消费支出，并有一定剩余。就食品和杂项费的百分比观之，华东、华中地区工人生活水平仍较其他地区为优。华南和华北地区工人家庭年收入基本平衡，而西南地区工人家庭严重入不敷出，经济拮据。收入和消费水平的地区间差异反映了近代中国各地区经济发展的不平衡。

2. 城市手工业工人家庭收入水平和消费水平

在我国近代化过程中，城乡手工业生产有相当的发展。1920—1936年期间，城乡手工业生产总值由426059万元增加到640629万元，年平均增长率为2.6%，其在全部工业生产中的比重平均达72.1[①]。全国各种手工业品输出总值占总输出值的比重，1934年和1935年同为33%，1936年为32%[②]。上海为我国近代手工业的中心，1933—1935年上海市社会局对全市手工业状况的调查结果表明，上海市商店兼有手工业性质者共26128家，占全市商号的36.25%，纯粹手工业工厂5874家，资本总额2304740元，雇用工人28676人[③]。北平、天津、青岛、南京、杭州、长沙、成都及广州八大城市共有手工业工人160071人[④]。由上可见，城市手工业仅就其产值、对外贸易及人数言之，它在整个近代中国国民经济发展中占有重要地位。下面我们试分析城市手工业工人家庭的收入水平和消费水平。

我们根据统计资料将城市手工业工人家庭按每家收入水平分为

---

① 吴承明：《中国近代资本集成和工农业及交通运输业产值的估计》，载《中国经济史研究》1991年第4期。
② 罗敦伟：《国民经济与手工业》，载《实业部月刊》第2卷6期，1937年6月。
③ 上海市社会局：《上海市区5874家手工业概况之分析》，载《实业部月刊》第2卷6期，1937年6月。
④ 郭子勋：《中国手艺工业概述》，载《实业统计》第2卷6期，1934年12月。

四个组,分别考察各收入结构组内手工业工人家庭的收入和消费的总体状况。

表2.9　近代中国城市手工业工人平均每家全年
总收入和总支出(1926—1933)

收入与支出组别	各收入组调查数	比重(%)	各支出组调查数	比重(%)
V1.100—200元	7	50.00	9	60.00
V2.201—300元	4	28.57	3	20.00
V3.301—400元	2	14.29	2	13.33
V4.401—500元	1	7.14	1	6.67
总计	14	100.00	15	100.00

资料来源:根据拙著《总需求的变动趋势与近代中国经济发展》附录整理。

据表2.9中数字显示,我国近代城市手工业工人家庭平均每家年收入集中在100—300元之间,其比重达78.57%,较工厂工人每家全年收入为低。其主要原因在于手工业工人的工资多较工厂工人工资低。

表2.10　1933年广西手工业工人家庭收入来源分析

地点	行业数(个)	被调查家数(家)	收入来源的比重(%)		
			工资	其他	总计
梧州	12	99	95.5	4.5	100.00
桂林	5	43	90.9	9.1	100.00
南宁	10	61	91.5	8.5	100.00
柳州	2	37	98.1	1.9	100.00
平乐	1	3	92.9	7.1	100.00

续表

地点	行业数（个）	被调查家数（家）	收入来源的比重（%）		
			工资	其他	总计
郁林	1	6	100.00	—	100.00
总计	31	249	94.8	5.2	100.00

资料来源：《第二回广西年鉴》，第470—472页。

关于手工业工人收入来源，据1933年冬广西经济调查团对广西六县249家调查报告表明，各地工人的工资收入均占全家总收入的90%以上。另据南开大学对天津手艺工人的调查，职业收入占总收入97.8%，而家主收入愈少的家庭，其职业收入占总收入的比例就愈高，非职业收入（包括房租、馈赠、赈济、津贴、借贷等）的比例就愈低。因此，一旦家主失业或患病，收入来源停止，全家的生活只得依靠赈济或借债度日。至于收入愈高的家庭，家庭中其他成员的收入也较为重要，此乃因收入愈高的家庭，人口也相应增加，家主收入虽有增加，未能使全家的生活丰裕，而必使家庭中其他成员谋生以补全家收入之不足。

表2.11　天津手艺工人家庭收入来源分析

收入组别	各组被调查家数	平均每家等成年男子数	职业收入（%）			非职业收入（%）
			家主	其他家人	共计	
150元以上	23	2.9	92.60	5.92	98.52	1.48

续表

收入组别	各组被调查家数	平均每家等成年男子数	职业收入（%）家主	其他家人	共计	非职业收入（%）
151—200元	60	3.0	91.55	7.81	99.36	0.64
201—500元	44	3.8	81.66	14.82	96.48	3.52
251元以上	5	4.5	71.96	21.57	93.53	6.46
平　均		3.4	86.74	11.06	97.80	2.20

资料来源：冯华年：《民国十六年至十七年天津手艺工人家庭生活调查之分析》，载《经济统计季刊》(南开大学）第1卷3期，1932年9月。

从表2.9中数字显示，城市手工业工人家庭平均每家全年总消费支出集中于100—200元之间，若与工厂工人家庭全年支出总额为200—400元相比较，相差有一倍。

以上横截面分析说明，城市手工业工人家庭的全年收入和支出总体水平大体介于100—200元间，较城市工厂工人家庭为低，这主要是由于手工业工人家庭收入较低所致。

表2.12数字说明，除1932/1933年外，其他年份的城市手工业工人家庭的全年总收入和消费支出呈上升趋势。但期间消费倾向都很高，介于0.9617—1.3510之间，说明城市手工业工人家庭的生活程度仍很低，仅能维持最低生活水平，甚至入不敷出。

表2.12　近代中国城市手工业工人每家全年总收入
和消费支出的变动（1926—1933）

单位：元

指标＼年份	1926 （1）	1927/1928 （2）	1929/1930 （3）	1932/1933 （4）
名义收入	157.50	221.21	351.60	211.00
消费支出	164.78	212.74	475.02	211.19
消费倾向	1.0462	0.9617	1.3510	1.0009

注：（1）项数字以北平资料为代表，（2）项数字以天津资料为代表，（3）项数字以南京资料为代表，（4）项数字以广西505家资料为代表。
资料来源：王清彬等编：《第一次中国劳动年鉴》，北平社会调查所1930年版；冯华年：《民国十六年至十七年天津手艺工人家庭生活调查之分析》，载《经济统计季刊》（南开大学）第1卷3期，1932年9月；陈光廷：《南京工人家计调查的经过及其编制结果》，载《南京社会特刊》1931年；《第一回广西年鉴》。

从地域比较来看，广西505家生活费调查数字显示，平均每家全年总收入为211.00元，每家全年生活费支出为211.19元，较南京65家调查中每家全年平均收支为低，但与天津、北平的手工业工人家庭收支状况相差不远；其生活费分配中，食物一项比重与天津、北平也很相似，虽杂项比重较高，平均达11.47%，但因广西工人房租比重低，加之各地风俗习惯及物价差异而影响了其他各项的比例。从整体上看，天津手工业者家庭生活水平较高于其他地区。

3. 城市苦力收入水平和消费水平分析

本书所称苦力系指人力车夫、码头工人、船夫、疍民、蓬户及挑夫等城市中最贫穷阶层。此类劳动者工作无定规，收入不固定，更有劳苦终日尚不足一饱者，因此是城市中最贫穷的血汗劳动者。作为社会的下层，他们的生活状况与工厂工人和手工业者等城市其他劳动阶层不同，我们有必要对其家庭的经济状况进行考察。

笔者依据相关资料整理的苦力家庭生活情况统计数据，将其每家全年收入水平分为四组，分别考察苦力家庭收入和消费支出的总体水平。

表2.13 近代中国城市苦力家庭平均年总收入和总支出（1924—1935）

收入与支出组别	各收入组调查数	比重（%）	各支出组调查数	比重(%)
V1.100—200元	11	55.00	10	45.45
V2.201—300元	7	35.00	10	45.45
V3.301—400元	1	5.00	1	4.55
V4.401—500元	1	5.00	1	4.55
总　　计	20	100.00	22	100.00

资料来源：根据拙著《总需求的变动趋势与近代中国经济发展》附录整理。

据表2.13中数字显示，城市苦力家庭全年收入在100—200元之间有11个，占全部调查总数的55%；201—300元之间者共7个，占总数的35%；300元以上者共2个，占总数的10%。概括言之，一般苦力家庭全年的总收入在100—200元之间，低于工厂工人和手工业家庭的收入水平。

城市苦力家庭与工厂工人和手工业家庭一样，全年收入仍以工资为主。据表2.14表明，苦力家庭中家主工资收入在家庭总收入中所占比例最高，平均达71.1%。其中最高的为甘博所调查的北平人力车夫家庭，家主工资收入占总收入的85.5%；最低者为南京码头工人，计占家庭总收入的61.7%。而且从表2.14中还可以看出，仅就人力车夫家庭而言，随着时间的推移，家主工资收入呈下降趋势，这说明人力车夫家庭经济状况是不断恶化的。苦力家庭收支缺口只得靠其他收入加以弥补，而这种收入往往是不稳定的。

表2.14 近代中国苦力家庭收入来源分析

苦力类别	家数	工资	其他收入	总计
（1）北平人力车夫	113	85.49	14.51	100.00
（2）北平人力车夫	48	70.63	29.37	100.00
（3）北平清华园人力车夫	36	74.92	25.08	100.00
（4）上海人力车夫	291	61.82	38.18	100.00
（5）南京码头工人	—	61.70	38.30	100.00
（6）天津各种苦力	61	71.75	28.25	100.00

收入来源（%）列在"工资"、"其他收入"、"总计"之上。

资料来源：（1）项见 S.D.Gamble, Beiping Family Budget, *The Annals of the American Academy*, 1930, pp.4；（2）项见陶孟和：《北平生活费之分析》，北平社会调查所1930年版，第30页表8；（3）项见陈达：《中国劳工问题》，商务印书馆1929年版，第442页；（4）项见上海市社会局：《上海市人力车夫生活状况调查报告书（中）附表》，载《社会半月刊》第1卷3期，1934年；（5）项见谢海泉：《健全码头工会与航运事业的改进》，载《交通职工月报》第5卷2期，1937年；（6）项见天津立法商学院：《新开河畔的贫民生活》，载《天津益世报》1935年7月10日。

总之，在苦力家庭中家主一人工资收入在全家总收入所占比例至少在60%以上，仅以此数与工厂工人或手工业工人工资收入在其总收入中所占比例相比较，似乎苦力家庭工资一项收入不及工厂工人那么重要。但实际上苦力工资收入只限于其家主一人，而各种工厂工人的工资系指其全家各成员所有工资的总和。而若将苦力家庭中，家主和其他成员的工资收入（虽然很不固定）一并计之，全家工资收入占全部总收入的比重未必在工业工人之下，如北平社会调查所的北平人力车夫调查，其家主工资收入占总收入的70.63%，而全家工资收入在总收入中则占90%，即为一例[1]。

从表2.13中数字看出，城市苦力家庭平均全年每家支出在100—200元之间者共有10个调查，占全部调查总数的45.5%；201—300元之间的亦有10个，其比重仍为45.5%；而300元以上者仅有2个，占总数的9%。总的来说，苦力家庭平均全年支出额在100—300元之间者最多，共占全部的90.9%。若与平均每家全年总收入数字比较，可以看出，有一定比例的苦力家庭收支严重失衡，入不敷出。

从苦力家庭盈亏状况横截面统计资料分析，20个调查中，有盈余者共10个，有亏短者共10个，各占50%。具有盈亏分析者只有5个调查，如北平人力车夫家庭平均每家盈余仅3.6元[2]，且北平的调查是将慈善机构的赈济亦记入在收入账内，因此，此种盈余能否表示实际的盈余与否尚属疑问。再如，三水河疍民家庭之所以有盈余，是因为在支出中并未将意外费用计算在内，若计算遇意外事件如疾病、丧葬等，这些微弱的盈余恐怕仍不足以应急[3]。此外，无锡蓬户230家中，有亏短者138家，占全部家庭总数的60%[4]，南京人力车夫1350家中因收入不足而需借贷以维持生活的共547家，占总数40%[5]，南京棚户180家中，举债者共92家，占总数的51.1%[6]。

---

[1] 陶孟和：《北平生活费之分析》，北平社会调查所1930年版，第30页。
[2] 陶孟和：《北平生活费之分析》，北平社会调查所1930年版，第8页表二。
[3] 伍锐麟：《三水河口蛋民生活状况之调查》，载《岭南学报》第5卷2期，1934年。
[4] 朱世达：《蓬户劳苦大众生计之调查及研究（附表）》，载《教育与民众》第8卷2期，1936年。
[5] 言心哲：《南京人力车夫生活的分析》，中央大学1935年版，第42页。
[6] 吴文晖：《南京棚户家庭调查》，中央大学1935年版，第46—48页。

家庭人口规模及其变动对于生活水平的影响，上文已述及。关于苦力调查中多无人口与生活费支出关系的分析，所以我们无法作全面论断。只有北平人力车夫和天津苦力生活费调查中可以看出每个家庭平均收入与支出皆随人口增加而上升。这似乎对家庭生活有利，但若比较其每等成年男子的收入和支出状况则其结果就未必尽然了。从表2.15可以看出，生活程度增加的比率赶不上人口增加的速度，每等成年男子的生活费随家庭人口的增加而下降，这表明苦力家庭的生活水平是随人口增加而下降的。

表2.15　近代中国苦力家庭人口与生活费分析

单位：元

业别	等成年男子组别	被调查家数	每家平均等成年男子数(人)	每家全年平均总收入	每家全年平均总支出	每等成年男子全年平均收入	每等成年男子全年平均支出
北平人力车夫	1.5—2.5	5	2.16	149.58	146.74	69.26	67.94
	2.5—3.5	24	2.93	194.00	182.88	63.50	62.46
	3.5—4.5	14	4.00	244.58	238.86	61.20	59.78
	4.5以上	5	5.02	255.80	254.58	50.98	50.74
天津苦力	1.5—2.5	13	2.06	109.92	73.92	53.36	35.88
	2.5—3.5	10	3.10	117.84	90.72	38.01	29.26
	3.5—4.5	18	3.89	183.00	134.64	47.04	34.61
	4.5—5.5	9	5.13	164.76	128.04	32.12	24.96
	5.5—6.5	8	5.89	241.20	145.68	40.95	24.73
	6.5以上	3	7.27	183.36	190.36	25.22	26.21

资料来源：陶孟和：《北平生活费之分析》，北平社会调查所1930年版，第40页；天津立法商学院：《新开河畔的贫民生活》，载《益世报》1935年7月10日。

以上我们对城市苦力家庭的收入水平和消费水平进行了横向分析,下面将对其动态变化进行考察。请看表2.16。

表2.16数字虽然不能表示各年份的全国情况,但可以说明城市苦力家庭收入和消费支出的一般状况。据上表数字显示,苦力家庭每家全年总收入介于100—200元之间[①],其总消费支出介于100—300元之间,与上面横截面分析结果相吻合。具体数字分析显示,1924—1935年间,苦力家庭每家全年总收入增长了15%,年平均增长1.3%,扣除物价上涨因素,11年间增长2.2%,年平均增长率1.2%。苦力家庭每家全年总消费支出1935年比1924年增长6.7%,年平均增长0.6%,剔除物价上涨因素,11年间增长率为-6.1%,年平均下降0.5%。以上说明城市苦力家庭经济状况数年来并无改善,生活水平始终处于极为贫困的境地。

表2.16 近代中国城市苦力家庭全年总收入和消费支出的变动（1924—1935）

单位:元

年份 指标	1924 （1）	1926/1927 （2）	1927/1928 （3）	1930/1932 （4）	1933 （5）	1934 （6）	1936 （7）
名义收入	186.9	186.9	180.4	238.6	213.1	282.9	214.9
消费支出	187.8	202.9	249.6	273.8	178.5	231.9	200.3
消费倾向	1.0048	1.0857	1.3834	1.1475	0.8376	0.8197	0.9321

注:（1）项数字以1924年北平两次调查平均数为代表;（2）项数字以1926/1927年北平调查资料为代表;（3）项数字以1927/1928年北平、天津资料平均数为代表;（4）项数字以1930/1932年上海、广西四县资料平均数为代表;（5）项数字以广西四县、广州沙南、南京资料平均数为代表;（6）项数字以1934年三水河、上海资料平

---

① 1934年收入偏高是因为样本选择的三水河疍民家庭年收入为399.6元所致。

均数为代表；（7）项数字以1935年天津、无锡、南京资料平均数为代表。

资料来源：详见拙著《总需求的变动趋势与近代中国经济发展》附录。

我们根据统计资料将苦力家庭按每家总收入水平分为三组：100—200元组，201—300元组，301—400元组，以考察各收入结构组的消费倾向的变化情况。

从表2.17各年份中各收入结构的消费倾向的平均值看，与表2.16中消费倾向的变动走势基本一致。具体数字显示，V1组（100—200元）的消费倾向介于0.9872—1.1935之间，平均1.0982，这说明109.8%的总收入用于消费支出，收支严重失衡。而V2组（201—300元）的消费倾向平均小于1，不过数值较大，达0.8561，这说明该组收入弹性也较小，收支基本平衡，仅能维持最低的生存需要，没有发展享受资料支出。

表2.17 近代中国苦力家庭消费倾向变动（1924—1935）

年份	V1	V2	V3	平均
1924	1.1800	0.9177	—	1.0489
1926/1927	1.0857	—	—	1.0857
1927/1928	1.1697	—	—	1.1697
1932	0.9898	0.8975	—	0.9437
1933	0.9872	0.7134	—	0.8503
1934	1.1935	—	0.6643	0.9289
1935	1.0814	0.8956	—	0.9885

资料来源：根据拙著《总需求的变动趋势与近代中国经济发展》附录整理。

从苦力家庭生活费的地域比较来看，各地苦力家庭经济状况并无多大差别，均处于极端困苦的境地。如1933年南京、广西[①]和广东生活费分配资料分析显示，广西和广东苦力家庭的食品支出占总消费支出的比例分别为65.9%和62.1%，均低于南京苦力家庭67.1%，而杂项支出比例均高于南京，分别为15.5%和25.8%，可见广东和广西苦力生活程度略高于南京苦力。再据1935年天津、无锡和南京三地苦力生活费调查表明，天津苦力家庭食品占总消费支出比例为64.8%，低于无锡和南京苦力，而天津和无锡两地的杂项无甚轩轾。若将食品、衣服、房租和燃料灯火等生活必需费与杂项费分别论之，则无锡苦力生活必需费在总收入中所占比重为91%，天津苦力为89.8%，因此，两地苦力生活家庭的生活水平实相差无几。

二、矿场工人家庭收入水平和消费支出水平分析

旧中国有关矿场工人家庭经济生活状况调查资料十分缺乏，20世纪30年代以前，尚有一些零散的调查，却极不完整。1932年国民政府实业部曾进行一次大范围的矿工生活情况调查，共九处。本书只得依据这次调查统计资料，对30年代初期，我国矿场工人家庭的经济状况进行分析。

实业部调查共包括331家，其中除水口山为铅矿，荻港为铁矿外，其余7处皆为煤矿。矿工家庭人口平均每家有等成年男子数4.71人，每年收入最高者为博山矿，为479元，最低者为安源煤矿，为

---

① 关于广西统计数字系该年4个苦力调查数字的算术平均。

180元。差距如此悬殊，与家庭人口规模不无关系，若将人口折合等成年男子数，则前者之数较多于后者。此外，在调查开源矿期间，适值罢工之后，矿物经营几濒破产，矿工收入自难维持其正常状态。据笔者统计，除荻港有关生活费资料不甚完备，不便进行比较分析外，其他8处矿工家庭平均总收入为296.8元，每等成年男子平均收入为63.02元。每家全年生活费为295.4元，平均每等成年男子为62.73元，收支基本平衡。而各地矿工家庭每年的收入和支出则在200—300元之间为最多。

表2.18　1932年中国矿工家庭全年收入与支出

收入与支出组别	各收入组调查	各支出组调查
V1.100—200元	2	1
V2.201—300元	4	5
V3.301—400元	1	2
V4.401—500元	2	1
合计	9	9

资料来源：根据《申报年鉴》（1936年）中数据整理。

实业部所作的矿工调查，除荻港外，其余八处分布于华中和华北两大地域内，从中我们可以分析矿工家庭经济状况的地区差异。

表2.19　1932年中国矿工家庭经济状况的地区差异

单位：元

地域	家数	平均每家等成年男子数（人）	平均每家全年总收入	平均每等成年男子全年收入	平均每家全年总支出	平均每等成年男子全年支出
华北	222	4.48	345.66	77.16	341.67	72.7
华中	97	4.95	247.95	50.59	249.21	50.35

资料来源：根据《申报年鉴》（1936年）中数据整理。

据表2.19所示，华北矿工家庭经济状况优于华中地区，每家平均全年总收入为345.66元，总消费支出为341.67元，每家平均全年的消费倾向为0.9986，收支基本平衡，能够维持日常最低生活水平。华北矿工家庭平均每等成年男子收入与支出亦能相抵，消费倾向为0.9885；而华中矿工家庭则有入不敷出的现象，每家平均全年收入和支出额分别为247.95元和249.21元，平均每等成年男子全年收入和支出分别为50.09元和50.35元，消费倾向分别为1.0051和1.0052。

再从生活费比重来看，华北矿工食物费所占总消费支出的比重为56.9%，华中为59.6%，杂项费所占比重分别为10.9%、9.99%，故华北矿工生活程度亦较华中稍优。又因华北四个矿区规模比华中宏大，因此，上述结论除足以表示矿工生活程度的地区间差别外，还可表示大矿与小矿工人生活水平的不同。

关于旧中国矿工家庭收入水平和消费水平的变动情况，尚无全国性或较为广泛的统计资料可供使用，我们只能选择某些具有较长时间序列工资和生活费统计的厂矿企业资料进行个案分析，以考察近代中国矿工家庭经济生活状况的变动趋势。在矿业方面最具典型性的资料，当属南开大学经济研究所编制的开滦煤矿工人工资的统计数字。请看表2.20。

表2.20 近代中国开滦煤矿工人工资变动（1904—1937）

年份	月名义工资总计（元）	月名义工资指数（1925/1926＝1）	生活费指数（1925/1926＝1）	实际工资指数（1925/1926＝1）
1904—1905	8.01	0.64	0.57	1.12
1913—1914	8.33	0.67	0.72	0.93
1919—1920	8.33	0.67	0.75	0.89
1920—1921	9.24	0.74	0.86	0.86
1921—1922	9.24	0.74	0.87	0.85
1922—1923	10.17	0.81	0.86	0.94
1923—1924	11.11	0.89	0.91	0.98
1924—1925	12.02	0.96	0.96	1.00
1925—1926	12.48	1.00	1.00	1.00
1926—1927	12.42	1.00	1.04	0.96
1927—1928	12.68	1.02	1.11	0.92
1928—1929	12.51	1.00	1.13	0.88
1929—1930	14.70	1.18	1.18	1.00
1930—1931	14.68	1.18	1.20	0.98
1931—1932	17.20	1.38	1.15	1.20
1932—1933	16.90	1.35	1.02	1.32
1933—1934	13.69	1.10	0.90	1.22

续 表

年份	月名义工资总计（元）	月名义工资指数（1925/1926=1）	生活费指数（1925/1926=1）	实际工资指数（1925/1926=1）
1934—1935	17.96	1.44	0.97	1.48
1935—1936	18.15	1.45	1.10	1.32
1936—1937	18.11	1.45	1.21	1.20

资料来源：丁长清、阎光华、刘佛丁：《旧中国工人阶级贫困化问题管见——析开滦煤矿工人的工资水平及其变动趋势》，载《南开经济研究所年刊》编委会编：《南开经济研究所年刊》（1984），南开大学出版社1985年版。

开滦矿工的月名义工资，除个别年份稍有下降外，总的趋势是持续上升的，1904—1937年间，名义工资增加了1.3倍。井下煤工的工资统计可以反映非技术工人的工资水平和变动趋势，其月平均名义工资由1887年的4.01元增加为1938年的23.02元，增加了4.7倍。井上机工的工资统计则可以代表技术工人的工资水平和变动趋势，同期他们的月平均名义工资由6元增加为43.44元，增加了6.2倍。但开滦矿工实际工资水平及其变动趋势却与名义工资不同，其实际工资指数1904—1905年度为1.12，1936—1937年度为1.20，首尾相比略有上升，但上升幅度不大。若以实际工资指数为1的年度（1924/1925、1925/1926、1929/1930）作一条水平线，三十多年间，开滦矿工的实际工资是围绕着这个水平线上下波动的，且多数年份是处在这条直线之下，仅有少数几个年头是在水平线之上的。一般情况下，在实际工资逐步下降后，继之而来的是一个逐步上升，上升之后，往往是又重下降；有时由于特殊原因造成大幅度上升或下降，但在丧失升降条件后，就迅速向反面转化。

表2.21 近代中国开滦井下煤工和井上机工工资变动（1887—1938）

年份	井下煤工 月名义工资金额（元）	井下煤工 实际工资指数（1929=100）	井上机工 月名义工资金额（元）	井上机工 实际工资指数（1929=100）
1887	4.01	116.43	6.00	82.81
1905	7.48	127.86	14.15	115.12
1920	8.54	76.32	15.49	65.78
1922	9.35	81.06	17.09	70.56
1924	10.15	89.69	23.32	98.14
1927	11.21	79.94	25.91	87.93
1929	13.35	100.00	28.04	100.00
1931	17.40	144.29	30.80	121.62
1935	17.40	165.46	29.88	135.28
1936	18.91	105.57	38.17	101.46
1938	23.02	118.94	43.44	106.90

资料来源：南开大学经济研究所经济史研究室编：《旧中国开滦煤矿的工资制度和包工制度》，天津人民出版社1983年版，第123—127页表一、表二。

我们若将表2.21中的工资变动做一曲线就可看出，开滦矿工的实际工资水平各时期升降幅度不尽相同。1887年至1905年略有上升，促使这一时期工人实际工资上升的因素是货币工资的增加，而这一时期的物价虽有所上涨，但幅度不及工资增长的大。1905年至1920年，开滦矿工的实际工资处于一种显著下降的趋势，这是由于该时期货币工资基本上没有增加，而物价却显著上涨。1920年至

1929年，开滦矿工的实际工资又缓慢地回升，这主要是由于工人进行了罢工斗争，迫使矿方先后三次增加工资和提高福利待遇。由于名义工资增长较快，物价虽然也在上涨，但上涨的幅度小于名义工资增长的幅度，所以工人的实际工资水平比第一次世界大战期间有所提高。20年代开滦矿工实际工资呈缓慢上升的趋势与全国其他矿场工人工资情况基本一致，如山东中兴煤矿矿工工资在20年代末也有迅速提高，1931年的工资比1926年增长了65%[1]，而同时期华北批发物价指数仅提高了23%。另据河南六河沟公司的经济报告，也指出20年代末工资不断上升[2]。这些例证证明了地质调查所关于在这个时期全国矿业中工资普遍提高的结论[3]。从1929年至1936年，开滦矿工的实际工资显著提高，1935年达到一个高峰，这主要是因为矿方两次增加工资，以及受世界经济危机的波及，从1931年开始物价大幅度下降。

不过，实际工资指数是一个抽象的数字，为了形象化，我们将指数为1的年度的月平均名义工资按照相应年份的面粉价格折算为面粉袋数，平均约为3.51袋。这条以3.51袋面粉为标准的水平线，就是开滦矿工劳动价值及家庭消费与支出的最低界限[4]。从第一次

---

[1] 施裕寿、刘心铨：《山东中兴煤矿工人调查》，载《社会科学杂志》第3卷第1期（1932年3月），第63页。
[2] 侯德封：《第三次中国矿业纪要》，北京，1929年，第83页。转引自蒂姆·赖特著，丁长清译：《中国经济和社会中的煤矿业（1895—1937）》，东方出版社1991年版，第34页。
[3] 侯德封：《第四次中国矿业纪要》，北京，1932年，第80页。转引自蒂姆·赖特著，丁长清译：《中国经济和社会中的煤矿业（1895—1937）》，东方出版社1991年版，第34页。
[4] 丁长清、阎光华、刘佛丁：《旧中国工人阶级贫困化问题管见——析开滦煤矿工人的工资水平及其变动趋势》，载《南开经济研究所年刊》编委会编：《南开经济研究所年刊》（1984）。

世界大战开始到20年代初期,开滦矿工工资收入折合成面粉仅为2—3袋之间,养活家口也成问题。30年代前期,开滦矿工的实际工资水平虽有上升,但很多家庭仍仅能维持最低生活水平。1932年开滦129个矿工家庭的全年平均消费支出为279.7元,而当年开滦矿工的平均全年工资收入只有206.4元,不敷73.3元,占生活费的26.2%。抗战前的1936年,开滦矿工实际工资上升到一个高峰,但根据开滦矿方调查,1936年,一个五口人的工人家庭每月生活费为19.90元至30.00元,而工人月工资收入只有19.50元,支出和收入差额为0.40—10.50元,勉强达到生活费用的最低限度[①]。

从1932年国民党实业部调查来看,开滦煤矿矿工家庭的经济状况优于其他地区,其生活费支出中食物和杂项所占比重分别为52.9%和20.6%,都高于其他矿区。开滦矿工家庭尚仅能维持最低生活程度,其他地区矿工家庭生活即可想而知了。

三、农村劳动家庭收入水平和消费水平的总体考察

据笔者不完全统计[②],旧中国有关农村劳动者家庭经济生活状况的调查共计78个,本书即以此为依据,考察其收入水平和消费水平的总体情况及其变动趋势。我们依据统计数据将农村劳动家庭按每家全年总收入水平分为六组,分别考察农民家庭的收入和消费支出的总水平。

[①] 南开大学经济研究所经济史研究室编:《旧中国开滦煤矿的工资制度和包工制度》,天津人民出版社1983年版,第134—135页。
[②] 笔者搜集的78个调查是统计数据较为完整者,另有许多调查,由于数据不完整,故舍去。

表2.22 近代中国农民平均每家全年总收入和总支出（1917—1941）

收入与支出组别	各收入组调查数	比重（%）	各支出组调查数	比重（%）
V1 100元以下	—	—	3	4.2
V2 101—200元	14	21.9	25	34.7
V3 201—300元	23	35.9	30	41.6
V4 301—400元	12	18.8	10	13.9
V5 401—500元	8	12.5	3	4.2
V6 500元以上	7	10.9	1	1.4
总计	64	100.00	72	100.00

资料来源：根据拙著《总需求的变动趋势与近代中国经济发展》附录整理。

78个农家经济生活调查中，除满铁调查货币单位为日元和中东铁路沿线调查货币单位为卢布外，其余列有每家全年总收入者共64个。此64个调查中收入最多者为北满农家，每家全年收入达2886.5元，但北满农民每家的平均人口为16.4人，若依人均收入计之，其数亦并不过高[1]。收入最少者为河北盐山农民，平均每家全年收入仅为113.8元，原因是当时调查时适值该县荒歉之后，收入锐减；且盐山农家经营又过于单一，田场歉收不能靠其他方面如副业等收入为之挹注[2]，因此该地农民全年收入在64个调查中最低。

据表2.22中数字显示，农家全年收入在100—200元之间者有14

---

[1] 佐田弘治郎编：《北满洲中国农民经济》，东亚印刷株式会社大连支店1929年版；又见邢必信等编：《第二次中国劳动年鉴》，北平社会调查所1932年版，第158—161页。

[2] 卜凯著，孙文郁译：《河北盐山县一百五十农家之经济及社会调查》，金陵大学农林科农林丛刊51号，1929年。

个，占全体调查总家数的21.9%；201—300元之间的有23个，占总数35.9%；301—400元之间的有12个，占总数的18.8%；400元以上者15个，占总数的23.4%。由上可见，农家年总收入100—300元者最多，共有37个，占总数的57.8%。

72个农家消费支出调查统计中，每家全年总支出最多者仍为北满农家，每年总支出最少的是河北平乡农家，仅为88.6元，这是因为调查时正逢农业歉收，农民只得减少生活费用以调节开支[①]。

从表2.22中数字可以看出，中国近代农家全年总消费支出亦介于100—300元之间，共55个调查，占全部调查总数的76.4%。具体数字显示，100元以下者有3个，占总数的4.2%；101—200元之间者有25个，占总数的34.7%；201—300元之间的有30个，占总数的41.6%；301—400元之间的有10个，占总数的13.9%；400元以上者共4个，占总数的5.6%。若与其全年总收入相比较，V2（101—200元）和V3（201—300元）两组的消费支出调查数及其所占比重均高于同组的收入，比重分别超出12.8个百分点和5.8个百分点。这说明，年平均收入在300元以下的农民家庭中，有一定家庭收支不平衡。而300元以上各组收入调查数及比重均高于同组消费支出，这表明随着收入的增加，消费支出的绝对额虽亦随收入的增加而上升，但由于收入弹性较大，消费支出的增长幅度小于收入增长的幅度，从而说明300元以上各组农家的生活程度明显高于300元以下各组。

农家收入包括农作物收入、畜养收入、地租收入、劳动力收

---

① 乔启明：《中国农民生活程度之研究》，载《社会学刊》第1卷3期，1930年5月。

入、副业收入及其他收入等项。从整体上看,上述的收入项目大致可分为农业收入和农业外收入两大类。前者主要是指农作物收入,而后者范围较广,包括工资、经营赢利、手工业赢利、放债利息等。从现实生活角度考虑,收入的多寡在一定程度上影响着农家物质和精神生活水平的高低。收入多意味着生活水平高,收入少则反映生活水平低。同时,收入结构的变动也是衡量农家生活程度究竟处于一种什么样层次上的重要指标。

许多材料表明,对于仍然是依靠耕种土地为生的农家来说,农业收入是最重要的收入来源。我们先来看两份反映20年代农家农业收入的调查材料。金陵大学教授卜凯于1921年至1925年对全国2866户农家经济状况进行的调查表明,平均每户农家的农作物收入为253.22元,占全部总收入的80.3%[1],种植、畜产、杂项等收入为61.98元,仅占总收入的19.7%。另一份20年代初期的农家经济生活调查也表明了同样的趋势。1922年燕京大学农村经济学系教授J.B.Tayler对中国河北、江苏、安徽、山东、浙江5省10县240村落77097家农户进行调查,结果发现一年之内农业收入平均每家为120.1元,占全部收入的74.5%,另外家庭手工业收入占3.6%,工资占11.8%,其他占10.1%,共计25.5%,这就是说全部农家收入中,农作物收入占了四分之三。从地域差异看,江苏农家农作物收入最高,达79.2%,最低为安徽宿县,为59.5%[2]。

1928年至1929年,李景汉对河北定县34户农家较为可靠的记账

---

[1] 卜凯著,张履鸾译:《中国农家经济》,商务印书馆1936年版,第85页。
[2] J.B.Tayler:《中国农村经济之调查》,载戴乐仁等著,李锡周编译:《中国农村经济实况》,农民运动研究会1928年版,第53页。

簿周年进行的调查表明，全年农业收入共计6740.49元，平均每家为198.25元，占全年总收入的比例为70.5%，平均每家农业收入高于J.B.Tayler教授在全国5省10县调查所得的平均收入。之所以如此，正如李景汉所指出的那样，在计账周年内，"农作物的收获也比较的稍好，又没有遭遇特别的天灾人祸，大致农民是过得比较太平的日子"①。

另外，20世纪20年代一些较小规模的调查也表明了同样的情况。1929年无锡36家收入中，农产品收入平均每家为214.1元，比重为63.9%，其他为副业收入，每家为120.8元，比重为36.1%②。副业收入中仍以农业经营为多数，若将副业中的农业收入合并计算，则农产收入的比例至少为76%。1922年卜凯教授对安徽芜湖102个田农经济调查中，农作物现金收入平均每家为238.98元，占全部收入的比重为51.8%，其他为畜产和家畜收入、非现金收入等项收入，比重为45.6%③。另一项有关成都平原50个田家的调查也表明，平均每家农产品收入为842.1元，比重为76.1%，其他项包括牲畜、家庭手工业、工资等收入，共264.9元，比重为23.9%④。

为了使问题得到更清晰和全面的呈现，我们来看一下30年代农家农业收入状况。一些很有代表性的材料表明，农家的农业收入在30年代并没有多大改善，相反，在多种造成农村经济破产因素的

---

① 李景汉：《定县社会概况调查》，中国人民大学出版社1986年再版，第302—303页。
② 古梅编著：《中国农村经济问题》，上海中华书局1933年版，第145页。
③ 卜凯：《芜湖一百零二个田家之经济及社会调查》，载王清彬等编：《第一次中国劳动年鉴》，北平社会调查所1928年版，第503页。
④ H.D.Brown：《四川成都平原五十个田家之调查》，载戴乐仁等著，李锡周编译：《中国农村经济实况》，农民运动研究会1928年版，第58页。

驱使下，农业收入更是持久地在低谷中徘徊。一份30年代对位于河北中部清苑县农家经济的详细调查材料较为典型地说明了这一点。被调查的农户有500家，平均每户农作物收入为154.6元，占全部农家收入的比重达75.5%；其他收入包括畜养收入，农业资本收入、工资收入、副业收入等项收入，平均每家收入共计50.1元，比重为24.5%[①]。国民政府实业部对山东各县调查的结果也表明，在农家各项收入中，"农作物所得占83%"[②]。1935年有人对河北的平乡、曲周、在名等37个县59个村作了抽样调查，结果是农家收入来源于农作物的最多，其收入"占总收入的87.8%"[③]。河南汤阴县1936年的调查也同样表明，"农民生活专恃田地收入"[④]。1933年千家驹等人对广西12县780家农家调查统计显示，平均每家农作物收入为147.1元，占全部总收入的50.0%。这说明其"周年经营作业收入半数得自作物所得，三分之一得自农场杂收，十分之一得自家庭工业或副业"。而且农作物收入所占比重随租佃制度不同而各有差异，以郁林县为例，佃农的农作物收入占总收入比重最高，为59.2%，自耕农最低，为43.9%，然后依次为自耕农兼佃农53.5%，佃农兼雇农45.4%[⑤]。

毗邻都市，经济较为发达地区农家农作物收入占总收入比重较之距离都市远僻之农家为低。以30年代上海市社会局对市郊140

---

① 张培刚：《清苑的农家经济（下）》，载《社会科学杂志》第8卷第1期，1937年3月。
② 实业部国际贸易局编：《中国实业志》（山东省）第2编，1934年版，第61页。
③ 杨骏昌：《河北省之农村经济》，载《农村》第2卷1期，1937年。
④ 《河南统计月报》第2卷1期，1936年。
⑤ 千家驹、韩德章、吴半农：《广西省经济概况》，商务印书馆1936年版，第54—55页。

户农家调查数字表明,平均每家农作物收入为176.1元,比重为54.5%。[①]

货币性收入与实物性收入作为农家收入结构的另一个表现形式,不仅反映农村商品经济发展的水平及其变动,同时也表现出农家生活水平的高低。请看表2.23。

表2.23 近代中国农家总收入中现金与实物收入比例

单位:元

地点	时间	现金收入	比重(%)	实物收入	比重(%)
(1)全国七省	1921—1925	174.9	54.4	146.7	45.6
(2)芜湖	1922	238.9	56.0	187.8	44.0
(3)盐山	1922	87.7	52.3	80.1	47.7
(4)成都附近	20年代	957.6	85.5	149.37	14.5
(5)四川峨眉山	1926	68.7	39.0	107.4	61.0
(6)清苑	30年代	89.97	44.0	114.7	56.0
(7)上下伍旗	1936	272.6	74.0	95.7	26.0
(8)余粮庄	1936	239.6	62.0	146.9	38.0
(9)湘湖	1936	164.2	66.2	83.9	33.8
(10)定县	1936	392.1	59.7	264.2	40.3

资料来源:(1)卜凯:《中国农家经济》,第85页;(2)王清彬等编:《第一次中国劳动年鉴》,第501页;(3)卜凯:《河北盐山县一百五十农家之经济及社会调查》;(4)H.D.Brown:《四川成都平原五十个田家之调查》;(5)H.D.Brown:《四川峨眉山二十五个田区之调查》,载李锡周编译:《中国农村经济实况》,第158页。(6)张培刚:《清苑的农家经济》;(7)至(10)杜修昌:《农家经济分析——1936年我国四个地区177农家记账研究报告》,国家统计局内部刊物,第26页。

[①] 上海市社会局:《上海市一百四十户农家调查》,载冯和法编:《中国农村经济资料》,上海黎明书局1933年初版,第309—310页。

中国传统社会基本上是一个以小农经济为主体的社会，家庭是靠农业与手工业相结合而自给自足的。迄至近代，在中国近代化过程中，虽然中国农业自给自足型的经济形态并没有发生根本性转变，但随着工业水平的逐步提高，农村经济结构和商品化水平都不同程度地发生了变化，而成为农民收入增长最强有力的推动力量。

农民收入水平的提高最初依赖于总量收入的大幅度增长，但要想进一步推动农家收入的不断增长，还有赖于其收入结构发生新的变化，特别是货币性收入与实物性收入之间比重的变化。根据表2.23可以看出，20世纪30年代中期以前，农家总收入中现金收入已占有很大比例，达到40%以上，而且现金收入随总收入的上升而提高，这反映了近代中国农村商品化的发展和农民依赖于市场程度的增加。

随着工业化和对外贸易的发展，国内外商品市场的不断扩大，不但农民所生产的产品向市场出售的数量日益增加，而且农民向市场购买商品的数量也随之增加，与传统社会相比，近代社会的农家现金消费支出发生了很大变化。

表2.24 近代中国农家生活费支出中现金与实物支出比例

单位：元

地 点	时间	现金支出	比重（%）	实物支出	比重（%）
（1）全国七省	1921—1925	77.82	34.7	150.58	65.93
（2）成都附近	20年代	77.69	34.22	149.37	65.78
（3）四川峨眉山	1926	27.60	26.33	77.22	73.67
（4）上下伍旗	1936	141.45	72.33	54.11	27.67
（5）余粮庄	1936	99.12	55.75	78.67	44.25
（6）湘湖	1936	65.79	49.37	67.48	50.63

续表

地　　点	时间	现金支出	比重（%）	实物支出	比重（%）
（7）定县	1936	41.29	19.52	170.21	80.48

注：（2）（3）"现金支出"栏为食品的现金支出。
资料来源：同表2.23。

据表2.24可知，旧中国农家生活费支出中用现金支付购得的比重很大，且随时间的变动而上升，20世纪20年代大约比重为30%左右，至30年代则增至50%。这说明，至30年代，农民生活费支出中有一半是从市场上购买来的。从生活费支出各项分配比例中也表现出同样强劲的势头。

从表2.25可以看出，各地农家向市场购买商品的程度不尽相同，整体上说，北方农家的自给程度较中东部地区为高，这是因为中东部诸点多邻近大中城市，交通发达，商品化水平高所致，如江苏江宁、福建连江、安徽宿县皆毗邻大城市，其农家向市场购买商品的比例皆大于其他各地，表明这些地区农村经济受商品经济支配的程度较大于其他地方。

表2.25　近代中国农家生活费支出中的现金支出情况（1922—1925）

单位：%

地　　点	食物	衣服	油灯燃料	医药	生活改善	嗜好	器具	杂项	总计
中国北部									
安徽省									
怀达	15.1	47.3	6.1	100	100	97.7	100	100	32.7
宿县	17.6	72.8	19.5	100	100	98.6	100	100	40.1

续表

地 点	食物	衣服	油灯燃料	医药	生活改善	嗜好	器具	杂项	总计
河北省									
平乡	17.4	70.5	3.4	100	100	100	100	—	20.7
盐山（1922年）	21.6	100.0	—	100	100	100	—	—	30.3
盐山（1923年）	19.6	96.3	19.6	100	100	99.4	100	100	34.9
河南省									
新郑	8.1	100.0	43.1	100	100	99.4	100	100	22.5
开封	5.1	10.1	28.6	100	100	100	100	100	13.0
山西武乡	0.2	94.5	—	100	100	100	—	—	28.0
平均	11.5	60.3	19.1	100	100	99.1	100	100	26.7
中国中东部									
安徽来安（1922年）	3.5	89.0	—	100	100	100	—	—	26.2
福建连江	12.9	99.9		100	100	100			40.4
江苏省									
江宁淳化镇	41.5	99.8	—	—	100	100	—	—	53.8
江宁太平门	47.2	100.0	7.3	100	100	99.9	98.4	100	57.9
武进	12.3	97.3	9.5	100	100	100	87.8	100	28.0
平均	23.5	98.1	3.2	100	100	100	85.8	100	41.9
十三处平均	16.8	81.7	11.3	100	100	99.7	95.1	100	34.1

资料来源：卜凯著，张履鸾译：《中国农家经济》，商务印书局1936年版，第524页。

从生活费支出各项分配比例来看，衣服一项多半从市场购得，平均高达82%，其中江宁太平门、盐山、新郑三地农家衣服全部购

第二章　中日消费需求变动的微观透视　141

自市场。如前所述，从19世纪70年代开始，随着西方列强国内劳动生产率进一步显著增长，大大增强了这些国家工业产品的竞争能力，中国传统经济的基础——农业和家庭手工业相结合的自给自足自然经济开始分解。大批工业生产的纺织品输入农村，破坏和瓦解了农民家庭手工纺织业。这从上表统计中已经充分表现出来了。食物一项，农家自给部分仍占有绝对份额，商品性部分仅占16.8%。不过，各地区程度参差不齐，其中江苏省两地高达40%以上，最低为山西武乡仅占0.2%。造成江南地区食品商品化程度较高的原因在于，工商业发展，农家生产工业原料和手工业产品日渐增多，生产食物商品渐次减少，以致食物不能自给，非向市场购买不可；另一个原因是农民受军阀、地主豪绅、商人的剥削，不得不在收获季节将粮食卖出，然后又在春荒时购回所需粮食。当然，由于江南农家耕地面积一般来说小于北方，土地价格较高，为了在相对狭窄的土地上求得耕作的最大收益，许多农户较少种植粮食作物，而致力于经济作物种植，因为后者收益大于前者，食物消费的短缺部分则由市场购买也是合算，从而提高了某些地区食物商品化程度，这也是不可忽视的因素。燃料一项向来为农家自给，受商品经济发展的影响，其购买的比重也日渐提高，平均达11.3%。其他，诸如医药、生活改善、杂项等项差不多完全从市场购得。

　　家庭人口规模与消费水平密切相关，我们从农家这二者关系上也可以清晰地看出。以定县为例，可以大致看出家庭人口愈多，不但不能提高家庭的实际生活程度，反而使生活程度呈降低的趋势。我们按家庭中等成年男子数的多寡分为四组，可以看出，每家收入平均数是随等成年男子之次序而递增，而每家等成年男子的平均收入额却随组次而递减。等成年男子最多一组的平均收入为69.5元,最少一组的平均收入为48.90元,相差20余元。由此看来,人口愈多的家庭虽然全家收入亦随之增加,而每等成年男子收入平均数反而愈减少。全家总支出与每等成年男子支出的平均数的关系与收入的变动趋势相同。每家全年支出平均数随组次序增加,每等成年男子平均支出却随组次序而减少,第一组为56.43元,第四组减少到43.96元。关于食物也呈同样现象,人口愈多家庭自然食品费总数相应增加,但每等成年男子的食品费却随等成年男子数的增加而递减。家庭人口规模与等成年男子收入与支出呈相反方向运动的原因在于,家庭人口上涨的幅度大于家庭收入上涨的幅度,从而使家庭生活水平人口增加而相应降低。

表2.26 定县每家全年等成年男子平均收支数及食品费的比较

单位:元

等成年男子组	家数	每家等成年男子数	收入平均数 每家	收入平均数 每等成年男子	支出平均数 每家	支出平均数 每等成年男子	食品费平均数 每家	食品费平均数 每等成年男子
(1) 1.50—3.49	7	2.64	185.61	69.48	150.76	56.43	102.60	38.41
(2) 3.50—5.49	17	4.47	273.33	61.14	232.05	50.59	161.44	36.11
(3) 5.50—7.49	8	6.28	352.01	56.10	316.62	50.46	215.36	34.32
(4) 7.50及以上	2	8.15	398.55	48.90	358.26	43.96	262.62	32.22
合　　计	34	4.74	281.15	59.30	242.64	50.56	167.97	35.43

资料来源:李景汉:《定县社会概况调查》,第310页。

农家生活水平不仅与家庭人口规模关系密切,而且与耕地多少或土地耕种所有权息息相关。据卜凯的调查表明,佃农的生活程度较自耕农和半自耕农都低,在同一地区,佃农家庭中食物、衣服、房租、燃料灯火等项生活必需品的消费支出总额占总支出的比例较自耕农高出3.7%,半自耕农3.2%,而半自耕农则高出自耕农0.2%。这种情形在安徽宿县尤为显著,自耕农除生活必需费用支出外,仍有占生活费总数的24%用于其他费用可以随意支配,而在佃农生活费中只有12%的费用是用于生活必需费用之外的开支,可见佃农的费用大部分是消耗在物质方面的。在食物支出方面,佃农的食物费占生活费总数比例为67.2%,而自耕农则仅占57.4%。以上说明佃农的生活水平是不及自耕农的。若以我国北部和中东部相比较,则中东部佃农的生活确优于北部的佃农。这有两点可以证实:一是中东部佃农生活必需品的比例较北部为低,二是所用生活必需品不论在质与量方面,中东部佃农均比北部佃农为优[①]。

由表2.27所示,自耕农与半自耕农生活程度相差无几,但二者均高于佃农的生活水平。从食物和杂项在生活费分配中的比重来看,自耕农分别为56.4%和21.8%,而佃农则为60.0%和18.1%。依据恩格尔定律,佃农的生活水平低于自耕农。

---

① 见卜凯:《中国农家经济》,第556页;乔启明:《中国农民生活程度之研究》,载《社会学刊》第1卷3期,1930年5月。

表2.27 近代中国土地耕种所有权与生活费分配关系

单位：%

地点	食物 自耕农	食物 半自耕农	食物 佃农	衣服 自耕农	衣服 半自耕农	衣服 佃农	房租 自耕农	房租 半自耕农	房租 佃农	燃料灯火 自耕农	燃料灯火 半自耕农	燃料灯火 佃农	杂项 自耕农	杂项 半自耕农	杂项 佃农
安徽宿县	57.4	60.1	67.2	8.5	8.5	7.7	1.8	1.5	1.3	8.3	8.6	11.8	24.0	21.3	12.0
江宁太平门	49.4	51.5	47.5	7.9	7.8	10.0	2.8	2.1	2.0	14.3	14.4	15.7	25.6	24.2	24.8
江苏武进	65.3	61.4	70.8	2.4	2.2	1.8	6.9	7.2	3.5	8.0	10.2	12.1	17.4	19.0	11.8
福建连江	53.6	52.0	54.4	13.3	13.6	8.3	4.6	5.8	5.1	8.4	8.0	8.5	20.1	20.6	23.7
平均	56.4	56.3	60.0	8.0	8.0	7.0	4.0	4.2	3.0	9.8	10.3	12.0	21.8	21.3	18.1

资料来源：根据卜凯著，张履鸾译：《中国农家经济》，557页中表数字改编。

到了20世纪30年代中期，农村中土地耕种所有权与生活水平之间关系仍十分密切。1935年9月，张培刚对黄安成庄村农家生活费调查显示，食物支出占总支出的比例依土地所有权不同分别为：地主70%、自耕农73%、半自耕农83%、佃农86%。而杂项支出比例则为，地主13%、自耕农12%、半自耕农8%、佃农10%[①]。另一项有关上海郊区农家调查也呈现出同样特征，食物与杂项分别占其总支出的比例为，自耕农为69.3%和18.7%，半自耕农为75.8%和15.4%，佃农则为81.9%和9.3%[②]。再如浙江兰溪农家，食物费占全部支出的百分比，地主为33.62%、自耕农为54.81%、半自耕农为60.52%、佃农为64.75%、雇农为72.22%；而杂项支出的百分比，地主为42.99%、自耕农为27.75%、佃农为17.98%、雇农为15.49%。农民生活程度与土地耕种所有权之间关系灼然可见。

表2.28　近代中国兰溪各种农家全年生活费分配比例

单位：%

农户类别	食物	衣服	房租	燃料灯火	杂项
地主	33.62	8.23	7.17	7.99	42.99
地主兼自耕农	41.54	12.81	6.38	4.99	34.28
自耕农	54.81	7.72	4.94	4.78	27.75
半自耕农	60.52	6.14	4.27	6.60	22.47
佃农	64.75	5.40	3.02	8.85	17.98
佃农兼雇农	63.25	5.03	2.83	9.40	19.49

---

① 张培刚：《我国农民生活程度的低落》，载《东方杂志》第34卷第1号，1937年1月。
② 上海市社会局：《上海农家抽样调查》，载《经济统计月志》第2卷第5期，1935年5月。

续 表

农户类别	食物	衣服	房租	燃料灯火	杂项
雇农	72.22	5.67	2.35	4.27	15.49
平均	55.26	7.80	4.75	5.99	26.20

资料来源：冯紫岗编：《兰溪农村调查》，国立浙江大学1935年版，第133—134页。

  收入与支出是衡量家庭生活水平的晴雨表。我们在上面分别考察了农家收支状况的基础上，将二者结合起来再作进一步分析是很有必要的。笔者查阅到的许多材料表明，农家收支状况变动呈现如下趋势：收支平衡和不敷家庭大于盈余家庭；自耕农盈余大于佃农；经营耕地面积大者大于经营面积小者；经营农业为主及经营副业为主者，大于农业副业混合经营者。但总的趋势是收支不敷，如20年代末期上海吴淞农家的调查表明，耕种50亩以上的半自耕农和全部自耕农收支有盈余，而耕种50亩以下的半自耕农和全部佃农收支不敷，平均亏损166元[1]。河北定县34家平均收入为281.15元，平均支出为242.64元，虽平均盈余38.51元，但因"在调查之时期内未有特别之天灾人祸，因此34家经济状况尚较普通年稍佳"[2]。30年代初期浙江八县农村调查表明，收支有余家庭仅占总数的14.1%，收支相抵者亦只有26.4%，收支不敷者竟高达59.5%[3]，可见农民经济状况益趋贫困。同期河北清苑县500户农家的调查也反映出同样的情况。收支结算后，盈余的农家占38%，而亏损的农家则高达

---

[1] 冯和法：《中国农村经济资料》，第532页。
[2] 李景汉：《定县社会概况调查》，第311页。
[3] 大学部三年级社会系学生同编：《浙江八县农村调查报告》，浙江大学农学院丛刊第八号，1930年版。

62%。总计每家平均收入178.84元，支出199.25元，收支相抵后，亏损20.41元[1]。1933年广西12县农家调查显示，780家农户平均全年收入为293.9元，支出总额为324.79元，其中农场支出97.2元，家庭消费支出227.57元，结算收支相抵，计不敷30.89元[2]。在江苏，只有耕地30亩以上的自耕农和半自耕农才能收支相抵，而据当时统计，全国耕地30亩以上的农家至多不过30%；而耕种30亩以下的农家大多是亏欠的[3]，他们只得依靠借贷、典当或以生活上的极度节俭为沉重代价来换取收支的基本平衡。

若就副业的结合程度与农家盈余占其所得比例来看，旧中国的农村经济存在着一种饶有兴趣的现象，即经营农业为主和经营副业为主的农家盈余比重大于混合经营农业与副业的农家，这从30年代中期我国4省177户农家记账调查中得到证实。如表2.29所示。

表2.29 近代中国各类副业结合程度与农家盈余占其所得的比例

单位：%

经营类别	上下伍旗	余粮庄	湘湖	定县	总计
农业经营	-12.17	9.65	11.12	52.24	21.16
副业经营	-5.31	-4.38	24.62	72.27	10.56
农副兼营	-22.79	5.19	25.46	44.12	2.34

资料来源：根据杜修昌：《农家经济分析——1936年我国四个地区177农家记账研究报告》，国家统计局内部刊物，第62页表改编。

---

[1] 张培刚：《清苑的农家经济》，载《社会科学杂志》第8卷1期，1937年1月。
[2] 千家驹等：《广西省经济概况》，商务印书馆1936年版，第62页。
[3] 古梅编著：《中国农村经济问题》，上海中华书局1933年版，第180页。

表2.29中数字呈现出的趋势虽不能代表全国，且各地区也存有差异，但该调查范围较广，又涉及南北各地，因此，不失为一种特有的趋势和特征。

表2.30 近代中国农家年平均总收入和消费支出的变动（1917—1936）

单位：元

指标\年份	1917（1）	1922/1925（2）	1927/1929（3）	1930/1931（4）	1932（5）	1933/1934（6）	1935/1936（7）
名义收入	—	273.85	249.38	269.90	251.85	258.85	312.07
消费支出	101.28	228.32	262.68	283.28	232.48	246.76	257.87
消费倾向	—	0.8337	1.0533	1.0496	0.9267	0.9533	0.8317

注：（1）项以1917年北平资料为代表；（2）项数字以1922—1925年卜凯调查资料平均数为代表；（3）项数字以1927—1929年北平、上海、定县、杭州等地资料平均数为代表；（4）项数字以1930—1931年清苑、上海调查资料平均数为代表；（5）项数字以实业部资料平均数为代表；（6）项数字以1933—1934年广西、江宁、兰溪等地资料平均数为代表；（7）项数字以1935—1936年吴兴、晋江、黄安等地平均数为代表。

资料来源：详见拙著《总需求的变动趋势与近代中国经济发展》附录。

以上我们就农家收入水平和消费水平的总体状况与人口规模、耕地面积和土地所有制形态之间的关系进行了横向考察，下面将沿着本书的固有思路，对农家收入和消费支出的变动趋势展开分析，以求较全面地透视近代中国农民家庭实际生活状况。

表2.30中数字虽然不能代表各年份全国真实情况，但出入不会太大，可以说明农家平均每家年收入和消费支出的变动状况。据表2.30数字显示，农家平均每家年收入与消费支出变动处于100—300

元之间，这与上述横向分析结果基本吻合。农家每家年均总收入，以首尾年份相比较，1935/1936年比1922/1925年间增长13.96%，年平均递增1.19%①，扣除物价上涨因素，14年间为负增长，达-20.6%，年平均下降24%。这说明这期间农家的实际收入是下降的。据相关的研究成果表明，19世纪末至20世纪30年代，农业劳动者的名义工资收入在周期性波动中程度不同地有所提高，但增长幅度不大，在用生活费指数加以折算后，农业工人的实际工资变化不大，甚至有所下降②。这与以上分析结果是相一致的。

  在此期间农家平均每家年消费支出亦经历了基本相同的走势。1922/1925—1935/1936年的14年间共增长12.9%，年平均递增率0.87%，若与总收入相比较，可见两者呈同步上升趋势。剔除物价上涨因素，14年间亦为负增长，达-21.9%，年平均下降33%，略高于总收入的下降幅度。

  关于农业劳动者收入和消费支出较长数列的变动状况数据，以卜凯根据22省99县168个地区所做的调查资料而编制成的农业工人工资指数最具代表性。

---

① 王玉茹：《近代中国生产要素市场价格初探》，载《中国经济史研究》1994年第4期。
② 我们限于资料，以1922—1925年间卜凯调查资料为基期，由于该调查选点大多为交通和商品经济较为发达地区，故在此期间农家收入和消费支出数值会略高一些。

表2.31 近代中国农业劳动者工资和生活费指数（1906—1933）

1926=100

年份	农业工人名义工资指数			农民购买物品零售物价指数			实际工资指数		
	总计	麦作区	稻作区	总计	麦作区	稻作区	总计	麦作区	稻作区
1906	43	45	40	71	71	—	60.6	63.4	—
1907	53	59	46	58	67	51	91.4	88.1	90.2
1908	58	63	53	57	57	58	101.8	110.5	91.4
1909	59	62	57	54	50	57	109.3	124.0	100.0
1910	60	61	58	57	50	61	105.3	122.0	95.1
1911	61	62	59	61	56	63	100.0	110.7	93.7
1912	69	73	65	65	63	66	106.2	115.9	98.5
1913	72	75	68	65	60	67	110.8	125.0	101.5
1914	74	77	70	64	60	66	115.5	128.3	106.1
1915	77	78	75	68	64	70	113.2	121.9	107.1
1916	80	80	80	71	65	75	112.7	123.1	106.7
1917	83	84	83	76	72	78	109.2	116.7	106.4
1918	86	86	85	79	78	80	108.9	110.3	106.3
1919	88	88	87	82	79	83	107.3	111.4	104.8
1920	89	90	88	85	81	87	104.7	111.1	101.1
1921	91	92	91	88	85	90	103.4	108.2	101.1
1922	93	94	92	91	88	92	102.2	106.8	100.0
1923	95	97	94	95	98	94	100.0	98.9	100.0
1924	95	96	94	101	110	96	94.1	87.3	97.9
1925	97	97	96	100	109	97	96.0	88.9	98.9
1926	100	100	100	103	100	100	100.0	100.0	100.0
1927	105	106	104	109	99	105	101.9	107.1	99.0
1928	112	113	109	108	114	106	102.8	99.1	102.8
1929	118	119	116	118	132	110	100.0	90.2	105.5

续表

年份	农业工人名义工资指数			农民购买物品零售物价指数			实际工资指数		
	总计	麦作区	稻作区	总计	麦作区	稻作区	总计	麦作区	稻作区
1930	124	125	125	126	141	118	98.4	87.2	105.9
1931	126	125	126	135	147	128	93.3	85.0	98.4
1932	132	124	135	127	120	130	103.9	103.3	103.8
1933	129	98	133	104	—	104	124.0	—	127.9

注：实际工资指数系根据前两栏数字计算。
资料来源：卜凯主编：《中国土地利用》，成都成城出版社1941年6月初版，第427—434页表二、表三、表四、表五。

据表2.31数字显示，在1906—1933年期间，中国农业劳动者名义工资收入和生活费支出都有明显的上涨，但考察数列中的绝大部分时间，即1907—1932年期间的变动情况就会发现，农业劳动者名义工资和生活费指数均呈同步上升趋势，其中名义工资收入的上涨幅度略高于生活费支出的上涨幅度。

表2.32 近代中国农家生活程度的变迁（1929—1933）

单位：%

地 区	调查家数	增高	降低	无变化
全 国	216	82	11	7
小麦地带	81	69	25	6
春麦区	14	93	7	0
冬麦小米区	36	53	42	5
冬麦高粱区	31	77	13	10

续表

地　　区	调查家数	增高	降低	无变化
水稻地带	135	90	2	8
扬子水稻小麦区	25	84	8	8
水稻茶区	43	100	0	0
四川水稻区	9	78	11	11
水稻两获区	29	100	0	0
西南水稻区	29	72	0	28

资料来源：卜凯主编：《中国土地利用》，第657页表17。

农村中劳动者的实际生活水平虽然提高幅度极为有限，但在一定时期还是有所上升的。据卜凯同项调查表明，在1929—1933年期间，在21省142县216个地区内，生活程度增高的农家占总数的82%，无生活改善的农家占总数的7%，而生活程度下降的农家占总数的11%。冬麦小米区包括山西，该省于1928年至1930年间灾荒迭起，因而生活水平降低的地区超过五分之二。这种情况不仅仅限于该地区，在全部麦作地区亦时复发生，而南方地区如水稻两获区及西南水稻区和水稻茶区均无生活水平下降报告。其中，衣着改善的计占总数的56%，油灯改用煤油灯的占45%，多用洋货的占28%，草屋改为瓦屋的占14%。而农民生活程度降低的最突出表现在于午饭改食稀饭和杂粮，次为出买房屋改住土窑，前者占调查地区总数的35%，后者占13%。至于生活程度降低的原因主要是年岁荒歉，捐税苛重，土匪遍地等[①]。

---

① 乔启明：《中国农村社会经济学》，商务印书馆1945年初版，第392页。

1932年以后农家生活程度的变动情况，由于缺乏全国性统计资料可供使用，我们只好选择个别地区的资料做典型加以分析，以从中寻求有共同性的变动趋势。

表2.33 近代中国各地农家购买力的变动

1932=100

年份	上海			河北		
	农产品价格指数	农用品价格指数	农产购买力	农产品价格指数	农用品价格指数	农产购买力
1932	100	100	100	100	100	100
1933	84	97	86	78	84	93
1934	79	98	80	73	84	87
1935	89	106	84	91	109	83
1936	103	125	82	120	127	95

说明：(1)农产品包括白米、小麦、豆类、棉花、丝、茶、玉米、花生、高粱等。农用品包括食盐、豆油、煤油、粗布四大类。(2)农产购买力指数系根据前两栏数字计算。

资料来源：张培刚：《民国二十五年的中国农业经济》，载《实业部月刊》第2卷第4期，1936年。

我们已经指出过，家庭收入影响其生活费支出，消费是收入的函数；同时，商品价格及相对价格的变动也是影响生活水平的强有力因素，消费也是价格的函数，随价格的变动而变化。而影响农家实际消费支出的莫过于农产品出售价格、农用品购买价格及其相对价格的变动。在一般情况下，农用品价格不变，农产品价格高涨时或二者皆上涨，且后者较前者为甚时，可提高农民购买力，而使农家生活水平上升；反之，则农民生活必感困苦。

我们知道，受资本主义世界经济危机的影响，中国自1931年秋物价开始下跌，中国进入经济危机。这次危机首先从农业危机开始，由于农产品价格下降的幅度超过工业品，农村输出的农产品不足抵偿由大城市运进的工业品，导致许多地区发生入超，造成农村金融枯竭，农家购买力降低[①]。

从表2.33可见，上海、河北两地农产品价格指数的上涨幅度均低于农用品上涨幅度，致使农村资金外溢，金融枯竭，农民蒙受相对价格变动损失，购买力急骤下降。河北农产购买力自1933年起逐年下跌，至1935年达到极点，1936年略弹上升。上海情况与河北稍有不同，其农产购买力由1933年起下降，至1935年稍见回涨，1936年忽又降低。这是因为期间上海农用品价格的升降虽与河北相同，但上海农产品价格的增长幅度不及河北增长幅度大。总之，上海、河北两地农家农产购买力在五年内并无提高，反而不同程度地下降，使农民的生活享受在此期间无改善。

就农村中雇农工资收入与生活程度关系来说，这期间由于农业凋敝，雇农工资原极低微，如今更为可怜。据李景汉调查定县1924—1933年农工工资变动状况可以看出，1924年—1929年，工资逐渐增高，1930年以后则渐趋落低，1930年为42元，1931年为40元，1932年为39元，1933年仅为31元[②]。另据其他三地调查表明，1934—1936年，雇农工资虽稍见增加，但其增加幅度甚低，而这期间农用品价格变动较为激烈，1936年较1934年，上海农用品价格上

---

① 许涤新、吴承明主编：《中国资本主义发展史》第3卷，人民出版社1993年版，第126页。
② 李景汉等：《定县经济调查一部分报告书》，河北省县政建设研究院，1934年版。

涨了27.6%，河北农用品上涨了51.2%。而同期内雇农工资的上涨幅度，河北为27.7%，浙江为3.3%，湖北为33.1%[1]。雇农工资上涨率低于农用品的购买价格的上涨率，从而使其生活水平降低。

据表2.30中数字显示，近代中国农家的消费倾向在0.83—1.05之间波动，说明农家83%—105%的收入用于消费支出，该比例表明农家生活程度的低下。

从消费倾向的各年份横向角度，我们根据相关统计资料按每家收入水平将农家分为五组，100—200元组，201—300元组，301—400元组，401—500元组，500元组以上（分别以V1—V5代之），来考察各收入结构组的消费倾向的变动。

表2.34 近代中国农家消费倾向变动（1924/1925—1935/1936）

年 份	V1	V2	V3	V4	V5
1922—1925	0.9204	1.0559	0.7611	0.6931	—
1927—1929	—	1.0626	—	—	0.8036
1930—1931	—	0.9462	0.8213	—	—
1932	0.9382	0.8347	0.5745	0.5469	0.5008
1933—1934	1.1909	1.0367	0.7427	0.5449	—
1935—1936	1.0188	1.0055	0.7051	—	0.5469

资料来源：根据拙著《总需求的变动趋势与近代中国经济发展》附录整理。

---

[1] 张培刚：《民国二十五年的中国农业经济》，载《实业部月刊》第2卷第4期，1937年4月。

农家的消费倾向同于城市工人家庭，均随收入结构组的变化而变动，并呈现明显的差异。V1组，消费倾向在1.1909—0.9204间波动即119%—92%的收入用于消费支出，14年间平均消费倾向1.0171，收支失衡，入不敷出，只得靠举借或压缩生产性投入以维持基本生活水平。V2组，消费倾向在1.0626—0.8347间波动，14年间平均为0.9903，即收入的99%用于消费，说明该组农家收支基本平衡，没有剩余。V3组，消费倾向在0.8213—0.5745间波动，呈微弱上升趋势，14年间总平均消费倾向0.7209，即收入的72%用于消费，扩大再生产和储蓄被限定在28%的界限以内。V4组，消费倾向在0.6931—0.5449间波动上升，上升幅度亦十分有限，14年间消费倾向平均为0.5950，即60%的收入用于消费，用于扩大再生产和储蓄的份额较大，为纯收入的40%。V5组，消费倾向在0.8036—0.5008间波动，14年间总平均消费倾向为0.6171[①]，收入的60%以上用于消费，约有40%的份额可用于扩大农业再生产或农家储蓄。以上可见，收入水平越高，消费倾页向越低，储蓄和扩大再生产所占份额就越大，消费倾向与收入水平呈相反方向的运动规律同样适合中国农家。进而言之，V3组以上（年总收入在300元上者）各组农家略有剩余，收入弹性较大，其支出结构有可以调整的余地。这与上述横向考察的结果相吻合。

下面我们将分析不同地区之间农家收入水平和消费水平的差异。20世纪20年代的情况，我们以卜凯调查资料为代表。

从表2.35中数字可知，中国北部农家人口规模略少于中国东

---

① V5组数据较少，缺乏普遍性特征，恐怕其平均消费倾向尚小些。

部，其每家人均收入分别为38.1元和54.5元，每家等成年男子人均收入为50.4元和71.8元，中国东部农家之收入水平较中国北部农家为高。北部和东部农家消费倾向分别为0.8268和0.7940，东部农家低于北部农家。从生活费各项分配比例来看，中国北部农家的食物和杂项比例为67.48%和10.27%，而东部农家食物比例低于北部为52.70%，杂项却高于北部为21.34%。由上可见，我国东部地区农民的生活程度较北部农民为优。

表2.35　近代中国农家收入和消费支出的地域比较

地区	家数	平均每家人数	平均每家等成年男子数	平均每家年收入（元）	生活费各项分配（元）				
					食物	衣服	房租	燃料灯火	杂项
中国北部	979	5.71	4.32	217.83	121.53	9.96	9.17	21.00	18.44
中国东部	806	6.20	4.70	337.63	141.29	24.75	12.14	32.70	57.23

资料来源：根据拙著《总需求的变动趋势与近代中国经济发展》附录整理。

迄至20世纪30年代初期，我国农家收入和消费支出均有不同程度的上升，但幅度较小。以1934年浙江兰溪2045家调查为例，每家人均收入和生活费支出分别为68.8元和51.1元，消费倾向为0.7427，即纯收入的74%用于消费，恩格尔系数达55.26%[①]。再如1936年3省4个地区177农家经济调查表明，每家人均收入为58.7元，人均生活

---

① 言心哲：《农村家庭调查》，商务印书馆1935年版，第113页。

费支出40.6元，消费倾向为0.6916，恩格尔系数达68.8%[①]。

四、近代中国城乡劳动者收入和消费水平的差异

我们在前面分析了中国城市劳动者、农民收入水平和消费水平及其内部差异的基本上，下面将两者进行综合考察，分析城乡劳动者之间消费水平和收入水平的差异。

1. 收入水平的城乡差异

城市中工厂工人每家年收入在200—400元之间波动，其平均值为300元；矿工每家年收入在200—300元之间波动，平均值为250元；手工业工人每家年收入在100—300元之间波动，平均值为200元；苦力每家收入在100—200元之间波动，其平均值为150元；而农村中劳动者家庭年收入与城市手工业工人相同，亦处于100—300元之间。城市工厂工人和矿工与农村劳动者家庭年收入之比分别为1.5∶1和1.25∶1，即城市工厂工人收入比农民高50%，矿工收入比农民高25%。而苦力和农民收入之比为1∶1.33，即农民收入高出苦力33%。

城市中工厂工人和手工业者家庭收入来源都以工资为主，占其总收入的90%以上，且收入越低，工资收入占家庭总收入的百分比就越高。而城市苦力家庭中家主一人工资占全部收入60%以上，若加上其他家庭成员工资收入，合计亦与工厂工人和手工业者不相上下。农村中劳动者的收入则以农业收入为主要来源，达70%以上。农家总收入中现金收入占40%，这反映了中国近代农村商品经济发展的程度。

---

① 杜修昌：《农家经济分析——1936年我国四个地区177农家记账研究报告》，第10、552页。

2. 消费水平的城乡差异

在生活费支出方面，城市工厂工人每家年生活费支出在200—400元之间波动，平均值为300元；矿工每家生活费支出在200—300元之间浮动，平均值为250元；手工业者家庭年支出介于100—200元之间，平均数为150元；苦力每家年消费支出在100—300元间波动，平均值为200元。而农村劳动者家庭年生活费支出同于城市苦力家庭。城市工厂工人与矿工和农民生活费支出之比亦分别为1.5∶1和1.25∶1，即城市工厂工人和矿工生活费支出比农家高50%和25%。而农家与城市手工业者支出之比为1.33∶1，即农家生活费支出高于手工业者33%。

城市劳动者消费支出中多以现金支出为主，而农村劳动者的现金支出随时间的推移不断上升，20世纪20年代，现金支出占总支出的比重达30%左右，至30年代增至50%—60%。

从家庭人口规模与收入和生活费关系来看，与同期发达国家相比较，我国城乡劳动者家庭年收入和生活费支出虽因家庭人口数量的增加而增多，但折合成每等成年男子的家庭收入和支出均随家庭人口增加而减少。换言之，即家庭人口增加之后，其所增加的收入不足以应付增加的支出。因此，在家庭收入增长幅度低于支出增长幅度的情况下，家庭人口增加过多必以降低其生活享受为沉重代价。

3. 消费倾向的城乡差异

消费倾向即消费支出额在收入额中所占的比重。城市工厂工人的消费倾向在0.8571—1.0379间波动，平均值为0.9475，即全部收入的95%用于消费支出。矿工的消费倾向介于0.9885—1.0051之间，平均值为0.9968，说明其收入的全部用于消费。城市手工业者的消费倾向在0.9617—1.3510之间波动，平均值为1.1564，即116%的总收入用于消费，入不敷出。苦力家庭消费倾向在0.8376—1.3834间波动，平均值为1.1105，亦入不敷出。而农村中劳动者的消费倾向处于0.8317—1.0533之间波动，平均值为0.9425，即收入94%用于消费。总的来说，城市劳动者家庭的消费倾向高于农村农家的消费倾向，这种情况说明，农家要处理收入、消费、扩大再生产和储蓄四个方面的关系，为了维持必要的经营规模，不得不压缩消费支出，所以消费倾向低于城市劳动者。城市劳动者除必要的储蓄外，其总收入都可用于生活消费，所以消费倾向偏高。

消费倾向与收入水平呈负相关运动的规律同样适合中国近代城乡劳动者家庭消费倾向的变动。收入水平越高，消费倾向就越低，储蓄和扩大再生产所占比重就越大。

第二节 战前日本家计收入水平与消费水平的考察

一、战前日本城市劳动家庭收入水平与消费水平的总体考察

日本自19世纪80年代中叶经济近代化开始起步以后，特别是进入20世纪初期以后，国家工业化迅速发展，取得了公认的经济增长实绩。伴随着工业化水平的提高，城市化进程也不断加速，据统计，非农家人口比率已由1885年的21.4%上升至1940年的57.3%，城市化率由1885/1919年的22.5%升至1905/1931年的69.7%[1]。城市人口

---

[1] 大川一司、南亮进编：《近代日本的经济发展》，东洋经济新报社1975年版，第124—125页。

规模的扩大和城市数量的增加必然促进社会消费需求总量上升。下面我们以日本家庭为单位，重点考察城市各劳动阶层收入水平和消费水平的总体态势和差异。

表2.36　战前日本城市劳动家庭每家每月收入和消费支出的变动（1921—1941）

年　份	名义收入（日元）	消费支出（日元）	消费倾向	储蓄率（%）
1921	95.76	85.24	0.890	—
1926	113.62	102.23	0.899	5.3
1931	86.47	76.33	0.883	5.8
1932	88.66	77.40	0.873	6.6
1933	90.35	78.90	0.873	7.2
1934	90.26	80.04	0.887	5.8
1935	90.59	80.11	0.884	5.5
1936	93.62	82.23	0.878	5.8
1937	98.09	83.93	0.856	7.1
1938	104.70	87.10	0.832	9.5
1939	115.42	97.31	0.843	7.7
1940	124.95	104.84	0.839	7.5
1941	142.73	122.22	0.856	—

资料来源：《昭和国势总览》（下），东洋经济新报社1981年版，第357—359页。

表2.36中数字是战前日本政府在全国范围内所进行的城市家庭生活调查统计资料，反映了20世纪20至40年代日本全国城市劳动家庭每月总收入水平和消费水平的变动状况。据统计数字表明，期间

日本城市劳动家庭总收入呈现一种波动不居但总体上不断上升的变动态势。每月名义收入由1921年的95.76日元增加到1941年的142.73日元，若以全年计算，则由1149.12日元增至1712.76日元，20年间增加了近一半，年率2.0%。另据相关研究表明，战前日本城市劳动实际工资水平从20世纪10年代后期至20年代大幅度上升，尔后以极缓慢的速度上升，1900—1938年间全部产业的实际工资平均增长率为1.4%[1]。城市劳动家庭每家每月生活费支出的变动经历了与名义收入基本相同的曲折走势。每月生活费支出由1921年的85.24日元增加到1941年的122.22日元，若按全年计算，则由1022.88日元增至1466.64日元，20年间增加了43.4%，略低于名义收入的增加幅度，年均递增率1.8%，也低于收入递增率。如前所述，消费倾向是测度收入水平和消费水平二者互动的重要指标，据表2.36所见，这一时期日本城市劳动家庭消费倾向大体在0.832—0.899间波动，即收入总额的83.2%—89.9%用于消费支出，这一比例不仅低于同期中国的城市劳工阶层的平均水平，也低于生活水准较高的中国城市工厂工人的平均水平，表明战前日本城市劳动家庭生活水平和质量优于近代中国城市劳工家庭。而且从总体上看，期间日本城市劳动家庭的消费倾向呈现不断下降走势，由1921年的0.89降至1941年的856，下降了0.034个百分点。消费支出低于收入水平的增长态势，必然促使储蓄水平相应提高，据统计，与消费倾向变动相对应的城市劳动家庭储蓄倾向呈上升变动，由0.11升至0.144。期间城市劳动家庭年纯储蓄增加额由1926年的71.4日元增至1940年的112.2日元，增加了

---

[1] 南亮进著，毕志恒、关权译：《日本的经济发展》，经济管理出版社1992年版，第211页。

57%，平均储蓄率从1926年的5.3%上升至1940年的7.5%，其中1938年高达近10%的水平。

与近代中国城市劳动家庭收入结构一样，战前日本城市劳动家庭总收入来源中仍以工资为主，据表2.37中数字显示，城市家庭全部收入中，工资所占比重高达90%以上，且工资收入呈现出一种曲折波动的上升趋势，由1921年的92.71日元的月收入，增加至1941年月收入为133.67日元，20年间增加了44.2%，年递增率1.85%，略低于家庭总收入2%的增长幅度。工资收入中包括家主收入和妻及家庭其他成员收入，其中家主收入是家庭总收入的主体，大体占到80%以上，这说明一旦家主因失业或患病或资方降低工资，全家的生活顿感困难。除工资收入外，家庭中的其他收入包括财产收入等项，据表2.37数据可知，1921—1941年间，家庭中的其他收入大体占到6%左右，且随着时间的推移，收入总额和所占比重均呈上升走势，月平均其他收入由1921年的3.05日元增至1941年的9.05日元，20年间增加了近2倍，增幅不俗，其所占比重亦由3.2%上升至6.3%，上升了近一倍，大大高于家庭工资收入的增长幅度。这说明战前日本城市劳动家庭收入结构向着多元化的方向变动。

表2.37 战前日本城市劳动家庭收入来源分析

年份	被调查家数	平均每家人数	工资 总额（日元）	工资 比重	其他收入 总额（日元）	其他收入 比重	合	计
1921	1377	5.0	92.71	96.8	3.05	3.2	95.76	100.0
1926	4785	4.20	100.57	88.5	13.05	11.5	113.62	100.0

续表

年份	被调查家数	平均每家人数	工资 总额（日元）	工资 比重	其他收入 总额（日元）	其他收入 比重	合计	
1931	1517	4.07	79.82	92.3	6.65	7.7	86.47	100.0
1932	1606	4.12	81.40	91.8	7.26	8.2	88.66	100.0
1933	1653	4.10	83.03	91.9	7.32	8.0	90.35	100.0
1934	1671	4.11	82.83	91.8	7.43	8.2	90.26	100.0
1935	1673	4.12	83.48	92.2	7.11	7.8	90.59	100.0
1936	1678	4.12	86.11	92.0	7.51	8.1	93.62	100.0
1937	1601	4.12	90.78	92.5	7.31	7.5	98.09	100.0
1938	1643	4.10	96.38	92.1	8.32	7.9	104.70	100.0
1939	1592	4.11	105.53	91.4	9.89	8.6	115.42	100.0
1940	1544	4.12	114.82	91.9	10.13	8.1	124.95	100.0
1941	3780	4.45	133.67	93.7	9.05	6.3	142.73	100.0

说明：表中工资和其他收入总额指每月收入。
资料来源：根据《昭和国势总览》（下），第357、360页中数字计算。

城市生活费指数是反映城市居民消费需求变动的重要指标。与中国不同的是，战前日本城市生活费指数的统计资料是连续而完整的，从中我们可以进一步考察战前日本城市居民生活质量和消费水平的变动趋势及其特征。

表2.38 战前日本城市消费者物价指数变动（1887—1938）

1934—1936＝100

年份	指数	年份	指数	年份	指数	年份	指数
1887	32.58	1900	48.82	1913	67.58	1926	125.08
1888	32.61	1901	47.62	1914	61.95	1927	123.80
1889	34.78	1902	49.50	1915	58.26	1928	119.33
1890	36.80	1903	51.95	1916	62.64	1929	116.68
1891	35.62	1904	53.13	1917	76.04	1930	105.27
1892	30.15	1905	55.00	1918	101.25	1931	93.72
1893	30.54	1906	56.05	1919	133.31	1932	94.50
1894	31.47	1907	62.08	1920	139.03	1933	97.08
1895	34.38	1908	60.04	1921	129.02	1934	98.11
1896	37.07	1909	57.72	1922	126.78	1935	99.97
1897	42.38	1910	57.91	1923	126.44	1936	101.92
1898	45.95	1911	62.15	1924	127.72	1937	109.72
1899	43.31	1912	65.63	1925	129.95	1938	119.71

资料来源：大川一司、筱原三代平、梅村又次编：《长期经济统计：推计与分析》卷8《物价》，东洋经济新报社1967年版，第135—136页。

表2.38中数字反映了战前日本50余年内城市消费者物价指数的长期发展趋势和变动状况。从中可以看出，19世纪80、90年代，指数大体维持在30—50之间，且较为稳定。进入20世纪以后，指数变动加剧，特别是进入20年代指数居高不下，其中1925年达到历史最高点，为129.95，此后呈下降走势，1933年始又反弹。通观首末年份指数，全期（1887—1938年）指数上涨了近3倍，年递增率2.5%。就一些大城市生活费指数变动情况观之，亦呈现出相同走

势。以东京为例，据资料显示，1914—1933年间，东京生活费指数由100.0上升至161.1，19年中上涨61.1%，其中20世纪前20年变动最为激烈，1920年时高达235.2的水平[1]。另据内阁统计局调查统计资料表明，1937—1945年间，全国生活费指数由1937年的101.5（1937年7月为100）升至1943年的164.0，上涨了62%，其中东京新中间层（即工薪阶层）生活费由1937年的105.7上涨到1944年的178.6，上涨了73%，劳动者由101.6上涨至185.3，上升了83.7%，高于全国平均水平[2]。

从消费倾向的横截面角度，我们根据相关资料将战前日本城市劳动家庭按每家收入水平的高低分为七组（50日元以下组，51—60日元组，61—70日元组，81—90日元组，91—100日元组，101日元以上组，以V1—V7表示，以上均为每家月收入值），以求动态地考察各收入组别的消费倾向的变动状况。

表2.39 战前日本城市劳动家庭消费倾向的变动（1921—1941）

年份	V1	V2	V3	V4	V5	V6	V7
1921	1.3258	1.1191	1.0537	0.9887	0.9523	0.8967	0.8508
1926—1927	0.9945			0.9521		0.9212	0.9078
1931—1932	1.0362	0.9213	0.9076	0.8882	0.8905	0.8689	0.8674
1932—1933	1.0064	0.9447	0.9027	0.8850	0.8853	0.8732	0.8460
1933—1934	1.0305	0.9290	0.9192	0.8934	0.8835	0.8723	0.8466
1934—1935	0.9625	0.9494	0.9267	0.9149	0.8986	0.8781	0.8608

---

[1] 上田贞次郎编：《日本人口问题研究》第3辑，协调会1937年，第241页。
[2] 多田吉三：《日本家计研究史》，晃洋书房1989年版，第259页。

续表

年份	V1	V2	V3	V4	V5	V6	V7
1935—1936	1.0864	0.9314	0.9156	0.8932	0.8971	0.8825	0.8652
1936—1937	0.9573	0.9457	0.9177	0.9055	0.8979	0.8886	0.8507
1937—1938	1.0828	0.9427	0.9148	0.8979	0.8734	0.8651	0.8324
1938—1939	0.8087	0.9947	0.9059	0.8911	0.8676	0.8447	0.8113
1939—1940	—	1.1227	0.8983	0.9100	0.8813	0.8756	0.8319
1940—1941	—	0.7956	0.8952	0.9031	0.8824	0.8917	0.8307

说明：1926—1927年间V7组按100—120日元计算。
资料来源：根据《昭和国势总览》（下），第360—367页中数字计算。

据表2.39数字显示，随着收入水平的提高和时间的推移，各组别消费倾向呈现明显的下降走势，但同时又表现出显著的差异。V1组，消费倾向在1.3258—0.8087之间波动，20年平均为1.0330，这说明该组别的城市居民消费支出大于其收入，消费支出超过收入3.3%，入不敷出，只得靠举债或救济以维持最低生活水平。但从总体态势变动角度观之，1921—1940年的20年间，V1组消费倾向呈现较大幅度的下降走势，由1.3258降至0.8087。V2组，消费倾向在1.1227—0.7956之间波动，20年间总平均为0.9633，这说明其收入的96.33%用于消费支出，收支基本平衡，但尚无剩余，期间该组消费倾向亦呈下降态势，由1.1192降至0.7956。V3组，消费倾向在1.0537—0.8952间波动，20年间总平均为0.9234，这说明其收入的92.34%用于消费支出，收支基本平衡，但稍有剩余，期间消费倾向亦不断下降，由1.0537下降至0.8952。V4组，消费倾向在0.9887—8850之间波动，总平均为0.9065，即总收入的90.65%用于消费支出，而有近10%的比例用于储蓄或结余,生活质量和消费水平明显优于V1—V3组的城市居民,但通观全期,该组消费倾向虽有下降,但下降幅度颇微,只从0.9887降至0.9031。V5组,消费倾向在0.9523—0.8676之间波动,20年间总平均为8918,这说明该组总收入的89.18%用于消费支出,而有10%略强的比例用于储蓄或剩余,其生活质量又优于V4组,全期该组消费倾向由0.9523降至0.8824,亦呈现下降走势。V6和V7组,消费倾向分别在0.8967—0.8447和0.9078—0.8113间波动,期间总平均分别为0.8761和0.8501,这说明总收入的87.61%和85.01%用在消费上,不足13%和15%的比重用于储蓄或结余,该比重在各组别中最高,表明其消费水平明显优于以上各组。

我们若将收入组别划分更细一些的话,可以看出高收入家庭的消费倾向更低,用于储蓄或结余的比重则更高。据日本内务省1921年进行的城市职工生计状况调查结果表明,月收入在150日元以上家庭,其消费倾向为0.7200[1],这说明该收入水平家庭有近30%的比重用于结余或储蓄。另据内阁统计局1926—1927年城市劳工阶层生活费调查统计表明,月收入在200日元以上的家庭消费倾向只有0.5007[2],即有一半的收入作为结余,表现出优质的生活水平和消费质量。综观以上各组别消费倾向的变动可以看出,V1—V4组,由于收入水平低下,消费支出的绝对额被压抑在极小的空间内,其消费内容全部为生存性支出,甚至生存性支出尚难以满足,收入弹性小,收入水平一旦下降,消费支出则无压缩的余地,只得靠举债或

---

[1] 据内务省:《职工生计状态调查》,载《昭和国势总览》,东洋经济新报社1981年版,第360页中数字计算。
[2] 据内阁统计局:《家计调查报告》,载国民生活研究所编:《国民生活统计年报》,至诚堂1966年版,第54、74页中数字计算。

救济等途径以求最低的生活保障。V5—V7组，收入水平较V1—V4组为高，消费支出的绝对额也较大，在保证生存性消费支出之外，尚有10%—15%的比重用于发展享受性消费支出或用于储蓄，收入弹性较大，即使收入水平下降时消费支出尚有压缩的空间和可能。由此可见，收入水平和消费倾向呈反方向变动的现象不仅存在于近代中国经济生活中，同样也存在于战前日本，以上分析即证明了这一结论。

下面我们将分析战前日本不同地区间城市劳动家庭收入水平和消费水平的差异。同样，战前日本各地区经济和社会发展水平的不同，必然造成其生活质量的差异。

表2.40　战前日本城市工厂工人家庭收入水平和消费水平的地区差异（1926—1927）

地　域	平均每家月收入（日元）	平均每家月消费支出（日元）	消费倾向（APC）	储蓄倾向（APS）
全国	105.38	94.64	0.8981	0.1019
东京	119.41	107.85	0.9032	0.0967
大阪	113.08	102.32	0.9048	0.0952
名古屋	93.85	84.98	0.9054	0.0946
吴市	100.17	84.43	0.8429	0.1571
长崎	87.66	74.40	0.8487	0.1513
金泽	93.73	82.69	0.8822	0.1178
郡山市	75.84	70.97	0.9358	0.0642
札幌	98.13	88.69	0.9038	0.0962

资料来源：青木福太郎著：《生计费研究》，宝文馆藏版1933年，第47—48页。

表2.40中数字反映了20世纪20年代中叶日本全国各大中城市工厂工人家庭生活状况的横截面统计情形。从中可以发现,战前日本东京、大阪等大城市的收入水平和消费水平不仅高于其他城市,也高出全国平均水平。具体数字显示,平均每家收入额最高地区为东京,其次为大阪、吴市、札幌、名古屋、金泽、长崎和郡山市;平均每家消费支出总额亦为东京最高,其次为大阪、札幌、名古屋、吴市、金泽、长崎,最低为郡山市。将家庭收入和消费支出结合起来看,长崎和吴市的消费倾向最低,分别为0.8487和0.8429,低于全国平均水平,这说明两地总收入的84%用于消费支出,而有近16%的剩余用于其他用途,从而使两地储蓄倾向明显高于其他城市。就恩格尔系数和杂项系数观之,东京、大阪工人生活质量优于其他地区,东京分别为35.67%和22.2%,大阪为35.57%和22.09%,不仅优于其他城市,也优于全国平均标准36.92%和21.59%的水平[①]。

下面我们将战前日本城市居民分为新中间阶层、普通阶层和城市下层三个层次,就城市居民收入水平和消费水平的阶层差异展开进一步考察。

1. 新中间阶层家庭收入水平和消费水平

所谓新中间层,又称为俸给生活者或工薪生活者、职员层、中流阶级、中间阶级等。其总体特征是:在劳动形态上为脑力劳动,受过中等以上教育,具备专门的技能和知识;在收入形态上以工薪收入为主;社会地位处于资本家和体力劳动者之间;在生活水平上

---

① 据青木福太郎著:《生计费研究》,宝文馆藏版1933年,第122—123页中数字计算。

处于中等，主要从事的职业包括教师、医师、文艺、美术和音乐家、技术人员以及政府和公司职员。据统计，1920年日本全国新中间阶层人数为106.7万人，占该年全部就业人口的4.01%，1930年增加到198.4万人，所占比重上升至6.7%，1940年又增至361.8万人，所占比重上升至11.5%。东京有新中间阶层总数统计数据始于1908年，该年东京新中间阶层总人数为12万人，占东京总就业人口的10.9%。1920年增至19.6万人，占东京总就业人口的12.9%，占全国新中间层人数的18.3%。1930年增至31.1万人，占东京总就业人口和全国新中间层人数的比重分别为13.5%和15.7%。到了1940年又增至48.8万人，比1908年增加了3倍，占东京总就业人口的比重为19.8%，占全国新中间层人数的比重为13.5%[1]。

据日本学者研究表明，1887—1918年是战前日本城市生活探索时期，1919—1926年是城市生活形成和确立时期，1927—1940年是城市生活的发展和动荡时期[2]。通观以上各时期新中间阶层收入水平和消费水平的变动，可以发现其生活水平呈现出一种不断上升的变动发展趋势。1898年，新中间层家庭实际消费支出为59日元（1934—1936年价格，下同），恩格尔系数为51%，杂项系数为18%[3]。进入20世纪初叶的1904年，其实际消费支出上升至88日元，恩格尔系数降至37%，杂项系数升至33%[4]，表明了这一阶段新中间阶层生活质量的提高。进入大正时代，新中间阶层的生活水平有所

---

[1] 综合研究开发机构编：《生活水平的历史分析》，综合研究开发机构1988年版，第227—228页。
[2] 中川清：《日本的城市下层》，劲草书房1985年版，第371—372页。
[3] 三木甫水：《官吏生活的穷状》，载《统计学杂志》第148号，1898年。
[4] 本山政雄：《讲座现代生活研究Ⅰ 生活的历史》，1972年版，第197—198页。

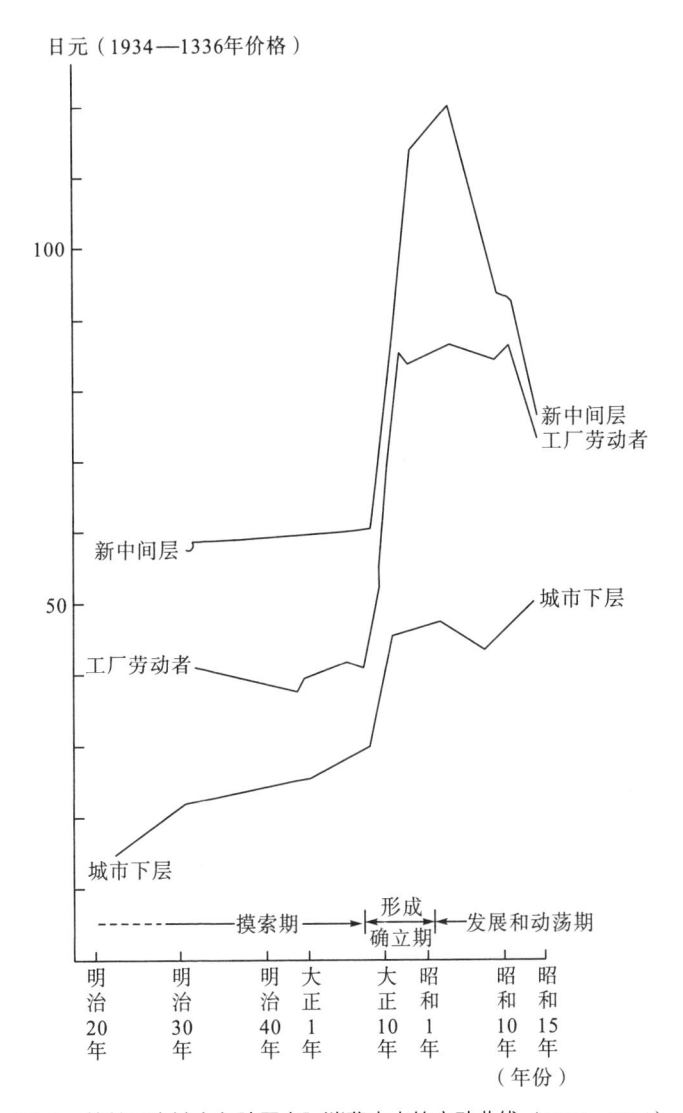

图2.1 战前日本城市各阶层实际消费支出的变动曲线（1887—1940）
资料来源：中川清：《日本的城市下层》，劲草书房1985年版，第371页。

第二章 中日消费需求变动的微观透视

下降，1913年消费支出额为60日元，恩格尔系数和杂项系数分别为41%和27%[①]。1916年，生活质量又有所上升，恩格尔系数和杂项系数分别为38%和32%[②]。进入城市生活的形成和确立时代以后，新中间阶层实际消费支出不断上升，生活质量也得以进一步提高。名义消费支出，1919年为81日元（实际支出为61日元，下同），1920年升至110日元（实际支出为79日元），1921年又增至130日元（实际支出为102日元），1922年再增至145日元（实际支出为114日元），同期恩格尔系数和杂项系数分别为48%、40%、39%、31%、32%和29%、30%、28%、32%、31%[③]，呈现出生活质量不断提高的变动态势。其家庭储蓄规模也不断增加，以1920年为例，新中间层家庭平均每家储蓄额达180日元，比该年工厂工人家庭高出10倍。进入都市生活的发展和动荡时期以后，则有了全国性连续的统计数据，请看表2.41。

表2.41 战前日本城市新中间层家庭月平均收入水平和消费水平的变动（1931—1940）

单位：日元

年 份	全 国			东 京		
	收 入	消费支出	消费倾向	收 入	消费支出	消费倾向
1931	92.23	82.46	0.8941	99.11	88.26	0.8905
1932	93.59	83.02	0.8871	100.74	88.95	0.8830

---

① 宇野利右卫门：《职工问题资料第二辑，职工的住居与生活》，1898年，第210—218页，转引自中川清：《日本的城市下层》，第380页。
② 丸冈秀子编集：《日本妇人问题资料集成》第7卷《生活》，第186—189页，转引自中川清：《日本的城市下层》，第380页。
③ 中川清：《日本的城市下层》，第384页。

续表

年份	全国 收入	全国 消费支出	全国 消费倾向	东京 收入	东京 消费支出	东京 消费倾向
1933	97.48	86.25	0.8848	105.38	92.94	0.8820
1934	96.87	86.12	0.8890	102.77	92.72	0.9022
1935	97.64	86.89	0.8899	102.69	92.18	0.8977
1936	100.26	88.37	0.8814	103.83	93.67	0.9021
1937	102.92	89.18	0.8665	106.82	92.46	0.8656
1938	110.04	92.67	0.8421	121.07	99.54	0.8222
1939	122.35	103.31	0.8444	134.33	111.84	0.8326
1940	132.23	110.99	0.8394	149.43	127.75	0.8549

资料来源：综合研究开发机构编：《生活水平的历史分析》，综合研究开发机构1988年版，第241页。

表2.41中数字反映了20世纪30—40年代日本全国及东京新中间阶层收入水平和消费水平的变动状况。从中可以看出，全国和东京新中间层收入和消费支出总额均呈现不断上升的变动趋势，且东京新中间层的收入和消费总额均高于全国平均水平。具体数字显示，全国新中间层家庭月名义收入额由1931年的92.23日元增至1940年的132.23日元，近10年间增加了43%，年递增率4.1%。消费支出由82.46日元增至110.99日元，增加了35%，年递增率3.4%。1898—1940年间，增加了88%，年递增率1.5%。同期东京新中间层家庭月名义收入额由99.11日元增至149.43日元，近10年间增加了51%，年递增率4.7%。消费支出亦表现同样的增长态势，月名义消费支出额由88.26日元增至127.75日元，增加了45%，年递增率4.2%。由此

可见，东京新中间层收入和消费支出的增长幅度均高于全国平均水平，从中亦可看出区域间新中间层家庭生活质量的差异。从消费倾向的变动来看，全国和东京新中间层家庭也存在差距，但这种差距并不太显著。期间全国新中间层家庭消费倾向在0.8394—0.8941之间波动，平均为0.8668，即总收入的86.68%用于消费支出，而有近13%的结余。东京消费倾向则在0.8222—0.9021之间波动，平均为0.8733，这说明总收入中的87.33%用于消费，而有近13%的结余。

2. 城市工厂工人家庭收入水平和消费水平

日本经济近代化起步之初，城市工厂工人家庭的生活程度还不是很高，根据1888—1893年相关调查数据表明，栃木县工厂工人家庭月消费支出额只有39.74日元，最高收入家庭也不过只有51.81日元，1893年略增至41.51日元，最高为53.37日元[1]。到了1898年，城市工厂工人家庭月名义收入最低为16.25日元，最高为61日元，月名义消费支出最低为17.6日元，最高为29.04日元[2]，消费倾向介于1.2640—0.6779之间，恩格尔系数高达63%。又据1901年调查资料表明，该年工厂工人家庭月名义消费支出为22日元，实际消费支出额为38日元（1934—1936年价格，下同），呈现出上升态势，恩格尔系数降至56%，杂项系数为10%。又据1912年东京工厂工人1627个家庭生计调查资料显示，该年每家月收入为26.21日元，消费支出25.73日元，消费倾向0.9817，收支基本平衡。若按收入组别划分不同家庭生计状况表明，最高收入达50日元，消费支出达49日元，消

---

[1] 《货币制度调查会报告》，载日本银行调查局编：《日本金融史资料》，明治大正篇第16卷，1957年版，第856—862页。
[2] 横山源之助：《日本之下层社会》，教文馆1957年，第227—231页。

费倾向亦高达0.98,而收入较低家庭则出现入不敷出的活窘状[①]。到了1916年时,每家名义消费支出又由1901年的22日元增至26日元,实际消费支出由38日元增至42日元,该年恩格尔系数降至44%,杂项系数又升至23%[②]。又据该年东京20家职工家计调查统计数字表明,每家名义收入为28.51日元,其中工资收入占到98%的比重,名义消费支出为27.88日元,消费倾向为0.9779,收支基本平衡,恩格尔系数为41.4%[③]。

进入城市生活形成和确立时期以后,伴随着战前日本工业化水平的进一步提高,以工厂工人为代表的近代产业部门的实际劳动收入亦有显著上升,制造业实际工资水平,1915年以后的数年间急剧下升,此后至战前又以缓慢速度上升。据统计,1915—1939年间,制造业工人日平均工资收入,由0.46日元增至1.7日元,增长了2.7倍,实际工资指数由59.1上升至93.2,上升了近60%,其中1931年达到战前最高峰,为106.6[④]。到了1919年,城市工厂工人实际消费支出又增至52日元,名义消费支出增至70日元,恩格尔系数又降至50%,杂项系数升至24%。1920年,名义和实际消费支出分别增至100日元和72日元,恩格尔系数和杂项系数分别为43%和27%。1921年,又分别增至110日元和86日元,两项系数分别为37%和29%[⑤]。

---

① 多田吉三著:《日本家计研究史》,第54页。
② 中川清:《日本の都市下层》,第378页。
③ 高野岩三郎:《东京20职工家计调查》,载金井延在职25年纪念《最近社会政策》,有斐阁1916年。
④ 大川一司、筱原三代平、梅村又次编:《长期经济统计:推计与分析》卷8《物价》,东洋经济新报社1967年版,第243页。
⑤ 中川清:《日本の都市下层》,第388页。

进入城市生活发展时期，城市普通劳动家庭生活程度又有进一步提高。内阁统计局对这一时期城市劳动家庭生活程度状况进行了全国性的调查统计，使我们从中能够全面地分析20世纪30、40年代城市劳工阶层家庭生活状况的变动，请看表2.42。

表2.42 战前日本城市普通劳动家庭
月平均收入水平和消费水平的变动（1926—1940）

单位：日元

年 份	全 国			东 京		
	收 入	消费支出	消费倾向	收 入	消费支出	消费倾向
1926	102.07	91.38	0.8953	116.78	105.90	0.9068
1931	83.43	73.08	0.8759	—	—	—
1932	86.18	74.57	0.8653	—	—	—
1933	86.59	75.05	0.8667	—	—	—
1934	86.66	76.73	0.8854	93.07	86.52	0.9296
1935	86.99	76.65	0.8811	93.45	84.92	0.9087
1936	90.32	79.17	0.8766	95.88	87.16	0.9090
1937	95.48	81.09	0.8493	100.21	87.67	0.8749
1938	101.79	84.05	0.8257	108.83	92.44	0.8494
1939	111.63	94.03	0.8423	119.06	102.74	0.8629
1940	120.99	101.49	0.8388	133.68	114.39	0.8557
1941	138.61	118.13	0.8522	—	—	—

资料来源：《昭和国势总览》（下），东洋经济新报社1988年版，第362、367页。

据表2.42中数字可知，全国和东京普通劳工阶层家庭收入和消费支出总额均呈现不断上涨的变动趋势，且受地区间工资水平和价格水平的制约，东京普通劳工家庭的收入和消费支出额均高于全国平均水平。具体数字显示，全国城市普通劳动家庭名义收入自1926年至1931年间有较大幅度下降，进入20世纪30年代至40年代初，名义收入稳定上涨。1926—1941年的15年间，月名义收入由102.07日元增加到138.61日元，15年中增加了近40%，年递增率2.1%，1931—1941年的10年间则增加了66%，年递增率5.2%，增幅不凡。名义消费支出亦呈现出同样强劲的增长态势，1926—1941年中，由91.38日元增至118.13日元，15年间增加了近30%，年递增率1.7%，而1931—1941年间则增加了62%，年递增率近5%。期间消费倾向介于0.8257—0.8953之间波动，即总收入中的82.57%—89.53%用于消费开支，而大约有11%—18%的比率用于储蓄。再看东京劳动家庭生活状况，资料表明，1926—1940年间，其名义收入由116.78日元增至133.68日元，14年间仅增加了14.5%，年递增率不足1%，若考察1934—1940年的6年间，其名义收入则增加了44%，年递增率6.3%，与同期全国增幅不相上下。名义消费支出额，1926—1940年中，由105.9日元增至114.39日元，14年中增加了8%，年递增率0.5%，而1934—1940年的6年间增加了32.2%，年递增率4.8%，亦与同期全国平均增长幅度处于同一水平。同期其消费倾向处于0.8557—0.9296之间波动，即总收入中的85.57%—92.96%用于消费支出，与全国普通劳动家庭生活程度相比较，东京普通劳动家庭生活水平略低于全国平均水准。

3. 城市下层劳动家庭收入水平和消费水平

所谓城市下层系指人力车夫、细民、贫民窟居民、街头艺人、日佣劳力等城市中最贫穷阶层。与近代中国城市苦力阶层一样，他们工作无定规,收入不稳定,实属城市中最贫困的血汗劳动者。作为社会的下层,其生活状况与新中间层和工厂工人迥然有异。有关战前日本城市下层家庭生计调查大体可分为四类:贫民窟调查、细民调查、不良住宅区调查和要保护者调查[1]。调查及相关研究最具代表者有,横山源之助《日本之下层社会》《共同长屋探见记》、西田长寿《都市下层社会》、松原岩五郎《最黑暗之东京》、内务省地方局《细民调查统计表》、东京社会局《有关东京市内细民调查》《东京市不良住宅地区调查》《东京市内要保护家庭生计调查》等。有关城市下层人口数量,据中钵正美推算,在日本经济近代化起步之初的19世纪80年中期,其人口总量约占全国总人口的60%[2],在城市中也约占到近一半的比例[3]。其生活程度,据资料显示,四口之家的贫民家庭人均月收入,明治20年代(1887—1896年)为22.5日元,30年代(1897—1906年)上升至45日元[4];而据大川一司推算,明治25年(1892年)全国人均月收入为22.7日元,35年(1902年)为44.7日元[5],由此可见,当时贫民的生活质量与全国平均水平并无差距。1887年时其家庭名义月消费支出为4日元,实际消费支出为13日元(1934—1936年价格,下同),恩格尔系数高达75%[6],且多以主食为主,而主食又以多以豆等杂粮为主。到了

---

[1] 除此之外,尚有"失业者生活状况调查""流浪者调查""木住宿者调查"等等。
[2] 中钵正美:《现代日本的生活体系》,1975年,第105页。
[3] 森末义彰、宝月圭吾、小西四郎编:《生活史III》,体系日本史丛书17,山川出版社1979年版,第197—198页。
[4] 中川清:《日本的城市下层》,第33页。
[5] 大川一司、筱原三代平、梅村又次编:《长期经济统计:推计与分析》卷1《国民所得》,第237页。
[6] 中川清:《日本的城市下层》,第374页。

1897年，其家庭月名义消费支出增至10日元，实际消费支出增至21日元，恩格尔系数降至72%[①]。又据1902年一项有关贫民家计调查资料显示，每月名义收入为14.9日元，名义消费支出为11.6日元[②]，消费倾向为0.7785，恩格尔系数为58.4%。

进入20世纪以后，伴随着日本工业化水平的提高，近代产业工人数量大幅度增加，工资水平亦有上升，与产业工人和城市新中间层生活状况相比较，城市下层家庭生活状况虽有缓慢提高，但远不及产业工人和新中间层家庭生活状况改善得多。据1912年冈实所进行的"职工生计状况调查"和1910年稻叶良太郎所进行的"工人生计调查"资料表明，20世纪10年代，城市工厂工人家庭月名义收支为24日元左右，恩格尔系数为50%，而据内务省地方局1911年所进行的贫民家计调查资料显示，当时城市贫民的月收入只有16日元，月消费支出15.4日元，恩格尔系数近60%[③]，与城市工人家庭生活状况存在一定的差距。

进入城市生活形成和确立时期（1919—1926年）以后，城市下层家庭生活状况虽有小幅提高，但与城市新中间阶层和产业工人家庭生活质量拉开了距离。据1919年东京工厂工人家计调查表明，平均每家月收入为72.50日元，月平均消费支出为69.76日元，恩格尔系数为50.3%[④]。又据1922年东京产业工人家庭生计调查显示，平均每家月收入为104.36日元，月消费支出为106.15日元，恩格尔系数

---

① 中川清：《日本的城市下层》，第374页。
② 土屋乔雄编：《职工事情》第2卷，生活社1947年版，第154—175页。
③ 内务省地方局：《细民调查统计表》，1912年，第282—309页。
④ 中钵正美：《家计调查与生活研究》，光生馆1971年版，第107、111、129页。

为41.6%①。而据1920年东京市社会局所进行的东京细民家计状况调查表明，平均每家月收入为52.95日元，月消费支出为52.47日元，家际月消费支出为38日元，恩格尔系数为73.6%②。又据1921年内务省地方局所进行的111户细民家计生活调查显示，平均每月收入为57.93日元，月消费支出为56.66日元，实际消费支出44日元，收支基本平衡，恩格尔系数为61.5%③。1927年，平均每家月消费支出增至60日元，实际消费支出增至48日元，④与1887年的每家月实际消费支出13日元之相比，增加了2.7倍。

进入城市生活的发展和动荡时期以后，受昭和恐慌的影响，城市下层家庭的实际生活水平有较大幅度的下降。实际月收入额，1929—1930年间降至48日元，此后又有所上升，至1938年又增至60日元，恢复到了1926年水平⑤。

表2.43 战前日本城市下层家庭
月平均收入水平和消费水平的变动（1930—1940）

单位：日元

	1930	1931	1932	1933	1934	1935	1936	1937	1938	1939	1940
收入	47.8	36.8	38.0	35.9	41.5	45.8	44.5	51.1	54.1	68.5	97.7
消费支出	49.2	37.2	36.5	34.7	38.0	45.2	44.5	49.1	52.9	58.5	83.8

---

① 中川清：《日本的城市下层》，第103页。
② 东京市社会局：《有关东京市内细民调查》。
③ 内务省地方局：《细民调查统计表》，表60—61页。
④ 中川清：《日本的城市下层》，第390页。
⑤ 中川清：《日本的城市下层》，第353页。

续 表

	1930	1931	1932	1933	1934	1935	1936	1937	1938	1939	1940
消费倾向	1.0293	1.0709	0.9605	0.9666	0.9157	0.9870	1.000	0.9609	0.9778	0.8540	0.8577
恩格尔系数	56	48	50	51	53	49	56	58	61	61	53

资料来源：财团法人同润会：《共同住宅居住者生活调查》，载中川清：《日本的城市下层》，第357—358页。

据表2.43中数字可知，受昭和恐慌的严重冲击和影响，从1930年（昭和五年）开始，城市下层家庭生活水平有较大幅度的下降，月名义收入由1930年的47.8日元跌至1933年的35.9日元，此后日渐上升，至1940年时增至97.7日元，1930—1940年的10年间，增加了1.04倍，年均递增率7.4%，增幅不凡。名义消费支出亦呈现出同样的变动趋势，月名义消费支出由1930年的49.2日元跌至1933年的34.7日元，此后不断攀升，至1940年时增至83.8日元，期间增加了70%，年递增率5.5%。从实际消费支出值看，1930年为47日元，与大正中期至昭和初期不相上下，从1931年开始趋低下，至1934年间，平均处于38—39日元水平。从1935年开始上升，该年恢复到45日元，1940年更增至56日元。

在前面分析战前日本城市各阶层家庭收入水平和消费水平的基础上，下面我们将进行综合考察，以辨析城市各阶层家庭之间生活状况的层次差异。

表2.44 战前日本城市各阶层收入水平和消费水平的差异

单位：日元

	1932—1933年			1937—1938年		
	都市下层	工厂工人	新中间层	都市下层	工厂工人	新中间层
被调查家数	114	158	125	269	163	124
平均每家人数(人)	4.5	4.1	3.8	5.4	4.1	3.5
月平均收入	41.29	92.78	100.69	66.16	98.73	107.55
月平均消费支出	41.22	82.72	91.35	66.17	86.36	92.61
消费倾向	0.9983	0.8916	0.9072	1.0002	0.8747	0.8611
恩格尔系数(%)	49.2	35.0	30.9	49.2	37.9	33.4
杂项系数(%)	29.0	30.5	31.2	24.1	29.4	30.1

资料来源：中川清：《日本的城市下层》，第316—317页。

表2.44中数字反映了20世纪30年代日本城市各阶层收入水平和消费水平的阶层差异和变动特征。从中可以清楚地看出，新中间层、工厂工人和城市下层家庭的生活程度存在明显的差异。从家庭人口规模来看，新中间层家庭人数明显少于工厂工人和城市下层家庭，而新中间层收入水平又明显高于后两阶层，故新中间层家庭的生活质量优于后者。如前所述，家庭人口规模与其生活质量有很高的相关性，若家庭人口规模随家庭收入总额的上升而增加，则可维持或提高家庭消费水平和生活质量，反之必限制其消费水平和生活质量的提高。若将家庭收支状况折成等成年男子数进行分析的话，恐各阶层生活程度的差异会更加显著。上表中数字反映了各阶层的家庭生计状况，我们若折算成人均收支额，则各阶层的差距比表中所体现出的差距更为明显。1932—1933年间，新中间层家庭月人均收入额为26.5日元，

月人均消费支出额为24.0日元，至1937—1938年间，月人均收入增至30.7日元，比1932—1933年间增加了16%，月人均消费支出额增至26.5日元，增加了近10%。工厂工人家庭月人均收入额，1932—1933年为22.6日元，月人均消费支出额为20.2日元，到了1937—1938年间，月人均收入增至24.1日元，增加了6.6%，月人均消费支出增至21.1日元，增加了4.5%，均低于新中间层家庭收支的增长幅度。而城市下层家庭月人均收入额由1932—1933年的9.2日元增至1937—1938年的12.3日元，增加了34%，月人均消费支出亦由9.2日元增至12.3日元，增幅34%，收支增幅程度反而高于以上两阶层。但这并不能说明城市下层家庭生计状况优于以上两阶层，从消费倾向、恩格尔系数和杂项系数的变动即可证明这一点。期间城市下层家庭恩格尔系数近50%略微，杂项系数不足30%，消费倾向介于0.9983—1.0002之间，有入不敷出之危。工厂工人恩格尔系数处于36%左右，杂项系数30%左右，消费倾向介于0.8747—0.8916之间，收支基本平衡。而新中间层家庭恩格尔系数处于31%—34%之间，杂项系数位于30%略强，消费倾向处于0.8611—0.9072之间，收支亦基本均衡。

二、农村劳动家庭收入水平和消费水平的总体考察

江户时代农业生产占到整个国民经济的绝大部分，到1872年时农业就业人数高达1552万人，占就业者总数的72%[①]。明治政府为促进农业生产，主动移植西方先进的农业技术，同时又关注日本本身以品种改良为中心的"老农技术"的推广和鼓励，使日本农业在

---

① 安藤良雄编：《近代日本经济史要览》，东京大学出版会1981年版，第6页。

1889—1920年间取得了1.4%—1.7%的较高增长率[1]。1910年，农业就业人口也增至1638万人，但占就业者总数的比例却降至64.3%[2]。日本农业经济增长在20世纪20年代大幅度下降，但就全期（1889—1938年）而言，仍实现了1.34%的农业增长率[3]。同期农业就业人口亦从1920年开始不断下降，至了1940年时降至1419万人，占总就业人口的44%[4]。农家户数，由1906年的537.8万户增加到1944年时的553.6万人[5]，增加不足3%，可以说二战前日本农户数量处于一种稳定状态。下面我们将分析战前日本农家收入和消费水平的变动状况。

表2.45　战前日本农家家计生活状况的变动（1890—1920）

单位：日元

	年份	平均每家人数	收入	消费支出	消费倾向	恩格尔系数(%)
地主	1890	8	1697	741	0.4366	36.2
	1900	8	2535	1174	0.4631	34.9
	1908	8	3631	1767	0.4866	32.1
	1911	8	4097	2354	0.5746	30.9
	1912	8	4981	2376	0.4770	34.0
	1920	7	5556.23	3279	0.5901	31.9
自耕农	1890	6	291	196	0.6735	61.0

[1] 南亮进著，毕志恒、关权译：《日本的经济发展》，经济管理出版社1992年版，第48页。
[2] 南亮进著，毕志恒、关权译：《日本的经济发展》，经济管理出版社1992年版，第6页。
[3] 南亮进著，毕志恒、关权译：《日本的经济发展》，经济管理出版社1992年版，第103页。
[4] 安藤良雄：《近代日本经济史要览》，第6页。
[5] 国民生活研究所编：《国民生活统计年报》，至诚堂1966年版，第16页。

续表

	年份	平均每家人数	收入	消费支出	消费倾向	恩格尔系数(%)
自耕农	1900	7	457	306	0.6695	59.5
	1908	7	662	406	0.6133	61.9
	1911	7	804	555	0.6903	61.5
	1912	7	938	634	0.6759	62.9
	1920	6.1	1653.9	1226.7	0.7417	55.9
佃农	1890	5	202	107	0.5297	71.7
	1900	6	303	180	0.5940	70.5
	1908	6	471	253	0.5372	71.8
	1911	6	613	311	0.5073	71.5
	1912	6	705	357	0.5064	73.1
	1920	6	1415.9	645.38	0.4558	67.4

资料来源：据农商务省农务局编：《农家经济调查》，1924年版，第29—41页中数字计算。

表2.45中统计数据是战前日本著名社会学家斋藤万吉对全国20个地区所进行的农家生计调查资料，它较为全面地反映出了19世纪末期至20世纪20年代日本农村各阶层的生活程度变动状况和差异特征。据表中数字可知，各阶层平均每家人口数，地主为8人，自耕农为7人，佃农为6人。各阶层平均每家年收入额均呈现不断上升的变动趋势，1890—1920年的30年间，地主年收入额由1697日元增至5556.3日元，增加了2.3倍，年递增率4%，期间平均收入3750日元。同期自耕农年收入额由291日元增至1653.9日元，30年间增加了4.7

倍，年递增率6%，高于地主家庭收入的增长速度，期间平均收入为800.98日元，与地主家庭收入相差近4倍。同期佃农年收入更表现出强劲的增长势头，由202日元增至1415.9日元，30年间增加了6倍，年递增率6.7%，均高于地主和自耕农家庭收入的增长幅度，但其平均每家收入值却大大低于地主和自耕农，为618.3日元，与地主相差5.06倍，与自耕农相差29.5%。各阶层收入差距可见一斑。

消费是收入的函数，收入水平的变动则决定消费水平的变动。期间虽然日本农村各阶层家庭消费支出亦呈现不断上升的变动态势，但各阶层的生活消费状况差距显著。据统计，地主家庭年消费支出额由1890年的741日元增至1920年的3279日元，30年间增加了3.4倍，年递增率5.1%，高于其收入的增长速度，期间平均年消费支出为1948.5日元。同期自耕农家庭年消费支出由196日元增至1226.7日元，30年间增加了5.3倍，年递增率6.3%，消费支出增长幅度高于其收入增长幅度，期间平均年消费支出为553.95日元，与地主家庭消费支出相差2.5倍。同期佃农家庭年平均消费支出亦表现出不断上涨态势，由107日元增至645.38日元，30年间增加了5倍，年递增率6.2%，低于自耕农家庭消费支出的增长速度，但高于地主家庭消费支出的增长速度，期间平均每家年消费支出为308.9日元，与地主相差5.3倍，与自耕农相差近80%。

从消费倾向的变动来看，地主家庭介于0.4366—0.5901之间波动，平均为0.5047，即收入50.5%用于消费。自耕农家庭介于0.6133—0.7417之间波动，平均为0.6774，即收入67.7%用于消费。佃农家庭介于0.4558—0.5940之间波动，平均为0.5217，即收入52.2%用于消费。从各阶层消费倾向值来看，似乎佃农生活质量优于地主和自耕农家庭，实则不然。农家作为消费和生产双重经济主体，在进行经济活动时要处理收入、消费、生产和储蓄之间比例关系，为维持必要的生产经营活动支出以及沉重的租税压力，农家不得不压缩消费支出。而佃农受家庭收入水平和生产能力的制约，更是压缩其消费支出。从恩格尔系数变动来看，各阶层生活质量的差距更显而易见。地主家庭的恩格尔系数大体在33.3%，这说明其食品支出只占消费支出的三分之一，其他方面的消费支出占三分之二，以满足其生活质量的提高。自耕农家庭的恩格尔系数大体占60.5%，这说明其消费总额的五分之三用于食品支出。佃农家庭恩格尔系数则大大高于地主和自耕农，大约占到71%，这说明其消费总支出的五分之四用于食品支出。虽然各阶层生活质量存在差距，但从动态角度分析，各阶层家庭生活质量均有不同程度的提高，期间各阶层恩格尔系数都处于不断下降走势即为明证。

如同近代中国一样，战前日本农家仍然以农业收入作为其最主要的收入来源。1890年，地主家庭平均每户年农业收入为1204日元，占总收入的71%，而农业外收入为493日元，占总收入的29%。自耕农家庭平均每户年农业收入为266日元，所占比例为91.4%，而农业外收入仅有25日元，占8.6%。佃农平均每户年农业收入为189日元，所占比例为93.6%，农业外收入仅13日元，占6.4%。到了1920年农家的农业收入仍占绝大比重，并无多大改善。该年虽然地主平均每户年农业收入增至4961.9日元，但所占比重仍高达89.3%，而农业外收入所占比重为10.7%。同年自耕农平均每户年农业收入增至1526.4日元，其所占比重亦增至92.3%，农业外收入占7.7%。同年佃农平均每户年农业收入增至1367.9日元，占总收入的比重高至

96.6%[1]。

表2.46 战前日本农家年平均收入水平和消费水平的变动（1931—1940）

年份	收入 合计（日元）	农业收入（%）	非农业收入（%）	消费支出（日元）	消费倾向	恩格尔系数（%）	杂项系数（%）
1931	916	82.3	17.7	585	0.6386	42.4	37.7
1932	1015	84.4	15.6	559	0.5507	45.8	34.1
1933	1156	85.3	14.7	606	0.5242	43.7	35.4
1934	1195	85.0	15.0	638	0.5339	46.3	34.5
1935	1335	85.6	14.4	705	0.5281	46.6	33.5
1936	1442	86.3	13.7	763	0.5291	46.3	33.3
1937	1584	86.6	13.4	786	0.4962	47.7	33.2
1938	1689	86.4	13.6	858	0.5080	47.6	31.9
1939	2385	87.5	12.5	1073	0.4499	45.6	33.6
1940	2560	89.1	10.9	1304	0.5094	44.7	33.3

资料来源：一桥大学经济研究所编：《解说日本经济统计》，岩波书店1961年版，第152页。

表2.46中数字反映了20世纪30年代日本全国农家平均生活程度的变动状况。从中可以看出，1931—1940年间，农家收入和消费支出均有较大幅度的上涨。具体数字显示，农家每户平均年收入由1931年的916日元增至1940年的2560日元，9年间增加了1.8倍，年递

---

[1] 据农商务省农务局编：《农家经济调查》，1924年版，第29—41页中数字计算。

增率12%，增幅可观。从农业收入结构来看，与以前相比较，农业收入所占比重有所下降，而农业外收入相应有所上升，农业收入大体占到总收入的85%，而农业外收入大体占有15%的比重。期间农家每户平均消费支出亦呈现出不断上涨的走势，由1931年的585日元增至1940年的1304日元，9年中增加了1.2倍，年递增率9.3%，低于收入的增长幅度。期间消费倾向0.4499—0.6386之间波动，平均为0.5268，即总收入的52.68%用于消费支出，而有47.32%的比重用于农业生产投资、交税或储蓄结合。据统计，同期农业经营性支出和租税公课所占总支出的比例合计高达40%以上，农家年末结余只占很小的份额，甚至有入不敷出的年份，1939年结余为最高额，达1312日元，其所占总收入的比重为55%，实属不低。从反映农家生活质量的恩格尔系数和杂项系数来看，与以前相比，20世纪30年代确有一定的改善和进步。全期恩格尔系数维持在46%左右，而杂项系数大体占有33%以下。

货币性收入与消费支出，实物性收入与消费支出作为农家收支结构的另一具体表现形式，不仅反映了农村商品经济发展的水平及其变动，也体现了农家生活质量的变动。请看表2.47。

在战前日本经济近代化过程中，伴随着工业化水平的显著提高和现代经济的不断增长，市场化程度日渐加深，迄至20世纪初期全国性商品市场业已形成，各种物价的地区间差别在19世纪缩小，至20世纪初已基本消失。在此基础上，农家参与市场化经济活动的范围和强度日益增强。从表2.47中所体现出的农家收支结构中现金收支状况的变动即说明了这一点。具体数字显示，伴随着农家总收入水平的不断上升，总收入中的现金收入也日逐攀升，其所占总收入的比重，1943年时高达74.5%，1930—1945年间平均处于60%—70%，大大高于同期中国农家的平均水平。同时伴随着工业化的发展，国内外商品市场的扩大，不仅农家将大量农产品在市场上出售，获得更多的货币性收入，而且农家向市场购买的商品数量也随之增加，货币性支出不断上升。1925—1949年20年间，农家的现金支出由1159日元增至4099日元，20年间增加了2.5倍，年递增率6.5%，且现金支出随总支出的上升而提高。现金支出占总支出的比重大体处于50%—60%的比重，亦高于同期中国农家水平。这从一个侧面反映了战前日本农村商品化的发展和农民依赖于市场程度的强化。

表2.47　战前日本农家总收支中现金与实物收支比例的变动

单位：日元

年份	总收入	现金收入	比重(%)	总支出	现金支出	比重(%)
1925	—	—	—	2081	1159	55.7
1926	—	—	—	2033	1273	62.6
1927	—	—	—	1703	966	56.7
1928	—	—	—	1818	1072	59.0
1929	—	—	—	1699	1061	62.4
1930	1312	928	70.7	1296	764	59.0
1931	—	—	—	936	575	61.4
1932	—	—	—	1012	583	57.6
1933	—	—	—	1068	636	59.6
1934	—	—	—	1076	602	55.9

续　表

年份	总收入	现金收入	比重(%)	总支出	现金支出	比重(%)
1935	1383	833	60.2	1226	697	56.9
1936	—	—	—	1326	768	57.9
1937	—	—	—	1422	818	57.5
1938	—	—	—	1514	885	58.5
1939	—	—	—	1833	1086	59.2
1940	2691	1907	70.9	2109	1265	60.0
1941	2420	1639	67.7	2071	1257	60.7
1942	3526	2485	70.5	2815	1717	61.0
1943	4058	3025	74.5	2920	1802	61.7
1944	4794	3406	71.0	3091	1764	57.1
1945	15826	9311	58.8	8444	4099	48.5

资料来源：国民生活中心编：《国民生活统计年报》，至诚堂1971年版，第64、108页。

在对近代中国和战前日本农家收入和消费水平作了分析后，还应与世界其他国家进行横向的对比研究，以取得完整的认识。与同期国外发达国家相比较，中国近代农家生活水平明显低劣。1925—1926年间，日本南满铁道农务课曾做中日农业之比较研究，先后两次在南满铁路沿线做农家经济状况调查，第一次包括中国农民10家，日本农民75家；第二次包括中日农民各10家。两次调查结果表明，中国农民的生活程度低于日本农民。

表2.48 1925—1926年中国和日本农民生活费比较

单位：%

国别	年份	食物	衣服	房租	燃料灯火	杂项	共计
中国	1925	60.5	16.7	1.0	8.4	13.4	100.0
日本	1925	48.6	16.1	3.9	5.8	25.6	100.0
中国	1926	50.9	16.0	2.9	15.4	14.8	100.0
日本	1926	49.0	8.4	3.6	7.9	31.1	100.0

资料来源：《满洲农业之特质与日满农业之比较研究》，第67—70页，载王清彬等编：《第一次中国劳动年鉴》，第169—170页，北平社会调查部，1928年。

如果说上述中日两国农家生活水平的比较，因调查家数太少或仅限于某一地区，不足以代表中外农家生活程度差异的话，那么下面我们以卜凯所做中国6省13区2370个农家生活费调查代表中国农民生活费分配的一般情形与同时期日本、美国、丹麦三国农家生活费分配状况相比较，在样本足够的情况下，其结果也呈现相同的趋势。

表2.49 20世纪20年代后期中国、日本、美国和丹麦农民生活费比较

单位：%

国别	食物	衣服	房租	燃料灯火	杂项	共计
中国	58.9	7.3	5.3	12.3	16.2	100.0
日本	45.6	7.9	15.2	6.1	25.2	100.0
美国	41.2	14.7	12.5	5.3	26.3	100.0
丹麦	33.0	—	10.3	—	—	—

资料来源：有关中国、美国、丹麦三国资料见卜凯：《中国农家经济》，第520页；关于日本，见The Japanese Family Budget Enduing of 1926—1927, *International Labour Review*, Vol.23, No.3, pp.397, 1931。

中国每户农民平均为5.94人，全年生活费用平均为国币228.32元；美国每户平均为4.8人，全年生活费用平均则为1598美元（1922—1924年调查）；日本每户全年生活费用平均为1253日元（1926—1927年调查）；而丹麦每户全年生活费用平均为丹麦货币5314元（1925—1926年调查）。若折算成中国货币单则美国为2988元，日本为958元，而丹麦为2391元。美国农家生活必需费用所占比例为73.7%，日本则为74.8%，而中国却高达83.3%。以表2.49可见，中国农民的恩格尔系数不仅高于日本和美国农民，与丹麦农家差距尤为显著。而中国农民杂项费用所占比例比美日两国亦低得多。综上所述，中国农民的生活水平较同期美、日、丹麦诸国农民均为低劣。

第三章
中日消费者行为比较分析

消费者行为理论是现代西方消费经济学中的重要组成部分。它是指消费主体在日常生活过程中，为满足自身物质和精神生活的需要，根据外部环境和内在条件，取得消费资料而进行消费的行为总和。消费者行为中最核心的问题是购买动机，在市场条件下，消费者行为集中表现为购买行为及其制约机制。与传统社会相比较，近代中日宏观经济生活中的消费者行为发生了很大变化。深入探讨消费者行为，对于揭示近代中日两国消费需求变动以及宏观经济运行规律将大有裨益。为此，本章试图以西方消费者行为理论为基本参照系，结合中日近代的实际情况，对两国消费者行为的整体特征及其经济影响因素展开分析[①]。

在分析近代中日两国消费者行为之前，有必要说明两点：如前所示，近代中日两国社会是处于向资本主义市场经济形态的过渡时期，这种变动必然导致消费者行为的变异。正如凯恩斯所指出

[①] 影响消费者行为的因素包括经济、政治、社会、历史、文化传统、自然环境等方面极其复杂的因素，但其中最主要的还是经济方面的因素。

的那样，消费动机或者储蓄动机，是随着假定的经济制度与经济组织，随种族、教育、成规、宗教及流行道德观念等因素所形成的习惯，随现在希望与过去经验，随资本设备的多寡与技术，又随目前财富分配方式以及社会各阶层已经确立的生活程度而迥然有异[①]。但是，这种变动所导致的消费者行为的变异程度，中日两国有所不同，必须加以比较分析。近代中国制度变迁的目标函数是建立一种——尽管是被动的而不是主动的——依靠市场来配置资源的市场经济体制。尽管甲午战争以后中国经济市场化速度加快，迄至20世纪20—30年代，市场规模迅速扩大[②]，但是，近代中国经济远非西方学者所言的战前中国统一的国内市场已经形成，经济处于一种私人高度竞争或曰"激烈竞争的市场"之中[③]。有别于近代中国被动型制度变迁的特征，日本走的是一条主动型制度变迁，建立市场经济体制的道路。尽管20世纪初日本已经形成了全国性的市场体系，但二元性社会经济结构依然十分突出，大部分消费品仍是由传统生产部门提供的。二元结构的市场模式和消费格局决定了近代中日两国消费者行为的外部环境设定和内在环境设定，这与深深根植于现代西方社会制度和经济组织等土壤之中，以完全竞争市场条件为基本假定前提的新古典理论中的消费者行为假定很不相同。因此，我们必须依据两国国情对消费者行为假定加以修正，从而归纳出中日两国消费者行为特征和制约要素。另外，在近代社会的过渡经济体

---

① 凯恩斯著，徐毓枬译：《就业利息和货币通论》，商务印书馆1963年版，第95页。
② 吴承明：《中国资本主义与国内市场》，中国社会科学出版社1985年版，第266页。
③ Rawski, Thomas G., *Economic Growth in Prewar China*, University of California Press, 1989.

制中，收入分配形式的多样化，金融资产的扩大，消费品分配方式的多元化，投资和投资机会的可选择化，以及相应的流动约束的松弛，价格特性的变异，使城市与农村、富有阶层与普通阶层的消费者行为的种种特征及其影响因素存在差异。因此，必须对这些不同形态的消费者行为特征进行深入的分析。

第一节　消费者行为的外部环境设定比较

一、消费选择程度

消费选择程度是指消费者购买消费品和劳务时是否受限量、配额和短缺的约束。由于消费者在不同消费品（包括劳务，下同）之间的选择，主要取决于其对消费品的主观偏好、预算约束以及消费品供给量，因此，消费选择程度一般可以分为消费选择自由和消费选择不自由。凯恩斯和新古典经济理论认为，在西方市场经济中，市场运行的正常状态是供给大于需求，即有效需求相对不足，因此消费者在购买消费品时基本上不受限量、配额和短缺的约束，即消费选择自由。消费主体总能根据主观偏好、心理预期、消费品价格以及收入水平进行选择，确定其消费品的理想组合，实现最大消费满足。

近代中日两国消费者，与凯恩斯和新古典经济理论范式中的消费者的消费选择程度基本相同，亦为自由选择消费品的消费主体。19世纪60年代后期，伴随着西方列强国内劳动生产率进一步提高，降低了生产成本；苏伊士运河开通后商路大为缩短，运输费用减轻；海底电缆的修通，加速了信息传递以及从中日两国获得更多的特权和便利，西方国家的机制品进口价格大幅度下降，进口商品总值显著增长，"洋货"大量涌入两国市场，扩大了商品的供给能力。数量庞大、种类繁多的舶来消费品在中日两国广大民众面前显示出无穷的魅力和诱惑力，刺激着中日两国人尤其是富有阶层的消费欲望急剧上升，使传统社会沉淀已久的积累资金不同程度地流向消费品领域。加之，随着外国资本主义的入侵，商品经济有了长足的发展，市场规模不断扩大，近代中日两国新式工业的不断扩大，也使消费品供给能力大为提高。就消费商品的供给能力所言，摆在依然是十分贫困而有效需求不足的近代中日两国国民面前的消费品，无论是总量还是结构上都是极大丰富的，总量上基本不存在商品短缺，因此，近代中日两国广大消费者的消费选择是相对自由的。

二、消费品价格弹性

按照新古典经济理论，在完全的市场条件下，价格具有充分弹性，方向上不受任何限制。价格信号是市场机制的唯一信号，它调节消费品供需平衡，价格机制作为市场机制的核心起着调节供求间变动的作用。消费品价格随着市场供给和需求状态的变化而变动，当供给大于需求时，价格下跌；反之，价格上涨。凯恩斯理论体系中，价格具有"刚性"特征。

如上所述，建立一种依靠市场来配置资源的市场经济是近代中日两国制度变迁的核心内容。近代中国市场体系既非西方国家存在的与"纯粹竞争"市场理论假设较为接近的完全市场模式，也有异于苏联以及新中国成立后集中计划体制下的非市场模式，而是一种不完全的过渡市场模式。就消费品市场而言，近代中国实际上存在着三重结构并存的市场格局①。近代市场体系和市场机制以及市场制度初步形成,但发展又不充分,全国性统一市场尚在发育和完善过程中,是中国消费品市场的显著特征。

旧中国不发达的市场特征,使得消费品市场价格既不同于新古典经济理论范式中价格具有充分弹性,也不同于凯恩斯理论中价格刚性的特点,呈现出价格弹性不充分的特性。这种价格特性体现在国内生产消费品和进出口消费品的价格水准和价格上受半封建半殖民地社会经济条件的限制,远非自由和合理,与国内生产的边际生产成本往往脱节,而受通商口岸的批发市场价格的支配,从而使国内消费品市场价格弹性主要取决于国际市场价格的波动程度和方向,造成消费品流通障碍和价格信号失灵。

工农业产品比价变动对城市和农村消费者行为的影响是不同的。工业品在流通中逐级加价,农产品逐级压价,造成农业品交换蒙受价格损失。根据陈其广博士研究表明,从19世纪90年代至20世纪30年代中国近代化过程中,工农业产品交换比价长期不利于农产品,农产品价格上涨常常落后于工业品价格上涨,处于不利地位。从1895年至1936年的42年间,除1890—1892年、1920—1929年、1934—1937年三个短时段比价变动有利于农产品外,其余年份都是不利、很不利以及极不利农产品的②。与中国近代工农业产品相对价格变动不同的是,日本在19世纪80年代至20世纪30年代,农产品价格与工业品价格大体上呈现同步波动上升的变动态势,农产品物

---

① 沈祖炜:《中国近代商业市场的三重结构》,载《中国经济史研究》1994年增刊。
② 参见许涤新、吴承明主编:《中国资本主义发展史》第3卷,人民出版社1993年版,第237—238页。

价的上涨幅度略快于工业品物价。其周期波动的离中趋势也大于工业品。图3.1清晰地反映了日本工农业产品相对价格的波动情况。从图中可以看出，在物价总水平的上升阶段，农产品价格上涨高于工业品上涨幅度，而在物价下降阶段，农产品价格下降幅度也大于工业品下降幅度。工农业产品相对价格的变动使得城乡消费者，特别是农村普通消费者的货币收入与消费呈同步变动。

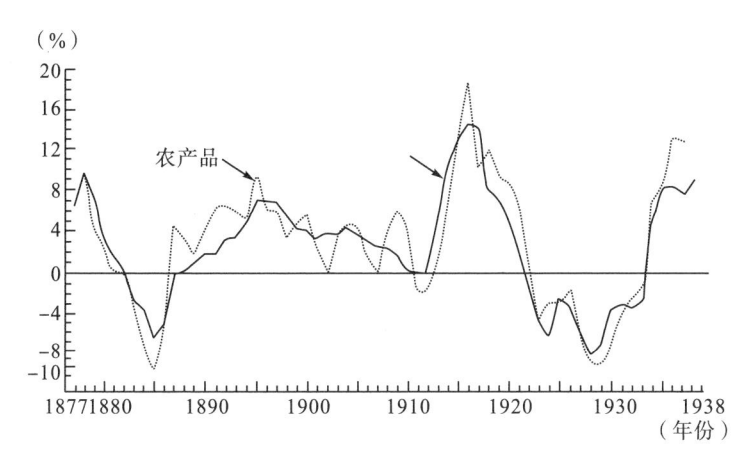

图3.1 战前日本工农业产品相对价格的长期变动（1877—1938）
说明：对原数据采用7年移动平均方法计算而得。
资料来源：大川一司、筱原三代平、梅村又次编：《长期经济统计：推进与分析》卷8《物价》，东洋经济新报社1967年版，第23页。

三、双重消费品分配方式

近代中日两国社会中，消费品基本分为两大类：一类是市场配置的消费品，一类是自给配置的消费品，因此，有别于西方国家单一市场分配的方式，两国消费品基本上通过市场分配和自给分配形式进行的。城市消费者是通过市场购买消费品，而在农村，受商品化程度和生产力发展水平的制约，市场和自给配给方式平行存在，其中自给性消费所占比重较大。据笔者估计，到20世纪30年代，中国农村消费者的自给性部分达60%左右，其余则为商品性消费。而据日本学者的推计分析，日本农家自给性消费率，1920年达53.6%，以后呈现逐步下降趋势，1926年降至46.9%，1935年达42.1%，30年代平均消费率为43.7%（1931—1938年）[①]。双重分配方式的存在对近代中日两国消费者选择自由产生了两种效应。首先，被迫效应。相对于自给性产品价格和消费者收入约束而言，市场部分的价格过高，迫使消费者特别是农村广大普通消费者不得不选择自给性配给方式，以满足其基本生活消费支出，从而限制了其消费选择自由。其次，替代效应。在市场条件下，若两类消费品互为替代品，当一类消费品价格降低时，消费者倾向于多购买降价的消费品，同时减少未降价消费品的购买；在两类消费品为不可替代品时，消费者在大体维持对价格不变消费品购买的同时，增加对降价消费品的购买量。对于有效需求不足，尚十分贫困的广大近代中日两国消费者来讲，受收入水平限制，他们总是尽可能地以同样的货币收入来购买数量较大的低价商品，以维持最低的生活水平。

四、收入形式特点

消费是收入的函数，二者密切相关。与基本消费品分配方式不同相对应，在收入形式上中日城乡消费者也存在差异。两国城市消费者均以货币工资收入为主，农村消费者则以农业收入为主。中国

[①] 大川一司、筱原三代平、梅村又次编：《长期经济统计：推计与分析》第6卷《个人消费支出》，东洋经济新报社1967年版，第56页。

城市消费者的货币工资收入基本占其总收入的90%以上,例如:20世纪20年代末上海230家纱厂工人家计调查资料表明,工资收入占全家总收入的95.5%,其他收入仅占4.5%[1];另据30年代初期南开大学对天津手艺工人的调查,职业劳动收入占家庭总收入的97.8%,而其他收入仅占2.2%,而且收入愈低,其职业收入所占比重就愈高[2]。另外,城市中其他阶层如苦力、人力车夫、一般职员、教师等普通居民亦呈现同样的情况。与中国相比较,日本城市消费者货币工资收入占总收入的比重略低于中国。据日本内阁统计局《家计调查报告》中资料显示,1926年至1927年间,日本全国城市居民收入总额中,家庭工资收入占总收入的比重为88.5%,财产收入、副业收入、馈赠及储蓄和保险所得等占11.5%[3]。可见,日本城市居民工资收入比重低于中国,且工资收入以外的各种收入结构呈现多样化特征。中日农村中普通农家则以农业收入作为其重要的收入来源,副业收入所占比重较小。据金陵大学卜凯教授于1921年至1925年对全国2866户农家家庭经济状况调查表明,平均每户农家农作物收入占其全部收入的份额为78.7%,种植、畜产、杂项等收入比重为21.3%[4]。另据1928—1929年李景汉对河北定县34户农家较为可靠的记账簿周年调查表明,平均每户农家农业收入比重为70.5%,其他收入占

---

[1] 杨西孟:《上海工人生活程度的一个研究》,北平社会调查所1930年版,第32—35页。
[2] 冯华年:《天津手艺工人家庭生活调查之分析》,载《经济统计季刊》第1卷第3期,1932年。
[3] 国民生活研究所编:《国民生活统计年鉴》(1965年版),至诚堂1966年出版,第54页。
[4] 卜凯著,张履鸾译:《中国农家经济》,商务印书馆1936年版,第85页。

29.5%[1]。到了20世纪30年代中期，这种情况也没有多大改变，如一份30年代对位于河北清苑县农家经济的详细调查资料较为典型地说明了这一点。被调查的500家农户，平均每家农业收入所占比重仍高达76%，其他收入包括畜养收入、农业资本收入、工资货币收入、副业收入等仅占24%[2]。日本农家农业收入所占比重下降的幅度快，根据日本内阁统计局的调查资料表明，20世纪20年代后期，日本全国农家每户农业收入占家庭总收入的比重为64%，略低于同期中国农家农业收入水平，而其他收入比重达36%。进入20世纪30年代，该比重大幅度下降，与中国同期形成鲜明对照。据日本农林省统计调查部农家经济调查资料显示，1935年全国农家每户农作物收入所占比重为48%，农业外收入达52%。此后，农业收入比重不断下降，1940年为42.8%，1941年为37.2%，1944年更降至33.3%[3]。农家收入结构中另一显著特征是非货币收入和货币收入的消长变动情况。中国近代农家收入中非货币收入所占份额较大，货币收入相对较小。如据卜凯教授20世纪20年代初期调查表明，农家总收入中现金收入占45.6%，实物性收入占54.4%。1922年芜湖农家现金收入占其全部收入的42%，实物收入占58%[4]。不过，在近代化过程中，虽然中国农村自给自足型经济形态并没有发生根本性转变，但随着工业化水平的逐步提高，农村的经济结构和商品化程度都不同程度地发生了变化，农民的货币收入占总收入的比重呈上升趋势。如清苑县农家

---

[1] 李景汉：《定县社会概况调查》，中国人民大学出版社1986年再版，第85页。
[2] 张培刚：《清苑的农家经济》，载《社会科学杂志》第7卷第1、2期，8卷第1期，1936—1937年。
[3] 日本银行统计局编：《明治以降本邦主要经济统计》，1966年7月刊行。
[4] 王清彬等编：《第一次中国劳动年鉴》，北平社会调查所1928年版，第501页。

现金收入所占比重达43.9%，而定县农家现金收入已占59.7%，这表明农民与市场的联系越来越紧密了。迄至20世纪30年代，日本农家收入总额中货币性收入所占比重大大高于同期中国水平，如据日本农林省的统计资料表明，1930年日本农家每户货币收入占总收入的比例达70.7%，1935年70.3%，1940年达70.9%，1943年又升至74.6%。这表明日本农家与市场的联系程度高于中国，反映了日本商品经济的发展和农村市场的发育水平。综上可知，中日两国城乡居民收入总量与结构的变动必然对城乡居民消费行为产生相应的影响，现金支出所占比重呈上升趋势是其最突出的表现。

五、预算约束和流动约束的时间跨度

预算约束是指消费者购买消费品受到其收入水平和商品价格的限制，它表示消费者可能购买的商品的全部组合的范围限定。消费者能够满足的商品组合，一方面取决于货币收入的多少，另一方面依赖于商品价格水平的高低，二者合起来，就构成所谓的消费者预算约束。

凯恩斯的消费函数所分析的是短期内消费和收入的关系。在短期规定下，消费主要决定于现期收入水平。因此，消费的预算约束是一期或即时的，跨时预算不予考虑。以弗里德曼的持久收入假说和摩迪里安尼的生命周期假说为主要代表，提出了跨时预算约束，即在没有流动约束前提下，消费者可以借贷的方式在现时支出未来才能获得的收入。20世纪70年代出现的理性预期的生命周期模型则提出跨代预算约束，从而拉长了跨时预算约束的时间跨度[①]。

---

① 臧旭恒：《中国消费函数分析》，上海三联书店1994年版，第27—32页。

流动约束与消费者是否能跨时预算约束紧密联系。跨时预算约束的前提是没有流动约束，而没有流动约束的一个基本条件，正如托宾所言，是存在一个完善的资本市场[1]。若存在，消费者就可以不受流动约束限制，可以跨时计划其消费，使其消费在一生的不同时期具有均匀的性质。在新古典经济理论框架中，较一般的看法是主张没有流动约束，而凯恩斯理论体系中的消费者行为由于受即时预算约束的影响是不将流动约束纳入其分析范围的。

近代中国的消费信贷资金市场极不发达，虽然中国近代化起步后，受金融市场发育、货币供应量的增加和外国资本流入的牵动，中国借贷资本的利息率呈下降趋势，但这与消费者的流动约束相关的民间借贷关系，城市中的放款、债券、股票等金融资本市场，这时的消费总规模相比还极为有限。从总体上看，近代中国消费者明显地受到流动约束的限制，无论这种约束是民间私人借贷关系还是近代意义的金融资本市场，后者虽有一定程度发育，但又发展极不完善，消费者预算约束主要受现期收入的制约，表现为现期一时的消费。与中国相比较，近代日本经济发展中的消费信贷资金市场较为发达，由于近代工业发展和国内储蓄规模的不断扩大，借贷资本的利率呈现明昂的下降趋势。全国银行平均利息率由1882年的10.22%，降至1936年的3.29%，50年间下降了7个百分点。中央银行利息率同期由9.49%降至3.65%[2]，期间共下降了6个百分点。较为发达的借贷市场和良好的金融市场环境为近代日本消费者提供了进行

---

[1] 臧旭恒：《中国消费函数分析》，上海三联书店1994年版，第27—32页。
[2] 安藤良雄：《近代日本经济史要览》（第2版），东京大学出版会1981年版，第21、27页。

跨时消费的可能性和条件。然而，日本人消费倾向过多受以往传统生活方式和消费模式的束缚，尽管可支配收入增加，但消费支出也没有增加多少。从而导致一般日本人即使不受流动约束限制或限制较小，但也呈现出一种追求现期一时消费的特殊性消费行为特征。如果按收入多寡分组为富裕阶层和一般普通居民来看，两国则具有相同性。富裕阶层凭借其沉淀的财富和丰厚的现期收入，可不受预算一时限制，可以跨时甚至跨代计划其消费，使其在终生乃至后代的不同时期享受消费均匀。而广大的贫穷阶层则由于收入水平较低，其现期收入决定现期消费，明显受预算约束影响，甚至有时入不敷出，靠民间和私人借贷度日，其预算有时是现期一时的。

六、不确定性加强

按照新古典经济理论，确定性与不确定性存在与否的关键，一方面取决于市场经济体制的完善程度，另一方面依赖于消费者收入来源和时间跨度。凯恩斯采取短期分析，不确定性及与之相关的风险较小，也不要消费者有预期心理，可以忽视不确定因素。弗里德曼等消费函数理论中以预期收入作为现期消费的主要解释变量，因此，他们在消费者行为的外部环境设定上是主张存在不确定性的。

近代中日两国社会中，随着市场规模的逐步扩大，作为市场主体之一的消费者受市场信息缺乏的影响，不能准确地预见市场的未来情况，加之社会政治环境的影响和外国资本主义入侵等政治因素的束缚，近代社会中的不确定性因素和传统社会相比较明显增强，从而对消费者行为产生了显著影响，不确定性因素就成为影响中日两国消费者选择消费强度、方向、时间维度的一个重要变量。

第二节　消费者行为的内在设定比较

一、理性主体

理性主体即理性"经济人"的设定，是新古典经济理论中最重要的支柱之一。经济人的含义是指社会活动中有理性、会算计、追求最大利益的个人，他们的行为可以无意识地产生有利于社会的"好处"。以科斯、诺思等为代表的产权制度学派又就新古典经济理论范式中的"经济人"范围扩展到人类行为领域，即从原来的货币"经济人"拓展到非货币"经济人"，并对其作了有限性的设定修正。

就消费者内部设定而言，较之新古典经济理论型消费者因具备跨时或跨代预算约束，没有流动约束和存在不确定性等条件的影响而呈现出前瞻、有远见、精明的特征相比[①]，近代中日两国经济社会中的消费者从整体上看，在种种外部环境约束下，更接近于凯恩斯型消费者。表现为：在消费支出上仅仅看见眼前的现期收入，在预期约束上无多大的回旋余地，缺乏风险意识和心理预期，因此是短视的、原始的消费者。不过，在近代化过程中，随着两国对外贸易的进一步发展和工业化水平的不断提高，生产供给能力大为增强，较高档次的消费品的大量涌现，消费者收入分配差距的存在，攀比行为的逐渐强化，富裕阶层消费者不同程度上呈现出新古典经济理论型消费者那种精明、前瞻的行为特征，而广大普通阶层则完全是凯恩斯型的消费者。

---

① 臧旭恒：《中国消费函数分析》，第30—32页。

二、追求效用最大化

新古典经济理论体系中消费者行为设定是以效用论为基础的，追求效用最大化是消费者行为最基本最重要的分析前提。所谓效用是指消费者从消费某种商品或商品组合所得到的欲望的满足程度，取决于商品是否具有满足人们某种欲望的能力，同时又依赖于消费者是否具有该种欲望以及对满足程度的主观感受[1]。依据"经济人"假定，消费者作为理性主体，在预算约束下总是以使其效用得到最大化为满足。但是，凯恩斯和新古典经济理论中的消费者在追求效用最大化的时间跨度上存在差异。凯恩斯型消费者追求的是即期一时、预算一时下的效用最大化，而新古典经济理论型消费者追求的是跨时或一生或跨代的效用最大化。

近代中日两国普通阶层消费者由于受其收入水平低、金融资产极少和流动约束强的影响，预算约束基本上是现期一时的，因此，他们追求的主要是现期效用最大化。而富裕阶层消费者由于收入形式的多样化，金融资产和储蓄存款、手持现金和各种债券以及其他资产、私人住宅和各类高档消费者及耐用消费品的数量不断增加，其预算约束已开始由现期向跨时过渡，与此相对应，由追求现期效用最大化向追求跨时甚至跨代效用最大化转变。

三、风险预期

新古典经济理论体系中几种主要消费者行为理论都对未来的预

---

[1] 魏埙主编：《现代西方经济学教程》上册，南开大学出版社1992年版，第68页。

期视为影响现期消费行为的主要变量之一。"预期本质上是对同当前决策有关的经济变量的未来值的预测。"[①]与凯恩斯短期分析下不确定性因素较小，消费者规避风险行为较弱的特点相比，新古典经济理论型消费者受跨时预算约束和未来不确定性因素影响，风险预期和规避风险行为较强，并趋于常规化。

与传统社会相比，中日两国近代社会是由封闭经济向开放经济，自然经济向市场经济转变的过渡时期。过渡型经济形态的特征就决定了中日两国经济社会中的不确定性因素增强，因此，消费者的风险意识和预期行为强化，规避风险行为出现。从贫困阶层来看，在农村，自然环境的不确定，诸如农业收成的丰歉，始终是困扰农家经济行为的重要因素，加之苛捐杂税的繁重，农产品价格的歧视，消费品市场的不规范，社会政治环境的动荡，使农民的风险意识和预期心理增强，规避风险行为突出。在城市中，工资收入的不稳定，劳资关系的紧张，价格上的损失等因素，也使城市中普通阶层消费者不确定性因素增强，随之风险意识和心理预期产生，规避风险行为出现。

四、消费者家庭经济功能的城乡差异

近代中日两国农家消费者家庭均具有双重经济功能，既是消费活动的基本单位，又是生产经营活动的基本单位。谋求利润最大化和追求消费效用最优化是农家经济行为的出发点和理想目标。双重经济功能使农家消费行为和投资行为掺杂在一起，将收入在消费与

---

① 米契尔·卡特等著，余永定译：《合理预期理论——八十年代的宏观经济学》，中国金融出版社1988年版，第13页。

投资之间分配时,更多地考虑风险因素。城市中消费者则不同,除少数业主家庭具有同农家一样的双重经济功能以外,绝大多数的城市消费者家庭仅仅是消费活动的基本单位,不具备生产经营活动的经济功能。因此,城市中消费者家庭经济功能的差异,导致各自消费行为的不同。城市消费者只考虑预期约束下的消费方向、内容和时间跨度,而农村消费者在消费的同时,必须兼顾生产经营活动,使其在收入一定的条件下,为扩大农业经营规模,增加农业收入而压缩消费支出。

第四章
中日消费需求结构的变动及其特征

消费需求的变动不仅反映在消费需求总量变化，更体现在消费结构及其相互关系的变动。对国民物质生活质量的分析，收入和消费支出总额是重要的指标，却不是唯一的指标，因为它更多涉及国民消费需求的数量多寡并以此来展示其生活状况，但没有从更深层次上反映消费诸项内部的结构变化，而消费结构的层次性变化是测度消费质量及生活水平的重要标志。为衡量国民生活质量的高低，还需要进一步考虑日常生活消费的分配结构及实际所享受的生活内容。本章在前一章的基础上，从宏观和微观双层面，对近代中日两国消费需求结构的变动趋势及其特征进行全面的实证分析，揭示其内在的规律性，并就层次差异、地区差异和城乡差异展开多角度考察和比较分析，希冀从一个侧面反映出近代中日两国经济发展与不发展的状况及其成因。

所谓消费结构是指各类消费支出（包括消费品和服务的支出）在总消费支出中所占的比重及其相互关系。它是一个具有多层次、多角度规定的经济范畴，从不同的层次和角度可得到不同的消费结构的划分标准。恩格斯曾按消费需求的不同层次，将消费划分为生存性消费、发展性消费和享受性消费。有学者按消费品的耐用程度不同，分为耐用消费品和非耐用消费品；有的按消费的社会功能不同，划分为生理的消费和社会的消费。在实际生活和统计工作中，最常用的划分标准是按照消费对象的不同方面，将消费分为吃、穿、用、住、行等几大类，在各大类内部又可具体细分为食物构成、衣着构成、用品构成等。其中用于食物方面的消费支出，属于最基本的层次，它是劳动者维持基本生存最首要的物质条件。本章主要从消费主体的自然属性的角度对近代中日两国国民消费结构进行分析研究。

第一节 近代中国消费结构的变动分析

一、近代中国消费结构的宏观变动及其特征

中国在由传统社会向近代社会的转变过程中，随着近代经济增长和商品化程度的加深，国民收入水平的不断上升，国民实际工资水平的提高和生产供给能力的增强，消费需求呈现出不断上升的变动趋势[1]。人们的消费意识和消费欲望日益强化，消费能力显著提高，国民的消费需求结构也随之发生相应变化。

---

[1] 拙著《总需求的变动趋势与近代中国经济发展》，高等教育出版社1997年版，第3页。

第四章 中日消费需求结构的变动及其特征

表4.1 近代中国国民消费需求结构的长期变动

单位:%

年份	食品	衣着	房租	燃料灯火	杂项
1917	74.34	6.80	8.12	6.22	4.52
1922—1925	64.65	17.09	3.99	8.33	5.94
1926	62.99	7.40	8.26	9.94	11.41
1927—1928	59.07	6.96	11.53	8.53	13.91
1929	60.56	6.03	8.14	5.27	20.00
1930	58.23	6.98	9.31	6.98	18.50
1931	63.63	8.31	5.08	7.97	15.01
1932	64.55	7.67	4.97	7.81	15.00
1933	64.13	7.94	5.01	7.91	15.01
1934	62.40	8.46	5.50	8.65	14.99
1935	62.82	8.63	5.26	8.30	14.99
1936	63.40	8.36	5.11	8.02	15.01

资料来源：据拙文《近代中国国民消费需求总额估算》（载《南开经济研究》1999年第2期）文中数字计算。

从经济发展史的角度来考察，国民消费需求结构的发展演变是按照一定的规律进行的。许多著名的经济学家和统计学家，如恩格尔、库兹涅茨、钱纳里等人已经对此进行了大量的探讨和研究，并对消费结构发展变化的一般规律进行了分析和阐述。虽然各国居民的消费结构及其变动趋势受多种因素的制约，如收入水平、价格水平和价格结构、人口及其构成、消费水平、消费心理和消费习惯、历史文化传统、地理环境等而表现出明显的差异，但就一般意义而言，消费结构的变动呈现出共性特征。如随着人们收入水平的提高，消费结构的层次不断上升，居民用于生存资料的比重不断下降，衣着、房租和燃料灯火等生活必需品的消费所占比重趋于稳定或有所升降，而杂项等非生活必需品、耐用品和劳务，即享受和发展资料的比重呈持续增长趋势。

测度国民消费需求结构发展趋势和判断国民生活水平高低具有多项指标，其中，在国际上普遍认可并广泛采用的分析方法是19世纪德国杰出的统计学家恩斯特·恩格尔（Ernst Engel）创立的"恩格尔定律"。其主要内容是：随着收入的增加和消费总支出的增加，用于购买食物支出的绝对额也随之增加，但食品支出在全部消费总支出中所占比重是逐渐下降的，表明这种食物支出与消费支出之间比例关系的系数叫作恩格尔系数，其公式是：

$$恩格尔系数（Ef）= \frac{食物支出额}{总消费支出额} \times 100\%$$

恩格尔定律实际上就是指，随着收入的提高，恩格尔系数趋向于下降的规律。恩格尔系数的关键在于它包含质量互换的含义，即通过对食物支出比例的量的分析，来划定不同质的经济发展水平和国民生活质量。一般来说，恩格尔系数越小，它所反映的收入水平及与之相适应的消费水平就越高；反之，它所反映的收入水平和消费水平就越低。

恩格尔定律不仅被恩格尔本人所处时代的统计资料所验证，而且也为世界各国的无数调查资料所证实。因此，它成为衡量一个国家或一个家庭消费需求结构和生活质量高低的一项重要指标。它同样适于分析近代中国国民消费需求结构及其经济生活状况。

表4.1中数字反映了近代中国国民消费需求结构的时间序列变动状况，以表中估算所得来分析近代中国国民消费需求结构的变动趋势及其特征，可以得出以下几个结论：

1. 从20世纪初期至30年代中叶，国民消费结构中的食品支出占总消费支出比重呈逐步下降趋势，符合恩格尔定律。1917年国民食品支出为98.47亿元（1933年价格，下同），至1936年升到177.40亿元，19年增加80%，年均增加值为4.15亿元，年均递增率为3.15%。期间恩格尔系数随食品支出绝对值上升的同时，呈现逐步下降的态势，由1917年的74.34%降至1936年的63.40%，19年间下降了10.94个百分点，年平均减少0.58个百分点。同时，体现发展和享受资料的杂项消费支出，无论是绝对值还是其占总消费支出的比重均呈逐渐上涨趋势，1917年杂项消费支出额仅为5.99亿元，1936年增至42.00亿元，19年间增加6倍有余，年平均增加值近2亿元，年均递增率10.8%，大大高于食品支出的增长速度。期间杂项消费支出占总消费支出的比重则由1917年的4.52%上涨至1936年的15.01%，19年间上涨了10.49个百分点，年平均递增0.55个百分点，高于恩格尔系数平均递减速度。

表4.2 近代中国人均消费需求结构的长期变动

单位：元

年份	总消费额	食品	衣着	房租	燃料灯火	杂项
1917	30.04	22.33	2.04	2.44	1.87	1.36
1922—1925	37.52	24.26	6.41	1.50	3.21	2.23
1926	48.53	30.57	3.59	4.01	4.82	5.54

续 表

年份	总消费额	食品	衣着	房租	燃料灯火	杂项
1927—1928	49.79	29.41	3.47	5.74	4.25	6.92
1929	51.60	31.25	3.11	4.20	2.72	10.32
1930	47.23	27.50	3.28	4.40	3.30	8.73
1931	56.01	35.63	4.66	2.84	4.47	8.41
1932	57.69	37.24	4.42	2.86	4.51	8.66
1933	53.67	34.42	4.26	2.69	4.24	8.06
1934	49.63	30.96	4.20	2.73	4.30	7.44
1935	52.46	32.96	4.53	2.76	4.35	7.86
1936	54.79	34.74	4.64	2.80	4.39	8.22

资料来源：同表4.1。

据表4.2可以看出，近代中国人均消费需求结构变动与国民整体消费结构变动呈现相同的态势。人均食品消费支出额由1917年的22.33元，上升至1936年的34.74元，19年间增加56%，年平均递增率2.4%，低于国民整体食品消费支出的增长速度，但其占总消费支出的比重却呈下降趋势，由1917年的74.34%降至1936年的63.40%，而人均杂项消费支出及其所占总消费支出比重不断上升，人均杂项消费支出额为1917年的1.36元增至1936年的8.22元，19年间增加5倍多，年平均递增率为9.9%，略低于国民整体杂项支出的增长速度。杂项消费占总消费支出的比重则由4.52%升至15.01%，增长幅度较大。需要指出的是，近代中国人均消费结构变动趋于合理化，但其基本特征是低水平调整和上升，且上升幅度较小。

国民用于生存资料比重的不断下降以及用于享受和发展资料比重的不断上升不仅是国民消费需求结构不断趋于合理的反映，也是社会经济发展水平和国民生活质量提高的具体体现。联合国粮农组织曾依据恩格尔系数，将生活水平划分为如下标准：恩格尔系数在59%以上者为绝对贫困状态的消费；50%—59%为勉强度日状态的消费；40%—50%为小康水平的消费；20%—40%为富裕状态的消费；20%以下为最富裕状态的消费。以上分析表明，随着近代经济发展，国民消费需求结构和层次随之发生了相应的变化，但按照联合国上述标准来衡量我国近代国民经济需求结构的变动趋势，可以看出我国近代国民消费需求结构在20世纪一二十年代是处于一种由绝对贫困状态的生活水平向勉强度日状态的生活水平转变过程中。1931—1936年，恩格尔系数又升到60%以上，6年间平均恩格尔系数为63.5%，这说明该期间国民消费和生活水平尚未摆脱一二十年代的贫困状况，更没有向小康标准迈进的迹象。

国民消费需求结构的不断上升趋势，不仅反映在社会整体国民的总体状况上，而且体现在各阶层消费需求相互消长的变动情况。限于资料，我们只将1887年和1933年有关国民各阶层消费需求数字加以比较，在近代中国经济发展最为有代表性的近五十年中，国民社会阶层结构的消费需求变动趋势给我们以下几个印象：

1. 富有阶层的消费需求总值及其在全部消费需求中所占比重明显缩小，普通国民的消费需求总值及其所占消费需求的比重略有上升。根据张仲礼和巫宝三书中的数字加以推算，1887年时占全国人口2%的富有阶层的消费需求总值为20.07亿元（1933年币值，下同）①，占全部国民消费需求总值的比例达15.2%；而1933年占全国人口1%的富有阶层的消费需求总值只有9.54亿元，占全部国民消费需求的比例仅为4.67%②，远不及1887年占全国人口2%的富有阶层消费需求在全部国民消费需求中所占的份额。若计算占全国人口6.5%的富有阶层（包括非农业区的上户和中户）的消费需求总值也只有48.22亿元，占国民消费需求的比例也不过23.55%。与之相对应，1887年占全国人口98%的普通国民的消费需求总值为111.86亿元，占全部消费需求的比例为84.8%；而1933年占总人口99%的普通国民的消费需求总值却高达194.77亿元，为前者的1.74倍，其所占比例为95.3%，比1887年所占比例略有上升。

2. 富有阶层的消费需求与普通阶层的消费需求差距缩小。1887年占全国人口2%的富有阶层的人均年消费支出为267.7元，而其余98%的中低收入阶层的人均年消费支出仅为30.23元，前者为后者的8.9倍，消费水平的差距显而易见。到1933年，高收入阶层与低收入阶层的消费支出差距显著缩小，该年占总人口1%的最富有阶层人均年消费支出为222元略强一些，其余99%的中低收入阶层的人均消费支出为46元略多一些，前者仅为后者的4.8倍。若以占总人口6.5%的富有者计算，其人均年消费支出则减少为173.76元，而占总人口93.5%的中低收入者人均年消费支出亦减少为39元，前者为后者的4.5倍。

---

① 本章所用1887年数据，均引自张仲礼：《19世纪80年代中国国民生产总值的粗略估计》（刊于《南开经济研究所季刊》1987年增刊第1集）或以文中数字为基础推算所得，下文不再一一注明。
② 本章所用1933年数据，均引自巫宝三《中国国民所得（一九三三年）》（上册），中华书局1947年版一书，或以书中数字为基础推算所得，下文不再一一注明。

3. 富有阶层人均年消费的绝对值明显下降，普通居民的年均消费显著上升。如上所述，1887年富有阶层人均年消费支出为267.7元，相当于1933年占总人口1%最富有阶层的人均消费支出222元的1.2倍，若与占总人口6.5%的富有阶层人均消费支出174元相比较，则为1.5倍。1887年普通居民人均消费支出30.23元，比1933年占全部人口93.5%的普通居民人均消费支出39元少22.5%。

随着社会经济发展，高收入阶层收入在国民收入中的比重下降，而中低收入阶层收入在国民收入中的比重上升，从而使二者之间收入差距显著缩小的变动趋势，已为19世纪60年代以来百余年的世界很多国家的统计资料所证明。中国在近代化过程中国民收入分配的变动趋势与同期世界发达国家和一些不发达国家国民收入变动状况相似[①]。消费变动是收入变动的函数，国民消费需求在富有阶层和普通居民之间分配差距的缩小正是中国国民收入分配格局发生变化的具体体现。

以上从时间序列角度考察了消费结构的层次差异的变动，下面就近代中国国民消费结构的城乡和阶层差异开展横向分析。

表4.3　1933年中国国民消费需求结构的城乡与阶层差异

单位：%

项目	区别	下户	中户	上户	合计
食品	城市	44.40	17.54	16.12	29.52
	农村	64.17	62.79	55.72	59.82

---

① 刘佛丁、王玉茹：《中国近代化过程中国民收入分配问题考略》，载《中国经济史研究》1989年4期。

续 表

项目	区别	下户	中户	上户	合计
衣着	城市	10.50	20.27	20.92	15.93
	农村	6.27	6.35	7.34	6.80
房租	城市	11.02	11.96	9.56	11.28
	农村	2.91	2.38	4.96	3.77
燃料灯火	城市	9.20	5.78	5.78	7.32
	农村	12.21	10.59	9.10	10.36
杂项	城市	24.88	44.45	47.62	35.95
	农村	14.44	17.89	22.88	19.25
合计		100.00	100.00	100.00	100.00

说明：原表中数据有误，现已修正。
资料来源：巫宝三：《中国国民所得（一九三三年）》（上册），中华书局1947年版，第160、170页。

表4.3中上户、中户、下户的分类无疑是按收入的多寡划分的。20世纪30年代我国国民消费结构的变动告诉我们，收入越高的阶层，其恩格尔系数就越低，而杂项所占比重就越高。这首先反映在城乡之间的差异上，如城市居民恩格尔系数仅为29.52%，而农村居民却高达59.82%，后者高出前者30多个百分点；杂项所占比例，城市为35.95%，农村为19.25%，前者高出后者近17个百分点。城乡居民消费水平和生活程度的差别清晰可见。其次体现在阶层之间的差异上，城市上户的恩格尔系数为16.12%，中户为17.54%，下户为44.4%，而杂项所占比重随着收入的提高而呈上升趋势，分别为47.62%、44.45%、24.88%。而农村居民恩格尔系数，上户为55.72%，比城市中下户尚高11.32个百分点，中户为62.79%、下户

为64.17%；杂项所占比重分别为22.88%、17.89%、14.44%。城市上户的恩格系数比农村下户低了47个百分点，城市上户总收入中不足五分之一的比例用于食品支出，而农村下户却高达五分之三还多。杂项支出所占比重亦呈同样变动趋势，城市上户杂项所占比重高达47.62%，而农村下户仅为14.44%，二者相差33.2个百分点，城市上户近一半的消费用于享受和发展性消费支出，而农村下户所占比例尚不及六分之一。

衣着消费支出在生活支出总额中所占比重逐渐上升，在达到一定水平后开始趋降，是衣着消费支出的变动规律。表4.3中数字显示，随收入增加衣着消费所占比重亦呈上升趋势，但变动幅度较小，这说明我国国民衣着消费变动尚未达到由升趋降的临界点，广大国民衣着消费仍处于初级阶段。不过，衣着消费支出的城乡和阶层差异也是十分明显的，最富有阶层衣着支出比例高达21%，而最贫困阶层不及7%。随收入水平和消费水平的不断提高，住房支出所占比重呈上升趋势，是住房消费支出的变动规律。但表中数字显示，我国国民住房消费支出变动较为稳定，无明显上升或下降走势。但如果选择收入差别较大组别资料显示住房消费支出的变动规律是存在的。如1931年杭州市各业人员生活费支出中，公役及机坊工人房租所占比重为10.9%，小学教师及商店小职员为14.1%，商店大职员及公务员为13.1%，商店经理及高级公务员为16.1%[1]。这说明随着收入增加，房租所占比重随之增加。另外，上海工人的房租支出亦呈同样特征。燃料灯火支出所占比重随收入水平的提高而递

---

① 《杭州市经济调查》，1932年，第621—623页。

减，这是我国近代城乡居民该项支出的变动规律。这因为我国近代居民的燃料灯火消费构成和用途尚处初级阶段，若其构成发生变化和应用范围不断扩大，那么该支出所占比重将会随着收入水平和消费水平的提高而上升。

表4.4 1933年中国国民消费需求结构的区域差异

单位：%

区域			食品	衣着	房租	燃料灯火	杂项	合计
农村	长江下游及东南区		57.58	6.95	3.54	8.36	23.57	100.00
	其他地区		61.79	6.67	3.97	12.11	15.46	100.00
	平均		59.82	6.80	3.77	10.36	19.25	100.00
城市	长江下游及东南区		29.48	13.14	14.24	7.80	35.34	100.00
	其他	第一区	64.79	7.31	2.97	13.70	11.23	100.00
		第二区	28.21	20.37	7.22	6.37	37.83	100.00
	平均		29.52	15.93	11.28	7.32	35.95	100.00

说明：长江下游及东南区包括：江苏、安徽、湖北、湖南、江西、浙江、福建、广东八省；其他区包括：第一区有热河、察哈尔、绥远、宁夏、新疆、甘肃、青海、西康八省，第二区有黑龙江、吉林、辽宁、山西、陕西、河北、山东、河南、四川、云南、贵州、广西十二省。

资料来源：同表4.3。

表4.4中数字反映了20世纪30年代中国国民消费需求结构的区域差异状况。根据上表数字可以看出，战前中国长江下游及东南地区的国民消费结构较之其他地区更为合理一些，该地居民的消费水平和生活质量高于其他地区。长江下游及东南地区国民消费结构中的五项消费支出占总消费支出的比重分别为43.63%、10.04%、

8.89%、8.08%、29.46%；其他区域则分别为51.60%、11.45%、4.72%、10.73%、21.51%。长江下游及东南区居民的恩格尔系数低于包括现在东北、华北、西北和西南地区等地区在内的其他地区居民8.07个百分点，前者的生活水平已达到小康程度，而后者的生活水平尚处于勉强度日状态。长江下游及东南地区居民杂项消费支出所占总消费支出的比重为29.46%，其他地区为21.51%，前者高出后者近8个百分点，亦反映出前者消费水平和生活质量明显高于后者。另外，表中数字还显示，两大地区居民的衣着消费水平不相上下，而房租消费支出相差却近一半左右，长江下游及东南地区高达8.89%，其他地区却仅占总消费支出4.72%，这说明前者的居住条件和质量优于后者。又由于长江下游及东南地区气候温暖，燃料灯火消费支出略低于较为寒冷的其他地区而达8.08%。

我们若再具体分析表中数字还可以看出，城市中第二区居民的恩格尔系数最低，仅为28.21%，而农村中其他地区居民却高达61.79%，后者高出前者33.6个百分点，这说明前者总收入中五分之一略多的比例用于食品消费支出，而后者却高达五分之三还强。杂项消费支出所占比例，最高者亦为城市中第二地区居民，达37.83%，农村中第一区居民最低，仅为11.23%，二者相差26.6个百分点。衣着所占比例，亦为城市中第二区居民最高达20.37%，最低为农村中其他地区为6.67%，二者相差比例为13.7个百分点，位次于上述食品和杂项消费支出差距比之后，处于第三位。房租所占比例，城市中第一区居民最低，仅为2.97%，尚低于农村中居民该项消费支出所占比重，这表明该地区居民居住状况的低劣，而城市中长江下游及东南区居民该项消费支出比重居全国之首，达14.24%，二者相差11.27个百分点。燃料灯火所占比例，全国各地区居民差异不如上述四项那么显著，该项消费支出比例最高者为城市中第一区居民，为13.7%，最低者为城市中第二区居民，为6.37%，二者相差仅为7.33个百分点。以上分析表明，20世纪30年代中国国民消费需求结构中食品和杂项消费支出的区域性差异较大，其次差距比顺序分别为衣着、房租、燃料灯火。恩格尔系数杂项所占总消费支出比重的高低，是衡量居民消费结构合理化程度和生活消费质量优劣的重要指标之一。以上可见，近代中国经济发展过程中的长江下游及东南地区居民的生活质量优于其他地区，消费结构更趋于合理。而城市中第二区居民的消费水平和生活质量居全国之首，恩格尔系数最低，杂项消费支出比例最高，其他三项消费支出所占比例依次为衣着、房租、燃料灯火，这表明该地区居民消费结构的升级开始出现，并趋于合理。而城市中第一区居民的消费水平和生活质量最差，尚低于全国农村的平均水平，其消费结构亦不合理，生活水平属于绝对贫困状态。

表4.5　20世纪30年代中国国民消费需求的收入弹性变动

年份	食品	衣着	房租	燃料灯火	杂项
1932	1.408	−1.713	0.241	0.311	0.956
1933	26.90	−95.03	−21.51	−27.28	7.185
1934	1.154	0.147	−0.151	−0.149	0.856
1935	0.814	0.977	0.188	0.179	0.728
1936	0.877	0.423	0.234	0.149	0.756

资料来源：根据叶孔嘉：《中国国民收入，1931—1936》，载《中国近代经济史会议论文集》1977年版，第128页，文中数字计算。

消费需求的收入弹性是测度消费结构发展趋势和消费结构合理化程度的重要指标。在商品的价格和影响需求量的其他因素不变的条件下，消费者收入的变动会引起商品需求量的变动。需求的收入弹性是指收入变动的比率所引起的需求量变动的比率，即表示某种商品的需求量对收入变动的反映程度。一般用需求收入弹性的弹性系数来表示弹性的大小，若以Em表示收入弹性系数，$\Delta Q/Q$表示需求量变动的百分比，$\Delta Y/Y$表示收入变动的百分比，则计算需求收入弹性系数的公式是：

$$Em = \Delta Q / \Delta Y \cdot Y/Q$$

现代经济学已经揭示，收入与商品需求量之间有着密切的联系。消费者收入的变化必然引起所消费的商品总量和结构的变化，又由于消费者收入增加后对各种商品需求增加的多少不同，因此，各种商品的需求收入弹性大小就不同。

表4.5中数字反映了20世纪30年代中国国民消费需求收入弹性的变动状况。从中可以看出，除1933年以外，食品消费需求的收入弹性呈现逐步下降的趋势，1932年和1934年食品需求的收入弹性系数大于1，表明食品需求量变动的百分比大于收入变动的百分比，即国民收入每增加一单位，食品消费支出则增加1.408和1.154个单位。一般来说，消费者对生活必需品特别是食品的需求强度大而稳定，所以生活必需品的需求收入弹性小，而且，越是生活必需品如食品，其需求弹性就越小，它属于需求缺乏弹性的商品，一般来说食品需求的弹性系数都小于1。而1932和1934年中国国民食品需求的收入弹性大于1，主要是受1933年前后经济危机的影响，国民收

入下降所致。在国民收入下降时，国民食品消费支出虽亦下降，但其下降幅度小于国民收入的下降幅度，国民为生存必须保持最低消费水平而不能再下降。1935年至1936年，随着国民收入的增加，食品需求的收入弹性系数呈现下降趋势，但下降幅度较小。弹性系数小于1，这表明食品需求量的变动小于收入变动，即国民每增加收入1单位，则食品消费支出增加0.8个单位。另外，消费者对享受性和发展性消费资料的需求强度小而不稳定，其需求弹性大，表明收入富有弹性。表中数字表明，战前中国国民杂项等享受性和发展性消费支出的收入弹性反而较为稳定，尚未出现富有弹性的阶段，这说明这一时期中国国民受收入水平低下的限制，还没有经济实力消费高档商品和服务，进而表明其消费结构的不合理和生活质量的低下。

  消费需求结构趋于合理化，消费层次逐步提高，反映了消费与经济增长之间的内在本质联系，是人类社会经济发展规律在消费需求领域的具体化。这种变动趋势业已为世界许多国家的统计资料所证明，如上所言，也存在于我国近代经济发展的过程中。引起消费需求结构变化的原因是受多种客观条件和因素的影响所致，其中近代国民经济的增长，居民收入水平的提高是最重要的变量。根据消费者行为决定理论，收入是影响消费力和消费需求的首要因素。据资料显示，近代中国经济在其发展较为正常的19世纪80年代至20世纪30年代期间缓慢地增长。若以1936年不变价格计算，工农业总产值由1887年的146.13亿元，增至1936年的306.12亿元[①]，49年的时间

[①] 王玉茹：《论两次世界大战之间中国经济的发展》，载《中国经济史研究》1987年第2期。

增加了1.1倍，年平均递增率为1.5%。国民收入由1887年的143.43亿元，增加到1936年的354.6亿元[①]，49年间增长了1.5倍，年平均递增率1.86%。人均国民收入由38元增加到69.43元[②]，增长了83%，年平均递增率1.23%。近代中国经济的发展和国民收入水平的不断提高无疑是决定国民消费需求结构得以进一步改善和趋于合理化的重要因素。

二、近代中国消费结构变动的微观考察

下面我们从微观层面，分析近代中国劳动者阶层家庭消费需求结构的各个侧面，并对其层次差异、地区差异和城乡差异进行考察，以冀揭示出近代中国民众实际生活程度及其发展趋势。

许多材料表明，我国近代劳动者消费结构大致可分为：食物类，包括米面杂粮、蔬菜、调味、肉食、水果等项；衣着类；房租类；燃料灯火类；杂项类，包括交通、应酬、医药、信仰、教育、娱乐、卫生、年节、婚丧、生日、器具、嗜好及其他诸项。

（一）近代劳动者家庭消费结构的总体水平

不同收入水平，具有不同消费水平；不同消费水平必然形成迥然有异的消费结构。近代劳动阶层在收入和消费水平上的差异就决定了他们在消费结构上的差异。

[①] 1936年币值，1887年数字为刘佛丁估算，见刘佛丁等：《中国近代的经济发展》，山东人民出版社1997年版，第70页；1936年数字为叶孔嘉估算，见《中国国民收入1931—1936》，载《中国近代经济史会议论文集》1977年版，第128页。

[②] 同上。

由表4.6可知，我国近代城乡劳动者家庭生活费各项分配比例[①]为食物60.5%、衣着8.8%、房租7.7%、燃料灯火8.6%、杂项14.4%。其中，农民家庭五项生活费分配比例依次为：食物65%、衣着7.5%、房租2.5%、燃料灯火10%、杂项15%，而城市劳动者家庭这五项分别为58.6%、9.5%、9.8%、7.9%、14.2%。由上可见，我国近代城乡劳动家庭消费结构极为不合理，食物费用占总消费支出的半数以上，作为发展性消费和享受性消费的杂项比例仅占10%以上。而且城乡之间、各业别之间存在明显差异。

下面我们按收入水平分为5组，100—200元组、201—300元组、301—400元组、401—500元组，501元以上组（分别以V1—V5代之），来考察我国近代城乡各业劳动者家庭恩格尔定律适应情况。

---

① 平均数为加权算术平均，其权数，工厂工人为49，矿工为9，手工业者为15，农民为40，苦力为8。

表4.6 城乡劳动者家庭生活费分配结构比例

单位：%

	工厂工人					手工业工人					苦力					矿工					农民				
	食物	衣着	房租	燃料	杂项	食物	衣着	房租	燃料	杂项	食物	衣着	房租	燃料	杂项	食物	衣着	房租	燃料	杂项	食物	衣着	房租	燃料	杂项
0.00—4.99	—	5	5	3	1	—	2	1	—	2	—	5	6	3	4	—	—	7	—	1	—	14	27	6	2
5.00—9.99	—	30	17	29	9	—	12	11	6	5	—	12	9	9	4	—	—	2	—	4	—	16	12	16	9
10.00—14.99	—	13	18	14	10	—	1	3	8	6	—	—	2	5	5	—	—	—	—	—	—	8	1	11	11
15.00—19.29	—	1	6	3	15	—	—	—	3	—	—	—	1	1	3	—	—	—	—	3	—	2	—	7	9
20.00—24.99	—	—	2	6	—	—	—	—	—	2	—	1	—	—	1	—	4	—	—	1	—	—	—	—	5
25.00—29.99	—	—	—	8	—	—	—	—	—	—	—	—	—	—	1	—	3	—	—	—	—	—	—	—	3
30.00—34.99	—	—	1	—	—	—	—	—	—	—	—	—	—	—	—	—	—	—	—	—	—	—	—	—	1
35.00—39.99	2	—	—	—	—	—	—	—	—	—	—	—	—	—	—	—	2	—	—	—	—	—	—	—	—
40.00—44.99	3	—	—	—	—	—	—	—	—	—	—	—	—	—	—	—	—	—	—	—	—	—	—	—	—
45.00—49.99	6	—	—	—	—	—	—	—	—	—	—	—	—	—	—	1	—	—	—	—	2	—	—	—	—

续表

	工厂工人					手工业工人					苦力					矿工					农民				
	食物	衣着	房租	燃料	杂项	食物	衣着	房租	燃料	杂项	食物	衣着	房租	燃料	杂项	食物	衣着	房租	燃料	杂项	食物	衣着	房租	燃料	杂项
50.00—54.99	16	—	—	—	—	—	—	—	—	—	—	—	—	—	—	2	—	—	—	—	4	—	—	—	—
55.00—59.99	11	—	—	—	—	7	—	—	—	—	3	—	—	—	—	2	—	—	—	—	10	—	—	—	—
60.00—64.99	7	—	—	—	—	5	—	—	—	—	4	—	—	—	—	2	—	—	—	—	—	—	—	—	—
65.00—69.99	3	—	—	—	—	1	—	—	—	—	6	—	—	—	—	1	—	—	—	—	10	—	—	—	—
70.00—74.99	—	—	—	—	—	2	—	—	—	—	2	—	—	—	—	1	—	—	—	—	6	—	—	—	—
75.00—79.99	1	—	—	—	—	—	—	—	—	—	3	—	—	—	—	—	—	—	—	—	8	—	—	—	—
合计	49					15					18					9					40				

说明：（1）矿工调查中缺燃料灯火项，是因为各处矿场矿多为煤矿，矿方按我国各大煤矿习惯，多免费供给矿工燃料灯火，故该项显得不重要，省去。（2）其他各业别选择收入与消费总额齐全者。

资料来源：根据拙著《总需求的变动趋势与近代中国经济发展》附录统计。

表4.7 近代中国劳动家庭恩格尔系数变动

单位：%

业别\收入组别	调查个数	V1	V2	V3	V4	V5	平均
工厂工人	44	63.38	56.51	58.42	50.81	49.03	55.63
矿工	9	54.47	62.19	61.98	55.25	—	58.47
手工业工人	14	63.65	62.28	55.24	59.01	—	60.05
农民	32	68.40	67.18	66.88	54.01	64.24	64.14
苦力	20	73.21	70.04	68.87	62.09	—	68.55
平均		64.62	63.64	62.28	56.23	56.64	60.68

资料来源：同表4.6。

由表4.7数字可见，随着收入的增加，恩格尔系数呈逐步下降趋势，完全符合恩格尔定律。另外，又与上述食物众数平均分析相差无几。具体数字说明，城市劳动者家庭恩格尔系数平均为61.07%，农民为64.14%，前者比后者低了3.07个百分比点，这说明城市劳动者家庭生活水平略高于农村中农家的生活水平。其中，城市工厂工人家庭恩格尔系数最低为55.63%，其后依次为矿工为58.47%、手工业者工人为60.05%、农民为64.14%、苦力为68.55%。

根据联合国粮农组织划分的恩格尔系数标准来考察我国近代劳动家庭消费结构变动的趋势，可见我国近代劳动家庭的消费结构失衡和畸形，分配极不合理，消费生活水平绝大多数属于绝对贫困类型，仅有城市工厂工人和矿工家庭能勉强度日。这种畸形的消费结构足以表示大多数劳动者在物质上仅仅是求得一个最起码的"饱"字,以至于生活质量的提高和劳动者本身智力及技能的发展均受到严重阻碍。

贫困型的消费水平,不合理的消费结构是当时社会经济发展水平的真实反映。低下的生产发展状况决定了当时的生活消费水平只能是低层次的,消费结构是无法合理的。它吞噬着劳动者身体健康,限制了他们物质和精神生活的提高。

"消费生产出生产者的素质",它"不仅是使产品成为产品的终结行为,而且也是使生产者成为生产者的终结行为","使得在最初生产行为中发展起来的(劳动者,笔者加)素质通过反复的需要上升为熟练技巧"[1]。经典作家"消费创造生产"的命题,充分展示着这样一种内涵:劳动者物质和精神力量的提高和人的全面发展是在消费水平不断提高和消费结构日趋优化和合理的过程中实现的,人们在生存需要、自我价值追求和自我价值实现愿望驱动下,通过其实践活动(包括生产活动和消费活动)不断炼出新的品质,"造成新的力量和新的观念,造成新的交往方式,新的需要和新的语言"[2]。而这些正是推动社会经济发展的初始和重要源泉。

(二)近代中国劳动家庭消费结构子系统内部构成分析

消费结构总系统包括若干个子系统而构成一个复杂的结构体,而每个子系统又是由若干要素组成的结构体。收入水平不同的各业劳动阶层在消费结构子系统内部结构上存在着明显的差异。下面就我国近代劳动者家庭消费结构中的食品结构、衣着结构、住房

---

[1] 《马克思恩格斯选集》第2卷,人民出版社1995年版,第10—11页。
[2] 《马克思恩格斯全集》第46卷上册,人民出版社1979年版,第494页。

结构、燃料灯火结构和杂项结构的内部构成及其层次差异进行全面分析。

1. 食品消费支出结构

食品消费支出是近代中国劳动者家庭生活费中最重要的支出项目，如上所述，食品消费支出在一般劳工家庭生活费支出总额中所占比重高达60.5%。恩格尔系数如此之高，反映了近代中国城乡劳动家庭生活水平的低下状况。

我国劳动家庭食品结构大致可分为五大类：（1）米面类，包括米麦等五谷及其制品；（2）豆和蔬菜类，包括豆类制品和各种蔬菜；（3）鱼肉类，包括鸡、鸭、鱼、虾、蛋及各种肉类；（4）调味类，包括油、盐、酱、醋、糖、酒等；（5）其他，包括水果、糖食及在外杂食等。

据表4.8中数字可知，我国劳工阶级各类食品总费用中，米面类占68.81%，豆及蔬菜类占12.05%，鱼肉类占7.90%，调味类占8.94%，其他占2.25%，可见我国劳工家庭食品消费结构中以米面等粮食为主。这种食品消费结构足以表示我国劳工家庭物质生活水平的低下，其所能享受到的实际生活内容也是极为低劣的。

从业别言之，各类劳工家庭食品分配呈现出明显的差异。其中以工厂工人家庭食品分配较为均匀，而以农民和苦力家庭为最不平均。工厂工人家庭平均各项食品支出占总食品费用中比例依次为49.29%、18.86%、16.46%、11.1%、4.29%。手工业工人家庭分别为52.85%、13.43%、11.54%、13.05%、9.13%。农民家庭分别为77.03%、9.06%、5.85%、7.67%、1.02%。苦力家庭分别为77.03%、12.28%、2.35%、7.42%、0.92%。由上可见，工厂工人家庭米面费所占比重最低，而其他各项费用亦较手工业工人、农民和苦力家庭高。

  主副食支出的比值是反映食品消费结构优化程度的指标之一。副食比值越高，主食比值越低，食品结构的优化程度就越高，实际生活水平和享受的生活内容也就越优，反之亦然。我国劳工家庭平均主副食（以米面类代表主食，以其他项代表副食）支出比例为1∶0.45[①]。其中工厂工人为1∶1.03，手工业工人为1∶0.89，农家为1∶0.30，苦力为1∶0.29。这说明工厂工人家庭食品结构中，副食比值略高于主食，表现为均匀性特征，手工业工人主副食比值基本平衡，而农民和苦力则主副食严重失衡，生活质量极低。

---

① 主副食比值等于副食支出比除以主食支出比。

表4.8 近代中国劳工家庭食品费用分配比例

单位：%

地点	时间	业别	全年每家食品费用（元）	米面类	豆及蔬菜类	鱼肉类	调味类	其他	合计
上海	1927—1928	工厂工人	218.53	53.42	19.20	13.02	10.51	3.85	100.00
上海	1929—1930	工厂工人	241.54	53.39	17.46	16.50	10.56	2.09	100.00
无锡	1933	工厂工人	139.09	41.06	19.92	19.85	12.24	6.93	100.00
天津	1927—1928	手工业工人	131.51	61.10	17.60	10.30	9.40	1.60	100.00
南京	1929—1930	手工业工人	263.30	44.60	9.25	12.77	33.38		100.00
北平	1926	农民	154.72	89.41	5.42	0.72	3.28	1.17	10.00
定县	1928—1929	农民	167.97	81.79	12.57	2.17	2.96	0.51	10.00
江宁	1934	农民	136.36	63.44	14.33	6.75	15.48	—	100.00
吴兴	1934	农民	127.77	80.24	6.10	4.56	7.72	1.38	100.00
余粮庄	1935	农民	145.29	72.03	11.04	7.43	9.50	—	100.00

续表

地点	时间	业别	全年每家食品费用（元）	米面类	豆及蔬菜类	鱼肉类	调味类	其他	合计
上下伍镇	1935	农民	199.48	74.52	10.33	7.35	7.80	—	100.00
湘湖	1935	农民	156.22	82.54	5.38	7.78	4.30	—	100.00
乌江	1935	农民	309.96	72.34	7.28	10.06	10.32	—	100.00
北平	1926	各种工人	105.40	83.20	10.20	0.80	5.00	0.80	100.00
北平	1926—1927	人力车夫	99.74	79.20	8.99	3.21	6.65	1.95	100.00
南京	1933	棚户	105.07	68.69	17.66	3.05	10.60	—	100.00

资料来源：根据拙著《总需求的变动趋势与近代中国经济发展》附录计算。

第四章 中日消费需求结构的变动及其特征 237

从时间序列角度看，表4.8显示，各业别劳工家庭食品结构中米面类消费支出比例均随时间推移而呈逐渐下降趋势，30年代中期比20年代后期平均下降了14个百分点，而副食支出比例则不断上升。这表明我国劳工家庭食品结构是向着优化方向迈进的。

2. 衣服消费支出结构

衣服消费支出是近代中国劳工家庭生活费支出中仅次于食物支出和杂项支出中另一项重要支出项目，占生活费支出总额的比例为8.8%。费用低微和种类简单是我国劳工家庭衣着消费结构的普遍特征。

为明了我国劳工衣着实际享受状况，有必要在分析消费总量价值及比重的基础上，进一步辨明家庭衣着消费的质量。

我国近代劳工家庭衣着消费种类大致可分为布匹、成衣、被褥、鞋帽袜、线及缝工、其他六大类。布匹包括各种棉、麻、丝、毛等衣料织品；成衣类为衣铺中出售者，包括各种已制成的旧衣服或价廉的新衣服。

据表4.9可知，无锡纺织工人服用品的各项支出中，布匹类占19.57%，鞋帽袜类占9.24%，成衣费用所占比例较高，达59.46%。关于上海工人两个调查资料显示，成衣类费用占总额11%有余，布匹类费用均占50%以上。衣着消费总额中花在成衣上比重越低，花在布匹和鞋帽袜上越高，则其生活水平就优，因为随着收入增加，成衣收入弹性较大，收入较多者才有能力购买新衣和添置鞋帽袜类。由表4.9可见，上海工人家庭平均全年成衣消费值均低于无锡纺织工人家庭，而布匹却大大高出后者32.7个百分点。可见，无锡纺织工人衣服享受程度不及上海纱厂工人。

表4.9 近代中国劳工家庭服用品全年消费值

品种	平均每家全年消费值（元）			平均每等成年男子年消费（元）			百分比		
	无锡(1)	上海(2)	上海(3)	无锡	上海	上海	无锡	上海	上海
布匹	4.82	18.57	18.37	1.44	4.95	5.60	19.57	50.60	54.01
成衣	14.66	4.31	3.87	4.39	1.15	1.18	59.46	11.70	11.38
被褥	—	0.98	0.69	—	0.26	0.21	—	2.70	2.03
鞋帽袜	2.29	9.32	—	0.68	2.49	—	9.24	25.40	—
线及缝工	1.24	1.73	—	0.49	0.46	—	5.05	4.70	—
其他	1.65	1.81	11.08	0.37	0.48	3.38	6.68	4.90	32.58
总计	24.66	36.72	34.01	7.37	9.79	10.37	100.00	100.00	100.00

资料来源：（1）见实业部编：《无锡工人生活费及其指数》，第30—35页；（2）见杨西孟：《上海工人生活程度的一个研究》，北平社会调查所1930年版，第65页；（3）见上海市社会局编：《上海市工人生活程度》，第70页。

关于衣服的质量，我国劳工家庭以消费纯棉织品居多。据天津手艺工人调查表明，手艺业工人家庭主要以消费棉纺品为主，如国布、洋布或粗布[1]。另据定县农家调查，年均每家全年被服费共计14.68元，其中1.11元用于被褥，5.99元购买本地所织土布，1.10元买洋布或爱国布，1.82元用于买棉花，鞋料费为2.56元，袜子费为1.47元，并无丝绸等贵重衣料的消费[2]。吴兴为产丝绸之地，但有关吴兴四地900余家蚕农调查表明，穿丝绸衣服者仅占全户数的

---

[1] 冯华年：《天津手艺工人家庭生活调查之分析》，载《经济统计季刊》第1卷第3期，1932年。
[2] 李景汉：《定县社会概况调查》，第318页。

17.7%，不穿丝绸者占82.3%①。据金陵大学教授卜凯1929—1933年调查我国22省142县439户农家生活程度，曾分析家主衣服质量谓"家常衣"（Work Garments）的91%为棉织品，"出客衣"（Dress Garments）的79%为棉织品。麦作区家主衣服为棉织品所占比重高于稻作区，小农场家主衣服质地为棉织品较中、大农场主为高②。我国工厂工人衣服消费无论在种类、数量还是质地上均优于其他劳动阶层。如上海纱厂工人全体家庭全年购置的衣服用品种类达百余种，其中，每家全年平均所购衣料，洋布33.54尺，4.98元，粗布7.45尺，0.8元，本厂生产的布匹4.13尺，0.5元，绒布、斜纹布、花布、洋纱各3尺多。另能购买诸如哔叽、花丝葛、铁机缎、丝绸、毛纱、香云纱、毛葛、太西缎等一定数量的贵重衣料，平均每家为5尺多③。上海工厂工人305家衣料消费质量亦与此相仿④。由上可见，我国大部分劳工家庭衣服的享受程度，由衣料质量言之，仅满足自身生理需要，追求美观、色彩、款式实为奢望。

有关我国劳动者家庭衣服消费数量较详细的分析，仅有天津、北平、上海三市调查，而北平人力车夫又无被褥数量的统计。据表4.10可知，每家平均被褥用品数，天津和上海相差不多。至于衣服数量，北平人力车夫48家197人中，约有半数各有单衣3件、夹衣1件、棉衣2件，其他半数人拥有的衣服数量则少于此数⑤。天津手艺

---

① 李植泉：《浙江吴兴蚕农生活费用及生活程度》，载《国民经济月刊》第1卷第3期，1937年7月。
② 卜凯主编：《中国土地利用》，成都成城出版社1941年6月初版，第620—623页，表二、三。
③ 杨西孟：《上海工人生活程度的一个研究》第2部，表Ⅱ，第1部，64页。
④ 上海市社会局编：《上海市工人生活程度》，第66—68页。
⑤ 陶孟和：《北平生活费之分析》，北平社会调查所1930年版，第71页。

工人平均每人各有单裇裤2套，夹、棉袄各1套，家主以外成员只能持一件棉衣过冬①。上海工厂工人衣服数量和种类都多于手工业者和人力车夫。上海24家工厂工人调查表明，平均每家各有棉袍1.8件、棉袄2件、棉裤1.5条、夹袍0.8件、夹袄2件、夹裤1.9件、单长衫1.5件、单短衫8.1件、单裤7.8条②。

表4.10 近代天津手艺工人与上海工厂工人家庭所有被褥类数量统计

单位：件

业别	家数	棉被	枕头	褥子	帐子	席子	线毯	毡片	被单
天津手艺工人	132	3.20	3.00	2.70	—	1.20	—	0.80	—
上海工厂工人	24	4.00	0.92	—	1.21	0.33	0.25	—	0.63

资料来源：冯华年：《天津手艺工人家庭生活调查之分析》，《经济统计季刊》第1卷3期，1932年；上海市社会局编：《上海市工人生活程度》，第68—69页。

至于农家衣着拥有的数量则明显少于城市劳动者家庭。据卜凯调查表明，农家家主"家常衣"数量为，上衣4.3件、裤子3.3条、围裙1条、鞋1.4双、袜子1.1双、帽子0.9顶，"出客衣"有上衣4.4件、裤子1.7条、袜子1.3双、鞋1.3双、帽子0.7顶③。卜凯调查资料的选点多为交通和商品经济比较发达地区，若将上述农家衣着消费水平代表旧中国较高程度的农家状况的实也不过如此，至于其他落后地区农家衣着消费状况就可想而知了。以华北为例，夏天，多数农民袒胸露背；在严冬季节，绝大多数农民也只有一件棉衣，一冬

---

① 冯华年：《天津手艺工人家庭生活调查之分析》，载《经济统计季刊》第1卷3期，1932年。
② 上海市社会局编：《上海市工人生活程度》第68—69页。
③ 卜凯主编：《中国土地利用》，第625页。

不离身，里面状态目不忍睹①，甚至有的农家只得穿单衣过冬②。

吃饱和穿暖是人类生存的基本需要，要解决温饱问题就是解决吃饭和穿衣问题。衣着不仅是生活水平的一个标志，也是人们精神和物质力量的反映，更是社会经济发展水平的一面镜子。通过以上的分析，我们可以看出，我国劳动者衣着消费水平低下，消费结构畸形。

由消费值言之，平均每等成年男子全年消费额多者30余元，少者不足1元，平均每家全年衣服费支出占生活费总额的比例仅为8.8%；由质料言之，以棉织品为主，丝毛织物极少，甚至没有；由数量言之，衣服仅足以蔽体御寒，维持生存的最基本需要，更无论整洁美观了。

与同期国外劳动者家庭相比较，我国劳工衣服消费水平甚为低下。如30年代日本东京、名古屋、神户三大城市劳工家计调查资料显示，三地全年平均收入在960—1679日元之间。生活程度符合日本"健康与安适"标志者，全年每人衣料消费，棉织品31码，价值日元3元；丝织品6码，值日元3元；毛织品1.2码，值日元0.88元③。我国上海工厂工人家庭衣料消费中，丝毛等贵重衣料消费不足2.1码④，远不如日本工人衣服质高，更不足与英美工人相比了。

3. 住房消费结构

住房是人类生存的最基本的消费资料，是人类进行各种活动必

---

① 李景汉：《华北农村人口之结构与问题》，载《社会学界》第8卷，1934年。
② 鲁绍柳：《定县北西各村农民经营粉条副业之状况》，载《民间》第2卷3期，1936年。
③ Kokiohi Morimoto, *The Efficiency Standard of Living in Living in Japan*, 1931，pp.63—68.
④ 3市尺= 1.0936码。

不可少的物质条件。住房影响着生活状况，是衡量生活质量的重要标志。本文主要从住房与房租、住房间数与家庭人口、住房种类与卫生状况三个方面，分析我国近代劳动阶层住房消费结构及其层次差异。

由于住房作为人类生存最基本的物质需要，人们对住房的质量与租金方面的承受能力具有较大的弹性。但受收入水平和消费水平、房屋供求状况、房地产业发展程度等多种因素影响，我国近代劳动阶层的房租消费支出及其在生活费用中所占比重均呈明显差异。

如上文所述，我国近代劳工阶层全部生活费用总额中，房租消费支出占生活费总支出的比例最低，仅为7.7%，其中工厂工人为12.5%，手工业工人和苦力为7.5%，农民和矿工均在5%以下。

从每家全年房租与每间房屋全年租金关系看，如表4.11所示。从业别观之，各类工人家庭房租均较农民为高；由地区观之，大城市房租较小城市为高，小城市又比农村为高[①]。这主要是因为鸦片战争以后，中国被迫对外开放，城市土地价格较农地价格迅速上涨，尤其是经济活跃的沿海城市更为突出。

农家房租仅占其生活费总支出的2.5%，每间房租金，除上海杨树浦农民外，其他均不足3元。此因乡村地价低于城市，更因农民住屋多为自己建造，故其房租仅为修理费与折旧费而已。城市各业劳动者每间全年房租平均为13.6元，每间每月房租仅为1.13元，也十分低下。房租在生活费用开支中所占比重如此之低，说明我国

---

① 据Morimoto对日本劳工生活程度的研究表明，房租与城乡和业别的关系亦有同样结论。

近代劳动阶层住房消费在总消费结构中是处于一种不合理的滞后状态，从而制约了其生活质量的提高。

表4.11 近代中国各种劳动家庭全年房租与每间房租比较

业 别	平均每家人口数	平均每家全年房租（元）	平均每家住屋间数（间）	平均每间全年租金（元）
塘沽精盐工人	4.80	15.65	1.72	9.10
上海纱厂工人	4.67	25.08	1.42	17.66
上海杨树浦工人	4.11	30.85	1.26	24.48
上海工厂工人	4.62	37.83	1.65	22.93
天津手艺工人	4.20	29.89	1.25	23.91
北平手工业工人	—	18.72	1.56	12.00
京沪铁路工人	4.70	25.80	1.50	17.20
上海杨树浦农民	5.10	12.36	3.54	3.49
北平挂甲屯乡民	3.59	7.21	2.46	2.93
北平郊外农民	5.44	6.94	6.38	1.09
北平人力车夫	4.33	15.26	1.04	14.67

说明：平均每间全年租金系由前两项计算所得。
资料来源：京沪铁路工厂见铁道部：《调查工人家庭生活及教育程度统计》，第24页；北平挂甲屯乡民数据见李景汉：《北平郊外之乡村家庭》，第52页；其余详见拙著《总需求的变动趋势与近代中国经济发展》附录。

家庭住房数量、面积与家庭人口规模和家庭状况及其成员身心健康密切相关。虽然人们对住房的需求有很大弹性，但受到收入水平的限制，各业劳动者对住房质量和数量上需求则存在着明显差别。城市工人和苦力家庭平均每家只有一二间住房，而以一间者居多。据上海230家纱厂工人调查表明，62.6%的四口多家庭居住在一间房子里，33.5%的家庭能住得上两间[1]。上海杨树浦工厂工人家庭中，只有10%的家庭住两间，而80%的家庭只能居住一间[2]，拥挤程度可想而知。苦力家庭中亦以居住一间者占多数，如天津新开河苦力家庭中，有63.8%的家庭住一间，26.1%家庭住两间[3]。南京1350户人力车夫调查资料也表明了同样的情况，居住一间的家庭占全部家庭总数的48.4%，居住两间的占23.2%,又有4.2%的家庭只能住半间，居住条件恶化程度可见一斑[4]。

城市中小学教员家庭居住条件和环境与工人和苦力相比，显得比较优越些。据1926年北平社会调查所对12家小学教员生活状况调查表明，平均每家人口5.2人，等成年男子4.0人，而平均每家每间房屋居住人口仅为1.3人，每一等成年男子平均居住一间，实无拥挤之虞[5]。

农村中，受地价和自然环境影响，农民房屋间数比城市劳动阶层家庭多，平均在三间以上。有关农家生活状况调查报告显示，以河北定县农家房屋间数最多，平均每家6.74间，最多有房15间，最少有房三间[6]。南京土山镇农家房屋间数最少，平均每家二至三间，最多五间以上，最少仅为一间[7]。

---

[1] 杨西孟：《上海工人生活程度的一个研究》，第7页。
[2] Fang Fu-an, Shanghai Labour, II.One Hundred Labour Families in Yangt szepoo District, *Chinese Economic Journal*, Vol. 7, No 2, pp. 885, 1930.
[3] 天津立法商学院调查班：《新开河畔的贫民生活》，载《益世报》（天津）1935年7月10日。
[4] 言心哲：《南京人力车夫生活的分析》，中央大学1935年版，第52页。
[5] 陶孟和：《北平生活费之分析》，第91页。
[6] 李景汉：《定县社会概况调查》，第317页。
[7] 言心哲：《农村家庭调查》，商务印书馆1935年版，第132页。

第四章　中日消费需求结构的变动及其特征　245

住房拥挤程度亦可由每间房屋所居住人数及折合成等成年男子数做进一步考察。

表4.12 近代中国各种劳工住房状况统计

业 别	调查家数	平均每家居住人口 人数	平均每家居住人口 等成年男子	平均每家住屋间数	平均每间居住人口 人数	平均每间居住人口 等成年男子
塘沽精盐工人	61	4.80	3.51	1.72	2.79	2.04
上海纱厂工人	230	4.67	3.68	1.42	3.29	2.59
上海杨树浦工厂工人	100	4.11	—	1.26	3.26	—
上海工厂工人	305	4.62	3.28	1.65	2.80	1.99
北平手工业工人	500	—	—	1.56	2.49	1.96
天津手艺工人	132	4.20	3.20	1.25	3.36	2.56
京沪铁路工人	104	4.70	3.40	1.50	3.13	2.27
北平郊外农民	64	5.44	4.09	6.38	0.85	0.64
北平挂甲屯乡民	100	3.59	—	2.46	1.46	—
上海杨树浦农民	50	5.10	3.84	3.54	1.44	1.08
吴兴蚕农	863	5.02	3.89	3.56	1.42	1.09
北平人力车夫	48	4.33	3.16	1.04	4.16	3.04

资料来源：同表4.11。

城市中工厂工人、手工业者及铁路工人平均每家每间房屋居住等成年男子1至2.5人不等，北平人力车夫家庭高达3.04人。农村中，农家住房较为宽裕，北平挂甲屯、上海杨树浦与吴兴蚕民，每间房屋平均住1人有余，北平郊外农民平均每家还有一间多卧房。

按英国政府所定之标准，平均两人以上同居在一间房屋为过挤。英国统计学家包雷（A.L.Bowley）在他所著《生活状况与贫穷》一书中所定标准为，平均一间房住一等成年男子以上者为过挤[①]。以此标准来衡量我国劳工家庭人均居住状况可见，除农民外，均过分拥挤，居住条件较为恶劣。而且其拥挤程度的严重性不仅超过英美等西方工业化发达国家，也超过印度等发展中国家[②]。

　　由每家住房间数及家庭人口数量可知住房拥挤程度，但每家住房平均每间的容积不同，因此，它也会直接影响人们的健康和生活水平。据西方学者研究表明，按照人类生理需要，平均每一成年人至少需要1000立方英尺以上的生活居住空间。但据表4.13所示，天津手艺工人及北平人力车夫平均每等成年男子所能居住空间不及上述标准需要的三分之一，分别为289.41立方英尺和243.71立方英尺。上海工厂工人及京沪铁路工人亦只及上述标准的58.2%和73%。即使是居住条件较好的北平挂甲屯乡民每人所能居住的空间亦不及标准，只达86%。

表4.13　近代中国各类劳工住房平均每间容积

单位：英尺和立方英尺

业　别	平均每间房屋				平均每间房住等成年男子数	平均每等成年男子所得容积
	长度	宽度	高度	容积		
北平人力车夫	10.50	8.40	8.40	740.88	3.04	243.71
天津手艺工人	10.50	8.40	8.40	740.88	2.56	289.41

---

①　陶孟和：《北平生活费之分析》，第65页。
②　杨西孟：《上海工人生活程度的一个研究》，第73—75页。

续表

业　别	平均每间房屋				平均每间房居住等成年男子数	平均每等成年男子所得容积
	长度	宽度	高度	容积		
上海工厂工人	10.50	10.50	10.50	1157.63	1.99	581.72
京沪铁路工人	13.65	10.50	11.55	1655.40	2.27	729.25
北平挂甲屯乡民	11.55	9.45	11.5	1260.65	1.46	863.46

注：按原文1营造尺等于1.05英尺换算
资料来源：同表4.11。

我国劳动者家庭住房种类和构造的简陋，住房结构和功能的多元化，在旧中国是一个普遍现象。它与富裕阶层追求居住享受，深宅大院，富丽堂皇，住房功能单一化的情形形成了明显的对照。

我国近代劳工家庭的房屋主要有瓦屋、砖屋、土屋、草屋等数种类型。其中，城市劳工住屋的屋顶多数为瓦土，土地多为泥土，墙壁多为砖土。地面建筑材料以上海工人房屋最佳。305家中有62.3%的住屋有地板，这是因为上海多楼房的缘故[1]。城市中以苦力家庭住房条件最为简陋，如南京180家棚户均以草为屋顶，其中177家地面为泥土，129家以芦篱为墙壁，此种住所实不足以御寒暑、避风雨，更不谈安适和卫生了，而且180家棚户中无窗户住户占全部的56.1%[2]，称之为"棚户"，由之可知。北平人力车夫48家中，漏雨者竟达37家，京沪铁路工人104家住房中也有39家漏雨。

至于一般乡村住房，由于房租较廉，拥挤情形也不如城市严

---

[1] 上海市社会局编：《上海市工人生活程度》，第57页。
[2] 吴文晖：《南京棚户家庭调查》，国立中央大学1935年版，第83页。

重,而且乡村空气新鲜,阳光充足,住房条件和环境理应好些。实际上,农家住房所表现出的简陋程度并不亚于城市苦力家庭。河北南皮县,30年代全县有大小368村,大村数百户,小村数十户,能以砖瓦为屋者仅限于"极少之仕官富厚之家"。定县"砌以砖覆以瓦者一村中实寥寥无也"。山东东平县,即使是富户,"建造瓦房者颇鲜"。[1]相反,土屋为各地农家主要的居室,其结构大多是筑土为墙,覆草为盖,构造极为简单,且抵御风雨寒冷程度很低,如河北怀安县住土房农家约占十分之七,"倘遇阴雨连绵,屋多漏滴"[2]。至于草房,因建筑容易,花费低廉,更为广大贫苦农家的栖身之所。卜凯在《中国农家经济》一书中所描绘的情景与上述情况相一致:"普遍中国农人之住宅,仅蔽风雨而已,住宅与厩房常不分开,住宅同时亦为仓廪,家中数月之粮及待售之谷亦藉此堆集";"窗户很小,没有纱窗,而且通常系由方格木块拼成,不能自由启开,冬天糊纸一层,以避寒风。所有调查的各地,只有江苏江宁县一处有玻璃窗"。"夏日,有暴风雨的时候,北部平原中的房屋常有为风雨所冲倒的危险,而发生水患时,土墙一遇水来,极易被浸软而倾圮。如遇暴风雨的时间较长则存粮、种子,每因倒屋而全行漂失",结果使灾患更为严重[3]。由此可见,农家住房仅为一个聊避风雨、勉强栖身的场合,有时甚至就连这个最低限度也满足不了,严重影响了农民身心健康和再生产的能力。

---

[1] 见傅建成:《二十世纪上半期华北农村家庭生活费用分配结构分析》,载《中国农史》1994年第3期。
[2] 丁世良、赵放主编:《中国地方志民俗资料汇编》(华北卷),书目文献出版社1989年版,第195页。
[3] 卜凯著,张履鸾译:《中国农家经济》,商务印书馆1936年版,第534页。

4.燃料灯火消费支出结构

我国劳工家庭燃料灯火的消费种类、数量和质量因各地气候、物产与物价不同而异。各类劳工生活费调查中,平均每家全年该项费用也不尽相同,收入较多家庭,此项费用亦随之增加,但占生活费百分比并无显著变动。因此,半数以上的生活费调查,无论何种劳工家庭,燃料灯火费在全部生活费支出中所占比重约在5%—10%之间,平均为8.5%。这说明广大劳工家庭将该项支出尽量压缩在其全部生活费开支的很小范围内,而呈现出极度节俭的特征。

我国劳工家庭普通使用的燃料种类,因地而异。江南农家多用稻柴,华北靠近煤矿之区多用煤及煤球,上海工人则以使用柴薪和煤油者居多。但一般而论,劳工燃料灯火种类大致可分为火油、柴薪、硬煤、木炭、煤球、火柴、电灯、洋蜡等数种[①]。

表4.14 近代中国各类劳工家庭全年燃料灯火费用

单位:元

业别	调查家数	平均每家全年各类燃料灯火费用							
		电费	水费	火油	柴薪	硬煤	煤球木炭	火柴	其他	总计
(1)上海纱厂工人	230	—	—	4.68	21.84	—	—	—	2.88	29.40
(2)上海工厂工人	305	0.86	—	7.10	15.95	2.56	1.01	0.60	0.92	29.00
(3)无锡纺织工人	147	0.53	—	8.44	15.92	—	—	0.48	0.07	25.44

---

① 据笔者统计,劳工生活费调查资料中,有燃料灯火种类分析的仅有6个调查,有消费量分析的仅有4个调查。

续 表

业别	调查家数	平均每家全年各类燃料灯火费用								
			电费	水费	火油	柴薪	硬煤	煤球木炭	火柴	其他	总计
（4）定县农民	34	—	—	1.90	15.16	2.26	—	0.25	—	19.57
（5）北平挂甲屯乡民	100	—	—	2.17	10.88	—	—	—	13.05	
（6）天津手艺工人	132	—	4.52	4.36	11.53	0.07	6.23	0.16	0.04	26.91

资料来源：（1）杨西孟：《上海工人生活程度的一个研究》，第77—79页；（2）上海市社会局编：《上海市工人生活程度》，第71—72页；（3）《无锡工人生活费及指数》，第31页；（4）李景汉书第317页；（5）李景汉：《北平郊外之乡村家庭》，商务印书馆1928年版，第53—55页；（6）冯华年：《天津手艺工人家庭生活调查之分析》。

据表4.14可知，我国劳工家庭燃料灯火项的全年费用，平均在10—30元之间，城市家庭高于农村，前者平均全年支出在25—30元之间，后者在10—20元之间。劳工家庭主要燃料为柴薪，占一半以上，如上海纱厂工人为74.3%，上海工厂工人为55%，无锡纺织工人为62.6%，定县农民为77.5%。次为硬煤、煤球和木炭，平均占15%左右。灯火使用开支中以火油（如煤油）居多，上海纱厂工人该项支出占全部燃料灯火费用的比重为15.9%，上海工厂工人为24.5%，无锡纺织工人为33.2%，天津手艺工人为16.2%，定县农民为9.7%，北平挂甲屯乡民为16.6%。使用电灯家庭仅限于少数大城市中的少数工人家庭。

燃料灯火的消费量的多寡，因各地气候而异。在有此项详录资料的三个调查中，平均每家全年燃料灯火的消费量，火油约在六七十斤左右,其中上海纱厂工人最多,达88.6斤。柴薪、硬煤、煤球、木炭等约1500斤,火柴在50—90盒之间。

表4.15 近代中国各类劳工家庭全年燃料灯火消费量

业别	火油（斤）	柴薪（斤）	柴爿（棵）	煤	煤球木炭	火柴（盒）
上海工厂工人	88.57	826.85	117.90	189.09镑	1.33篓	90.05
上海纱厂工人	60.48	1716.00	—	—	—	—
天津手艺工人	54.00	991.80	—	6.00斤	596.40斤	54.00
定县农民	13.58	—	—	—	—	55.00

资料来源：同表4.14。

近代中国农家提供热量的主要来源是柴薪,大量农作物秸秆和树木被用于燃料,并处于一种供应不足的状态,这是近代中国农村的普遍现象。大量秸秆和树木被燃烧,影响到家肥还田,土壤有机含量下降,田地越种越贫瘠;地力下降,造成低产,又使秸秆量减少,由此造成农业生产的恶性循环,大大限制了农业产量的提高,并给生态环境带来严重破坏。农民受燃料所累,以至于有"锅外比锅里贵"的说法[1]。

我国劳工衣食住享受程度的贫乏已如前所述。燃料灯火的消费大半系供家庭烹饮之用,用煤当燃料取暖之家为数极少。据印度孟买调查,同期孟买工人家庭平均每家全年柴薪的消费量为1368斤,

---

[1] 卜凯著,张履鸾译：《中国农家经济》,第536页。

煤油消费量为60.6斤。[1]与我国劳工消费量不相上下。但印度气候较暖，所需之柴薪量理应较少，而我国中部劳工柴薪消费量尚不及印度孟买多，足以证明我国一般劳工家庭实无余资以购买燃料作冬天取暖之用。至于灯火消费，我国劳工家庭素有豆油灯草取光和用煤油照明，能够享受电灯者仅为一二座大城市中少数家庭，此种情形实不能与英美等工业化程度较高国家相比较。

5. 杂项消费支出结构

杂项费用指除衣食住等日常生活必需品费用支出以外，用于追求生活舒适、满足物质和精神享受的各种消费支出。它大体包括非商品性消费支出，如交通费用、医疗医药费用等；文化娱乐消费支出，如教育费用、书报杂志费用、宗教事务费用等；非经常性消费支出，如婚丧嫁娶费用、送礼费用和节日费用等。

按照恩格尔定律，收入越高，食物消费支出越低，杂项等发展和享受性消费支出就越高，消费质量和生活水平就越高。据笔者统计，在劳动者阶层中，杂项费支出最高者为北满农家，达198.88元，最低为北平农民，仅为4.61元。[2]若折合成等成年男子数，则以汕头工厂工人全年杂项支出最高，为40.24元，其次为南京手工业工人和开滦煤矿矿工，分别为21.67元和21.43元，最低者仍为北平农民，仅为1.10元。概括而论，杂项在生活费总支出中所占比重，以城市工厂工人最高，为17.5%，农民为15%，矿工为10.5%，手工业者和苦力均为10%。以上说明我国劳工阶层生活水平是如此的

---

[1] 杨西孟：《上海工人生活程度的一个研究》，第78—79页，原数字改以年计。
[2] 工厂工人中原以江都最低，仅3.96元，但因被调查者仅为一家，不具代表性，故除外。

低下。

在许多调查中，有关杂项所分细目详简殊不一致。有的多至17种，如上海工厂工人调查；亦有不分项目的，如工商部和实业部调查；有的在大项目中又分若干小项目，如卜凯调查中，杂项下分生活改进费、医药卫生、嗜好、用具及其他五大项，而在生活改进项中再分列宗教、教育、交际、娱乐等四项。为使各个调查资料便于比较，笔者将各次调查所分项目合并为七项：（1）医药卫生费，包括医药、理发、沐浴、肥皂、草纸等费用；（2）教育费，包括书报、学费和文具等；（3）嗜好、交际娱乐费，包括烟、酒、茶、赌博、饰物、时节送礼、听戏、看电影等；（4）宗教事务费，包括祭祀、敬神等所用香烛费等；（5）特别费，包括婚嫁丧葬、生育（也有以年节及还债列入该费用中而未能剔除者）等；（6）用具等，包括家具、厨房用具、卫生、化装及其他用具；（7）其他，包括修理、捐税、利息、交通、寄信、储蓄、保险、小孩零食等费用。以下我们在众多调查资料中选择可供应用者24个来分析我国劳工阶层杂项费用中各项分配状况。

据表4.16数字可知，杂项消费支出结构中，嗜好娱乐交际项所占比重最高。在24个调查中，此项分配比例在40%以上者有13处，在40%—19%之间者有10处。[1]最高者为南京棚户苦力，最低者为天津手艺工人。约半数的调查，此项开支每年在20元以上，其中以上海杨树浦工厂工人支出最高，达49.34元；无锡纺织工人最低，仅为0.81元。一般而论，城市劳工高于农村农家。

---

[1] 另一处为无锡纺织工人，因其该费用部分计算于其他项目中，故较其他各地低，仅为6.05%。

表4.16 近代中国各类劳工家庭杂项费用分配

单位：元

地点	业别	医药卫生	教育	嗜好等	宗教	特别费	用具	其他	合计
塘沽	精盐工人	5.61	0.33	18.38	0.98	13.38	1.88	2.71	43.27
无锡	纺织工人	3.24	0.11	0.81	3.14	—	2.18	3.90	13.38
上海	纱厂工人	9.34	0.77	24.94	2.76	14.46	5.24	22.84	80.35
上海杨树浦	工厂工人	10.60	2.74	49.34	5.39	21.74	—	27.45	117.26
上海	印刷工人	8.29	4.04	33.26	2.80	4.06	—	7.11	59.56
上海	邮工	16.57	11.88	52.16	8.34	23.96	—	23.69	136.60
上海	工厂工人	13.92	1.45	32.87	5.32	22.64	4.55	31.25	112.00
京沪铁路	铁路工人	31.26	2.30	42.10	3.80	15.10	2.50	3.01	100.07
沪杭甬	铁路工人	29.20	1.70	43.40	1.50	4.10	1.70	3.40	85.00
天津	手艺工人	1.00	0.47	2.26	0.54	—	0.32	6.75	11.34
北平	人力车夫	0.30	0.04	2.72	—	—	0.90	2.36	6.32
南京	棚户	1.43	0.39	13.58	1.54	—	0.96	2.65	20.55
北平	农民	1.77	—	18.08	0.81	8.83	1.51	1.80	32.80
定县	农民	1.83	0.54	8.43	0.70	1.76[a]	1.62	6.84	21.72
土山镇	农民	3.69	1.46	26.24	3.04	11.69	3.56	7.00	56.68
余粮庄	农民	1.55	0.20	16.36	2.77	5.02	1.57	0.18	27.65
上下伍旗	农民	3.44	0.50	22.64	2.93	12.38	1.81	1.28	44.98
上海	农民	5.00	12.00	20.00[b]	—	20.00	—	30.00	87.00
吴兴	农民	4.15	0.37	6.21[c]	1.19	11.42[d]	0.27	5.12	28.73
杭州	农民	1.50	1.20	12.40	—	—	6.00	2.00	23.10
兰溪	农民	6.61	15.46	15.42	2.60	9.07	—	20.38	69.54

续表

地点	业别	医药卫生	教育	嗜好等	宗教	特别费	用具	其他	合计
湘湖	农民	0.80	0.01	6.64	2.76	9.44	0.53	0.23	20.41
乌江	农民	3.58	0.12	22.31	3.93	34.74	2.91	1.59	69.18
北平挂甲屯	各类劳工	0.75	0.97	15.64	0.77	1.97	0.54	5.08	25.72

注：a包括还债，b仅为交际费，c仅为嗜好费，d包括年节费用。
资料来源：详见拙著《总需求的变动趋势与近代中国经济发展》附录。

我国劳工嗜好多为烟、茶、酒三种，各调查中有这三种消费量统计的仅有上海纱厂工人、上海工厂工人和定县农家等处。如上海纱厂工人每家全年消费香烟185盒，值7.56元；茶叶3.50斤，值1.02元；黄酒70斤，值3.73元[①]。上海工厂工人每家全年消费香烟232盒，10.8；茶叶2.43斤，值0.92元；黄酒38斤，值3.93元；高粱酒21.4斤，值3.16元[②]。其他劳工阶层均比城市工厂工人为低，如天津手艺工人平均每家全年吸香烟23盒，茶叶2斤，酒5两[③]。南京棚户平均每家全年烟费4元，酒费1.7元，无钱买茶叶者占全家数的44.4%[④]，均远不如上海工厂工人。农家该项开支又低于城市劳工。如定县34户农家中，平均每家全年用纸烟仅7.7盒，每盒10支，有纸烟费者共12家，平均每家全年用茶叶仅为1两，也只有七家有此

[①] 杨西孟：《上海工人生活程度的一个研究》，第83、89—90页。
[②] 上海社会局编：《上海市工人生活程度》，第75—77页。
[③] 冯华年：《天津手艺工人家庭生活调查之分析》，载《经济统计季刊》第1卷3期，1932年。
[④] 吴文晖：《南京棚户家庭调查》，第67—70页，国立中央大学1935年版。

项开支①。北平64家农户中，平均每家每年茶叶费1.27元，仅36家有此消费；吸烟费2.81元，44家；饮酒费1.77元，仅10家有此项消费②。据卜凯对我国6省13处2370户农家调查表明，平均每家全年茶费为2.37元，北部为1.02元，中东部为3.44元；烟费为3.68元，北部为2.10元，中部为5.76元；酒费为2.60元，北部为1.73元，中东部为3.61元③。

七项开支中，仅次于嗜好娱乐交际费的是婚葬生育等特别费用。因婚丧生育并非于在查期间每家都有，故此项开支每家实数应较平均数高。如表4.16所示，特别费用开支占杂项总支出比例，各业劳工家庭差别较大，尤以城市工人和农家所占比重突出，平均达20%左右，足见其对婚丧礼仪的重视程度。具体数字显示，如天津手艺工人10个月的记账调查表明，一次接生费0.7元，丧葬费一次22.8元④。北平挂甲屯乡民调查中，有婚事两起，费用一为100元，一为40元；丧事两起，一为42元，一为15元⑤。吴兴农家婚费支出最高达500元，丧费支出最高达400元。⑥上海纱厂工人婚费支出最高为250元，丧费支出为142.4元，生育费（连置酒请客）最高达30元。⑦上海工厂工人有喜庆费者（包括嫁、娶、寿辰、小孩满月）50家，平均每家费用56.01元；有丧葬费者63家，平均每家开支38

---

① 李景汉：《定县社会概况调查》，第319页。
② 李景汉：《北平郊外之乡村家庭》，第138页。
③ 卜凯：《中国农家经济》，第551页。
④ 冯华年：《天津手艺工人家庭生活调查之分析》，载《经济统计季刊》第1卷3期，1932年。
⑤ 李景汉：《北平郊外之乡村家庭》，第62页。
⑥ 李植泉：《浙江吴兴蚕农生活费用及生活程度》，载《国民经济月刊》第1卷3期，1937年7月。
⑦ 杨西孟：《上海工人生活程度的一个研究》，第83、89—90页。

元;有接生费者23家,平均每家2.32元[1]。由上可见,我国劳工家庭每次平均特别费支出约需40—50元,而对于每年收入仅200—300元的家庭来说,平时尚感入不敷出,若遇婚丧大事,非平日略有储蓄,否则只有举债。据上海商务印书馆印刷工人调查,百家中举借者24家,其中41.7%的借款用于办理婚丧事[2]。上海邮工85家中举借者24家,平均每家借款43.32元,举借原因,8家为办丧事,6家为办理婚事,10家为购买食物[3]。

医药卫生费用,各调查均有此项开支,最高为31.26元,最低为0.3元,分配比例最高为34.35%,最低为2.92%。农家该项支出明显低于城市工人和铁路工人,但又高于城市苦力。医药卫生开支低微甚至达到无这方面开支的地步,并不表明劳工阶层无此方面的需要,而只是说明极度贫困的生活境遇不允许他们在医药卫生费用上有足够的开支。大多数劳工一旦身染重病,仅凭身体天然抵抗能力与之抗争,或借助迷信祈求神灵保佑,或束手无策,坐以待毙。因此,近代中国贫苦阶层死亡率大大高于西方国家,陈达估计当时我国死亡率为33‰,许仕廉估计为30‰,最低亦在27.5‰,而英美德等发达国家仅为11‰左右。婴儿死亡率更高,达242‰,而英美(1919年)各为89‰和87‰[4]。

宗教费用最高为上海邮工家庭,达8.34元,最低为天津手艺工

---

[1] 上海市社会局编:《上海市工人生活程度》,第75—77页。
[2] Fang Fu-an, Shanghai Labor, I.A General Survey of Labour Conditions in Shanghai, *Chinese Economic Journal*, 1930.
[3] 同上。
[4] 张少微:《中国人口之健康》,载《实业部月刊》第2卷5期,1937年5月10日出版。

人，仅为0.54元，其所占比例以无锡工人最高，为23.5%，最低为沪杭甬铁路工人，为1.8%。

杂项消费结构中，家庭用具开支占有较低份额。半数以上的调查，购置用具的费用，每家全年仅为1—2元。其中12个调查的比重在5%以下，有15个调查平均全年每家用具费用不足3元，最高者也不过6元。具体调查资料显示，我国劳工家庭由于底子薄、收入少，生计艰难，他们不得不将这项重要但不足以危及生存的支出压缩到最低限度。如北平人力车夫48家中，每个家庭用具财产存量总值仅为12.94元，占全部家财的26.9%[1]。吴兴913户农家中，平均每百人合用床54件，桌37件，椅7件，凳125件，箱43件，锅74件，其他4件[2]。对于购置用具价值、品类、数量有较详细分析的仅上海工厂工人和上海纱厂工人的调查，平均每家全年用具费一为5.24元，一为4.55元。其所列工人家庭全年购置用具种类各有180余种，但除灯罩、饭碗、菜碗、茶杯、竹篮等每家可得一件外，其余物品每家全年所购均不足一件[3]。上海市社会局又作24家抽样调查表明，平均每家所有用具价值47.18元，用具分家具、厨房、卫生、化装及其他五类，4家共有120余种，其中家具类每家除有椅子1.3件，箱子2.2件，铺板2.1条，凳5件，木桌2件，洋灯1.2件外，其余均不足1件[4]。上海工人家庭全年购置的用具由价值和数量而言，虽较吴兴

---

[1] 陶孟和：《北平生活费之分析》，第67页。
[2] 李植泉：《浙江吴兴蚕农生活费用及生活程度》，载《国民经济月刊》第1卷3期，1937年7月。
[3] 杨西孟：《上海工人生活程度的一个研究》，第43—48页；上海市社会局编：《上海市工人生活程度》，176—178页。
[4] 上海市社会局编：《上海市工人生活程度》，附录表4，第179—180页。

农家和北平人力车夫为优但其享受仍极为低劣。

杂项消费支出结构中,教育费用支出最低。24个调查中,教育费用占全部杂项消费支出的比重在5%以下者竟达18个,最低者仅为0.05%(湘湖农民),平均每家全年教育费支出不满1元者有13个。惟兰溪2045农家调查中平均每家全年教育费为15.46元,其比重为22.23%。其数较高是因为受地主及自耕农教育费较高的影响所致,至于佃农与雇农教育费平均每个家庭全年仍不足0.4元[1]。具体数字显示,吴兴900余户农家中平均每户农家全年教育费支出仅为0.37元,其中有教育费支出者仅107家,占全部户数的11.68%,每年共支出教育费34.20元。只有8.5%的人识字[2]。定县34家全年每家教育费为0.54元。据1930年的调查表明,年龄在7岁以上人口中,文盲占83%,识字者仅17%,其中三分之二的男子为文盲,女子则占97.5%[3]。城市中劳工家庭的教育费开支也不比农家高出多少,亦呈现出同样的趋势。如塘沽精盐工人全年每家教育费仅为0.33元,227人中文盲达176人,能看报者仅27人,识字而不能看报者24人[4]。上海为旧中国经济和文化发达地区,文盲理应较他地为少,但纱厂工人230家中,文盲男子数占男子总数的57.7%,文盲女子数占女子总数的98%[5]。上海市社会局调查305家工人家庭,平均每家全年教育费仅为1.45元,有学费支出家庭68家,占全部的22.3%,有书报文具

---

[1] 冯紫岗:《兰溪农村调查》,国立浙江大学1935年版,第133—134页。
[2] 李植泉:《浙江吴兴蚕农生活费用及生活程度》,载《国民经济月刊》第1卷3期,1937年7月。
[3] 李景汉:《北平郊外之乡村家庭》,257页。
[4] 林颂河:《塘沽工人调查》,北平社会调查所1930年版,第204—206页。
[5] 杨西孟:《上海工人生活程度的一个研究》,第84—85页。

费的家庭103家，占总数的33.8%[①]。天津亦为文化较为发达地区，但该地劳工家庭成员受教育程度也极低，如天津铁路工人151户807人中，受教育者仅占总数39.4%，168个家主中，未读书者占21.4%[②]。

教育是提高人的素质的主要途径之一，在一定程度上标志着消费生活水平的高低，并对经济增长起着至关重要的作用。如上所言，近代中国劳工阶层家庭成员教育支出的萎缩和贫乏，制约了其物质和精神力量的发展，抑制了劳动生产者素质的提高，并对社会经济的发展起着阻碍作用。因此，历史昭示我们，如何改善和优化消费结构，加大人力资本的投入，将教育放在优先发展的战略地位，大力提高劳动者的素质，形成一个"发达的生产——科学合理的消费水平和消费结构——迅速发展的生产"的良性循环体系，为社会经济发展创造有利的条件，将是人类所面临的共同严峻课题。

第二节　战前日本消费结构的变动分析

一、战前日本宏观消费结构发展变化的一般趋势

与中国一样，第二次世界大战前日本在由传统社会向近代社会的转变历程中，伴随着近代经济的快速增长和商品化进程的深入，国民收入水平显著增强，国民的消费水平和生活质量不断上升，消费需求结构较之中国亦发生了较大变化。

[①] 上海市社会局编：《上海市工人生活程度》，第75页。
[②] 刘东流：《天津铁路工人家属的婚姻疾病与教育程度的调查》，载《新中华》第5卷13期，1937年。

表4.17 战前日本名义国民消费需求结构的长期变动（1887—1940）

单位：百万日元

年份	食品费	衣着费	房租费	燃料灯火费	保健卫生费	交通费	通信费	交际费	教育娱乐费	合计
1887—1896	673.0	99.6	95.0	35.7	47.5	7.0	1.8	63.5	42.8	1065.9
1892—1901	1038.8	157.3	131.2	50.2	69.0	16.1	3.7	116.3	66.2	1648.8
1897—1906	1443.5	186.4	180.0	68.1	87.1	28.8	6.6	174.3	93.2	2268.0
1902—1911	1825.5	237.0	254.5	94.9	87.5	46.1	10.1	208.0	123.0	2886.6
1907—1916	2286.1	341.1	344.0	134.1	108.9	70.1	14.9	224.6	167.8	3691.6
1912—1921	4191.1	920.6	520.5	273.9	228.1	150.8	27.4	270.2	356.5	6903.1
1917—1926	6614.9	1431.9	960.1	452.8	419.8	292.4	45.8	384.0	624.4	11226.1
1922—1931	6866.6	1336.0	1395.1	514.5	508.5	383.4	62.3	417.5	766.7	12250.6
1927—1936	6248.7	1385.7	1527.6	523.4	611.2	398.9	76.2	352.9	867.7	11992.3
1931—1940	7043.4	1840.4	1765.5	624.2	815.0	493.4	95.6	405.6	1135.1	14218.2

说明：以上数据系10年平均。

资料来源：据大川一司、筱原三代平、梅村又次编：《长期经济统计：推计与分析》卷6《个人消费支出》，东洋经济新报社1967年版，第132—135页中数字统计。

表4.18 战前日本名义国民消费结构所占比重的长期变动（1887—1940）

单位：%

年份	食品费	衣着费	房租费	燃料灯火费	保健卫生费	交通费	通信费	交际费	教育娱乐费	合计
1887—1896	63.1	9.3	8.9	3.3	4.5	0.7	0.2	6.0	4.0	100.0
1892—1901	63.0	9.5	8.0	3.0	4.2	1.0	0.2	7.1	4.0	100.0
1897—1906	63.7	8.2	7.9	3.0	3.8	1.3	0.3	7.7	4.1	100.0
1902—1911	63.2	8.2	8.8	3.3	3.0	1.6	0.3	7.2	4.3	100.0
1907—1916	61.9	9.2	9.3	3.6	3.0	1.9	0.4	6.1	4.6	100.0
1912—1921	60.4	13.3	7.5	3.9	3.3	2.2	0.4	3.9	5.1	100.0
1917—1926	58.9	12.8	8.6	4.0	3.7	2.6	0.4	3.4	5.6	100.0

续 表

年份	食品费	衣着费	房租费	燃料灯火费	保健卫生费	交通费	通信费	交际费	教育娱乐费	合计
1922—1931	56.0	10.9	11.4	4.2	4.2	3.1	0.5	3.4	6.3	100.0
1927—1936	52.5	11.6	12.7	4.4	5.1	3.3	0.6	2.9	7.3	100.0
1931—1940	49.5	12.9	12.4	4.4	5.7	3.5	0.7	2.9	8.0	100.0

资料来源：据表4.17中数字计算。

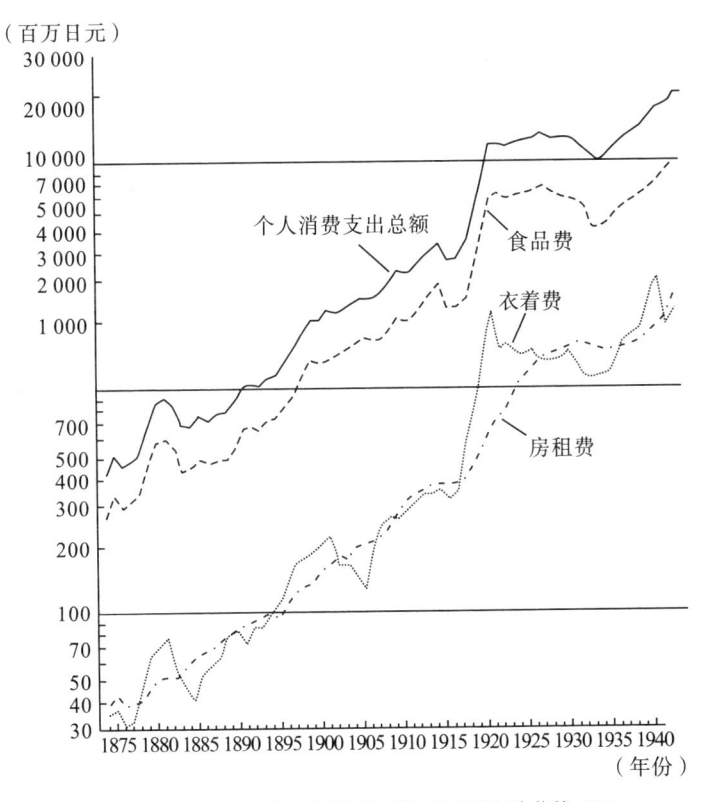

图4.1 战前日本名义国民消费结构的长期变动曲线（A）

资料来源：据表4.17中数字绘制。

第四章 中日消费需求结构的变动及其特征 263

表4.17和表4.18中列出了战前日本国民消费结构各项费用10年平均时间数列，它反映出19世纪80年代至20世纪40年代日本消费需求结构的变动状况。图4.1（A、B、C）是根据表4.17中的数据绘制而成的长期趋势曲线。以上举图表来分析战前日本国民名义消费需求结构的变动趋势及其特征，我们可以发现，名义食品消费支出呈现强劲的增长势头，其总额由1887/1896年的673百万日元，增加到1931/1940年的7043.46百万日元，44年增加近10倍，年平均增加144.78百万日元，年平均递增率达5.5%。食品消费支出占总消费支出的比例即恩格尔系数呈现明显的逐步下降态势。其由1887/1896年的63.1%下降至1931/1940年的49.5%，44年中下降了13.6个百分点。其中明治时代恩格尔系数一直处于60%以上，从1920以后呈现显著的下降趋势，至1943年降至最低点，达46%。二战末期及战败以后，由于受消费品统制、食品供给不足和收入降低等因素影响，恩格尔系数大幅度攀升，1946年高达67%，正巧相当于明治时代水平[①]。从图4.1中还可以看出名义食品消费支出的变动与名义国民个人消费支出总额的变动具有同步变动的趋势，可见食品消费支出的上升变动是牵动国民消费总支出上升变动的重要力量。另外，衣着消费支出和房租消费支出具有起点低，增长幅度大，且大致上升幅度相同的变动特征。衣服消费支出由1887/1896年的99.6百万日元增加到1931/1940年的1840.4百万日元，44年中猛增17倍，年递增率6.9%；衣着消费支出占总消费支出的比例，期间由9.3%升至12.9%，上升了近40%。房租消费支出则由1887/1896年的95.0百万日

---

① 综合研究开发机构：《生活水平的历史性推移》，综合研究开发机构1985年出版，第318—319页。

元增加到1931/1940年的1765.5百万日元，44年急增17.5倍，年平均递增6.9%，与衣着消费支出增长幅度不相上下；所占总消费支出的比例，期间亦由8.9%上升至12.4%，上升了72%。由于工业化水平的提高，煤气、电力供给能力的增强，以及相对价格下降的影响，名义燃料灯火消费支出总额显著上升，期间由35.7百万日元增至624.2百万日元，增加近16.5倍，年率为6.7%；而其所占比例略有上升，由3.3%升至4.4%。战前日本国民能源消费能力与规模，若从与GNP规模和家庭年消费量来看，远远低于同期欧美国家水平，除因日本气候比较温暖外，节约能源及提高效率等技术的采用以及日本人保持节约能源消费的节俭型生活方式也是重要的原因[1]。另外，与恩格尔系数变动相对应的是杂项系数的变化。杂项系数即杂项支出占总消费支出比例的高低是测量国民消费水平和生活质量以及消费结构是否合理的重要变量。战前日本包括保健卫生费、交通费、通信费、交际费和教育娱乐费在内的名义杂项消费支出总额由1887/1896年的162.6百万日元增至1931/1940年的2944.7百万日元，44年中增加近17倍，年递增率6.8%，所占比例亦由15.4%升至20.7%。1943年达到最高点，杂项系数为24%，此后逐步下降，至1946年时只占9.4%，尚不及明治初期水平[2]。其中，交通费和通信费所占比例由0.9%升至4.2%，是急剧发展的工业化和城市化的结果。保健卫生费所占比例由4.5%渐增5.7%，而教育及娱乐费用增长幅度最大，年递增率达7.7%，其比例亦由4.0%上升至8.0%，上升了一半，这体现了战前日本国民消费水平和生活质量的显著提高。

---

[1] 西川俊作、尾高煌之助、斋藤修编著：《日本经济200年》，第432页。
[2] 综合开发研究机构：《生活水平的历史性推移》，第310—311页。

表4.19和4.20中列出了战前日本国民实际消费需求结构各项费用10年间平均时间数列，图4.2（A、B、C）是根据表4.20中数据绘制而成的长期发展趋势曲线，它反映出19世纪80年代至20世纪40年代日本国民实际消费需求结构变化的状况和趋势。实际消费需求额是扣除物价上涨因素之后的数值。有充分的资料显示，战前日本经济增长是伴随着物价上涨而实现的。战前日本实际产量增加迅速，但物价的上涨也很明显。伴随着通货膨胀的经济增长——通货膨胀式经济增长——是战前日本经济增长的显著特征之一。资料表明，战前日本GNE（GNP）减缩指数增长率在战前（1889—1938年）为3.8%（以1934—1936年为100，下同），个人消费支出减缩指数增长率为3.9%[1]。其中消费者物价指数由1885年的32.4，上升至1938年的120.9，53年间上升了2.7倍，年递增率2.5%[2]。

表4.19　战前日本实际国民消费需求结构的长期变动（1887—1940）

单位：百万日元(1934—1936年币值)

年份	食品费	衣着费	房租费	燃料灯火费	保健卫生费	交通费	通信费	交际费	教育娱乐费	合计
1887—1896	2797.1	227.3	474.1	106.6	151.0	23.2	5.6	423.2	256.1	4464.2
1892—1901	3110.8	319.6	520.8	117.1	170.2	48.7	8.9	502.5	308.5	5107.1
1897—1906	3267.1	327.5	608.4	130.9	173.2	76.0	12.9	540.8	321.9	5458.7
1902—1911	3475.1	361.9	716.4	153.6	156.5	77.6	17.3	543.0	325.9	5927.3
1907—1916	3972.5	473.1	703.6	201.7	181.0	84.7	23.6	520.2	372.8	6533.8

[1] 南亮进著，毕志恒、关权译：《日本的经济发展》，第268页。
[2] 大川一司、筱原三代平、梅村又次编：《长期经济统计：推计与分析》卷8《物价》，东洋经济新报社1967年版，第134页。

续 表

年份	食品费	衣着费	房租费	燃料灯火费	保健卫生费	交通费	通信费	交际费	教育娱乐费	合计
1912—1921	4703.6	703.2	737.6	284.6	241.3	144.2	28.4	441.0	493.6	7777.5
1917—1926	5536.7	893.2	1038.8	374.1	329.2	240.8	34.6	391.6	683.4	9522.4
1922—1931	6078.6	1017.4	1304.7	456.6	420.6	328.0	51.3	402.2	818.0	10877.4
1927—1936	6356.5	1349.9	1440.4	519.5	590.7	379.1	73.2	365.5	905.8	11980.0
1931—1940	6542.9	1565.2	1627.9	572.1	739.4	491.3	87.6	384.8	993.3	13004.5

资料来源：据大川一司、筱原三代平、梅村又次编：《长期经济统计：推计与分析》卷6《个人消费支出》，东洋经济新报社1967年版，第138—139页中数字统计。

表4.20　战前日本实际国民消费结构所占比重的长期变动（1887—1940）

单位：%

年份	食品费	衣着费	房租费	燃料灯火费	保健卫生费	交通费	通信费	交际费	教育娱乐费	合计
1887—1896	62.7	5.1	10.6	2.4	3.4	0.5	0.1	9.5	5.7	100.0
1892—1901	60.9	6.3	10.2	2.3	3.3	1.0	0.2	9.8	6.0	100.0
1897—1906	59.9	6.0	11.1	2.4	3.2	1.4	0.2	9.9	5.9	100.0
1902—1911	59.7	6.2	12.3	2.6	2.7	1.3	0.3	9.3	5.6	100.0
1907—1916	60.7	7.2	10.8	3.1	2.8	1.3	0.4	8.0	5.7	100.0
1912—1921	60.5	9.0	9.5	3.7	3.1	1.8	0.4	5.7	6.3	100.0
1917—1926	58.1	9.4	10.9	3.9	3.5	2.5	0.4	4.1	7.2	100.0
1922—1931	55.9	9.3	12.0	4.2	3.9	3.0	0.5	3.7	7.5	100.0
1927—1936	53.1	11.3	12.0	4.3	4.9	3.2	0.6	3.0	7.6	100.0
1931—1940	50.3	12.0	12.5	4.4	5.7	3.8	0.7	3.0	7.6	100.0

资料来源：根据表中4.19中数字计算。

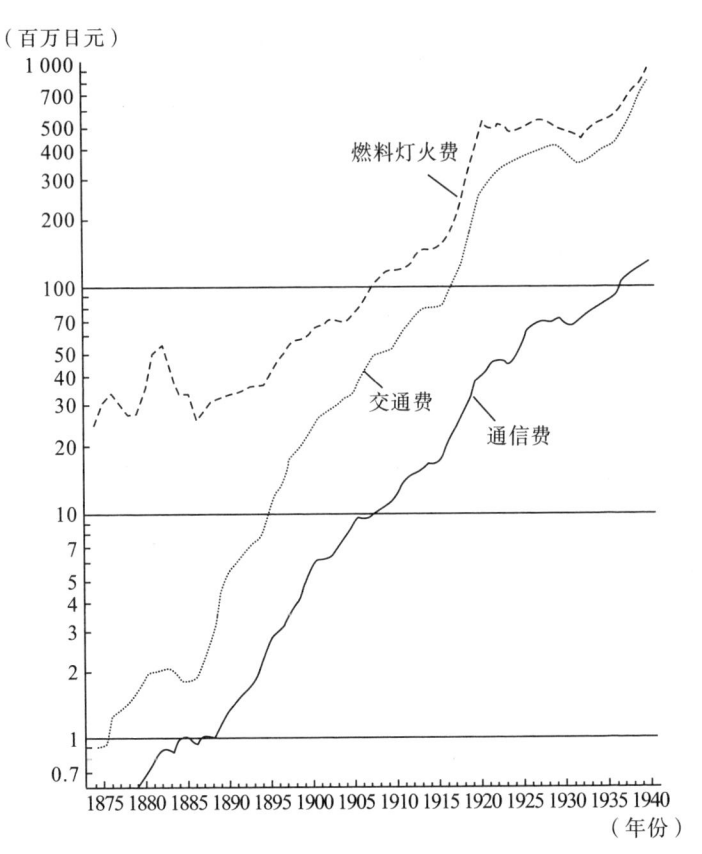

图4.2 战前日本名义国民消费结构的长期变动曲线（B）
资料来源：同图4.1。

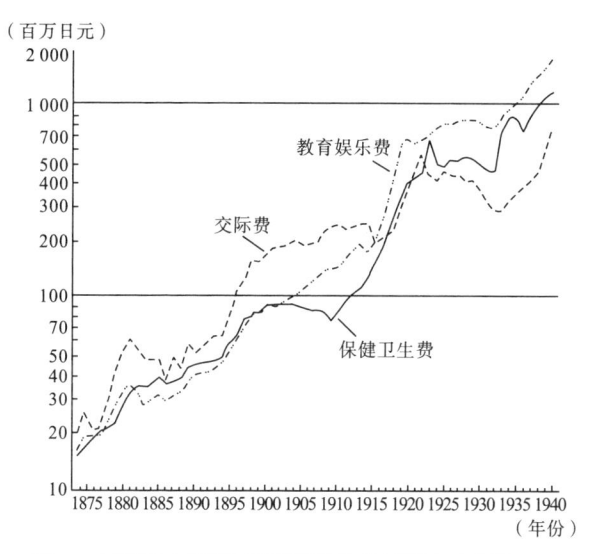

图4.3 战前日本名义国民消费结构的长期变动曲线（C）
资料来源：同图4.1。

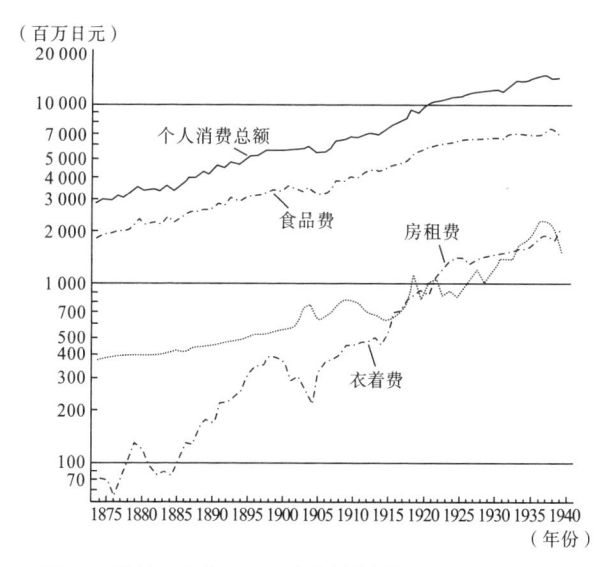

图4.4 战前日本实际国民消费结构的长期变动曲线（A）
资料来源：据表4.19中数字绘制。

第四章 中日消费需求结构的变动及其特征 269

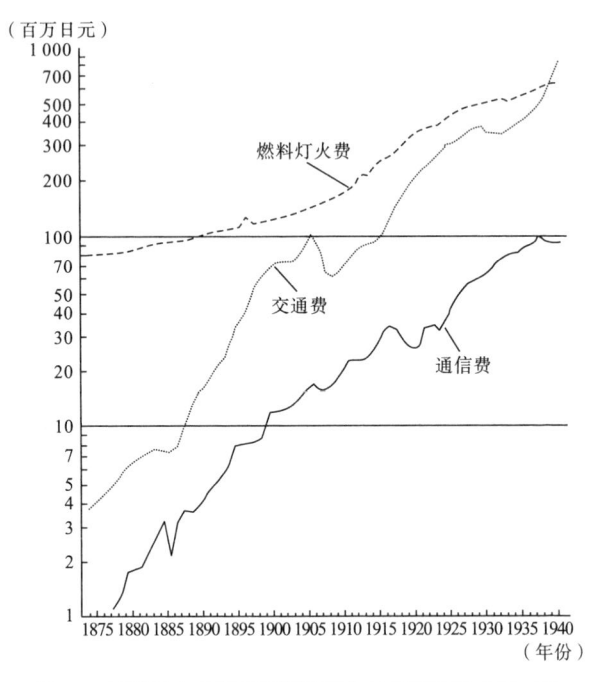

图4.5　战前日本实际国民消费结构的长期变动曲线（B）
资料来源：同图4.4。

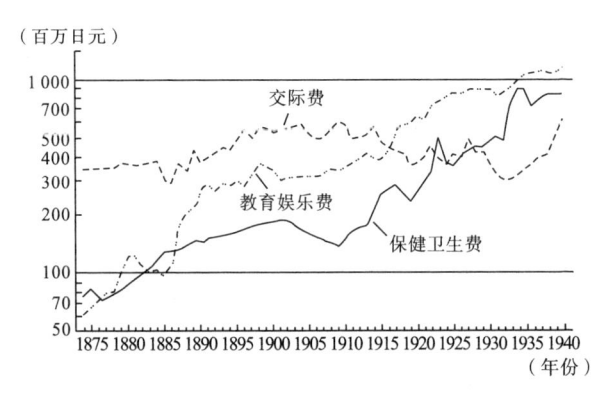

图4.6　战前日本实际国民消费结构的长期变动曲线（C）
资料来源：同图4.4。

从上列表图中可以看出，战前日本实际国民消费需求结构的变动呈现如下若干特征：首先，实际食品消费支出亦呈现出较为显著的上升态势，其总额由1887/1896年的2797.1百万日元增加到1931/1940年的6542.9百万日元，44年间增加1.3倍，年平均增长率近2%。期间，恩格尔系数由62.7%下降至50.3%，44年间下降了12.4个百分点，亦表现出明显的下降趋势，但低于名义食品消费支出所占比例的下降幅度。从图4.2中我们同样可以发现，实际食品消费支出呈现平稳而持续的不断上升态势，而且波动幅度与实际国民个人消费需求总额的波动基本一致，成为牵引实际国民个人消费需求波动上升的坚实动力。其次，衣着消费支出体现出起点低，波动幅度较大，从20世纪10年代中期开始强劲走高的特点，期间衣着消费总额则由227.3百万日元增加到1565.2百万日元，44年间增加近6倍，年递增率4.5%。但衣着消费支出所占比例，名义值与实际值反差显著，前者由9.3%上升至12.9%，上升了近40%，而后者却由5.1%猛升至12.0%，上升了1.4倍。这主要是由于衣着的价格指数抑制了消费品物价指数上升的结果，即衣着类相对价格影响了期间消费点物价总水平，进而可以说，这期间衣着消费支出所占比重表现出显著的上升态势，是战前日本以轻纺工业为中心的工业化水平的提高在消费结构中的重要体现和反映。这期间，房租消费支出总额由474.1百万日元增至1627.9百万日元，44年间增加2.4倍，年递增率2.8%，而所占总消费支出的比例，变化不大，由10.6%略升至12.5%。燃料灯火消费支出总额虽然由106.6百万日元增加到572.1百万日元，增加4.4倍，年递增率3.9%，但所占比例，名义值由3.3%升至4.4%，而实际值也由2.4%上升至4.4%，这主要是电灯、煤气费用的相对价

第四章 中日消费需求结构的变动及其特征

格长期走低的结果。同样,与实际恩格尔系数相对应的实际杂项系数,期间由19.2%上升至20.8%,仅上升了1.6个百分点,大大低于名义杂项系数的上升幅度;但总额却增长较强劲,由859.1百万日元增加至2696.4百万日元,44年中增加2.1倍,年率达2.6%。

其中,保健卫生费、交通费、通信费和教育娱乐费所占比例都有不同幅度的上升,而交际费支出所占比例却大幅度下降,由9.5%降至3.0%,下降了三分之一,这表明交际费相对价格的上升。

表4.21中数字反映了战前日本经济发展过程中消费需求结构各子项相对价格的变动趋势,从中我们可以看出,除衣服和交际费相对价格呈现不同程度地上升时,其他各项的相对价格均表现出波动不居的下降态势。其中,衣服费的相对价格下降幅度最大,由1887/1896年的183.3降至1931/1940年的107.6,期间下降了75.7个百分点。其后各项相对价格下降的顺序依次为燃料灯火费、通信费、交通费和保健卫生费,下降幅度分别为40.4、35.3、35.3、31.0个百分点,而且以上诸项在20世纪初期以前的相对价格的下降幅度尤为明显。衣着费相对价格的下降得益于战前日本以棉纺业为核心的轻工业发展,导致满足人们衣着消费的供给生产能力增强,而燃料灯火费、交通费、通信费相对价格在前半期的较大幅度降低的原因,主要是这期间电力、铁路、通信、医疗等各项费用显著下降的结果。消费需求结构中各项支出的相对价格的不同程度地下降表明了战前日本伴随着工业化水平的不断提高和经济近代化步伐的加快所导致的国民实际消费需求总量的上升,消费需求结构的合理优化,以及实际消费质量的显著提高。

依据实际消费支出系列数据,还有一个必须分析的问题是,战前日本国民消费结构中各子项实际增长率的变动状况。请看表4.22和图4.7。

表4.22中数字反映了战前日本实际国民消费需求总量及消费结构各项增长率的变动状况，图4.7是依据表中数字绘制的增长率长期变动曲线。从中可以清楚地看出，战前日本消费需求总量呈现明显的周期性波动迹象。从1877—1886/1874—1883年的松方财政紧缩时期的谷底至1897—1906/1902—1911年的另一顶峰之间存在着为期22年的周期；从1887—1896年的顶峰至1917—1926年的另一个顶峰之间存在着为期30年的周期；而从1899—1908年的第二个谷底至1927—1936年的另一谷底之间又存在着为期28年的第二个周期波动。因此可以说，战前日本经济发展中，大约存在着平均维度为20多年的两个中长周期，这与我们在第一章中运用大川一司重新修订的统计数据所得出的结论相一致。

表4.21　战前日本消费结构各项支出的相对价格变动

单位：%

年份	食品费	衣着费	房租费	燃料灯火费	保健卫生费	交通费	通信费	交际费	教育娱乐费	合计
1887—1896	100.8	183.3	83.7	140.2	131.8	127.2	135.1	62.8	69.9	100.0
1892—1901	103.1	152.3	78.0	132.8	125.7	102.8	128.8	71.8	66.6	100.0
1897—1906	106.2	136.8	71.2	125.2	120.9	91.5	123.1	77.4	69.7	100.0
1902—1911	106.1	132.3	71.7	124.8	112.9	120.0	117.8	77.4	76.4	100.0
1907—1916	101.8	127.4	86.5	117.5	106.4	146.5	111.7	76.5	79.6	100.0
1912—1921	99.9	146.7	79.1	108.0	105.9	117.3	108.1	68.7	80.9	100.0
1917—1926	101.4	136.0	78.4	102.6	108.1	103.0	112.2	83.2	77.5	100.0

续 表

年份	食品费	衣着费	房租费	燃料灯火费	保健卫生费	交通费	通信费	交际费	教育娱乐费	合计
1922—1931	100.4	116.6	94.9	100.1	107.4	103.8	107.8	92.2	83.2	100.0
1927—1936	98.2	102.6	106.0	100.6	103.4	105.1	104.0	96.5	95.4	100.0
1931—1940	98.4	107.6	99.3	99.8	100.8	91.9	99.8	96.4	104.6	100.0

说明：以1934—1936年为100计算。
资料来源：根据表4.19和表4.20中数据计算。

表4.22　战前日本消费结构各项实际增长率的长期变动

单位：%

年份	食品费	衣着费	房租费	燃料灯火费	保健卫生费	交通费	通信费	交际费	教育娱乐费	平均
1877—1886/1874—1883[a]	2.07	3.65	0.99	1.67	6.56	6.21	17.69	−0.78	2.41	1.81
1882—1891/1877—1886	2.29	5.69	1.08	1.89	5.42	10.51	9.94	0.66	10.64	2.50
1887—1896/1882—1891	2.60	10.48	1.73	2.04	3.33	15.51	10.65	3.28	9.06	3.28
1892—1901/1887—1896	2.12	7.05	1.90	1.90	2.42	15.96	9.70	3.49	3.79	2.73
1897—1906/1892—1901	0.98	0.50	3.16	2.24	0.36	9.29	7.68	1.48	0.86	1.34
1902—1911/1897—1906	1.24	2.02	3.32	5.66	−2.00	0.42	6.04	0.08	0.25	1.32
1907—1916/1902—1911	2.73	5.53	−0.36	5.60	2.94	1.76	6.33	−0.85	2.73	2.31
1912—1921/1907—1916	3.29	8.22	0.95	7.13	5.92	11.22	3.82	−3.25	5.77	3.55
1917—1926/1912—1921	3.31	3.84	7.09	5.61	6.41	10.79	4.01	−2.35	6.72	4.13
1922—1931/1917—1926	1.89	2.64	4.66	4.07	5.03	6.37	8.18	0.53	3.66	2.70
1927—1936/1922—1931	0.90	5.82	1.99	2.62	7.02	3.02	7.35	−1.90	2.06	1.95
1931—1940/1927—1936[b]	0.72	2.77	3.11	2.44	5.73	6.70	4.60	1.30	2.27	2.07

说明：一般采用5年移动平均计算，a为3年移动平均，b为4年移动平均。
资料来源：根据表4.19中数字计算。

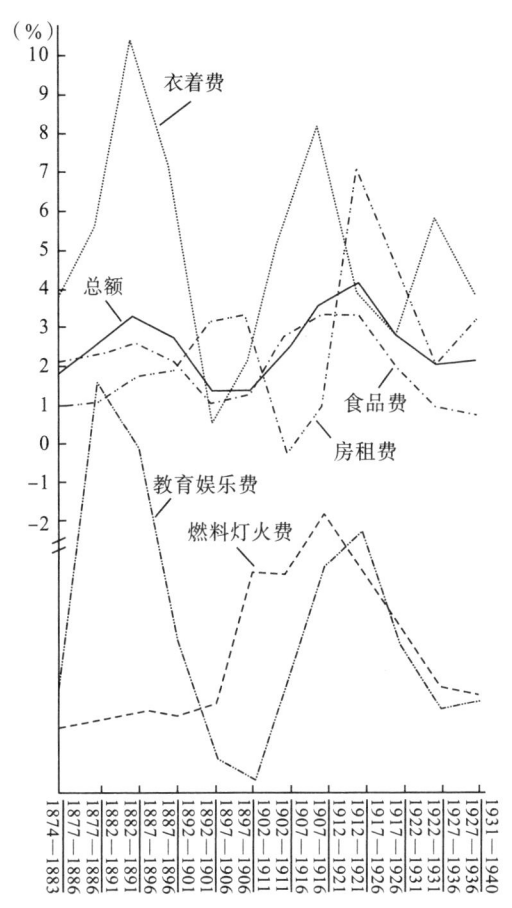

图4.7 战前日本消费结构各项实际增长率的
长期变动曲线

资料来源：根据表4.22中数字绘制。

从消费结构各项消费支出的增长率看，其中最耐人寻味的是衣服费的变动状况。波动幅度较大是其突出特点，而且衣着费消费支出增长率的顶峰和谷底都先于总消费支出峰谷一期而出现。房租消费支出的增长率在1920年以前则与总消费支出增长率大体呈现反方向运动，食品消费波动则与总消费支出增长变动呈现相一致的特点，从而再次证明了食品消费支出是牵动总消费波动上升的重要力量这一结论。由于20世纪初期以前日本国民燃料灯火的主要来源是材薪和木炭，因此1897—1906年以前并无明显的波动迹象，但此后随着电灯、煤气等新能源的广泛使用，波动幅度亦呈显著之势，至1912—1921年间达到顶峰。

表4.23中数字反映了战前日本国民消费收入弹性的变动趋势及其特征。从中可以发现，与近代中国国民消费的收入弹性变动较为平稳的特点相比，战前日本近60年的统计资料表明，消费的收入弹性呈现一种波动较大，整体上趋向合理变动的突出特点。从全期统计数据平均值来看，食品消费的收入弹性最低，只有0.81；衣着费为1.9497；房租费为1.0961；燃料灯火费，1900年以前为0.921，1911年为1.436；保健卫生费，1900年以前为1.565，以后为2.147；交通费全期最高为3.230；通信费（1889年以后）为2.661，仅次于交通费，居第二位；教育娱乐费为1.286[①]。以首末年份变动相比较来看，食品消费的收入弹性呈现明显的下降态势，由1877—1886/1874—1983年的1.144，降至1931—1940/1927—1936年的0.348，这说明至20世纪30年代以后国民个人实际所得每增加一单位，食品消费支出只增加0.348个单位。衣着消费的收入弹性变动与其增长率变动相呼应，其弹性系数由2.017降至1.821。燃料灯火消费的收入弹性也是如此，增长率于1897—1921年达到最高时，其弹

---

① 大川一司、筱原三代平、梅村又次编：《长期经济统计：推进与分析》卷6《个人消费支出》，第12页。

性系数亦至最高达4.288,从整体上看,其弹性系数呈现上升趋势,由0.923升至1.179。房租消费的收入弹性亦呈上升之势,由0.547上升至1.502,而教育娱乐消费支出的收入弹性在20世纪以前波动较为显著,此后进入较为稳定阶段,总体上呈现下降趋势,但下降幅度较小,由1.331降至1.097,耐人寻味。

表4.23　战前日本国民消费的收入弹性变动

	食品费	衣着费	燃料灯火费	房租费	教育娱乐费
1877—1886/1874—1883[a]	1.144	2.017	0.923	0.547	1.331
1882—1891/1877—1886	0.916	2.276	0.756	0.432	4.256
1887—1896/1882—1891	0.793	3.195	0.622	0.527	2.762
1892—1901/1887—1896	0.777	2.582	0.696	0.696	1.388
1897—1906/1892—1901	0.731	0.373	1.672	2.358	0.642
1902—1911/1897—1906	0.939	1.530	4.288	2.515	0.189
1907—1916/1902—1911	1.182	2.394	2.424	−0.156	1.182
1912—1921/1907—1916	0.927	2.315	2.008	0.268	1.625
1917—1926/1912—1921	0.801	0.930	1.358	1.717	1.627
1922—1931/1917—1926	0.700	0.978	1.507	1.726	1.356
1927—1936/1922—1931	0.462	2.985	1.344	1.021	1.056
1931—1940/1927—1936[b]	0.348	1.821	1.179	1.502	1.097

说明:一般采用5年移动平均计算,a为3年移动平均,b为4年移动平均。
资料来源:大川一司、筱原三代平、梅村又次编:《长期经济统计:推计与分析》卷6《个人消费支出》,第12页。

现代西方经济理论表明,根据商品特征的不同,各种商品的需求收入弹性是不同的。生活必需品的需求收入弹性稳定而趋小变动，发展及享受性消费资料的收入弹性不稳定而趋大走强。按照经济发展的不同阶段，消费结构各项消费的收入弹性变动呈现如下特点：在经济发展上半期，除食品消费的收入弹性呈现下降趋势之外，其他各项消费的收入弹性均呈上升走势，其中衣服费和房租尤为明显。随着工业化水平的提高和国民收入的上升，除食品消费的收入弹性继续走低和发展及享受性消费的收入弹性强劲走高外，衣着费、燃料灯火费和房租的收入弹性由升趋降或小幅上升而趋于稳定。战前日本经济发展过程中的各项消费需求的收入弹性变动充分验证了这一点。食品消费的收入弹性强劲走低，至20世纪40年代已降至0.348，而杂项消费支出的收入弹性全期均趋于1，并进入了富有弹性阶段。这表明伴随着经济实力的增强，国民有能力消费高档商品和服务，进而表明其消费结构趋于合理和生活质量的提高。

如同近代中国一样，战前日本国民消费需求结构不断上升，趋于合理优化的变动趋势，不仅体现在社会整体国民的总体状况上，还反映在城乡与阶层消费结构的变动中而呈现出二元消费结构的变动特征。

表4.24 战前日本消费结构的城乡差异

	总计	农业	非农家		比重（%）		
	P	Pf	Pn	Pu	Pf	Pn	Pu
（A）人口（万人）
1887	3893	2960	842	203	77.1	22.9	5.3
1897	4212	2967	1245	286	70.7	29.3	6.8
1904	4577	2977	1600	415	65.0	35.0	9.1

续 表

	1913	5093	3003	2090	518	59.0	41.0	10.1
	1919	5476	3022	2454	591	55.1	44.9	10.8
	1930	6324	3210	3114	823	50.8	49.2	13.0
	1938	7117	3189	3928	1384	44.8	55.2	19.4
	总计	消费（千万日元）			比重（%）		人均消费（日元）	
	PC	农家 PCt	非农家 PCn	PCt	PCn	Ct	Cn	Cn/Ct
(B) 个人消费								
	1887	331	235	96	71.0	29.0	79.5	109.8	1.38
	1897	456	276	180	60.6	39.4	93.0	144.7	1.55
	1904	477	276	201	57.9	42.1	92.7	125.6	1.35
	1913	582	301	281	51.7	48.3	100.4	134.4	1.39
	1919	751	354	397	47.2	52.8	117.2	162.4	1.39
	1930	993	331	662	33.3	66.7	103.2	212.8	2.07
	1938	1139	395	789	33.1	66.9	123.1	203.1	1.63

	人口		人均消费	
	Pf	Pn	Cf	Cn
(C) 平均年增长率（%）				
Ⅰ 1887—1897	0.03	3.60	1.41	2.80
Ⅱ 1897—1904	0.05	3.65	−0.22	−2.00
Ⅲ 1904—1913	0.10	3.02	1.06	0.72
Ⅳ 1913—1919	0.11	3.34	2.59	3.32
Ⅴ 1919—1930	0.55	1.85	−1.15	2.41

说明：1934—1936年价格。Pf指农业人口数，Pu指东京、京都、大阪、横滨、神户、福冈六大城市人口数，Pn指六大城市人口之外的城市人口数，PCt指农家消费支出，PCn指城市人口消费，Cn/Cf指城市与农家消费支出之比。

资料来源：大川一司：《双重成长下的个人消费》，载大川一司、速水佑次郎编：《日本经济的长期分析——成长、结构、波动》，日本经济新闻社1973年版，第238页。

表4.24中数字反映了战前日本消费结构的城乡差别。从中我们可以看出，农业和非农业人口变动与其消费支出变动具有同步变动的特征，这说明非农业人口的快速增长是导致非农业人口消费支出较快增长的重要原因之一。具体数字显示，从1887年至1938年的51年间，农业人口只增加7.7%，大大低于总人口的增长幅度，而非农业人口猛增3.67倍，年递增率3.1%，其中六大都市人口（Pu）增加5.8倍，年均递增3.8%。农业人口和非农业人口所占总人口比重亦呈现相反的走势，农业人口所占比重逐步下降，由1887年的77.1%降至1938年的44.8%，而非农业人口则不断上升，由22.9%猛升到55.2%，六大城市人口则由1887年的5.3%，上升至1938年的19.4%，几乎占总人口的五分之一，这体现了战前日本城市化步伐的加速。非农业人口消费支出由1887年的9.6亿日元增加至1938年的79.8亿日元，51年间增加7.3倍，年递增率4.2%；农业人口消费支出仅由1887年的23.5亿日元增至1938年的39.5亿元，增加68%，年递增率仅为1.02%，二者相距甚远。二者各自所占总消费支出比重亦呈同样的态势，非农业人口消费支出所占比重由1887年的29.0%，上升到1938年的66.9%，而农业人口消费支出所占比重则由71.0%降至33.1%。从表中数还可清楚地看出，至第一次世界大战后，非农业人口消费支出所占比重已达52.8%，超过总比例的一半以上，而同期非农业人口总量所占总人口比例也将近一半，达44.9%。这种体现城市化、市场化和工业化水平不断提高的城乡居民消费支出的变动趋势，还反映在人均消费支出的变动中。农业人口的人均消费支出由1887年的79.5日元增至1938年的123.1日元，期间增加了55%，年均递增率十分有限，只有0.86%，而非农业人口人均消费支出则

由109.8日元增至203.1日元,增加了85%,年递增率达1.21%。可见,二者虽在战前经济发展过程中总体上呈现不断上升的变动态势,但非农业人口人均消费支出增长幅度明显高于农业人口的增长幅度。同时,我们还可以看出,自战前日本经济近代化刚刚起步之时至20世纪30年代末期的半个世纪里,非农业人口人均消费支出额一直高于农业人口,二者的比例(Cn/Cf)则由1887年的1.38增至1930年的2.07。扣除人口变动因素的非农业人口人均消费支出高于农业人口人均消费支出的变动,是战前日本工业化水平提高和经济增长所导致的城市居民收入水平不断上升的必然结果。据资料显示,战前,日本非农业劳动者人均总产值呈现快速的增长态势,由1885年的340日元增至1940年的1074日元,增加2.2倍,年递增率2.1%,而农业劳动者人均净产值只由86日元增至179日元,增加1.08倍,年递增率1.34%[1]。

关于战前日本阶层消费需求差异变动情况,尚无全国性或较为广泛的长期统计资料可供使用,为此,我们只得选择某些具有代表性的区域性资料进行个案分析,以窥见战前日本消费需求阶层差别的变动趋势。

---

[1] 西川俊作、阿部武司编,厉以平监译:《产业化的时代》(上),载《日本经济史》第4卷,北京三联书店1998年版,第86页。

第四章 中日消费需求结构的变动及其特征

表4.25　日本明治初期消费结构的阶层差异

单位：日元

	年份	食品费	比重	衣着费	比重	杂费	比重	合　计	
上户	1868	32.12	47.0	7.70	11.2	28.60	41.8	68.42	100.0
	1872	32.12	43.5	8.80	11.9	33.00	44.6	73.92	100.0
	1877	44.16	47.7	9.90	10.7	38.50	41.6	92.56	100.0
	1882	48.18	43.5	13.20	11.9	49.50	44.6	110.88	100.0
	1887	40.15	42.7	9.90	10.5	44.00	46.8	94.65	100.0
	1892	40.15	37.8	11.00	10.4	55.00	51.8	106.15	100.0
中户	1868	20.07	47.7	4.40	10.5	17.60	41.8	42.07	100.0
	1872	20.07	43.2	4.40	9.5	22.00	47.3	46.47	100.0
	1877	32.12	51.1	4.40	7.0	26.40	41.9	62.92	100.0
	1882	40.15	48.3	9.90	11.9	33.00	39.7	83.05	100.0
	1887	24.09	42.2	5.50	9.6	27.50	48.2	57.09	100.0
	1892	28.10	41.5	6.60	9.8	33.00	48.7	67.70	100.0
下户	1868	16.06	64.6	2.20	8.9	6.60	26.5	24.86	100.0
	1872	16.06	57.0	2.20	7.8	9.90	35.2	28.16	100.0
	1877	24.09	60.2	2.75	6.9	13.20	32.9	40.04	100.0
	1882	28.10	51.6	4.40	8.1	22.00	40.3	54.50	100.0
	1887	18.06	53.1	2.75	8.1	13.20	38.8	34.01	100.0
	1892	20.07	50.3	3.30	8.3	16.50	41.4	39.87	100.0

说明：原表中数字有误，现已修正。
资料来源：货币制度调查会：《货币制度调查会报告》，载日本银行调查局编：《日本金融史料》第16卷，昭和三十二年出版，第856—862页。

表4.25中数字反映了日本明治时代初期静冈县居民每年人均消费需求总量和消费结构的变动状况。表中上户、中户、下户的分类

无疑也是按照收入水平的多寡来划分的，它体现了明治初期静冈居民消费水平和消费结构的阶层差异变动。19世纪中晚期日本居民消费结构的变动告诉我们，与近代中国国民消费结构变动一样，收入水平越高的阶层，其恩格尔系数就越低，而杂项所占比重就越高。表中数字显示，随着时间的推移，1868—1892年的24年间，上户、中户、下户的消费需求总量，以及消费结构中的食品、衣着、杂费支出额均呈现不断上升的变动趋势，其中上户的食品消费支出额增加25%，中户增长最快为40%，下户为25%，恩格尔系数升降相居，但总体上呈下降走势。上户恩格系数由1868年的47%降至1892年的37.8%，中户由47.7%降至41.5%，下户由64.6%降至50.3%。以1892年为例，上户的恩格尔系数比下户低了12.5个百分点，上户总收入中三分之一略强的比例用于食品支出，而下户却高达二分之一还多。阶层消费水平和生活质量的差异清楚可见。体现享受和发展性消费支出的杂费消费支出总量呈逐渐上涨态势，所占总消费支出的比例却呈不断下降走势，上户杂费支出所占比例由1868年的41.8%升至1892年的51.8%，中户由41.8%升至48.7%，而下户上升幅度最大，由26.5%升到41.4%，上升了近15个百分点。同样以1892年为例，上户一半多的消费用于杂费支出，而下户亦达到40%略强，这反映了日本经济近代化起步初期国民消费水平和生活程度，已达到较高水准。与中国相比较，1933年中国全国的恩格尔系数仅为44.67%，只相当于日本静冈县上户1877年的水平，而中国杂项支出所占比重仅为27.6%，远远低于明治初期静冈县上户、下户的平均水平，而与1868年下户杂项消费支出比例相当，中日两国国民消费水平和生活质量的差距甚大。

明治初期，静冈县居民衣着消费支出总量呈上升态势，但上升幅度较小，所占总消费支出的比例升降相伴，总体上略有下降，这是否反映了衣着消费支出的所占比例在达到一定水平后开始趋降的变动规律尚不明十分清楚，但根据收入水平的不同，衣着消费支出所占比重的差异是存在的，只不过上户、中户和下户之间的差距不太显著。

表4.26中的数据是日本著名学者斋藤万吉所进行的全国8大地区27个县农家经济状况调查结果，它反映了日本明治中后期至大正时期日本农家消费结构的变动。原家计调查是按收入多少划分为地主、自耕农和佃农三类，据有关资料显示，这次家计调查中的地主阶层恩格尔系数总体上呈下降态势，由1890年的36.2%降至1920年的31.92%，下降了4.28个百分点，杂项所占总消费支出比例由1890年的36.1%上升至1920年的45.3%，上升9.2个百分点[①]。表中数字显示，自耕农的恩格尔系数则由60.7%降至55.4%，30年间仅下降了5.3个百分点，其杂项支出所占比例由17.3%升至22.3%，上升了5个百分点；同期，佃农的恩格尔系数则由71%降至66.2%，下降了4.8个百分点，其杂项消费支出所占比例则由13.1%上升到18.6%，上升了5.5个百分点，略高于自耕农的上升幅度，而远不及地主上升的幅度。

---

① 据农商务省农务局：《农家经济调查》，1924年版，载多田吉三著：《日本家计研究史》，晃洋书房1989年版，第19页中数字计算。

表4.26 日本明治中后期至大正时代农家消费结构的阶层差异

单位：日元

	年份	饮食费	被服费	住宅修缮费	备品什器等	薪炭油类	教育费	杂费	合计	恩格尔系数（%）	杂项系数（%）
自耕农	1890	119.00	18.00	10.00	5.00	10.00	3.00	31.00	196.00	60.7	17.3
	1899	181.00	27.00	20.00	8.00	15.00	9.00	46.00	306.00	59.2	17.9
	1908	278.00	40.00	16.00	13.00	22.00	19.00	72.00	460.00	60.4	19.8
	1911	334.00	50.00	27.00	18.00	26.00	19.00	81.00	555.00	60.2	18.0
	1912	391.00	54.00	24.00	20.00	27.00	24.00	94.00	634.00	61.7	18.6
	1920	679.57	161.17	43.95	20.27	47.71	30.17	243.80	1226.64	55.4	22.3
佃农	1890	76.00	8.00	3.00	—	6.00	—	14.00	107.00	71.0	13.1
	1899	124.00	17.00	4.00	—	9.00	—	26.00	180.00	68.9	14.4
	1908	178.00	17.00	7.00	—	13.00	—	38.00	253.00	70.4	15.0
	1911	218.00	23.00	9.00	—	15.70	—	46.00	311.70	69.9	14.8
	1912	256.00	24.00	10.00	—	17.00	—	50.00	357.00	71.7	14.0
	1920	427.01	53.91	16.16	—	28.32	—	119.98	645.38	66.2	18.6

资料来源：根据稻叶泰三编：《复刻版农家经济调查报告——调查方法的变迁与累年成绩》（1952年10月出版）中数字计算。

第四章 中日消费需求结构的变动及其特征 285

表4.27 日本大正至昭和时期城市劳动阶层消费结构变动

单位：日元

		1926.9—1927.8	1931.9—1932.8	1932.9—1933.8	1933.9—1934.8	1934.9—1935.8	1935.9—1936.8	1936.9—1937.8	1937.9—1938.8	1938.9—1939.8	1939.9—1940.8	1940.9—1941.8
消费支出	金额	101.42	75.73	76.78	78.29	79.43	79.55	81.59	83.05	36.22	96.22	103.21
	比例(%)	100.00	100.00	100.00	100.00	100.00	100.00	100.00	100.00	100.00	100.00	100.00
食品费	金额	37.74	26.00	26.55	26.93	28.93	30.16	30.83	32.48	34.43	41.52	44.93
	比例(%)	37.21	34.33	34.58	34.40	36.49	37.91	37.85	39.11	39.93	43.15	43.53
居住费	金额	17.20	13.70	13.87	13.75	13.53	13.48	13.30	13.58	13.41	13.42	14.11
	比例(%)	16.96	18.09	18.07	17.56	17.03	16.95	16.30	16.35	15.55	13.95	13.67
光热费	金额	4.66	3.57	3.59	3.84	3.91	3.99	3.95	4.31	4.69	5.16	5.86
	比例(%)	4.59	4.72	4.68	4.91	4.92	5.02	4.84	5.19	5.44	5.36	5.68
被服费	金额	13.62	9.87	9.70	9.75	9.62	9.09	9.29	9.02	8.59	9.27	10.42
	比例(%)	13.43	13.03	12.63	12.45	12.11	11.43	11.39	10.86	9.96	9.63	10.10
保健卫生费	金额	6.45	5.81	5.74	5.73	5.51	5.48	5.79	5.90	6.44	6.75	7.39
	比例(%)	6.36	7.67	7.48	7.32	6.94	6.89	7.10	7.10	7.47	7.02	7.16
育儿费	金额	1.56	0.63	0.62	0.66	0.62	0.60	0.68	0.72	0.77	0.77	0.95
	比例(%)	1.54	0.83	0.81	0.84	0.78	0.75	0.83	0.87	0.89	0.80	0.92

续表

		1926.9—1927.8	1931.9—1932.8	1932.9—1933.8	1933.9—1934.8	1934.9—1935.8	1935.9—1936.8	1936.9—1937.8	1937.9—1938.8	1938.9—1939.8	1939.9—1940.8	1940.9—1941.8
教育费	金额	1.44	0.95	1.02	1.15	1.30	1.35	1.50	1.55	1.70	1.83	1.85
	比例(%)	1.42	1.26	1.33	1.47	1.64	1.70	1.84	1.87	1.97	1.90	1.79
交通费	金额	1.48	1.17	1.09	1.17	1.20	1.23	1.25	1.26	1.39	1.53	1.69
	比例(%)	1.46	1.55	1.42	1.50	1.51	1.55	1.53	1.52	1.61	1.59	1.64
通信费	金额	0.31	0.29	0.28	0.29	0.29	0.29	0.31	0.29	0.28	0.28	0.28
	比例(%)	0.30	0.38	0.36	0.37	0.36	0.36	0.80	0.35	0.32	0.29	0.27
动搬费	金额	0.16	0.13	0.13	0.16	0.12	0.12	0.23	0.10	0.11	0.12	0.36
家具费	比例(%)	0.16	0.17	0.17	0.20	0.15	0.15	0.28	0.12	0.13	0.14	0.35
交际费	金额	7.72	6.80	6.99	7.07	6.66	6.47	6.85	6.91	7.04	7.59	7.71
	比例(%)	7.61	8.98	9.10	9.03	8.38	8.13	8.40	8.32	8.16	7.86	7.47
赠答费	金额	5.73	4.35	4.48	4.48	4.25	4.05	4.36	4.52	4.59	4.86	4.95
	比例(%)	5.65	5.74	5.83	5.72	5.35	5.09	5.34	5.44	5.32	5.05	4.80
其他	金额	1.99	2.45	2.51	2.59	2.41	2.42	2.49	2.39	2.45	2.73	2.76
	比例(%)	1.96	3.24	3.27	3.31	3.03	3.04	3.05	2.88	2.84	2.84	2.67
教育娱乐费	金额	4.17	3.94	4.15	4.45	4.27	4.12	4.23	4.10	4.18	4.40	4.63
	比例(%)	4.11	5.20	5.40	5.67	5.38	5.18	5.18	4.94	4.85	4.57	4.49

第四章 中日消费需求结构的变动及其特征 287

续 表

		1926.9—1927.8	1931.9—1932.8	1932.9—1933.8	1933.9—1934.8	1934.9—1935.8	1935.9—1936.8	1936.9—1937.8	1937.9—1938.8	1938.9—1939.8	1939.9—1940.8	1940.9—1941.8
旅行费	金额	1.07	0.82	0.86	0.87	0.84	0.77	0.81	0.71	0.85	1.04	0.94
	比例(%)	1.06	1.08	1.12	1.11	1.06	0.97	0.99	0.85	0.99	1.08	0.91
雇人费	金额	0.19	—	—	—	—	—	—	—	—	—	—
	比例(%)	0.19	—	—	—	—	—	—	—	—	—	—
其他	金额	2.94	1.92	2.03	2.30	2.42	2.23	2.34	1.95	2.18	2.31	1.89
	比例(%)	2.90	2.54	2.64	2.94	3.05	2.80	2.87	2.35	2.53	2.40	1.83
冠婚葬祭费	金额	—	0.54	0.75	0.79	0.79	0.68	0.79	0.52	0.62	0.83	0.50
	比例(%)	—	0.71	0.98	1.01	1.00	0.85	0.97	0.63	0.72	0.86	0.48
其他	金额	—	1.38	1.28	1.51	1.63	1.55	1.55	1.43	1.56	1.48	1.39
	比例(%)	—	1.82	1.67	1.93	2.05	1.95	1.90	1.72	1.81	1.54	1.35
记入不备	金额	0.71	0.13	0.16	0.17	0.16	0.17	0.18	0.17	0.17	0.22	0.20
	比例(%)	0.70	0.17	0.21	0.22	0.20	0.21	0.22	0.20	0.20	0.23	0.19

资料来源：大川一司、筱原三代平、梅村又次编：《长期经济统计：推计与分析》卷6《个人消费支出》，东洋经济新报社1967年版，第27页。

表4.27中数据是战前日本政府内阁统计局对城市劳动者和俸给生活者的每月平均消费支出的统计调查。劳动者阶层包括工厂工人、矿工、运输工人和雇工等,俸给生活者是指在政府部门做事,领取工薪的各类职员,包括官员、银行职员、教师和警察等。表中数字显示,自1926/1927—1940/1941年的14年间,城市劳动者和俸薪阶层的消费需求总量呈微弱的上升走势,其恩格尔系数由1926/1927年的37.21%降至1934/1935年的36.49%,此后受第二次世界大战的影响,城市居民恩格尔系数不断上升,至1940/1941年上升到43.53%,包括卫生保健、育儿、教育、交通、通信、文具、交际、馈赠、娱乐、旅行、冠婚葬祭诸费用在内的杂项消费支出所占比例由29.76%略升至29.95%,上升幅度极小。但是,受收入水平制约,不同阶层的消费结构差异是明显存在的,表4.28反映了同期日本农家消费结构的变动状况。

表4.28中数字是战前日本政府农林省(前身为农商务省)始于1921年至战前所进行的大规模农家经济调查统计资料。从表中数据可以清晰地看出,自1922年至1940年的18年间,日本农家恩格尔系数由53.2%降至49.6%,其中1929年最低,达46.7%。期间,被服消费支出和住房消费支出升降相伴,总体上略有上升,而燃料灯火消费支出至1927年最高,此后逐渐下降,并无显著变化。包括保健卫生、交际、教养娱乐、冠婚葬祭费用在内的杂项消费支出所占比例则由21.2%略升至23.3%。

表4.28　日本大正至昭和时期农家消费结构变动

单位：%

年份	食品费	衣着费	居住费	光热费	保健卫生费	交际费	教育娱乐费	冠婚葬祭费	其他	合计
1922	53.2	10.1	5.7	4.8	4.2	6.7	3.4	6.9	5.0	100.00
1923	51.6	10.3	5.8	5.0	4.1	6.9	4.0	6.4	5.9	100.00
1924	50.3	10.0	5.6	6.3	4.4	7.1	4.0	6.3	6.0	100.00
1925	48.6	9.6	5.7	5.7	5.4	6.7	4.0	8.2	6.1	100.00
1926	50.1	9.9	5.5	6.1	4.3	7.2	4.1	6.0	5.8	100.00
1927	50.7	8.9	5.5	6.9	5.4	7.6	3.4	5.8	5.8	100.00
1928	47.9	9.4	5.6	6.8	4.7	7.5	4.4	6.8	6.9	100.00
1929	46.7	8.7	5.5	6.1	5.4	7.9	3.9	6.4	9.4	100.00
1930	49.4	7.4	5.1	6.4	5.1	7.7	4.1	7.1	7.7	100.00
1931	48.4	8.0	6.4	6.1	5.7	8.6	3.5	6.8	6.5	100.00
1932	51.7	8.2	6.4	5.8	4.6	8.4	3.6	4.6	6.7	100.00
1933	49.4	9.4	6.2	5.7	5.4	8.4	3.8	5.8	5.9	100.00
1934	51.2	8.6	5.9	5.1	6.0	7.9	3.5	6.4	5.4	100.00
1935	51.8	9.4	6.2	4.8	4.3	7.7	3.6	7.1	5.1	100.00
1936	51.3	9.7	6.5	4.5	4.7	8.1	3.6	6.7	4.9	100.00
1937	52.8	9.2	5.7	4.4	5.3	8.4	3.6	5.7	4.9	100.00
1938	52.0	10.1	5.6	4.8	5.4	8.1	4.0	5.0	5.0	100.00
1939	50.6	11.3	5.2	4.6	5.1	8.3	4.0	6.3	4.6	100.00
1940	49.6	11.6	5.9	4.6	5.1	8.0	4.5	5.7	5.0	100.00

资料来源：同表4.27，第28页。

如上所述，现代经济学一般是将消费看作收入的函数，收入水平是影响消费需求上升和消费结构变动极为重要的变量。从长期变动来看，收入变动和消费变动呈现同方向变动的趋势，国民收入的持续上升必然导致消费需求总量增加和消费结构趋于合理化变动；同样，消费结构的城乡和阶层性差异，不仅受国民收入总量变动的影响，还受到国民收入分配格局和差距的制约，可以说，国民收入差别的扩大是导致消费结构城乡和阶层差异存在，二者同方向变动的必然结果和反映。根据日本著名学者南亮进开创性的研究表明，从19世纪末期开始，39个市町村资料显示，日本国民收入分配差距不断扩大，1923年以后，国民收入分配不平等程度加剧，基尼系数高达0.6以上，而至20世纪50年代受战后民主化、非军事化改革以及财产税、富裕税的开征，劳动分配率不断上升等因素的影响，期间基尼系数只有0.3，只相当于战前的一半。其中，战前日本城市收入分配差别逐渐扩大，而农村的收入分配不平均程度几乎没有变化。城市居民收入分配差别的扩大主要是由于战前日本工业化和城市化水平的提高，以及20世纪20、30年代劳动分配率低下，企业规模差别和企业内部工资差距加剧所导致的，这一过程被作者认为是"伴随着过剩劳动力存在的经济增长"的必然结果[①]。战前，日本国民收入分配差距的存在和不断扩大必然促使其消费水平和消费结构出现层次性差别。

二、战前日本消费结构变动的微观透视

下面我们将从微观角度，对战前日本国民消费结构的变动展开分析，并按照以往的逻辑，对其阶层差异、区域差异和城乡差异进

---

① 南亮进：《日本的经济发展与收入分配》，岩波书店1996年版，第154—155页。

行透视，以求多层次、多视角、全方位地揭示战前日本国民实际生活质量及其变动发展趋势。

如同近代中国一样，许多统计资料表明，战前日本国民消费结构大致也分为如下几类：（一）食物类，包括米面杂粮、蔬菜、水果、农产品保存食品、乳品和肉制品、水产品、调味品、茶酒品、香烟等项；（二）衣着类；（三）房租类；（四）燃料灯火类；（五）杂项类，包括交通、通信、保健卫生、教育教养、交际等项。

（一）食品消费支出结构

如同近代中国一样，食品消费支出也是战前日本国民家庭生活费开支中最重要、支出份额最多的项目。如上所述，近代中国劳动者家庭恩格尔系数高达60.5%，至1936年仍高至63.4%，按照巫宝三估算，仅就1933年而言，该年全国各阶层平均恩格尔系数为46.8%。同期，日本国民恩格尔系数与中国虽不相上下，但其消费结构变化较为缓慢，与日本经济发展水平和国民收入上升幅度相比，恩格尔系数仍属偏高，1895—1936年，平均高达60.28%，1936年降至49.3%，1938年又降至46.9%。

战前日本国民食品消费结构大致可分为如下五类：（1）米面类，包括米麦、杂谷、面包、淀粉等及其制成品；（2）豆和果菜类，包括豆类豆制品、蔬菜、水果及农产保存食品；（3）鱼肉类，包括鸡、牛等肉类、乳制品、鸡蛋和各种水产品；（4）调味类，包括油、盐、酱、醋、糖、味精、香烟、酒、茶及饮料；（5）其他。

表4.29和表4.30中数字反映了战前日本国民食品消费结构的长期变动状况。从中可以清楚地看出，以不变价格计算的10年平均食品消费支出的变动呈现如下特征：米类消费支出大幅度上升，

由1887/1896年的904.7百万日元增加至1931/1940年的1989.8百万日元，期间增加1.2倍，所占总食品消费支出的比重由30.5%降至28.3%。麦类（大麦、裸麦）仅增加36%，其消费量由1887/1896年的119.2百万日元升至1912/1921年的153.7百万日元，达最高点，此后逐渐下降，到1931/1940年降至119.6百万日元，又恢复到19世纪后期水平，所占比重亦由4%降至1.7%。从总体上看，包括米、麦、杂粮、小麦粉和淀粉在内的粮食消费支出则由1887/1896年的10.75亿日元增加到1931/1940年的22.07亿日元，期内增加了1.1倍，所占总食品消费支出的比重则由36.2%降至31.4%。而同期中国国民食品消费总费用中，米面类支出所占比重却达68.81%，高于日本一倍以上，反映了近代中国国民家庭生活质量的低下和食品消费结构的不合理。表中数据表明，作为饮食生活中的"开化"品种的面包和洋果子消费支出呈现较大幅度的增长，消费值由1887/1896年的150.1百万日元增加至1931/1940年的784.1百万日元，增加4.2倍，比重则由5.1%上升至11.2%。期间，蔬菜、水果和农产保存食品增加1.2倍，调味类增加1.5倍，水产品增加1.4倍。

表4.29 战前日本国民食品消费结构的长期变动

单位：千日元（1934—1936年币值）

年份	米	麦类	杂谷类	小麦粉淀粉	蔬菜、水果、农产保存食品	乳、肉制品	水产品
1887—1896	904753	111220	47117	4385	241166	66819	274277
1892—1901	920658	131181	49719	5614	270022	87010	272963
1897—1906	1048540	132000	53405	6880	302364	109871	274095
1902—1911	1204491	137623	59264	7653	364090	132419	230517
1907—1916	1336926	153317	64410	8268	438459	158999	279261
1912—1921	1516686	153724	71682	10038	479481	204275	358072
1917—1926	1644859	140852	81434	12645	484029	281199	440501
1922—1931	1762971	129306	84062	13032	494024	355012	527138
1927—1936	1865747	120359	79093	15819	525016	422136	646233
1931—1940	1989825	119561	77316	19976	537632	485951	678459

续 表

年份	罐头类	调味品	面包果子	酒、茶其他饮料	其他饮食料品	香烟	合计
1887—1896	—	224321	150077	791731	67829	72363	2964058
1892—1901	—	258834	216314	923466	76757	88023	3300561
1897—1906	—	277018	253040	901322	86370	97651	3515556
1902—1911	2469	296557	256136	899580	94626	110779	3796204
1907—1916	6843	331576	277681	979183	109892	134096	4278911
1912—1921	15957	379758	355232	1122011	138045	199677	5004648
1917—1926	30676	442466	504038	1348081	174774	291186	5877740
1922—1931	44130	489516	649708	1352598	207325	329119	6437941
1927—1936	50927	525105	752228	1190937	217528	327484	6738612
1931—1940	62412	562380	784108	1118693	236923	354446	7027682

资料来源：大川一司、筱原三代平、梅村又次编：《长期经济统计：推计与分析》卷6《个人消费支出》，第16页。

第四章 中日消费需求结构的变动及其特征 295

表4.30 战前日本国民食品消费结构分配比重的长期变动

单位：%

年份	米	麦类	杂谷类	小麦粉、淀粉	蔬菜、水果、农产保存食品	乳、肉制品	水产品	罐头类	调味品	面包果子	酒类、茶其他饮料	其他饮食料品	香烟	合计
1887—1896	30.5	4.0	1.6	0.1	8.1	2.3	9.3	—	7.6	5.1	26.7	2.3	2.4	100.0
1892—1901	27.9	4.0	1.5	0.2	8.2	2.6	8.3	—	7.8	6.5	28.0	2.3	2.7	100.0
1897—1906	29.8	3.8	1.5	0.2	8.6	3.1	7.0	—	7.9	7.2	25.6	2.5	2.8	100.0
1902—1911	31.7	3.6	1.6	0.2	9.6	3.5	6.1	0.1	7.8	6.7	23.7	2.5	2.9	100.0
1907—1916	31.2	3.6	1.5	0.2	10.3	3.7	6.5	0.2	7.7	6.5	22.9	2.6	3.1	100.0
1912—1921	30.3	3.1	1.4	0.2	9.6	4.1	7.2	0.3	7.6	7.1	22.4	2.7	4.0	100.0
1917—1926	28.0	2.4	1.4	0.2	8.2	4.8	7.5	0.5	7.5	8.6	22.9	3.0	5.0	100.0
1922—1931	27.4	2.0	1.3	0.2	7.7	5.5	8.2	0.7	7.6	10.1	21.0	3.2	5.1	100.0
1927—1936	27.7	1.8	1.2	0.2	7.8	6.3	9.6	0.7	7.8	11.2	17.7	3.2	4.8	100.0
1931—1940	28.3	1.7	1.1	0.3	7.6	6.9	9.7	0.9	8.0	11.2	15.9	3.4	5.0	100.0

资料来源：同表4.29，第17页。

另外，乳、肉制品（肉类及肉制品、鸡蛋、牛奶及乳制品）增长幅度最大，达7.3倍，所占比重亦由2.3%升至6.9%。由于西方饮食文化的影响和日本文明开化步伐的加快，日本近代起步以后，明治政府大力推行欧化政策，"肉食普及"就是其中的重要措施之一。为加速普及肉类消费，提高国民身体素质，明治政府废止家畜屠杀令，文部省并于明治五年（1872年）责成近藤芳树撰写《屠畜考》和《牛奶考》，同年明治天皇开始吃牛肉，以倡食牛肉之风[1]。随着牛肉料理的不断推广，对牛肉的需求量亦不断上升，明治十八年，屠宰肉牛已达1500余头。仅东京府内的零售牛肉的从事人员就达122人，贩卖人员达583人。与此同时，牛奶业也得以发展壮大，饮食牛奶人数不断增加。这时，挤牛奶者达165人，贩卖牛奶者达156人。明治中期，当时东京郊外的日暮里和根岸已开设了大规模的牧场。除牛奶之外，啤酒、咖啡、可可、汽水等西洋饮料亦开始普及起来[2]。同时，西洋料理广泛传入日本，食西洋料理已成为明治时代上流贵族食品消费的时尚。自安政六年（1859年）开港，荷兰人在横滨开设第一家西洋餐馆以后，至明治三十年达到40余家[3]。广食西方食品，追求西化生活方式已蔚然成风。为此，日本步入近代化大门以后，牛肉、牛奶等"西化"食品的消费量呈现大幅度上升态势。肉类消费总值由1887年的6.04百万日元猛增至1940年的426.48百万日

---

[1] 农文协文化部：《日本民族的自立与食生活》，农山渔村文化协会1977年，第31页。
[2] 森末义彰等编：《生活史Ⅲ》，体系日本史丛书17，山川出版社1979年版，第82—83页。
[3] 农文协文化部：《日本民族的自立与食生活》，农山渔村文化协会1977年，第32页。

元，53年间增加了近70倍，年递增率8.4%；消费量由1887年的2.01万吨增至1940年的14.12万吨，增加6倍有余。牛奶总消费值亦由0.44百万日元猛增至100.85百万日元，增加了228倍，年递增率达10.8%，消费量由0.34万吨增加到20.16万吨，增加近60倍[①]。

我们同样运用主、副食支出的比值来测度战前日本食品消费结构的优化程度。资料显示，从时间序列角度来看，战前日本国民食品消费结构中的主、副食支出比值呈现出趋于合理化和优化的长期变动趋势。其比值由1887/1896年的1：1.76上升至1931/1940年1：2.18，这表明战前日本国民食品结构是朝着更加优化的方向迈进的。而中国20世纪二三十年代的劳工家庭平均主、副食支出比例仅为1：0.44，尚不及日本19世纪中后期水平。

下面我们将运用横截面统计资料来考察战前日本国民食品消费结构的差异状况。据日本内阁统计局大正十五年（1926年）至昭和二年（1927年）家计调查统计资料显示，高收入者（官员、银行职员、教师、警察）、一般收入者（工厂工人、矿工、运输业工人）和农家（自耕农、半自耕农、佃农）的食品消费支出结构存在明显差异。消费支出中食品支出所占比重，高收入者、一般收入者和农家依次为32.7%、39.8%和45.7%，其中米面支出占食品支出的比例分别为11.1%、16.3%和27.4%，副食所占比例分别为18.8%、19.3%和15.7%，烟酒支出所占比例分别为2.8%、4.2%和2.6%，主、副食比例依次为1：1.95、1：1.44和1：0.67[②]。

[①] 大川一司、筱原三代平、梅村又次编：《长期经济统计：推动与分析》卷6《个人消费支出》，第188—190页。
[②] 根据中村隆英编：《从家计簿看近代日本生活史》，东京大学出版会1993年版，第9页表2中数字计算。

若将中国劳动家庭食品消费结构分配情况与同期日本和印度做进一步比较，从表4.31中可以看出中国工厂工人食物结构不及日本合理和均匀，而与印度相近。

表4.31 近代中国、日本和印度三国劳工家庭各类食品费用分配比较

单位：%

地点	时间	业别	米面类	豆及蔬菜类	鱼肉类	调味类	其他	合计
上海	1929—1930	工厂工人	53.40	17.46	16.50	10.55	2.09	100.00
孟买	1921—1922	工厂工人	55.80	9.70	15.90	7.20	11.40	100.00
日本	1926—1927	工厂工人	45.70	15.30	14.60	9.50	14.90	100.00
吴兴	1934	农民	80.24	6.10	4.56	7.72	1.38	100.00
定县	1928—1929	农民	81.79	12.57	2.17	2.96	0.51	100.00
日本	1926—1927	农民	59.99	13.04	5.70	10.43	10.84	100.00

资料来源：上海见上海社会局编：《上海市工人生活程度》，中华书局1934年版，第32—35页。日本见The Japanese Family Budget Enquiries 1926—1927, *International Labour Review*, Vol.23, No.3, pp.394—397, 1931。孟买见Shirras G. Findlay: *Reporton an Enquiry into Working Class Budgets in Bombay*, 1923, pp.16—17 and 60—63。吴兴见李植泉：《吴兴蚕农生活费用及生活程度》，载《国民经济月刊》第1卷3期，1937年7月。定县见李景汉：《定县社会概况调查》，中国人民大学出版社1986年再版，第304页。

中、日、印三国人民膳食习惯和食品支出结构颇为相似，如皆以素食为主餐，以谷类如米面等为主要食物，而以肉类、蔬菜及调味品为辅助食品等。因此，三国具有较强的可比性。如表4.31所示，先就工厂工人而论，三国工厂工人皆以米面为主要食物，但其占食品消费总额中比例却不尽相同，孟买为55.8%，上海为

53.40%，日本则低于前二者，为45.7%。鱼肉类费用比例以上海最高，达16.5%，孟买次之为15.9%，日本最低为14.6%。其他类费用比例以日本为最高，达14.9%，其后为孟买，占11.4%，上海最低，仅为2.09%。食品支出中，主、副食比值分别为日本1∶1.19，上海1∶0.87，孟买1∶1.079。由此可见，日本工人食品消费较中国和印度工人为优，而中国又略高于印度。

在农民方面，我们以定县和吴兴农家食物消费代表中国一般农家食物消费状况，与日本农民加以比较。由表4.31可知，中、日两国农家虽都以米面为主食，但日本农民食品费各类分配实较中国农民均匀和合理。米面费所占比例，日本为59.99%，中国吴兴农民为80.24%，定县农民为81.79%。肉类消费比例日本较我国高，其他类费用比例，吴兴农民仅为1.38%，定县农家更低，只有0.51%，而日本农民则达10.84%。食品支出中，两国农家主、副食比值，日本为1∶0.67，中国为1∶0.30，相距一倍有余。主、副食之比过于悬殊，搭配极不合理，反映了中国农家食品消费结构的低劣，从而限制了消费水平和健康水平的提高。与同期西方工业化国家相比较，我国劳动者食品消费结构更存在极为明显的差距。西方国家食品支出中粮食等主食所占比例仅为20%以下，包括鱼肉、牛乳及制成品、蔬菜和水果、杂食等在内的副食占食品消费支出比例却高达80%以上。如美国（1929年）主食比例仅为15.1%，德国（1927—1928年）为18.6%，比利时（1928—1929年）为13.3%，丹麦（1931年）为12.2%，瑞典（1933年）为13.7%，芬兰（1928年）为19.5%[1]。中国不可同日而语。

---

[1] International Labour Office: *Year-Book of Labour Statistics*，1937，pp.198.

（二）衣着消费支出结构

衣着消费支出也是战前日本国民消费支出中仅次于食品消费支出和住宅消费支出的另一项重要开支。其占消费支出总量的比重，以名义价格计算，由1887／1896年的9.3％上升至1931／1940年的12.9％，平均为10.6％；而以不变价格计算，其所占比重则由5.1％升至12.0％，平均为8.2％，与同期中国民众衣着消费支出水平不相上下。费用较低和种类简单同样是战前日本国民衣着消费结构的总体特征，但又呈现出较强的阶层性差异。

战前日本国民衣着消费种类大致分为布料类、洋服类、和服类、丝类、棉类、日常生活衣品、鞋类和其他八大类。布料类包括各种棉、麻、丝、毛、斜纹哔叽、法兰绒等衣料织品；洋服类包括洋服、衬衣、裙子、裤子、鞋、领带、斗篷等；和服类包括和服、袖、浴衣、带、日式布袜子、小物类等；日常生活衣品包括皮革制品、伞、扇子、针类等。

表4.32　战前日本国民衣着消费结构的长期变动

单位：百万日元

年份	纺织品	袜子	刺绣	原绵	绣花丝线	垫褥子	日常衣品
1909	292.18	0.57	0.091	5.13	0.094	0.48	19.78
1912	358.33	0.12	0.13	6.15	0.054	0.75	19.01
1915	334.98	2.20	0.20	11.27	0.077	1.04	22.39
1918	1211.88	4.37	0.48	29.33	0.24	4.11	54.49
1921	1564.35	8.89	0.26	38.08	0.33	4.64	108.46
1924	1457.53	10.86	0.19	37.76	1.49	6.08	89.05

续表

年份	纺织品	袜子	刺绣	原绵	绣花丝线	垫褥子	日常衣品
1927	1291.30	13.09	0.22	32.48	0.69	5.74	88.85
1930	1057.79	9.87	0.44	29.20	0.51	3.70	79.76
1933	1226.45	14.29	0.50	31.81	0.35	6.76	75.71
1936	1848.30	16.85	1.83	44.24	0.90	10.10	128.95
1939	1679.47	34.53	1.50	55.26	8.08	6.26	149.26

说明：纺织品包括绵、丝、麻、毛、人造丝及其制成品。
资料来源：根据大川一司、筱原三代平、梅村又次编：《长期经济统计：推计与分析》卷6《个人消费支出》，第78表中数据整理。

表4.32中数字反映了以可变价格统计的战前日本国民衣服消费结构的长期变动趋势。据表中数据可知，包括各种质地的布料及其制成品在内的纺织品消费支出总额呈现出强劲的上升变动态势，由1909年的292.18百万日元增加到1939年的1679.47百万日元，30年间增加了4.7倍，年平均递增率达6%。其中，棉布及其制成品由1909年的136.14百万日元增加到1940年的300.07百万日元，幅度最小，仅增加了1.2倍；丝、丝棉及其制品由120.79百万日元增加到923.45百万日元，增加了6.6倍；麻及其制成品由6百万日元增加到73.62百万日元，增加了11.3倍；毛及其制品由29.25百万日元增加到336.96百万日元，增加了10.52倍；人造丝及其制品由1918年的0.64百万日元增加到1939年的346.79百万日元，增幅最巨，增加了540多倍，年递增率35%。人造丝的生产，以中久村清得到铃木商店金子直吉的援助，并采用先进技术创办的帝国人造丝（"帝人"，1918年创立）和喜多又藏、野口遵采用格朗兹修德克公司专利建立的旭丝织（1922年设

立)为先驱。此后,日本人造丝(大日本纺织的子公司)、东洋纺织、仓敷丝织(仓敷纺织的子公司)等企业相继开工投产[①]。人造丝最早仅用于绳索和纽带,随后用于伞布、披肩、和服带布,最后其用途从和服布料扩展到面向出口的宽幅织品。据资料显示,20世纪10年代,日本人造丝的国内消费量仅为0.19百万磅,且全部为进口。1918年,日本具备生产人造丝能力以后,其产量大幅度攀升,20世纪20年代后期到30年代中期迅速发展,并于1936年创下了世界产量第一的生产记录。人造丝产量由1918年的0.1百万磅猛增至1937/1939年的262.8百万磅,并从1928/1930年开始有一定规模的出口。同时,人造丝织品的产量也不断提高,由1928/1930年的146百万码增加到1937/1939年的867百万码,仅仅10年中就增加了近5倍,其中生产量的一半左右出口。人造丝织品的国内消费量至1937/1939年时仅有490百万码[②]。这反映了战前日本化学工业的发展水平。

关于衣服的质量,与近代中国一样,战前日本国民亦以消费纯棉织物居多。据资料显示,从1861年到1891年,日本的棉布供给量由313万日本斤增加到1026万日本斤[③],增加了2.28倍。由于日本到1893年才有棉布出口,因此它代表了国内总消费量,亦即国内总消费量增长2.28倍。此后的棉布消费量仍成倍地增长,从1891年至1897年增长60%,从1897年到1913年增长45%[④],可知从1861

[①] 山崎广明:《日本化纤工业发展史论》,东京大学出版会1975年版,第1章、第3章。
[②] 中村隆英、尾高煌之助编,厉以平监译:《双重结构》,载《日本经济史》第6卷,北京三联书店1997年版,第52页。
[③] 石井宽治:《日本经济史》,东京大学出版会1991年版,第163页。
[④] 高村直助:《近代日本棉业与中国》,东京大学出版会1987年版,第17页。

年至1913年共增长了近7倍。而中国从1840年至1913年的棉布消费量仅增长了29%，到了1936年也只增长了50%[1]，可见近代中国国内棉布消费量的增长极其缓慢，远不及同期日本的增长幅度。同时，中日两国棉布商品率增长也不可同日而语。日本在幕末时期（1868年以前）棉布的商品率就达63.7%，明治中期（1890年）已达100%；而中国在1840年的棉布商品率为52.97%，到1920年仍只有60.40%，还不及日本幕末时期的水平，1936年也只有70.96%的水平。另外，在国内总消费中，近代中国国产土布的消费始终占有重要的份额，其比率1840年几乎全部自给，高达99.55%，1894年为86.04%，1920年仍高居72.05%，直到1936年仍占43.66%。机制布占国内消费的比率始自1894年，仅占0.79%，1913年为2.27%，1920年尚只占4.38%。进入20世纪30年代以后，随着中国棉纺织业的迅速发展，机制布生产量才大幅度提高，占国内棉布总消费的比率才升至45.52%。而日本从明治初期开始就以消费机制布为主，在1880年以前主要消费进口棉布，此后进口棉布减少，国产机纱的消费量增长，到1910年左右，国产机制布消费已成国内总消费的主要部分，至1936／1938年时，棉布生产量已达3873百万平方码，其中出口量达2511百万平方码[2]，占产量的65%。中国在土布消费的压倒优势下，不仅国产机制布的消费受到抑制，而且国外机制布的进口也受到抵制，进口机制布消费比例1840年仅有0.46%，1860年为3.21%，比重最高时的1913年也只有32.77%，1936年更降至11.97%[3]，与日

---

[1] 严立贤：《中国和日本的早期工业化与国内市场》，北京大学出版社1999年版，第212页。
[2] 安藤良雄编：《近代日本经济史要览》，东京大学出版会1981年版，第29页。
[3] 严立贤：《中国和日本的早期工业化与国内市场》，第212页。

本形成了鲜明的对照。

有关战前日本国民成衣类（包括洋服与和服等）消费的统计资料十分缺乏，仅有局部的数据以资研究，从而制约了我们作全国性的分析。据明治三十六年（1903年）至明治四十年（1907年）间，长野县和静冈县的高中教师家计消费统计资料显示，平均各项衣着消费额所占比例分别为，洋服28%，和服14%，布料2%、丝、棉类4%、日常衣品17%，鞋类8%，另有2%比率的衣着服务性消费支出（例如外出洗衣费、拆洗费等）。到了昭和三年（1928年）至八年（1933年）间，以上各项比例为，洋服26%，和服21%，布料9%，丝、棉类1%，日常衣品12%，鞋类5%，衣着服务性消费19%[1]。其中成衣类消费支出额表现出强劲的上升态势，洋服月平均消费支出额由1903年的1.61日元上升至1933年的6.87日元[2]，增加了3.3倍，年递增率近5%；和服月平均消费支出额由0.06日元增加到7.66日元，期间增加了近127倍，年递增率17.5%。而另据大正八年（1919年）京都市小学教员家计消费统计资料表明，成衣类消费支出所占衣着费比重大大高于上述教员，其比例高达66.8%，月平均成衣消费支出额为7.68日元[3]，而同年上述高中教员的支出额仅为1.87日元。一般普通劳动者家庭成衣类消费支出的总额不及教师，据同年月均普通劳动者家庭消费统计数字表明，成衣类月平均消费支出为3.8日

---

[1] 中村隆英编：《从家计簿看近代日本生活史》，东京大学出版会1993年版，第58—59页。
[2] 中村隆英编：《从家计簿看近代日本生活史》，东京大学出版会1993年版，第58—59页。
[3] 汐见三郎：《京都市小学教员生计调查》，《经济论丛》第12卷1号，载多田吉三著：《日本家计研究史——有关我国家计调查的成立过程研究》，晃洋书房1989年版，第171页。

元,占衣着费的比重为55.8%[①],与我国无锡纺织工人不相上下,却大大高于上海工厂工人水平。

明治维新以降,随着近代欧美先进政治、思想文化的传入和明治政府文明开化国策的大力推进,西方的生活方式、风俗习惯不仅影响了国民生活中的饮食方面,也极大地影响了服饰。"洋服普及"之西洋服饰风靡一世,成为当时上流社会显示其生活标准和消费模式的一种体现,并对广大民众具有强烈的消费示范效应。追求西方舶来消费品成为当时上流阶层的生活目标和消费时尚,成为其权力和社会地位的象征。在近代日本服饰生活的变迁历史过程中,作为文明开化风潮的表现之一,明治政府在推行日本服饰生活近代化和服饰改制方面发挥了积极作用,明治五年(1872年)首先改革政府官僚服装制度,将传统官僚着服的礼服和普通服改为西洋服饰,首开着西洋官服制之先河,这在日本衣服生活史上具有划时代意义。明治十七年(1884年)又规定将敕任官、奏任官的服制改为西洋式服装。在推进军队西洋化的同时,明治政府还对军事服装进行了改制,大力采用欧美国家的军队服式。明治四年(1871年)规定警察、邮递员采用洋服,五年规定铁路人员着洋服,八年(1875年)规定法官着洋服,二十六年(1893年)规定律师在法庭上必着洋服。从明治十年(1877年)至二十年(1887年),除规定官僚、警察、军人等阶层服装改制为洋服外,还规定教师、医生、银行职员和公司职员也改着洋服[②]。需要指出的是,在明治政府变迁服装制

---

① 汐见三郎:《京都市小学教员生计调查》,《经济论丛》第12卷1号,载多田吉三著:《日本家计研究史——有关我国家计调查的成立过程研究》,晃洋书房1989年版,第171页。
② 森末义彰等编:《生活史Ⅲ》,体系日本史丛书17,第79页。

式过程中,中央和地方有较大差异,例如地方官员及市郡町村公所几乎不采用洋服之制,仍然穿传统的外褂和裙子式的和服服式。另外,在一般百姓庶民中,改着洋服的进程是极为缓慢的,他们一般还是穿着传统的日本服装。到了明治三十年(1897年),身着西洋服式之风波及工厂工人、专卖局职员和学生等群体之中。明治30年代末至40年代,女子师范学校和护士等女性群体也进行了服装改制,但仍保留较浓厚的传统服饰色彩。女性改着西洋服饰之风,始于明治20年代前后的鹿鸣馆时代,上流社会的妇女盛着洋式服装,手持洋伞穿梭于当代舞会、慈善会等公开场合,成为当时日本经济生活中的一道亮丽的风景线。洋服的进入和和服的退出,到了大正、昭和时代更加剧烈,据东京某一小学校的统计资料显示,大正十一年(1922年)至十五年(1926年)短短的5年间,该校师生洋服的普及率从19%上升至55%,而和服则从81%骤减到45%[①]。

下面我们亦采用横截面统计资料来分析战前日本国民衣着消费结构的差异性特征。同样据1926—1927年间内阁统计局进行的全国家计调查资料表明,高收入阶层、一般收入阶层和农户的衣着消费支出存在着显著的差别。衣着支出占总消费支出的比重,高收入阶层为13.8%,一般收入阶层为13.0%,农户为7.9%。高收入阶层中,官吏为14.0%,银行职员为14.5%,教师为12.8%,警察为13.4%;一般收入阶层中,工厂工人为12.9%,矿工为14.3%,运输工人为14.3%,日雇劳动者为10.2%;农家中,自耕农为8.5%,半自耕农为

---

① 家永三郎:《日本近代思想史》,转引森末义彰编:《生活史Ⅲ》,体系日本史丛书17,第80页。

8.1%，佃农为6.9%[1]。根据收入水平和消费水平的不同，消费结构中衣着消费结构的差异清晰可见。而且，各阶层的衣着消费结构的差别亦为显著，一般收入阶层的衣着消费支出中，月平均衣料支出额为9.85日元，所占衣着支出的比例为72.3%，日常生活衣品为3.77日元，占27.7%；而农家月平均衣料支出额为5.61日元，所占比例为73.9%，日常生活衣品为1.98日元，占26.1%[2]。若按一般收入阶层和农家每月平均消费支出规模的不同划分，从低至高划分若干组别，以上差异就更为明显。据资料显示，月平均消费支出规模59日元以下的一般收入阶层和农家衣着消费支出额分别为5.20日元和4.50日元，占消费支出比例分别为9.89%和7.53%。其中，衣料消费支出分别为3.46日元和3.30日元，占衣着消费支出比例分别为66.5%和73.3%；日常生活衣品支出分别为1.74日元和1.20日元，所占比例分别为35.5%和26.7%。而月平均消费支出规模在200日元以上的一般收入阶层和农家衣着消费支出额却高达26.73日元和15.68日元，占消费支出比例为13.81%和9.25%。其中，衣料消费支出分别为19.92日元和11.85日元，所占衣着消费支出比例为74.52%和75.6%；日常生活衣品支出分别为6.81日元和3.83日元，所占比例为25.5%和24.4%[3]。

（三）住房消费支出结构

住房是人类赖以生存和发展的基本物质基础，它是测度国民生活质量和生活水平的重要内容，是社会福利水平的具体体现。但在消费结构中，战前日本最落后的是"住"。整个国民经济资本存量中的

---

[1] 中村隆英编：《从家计簿看近代日本生活史》，第9页。
[2] 根据国民生活研究所编：《国民生活统计年报》，至诚堂1966年出版，第74—77页中表74数据计算。
[3] 根据国民生活研究所编：《国民生活统计年报》，第74—77页中表74数据计算。

住宅存量比例,1885—1940年,由49%急剧下降至22%[1]。战前日本的资本形成集中于生产方面,节减了非生产性投资,这一投资分配比例虽有助于维持高经济增长率,但对改善国民的住宅条件未起什么作用。住宅资本落后于生产资本的结果,致使战前日本的人均住宅资本存量并无明显的增长趋势,仅由1885年的196日元,上升至1940年的226日元(1934—1936年价格)[2]。而同期美国住宅资本与其他资本存量却以同样速度增长,其比例1900年为42%,1945年仍为41%[3]。同期,中国并没有住宅资本存量的资料,若以住宅业产值占社会国民总产值的比例变动来看近代中国住宅资本规模的变动,可以看出该比例由1887年6%下降至1936年的3.4%[4],亦呈现下降的趋势。

战前日本住宅消费支出种类大体上分为房租和地租、家具和器物、修缮费、水费四项。下表是战前日本国民住宅消费结构的长期发展趋势资料。

表4.33 战前日本住宅消费结构的长期变动

单位:百万日元

年份	支付的房租地租	收取的房租地租	修缮费	家具什物费	水费	合计
1885	6.54	49.67	1.69	8.43	0.03	66.36
1890	10.45	66.67	2.31	8.50	0.04	87.97
1895	14.43	78.52	2.79	15.21	0.06	111.01

---

[1] 据大川一司、筱原三代平、梅村又次编:《长期经济统计:推计与分析》卷4《资本形成》,东洋经济新报社1971年版,第148—151页表1中数字计算。
[2] 南亮进著,毕志恒、关权译:《日本的经济发展》,第286页。
[3] 南亮进著,毕志恒、关权译:《日本的经济发展》,第278页。
[4] 1887年见张仲礼:《十九世纪八十年代中国国民生产总值的粗略估计》;1936年见巫宝三:《中国国民所得(一九三三年)》,第19页。

续表

年份	支付的房租地租	收取的房租地租	修缮费	家具什物费	水费	合计
1900	25.35	118.13	4.30	25.59	0.47	173.84
1905	35.21	140.12	5.26	27.13	1.25	208.97
1910	62.44	212.28	8.24	40.09	3.06	326.11
1915	77.62	225.11	9.08	61.62	3.74	377.17
1920	148.30	355.92	15.13	229.24	5.80	754.39
1925	356.20	769.40	33.77	251.40	10.64	1421.41
1930	423.43	838.38	37.85	225.40	23.94	1549.00
1935	416.69	741.72	34.75	302.58	37.83	1533.57
1940	610.38	976.61	47.61	969.39	51.71	2655.70

说明：表中数据系当年价格。

资料来源：大川一司、筱原三代平、梅村又次编：《长期经济统计：推计与分析》卷6《个人消费支出》，第86表，第234—235页。

据表4.33中数字可知，日本自19世纪80年代中后期经济近代化起步至20世纪40年代间的半个多世纪里，住宅消费支出总额呈现不断上升的趋势，由1885年的66.36百万日元增加到1940年的2655.70百万日元，55年间增加了近40倍，每年平均增加47百万日元，年均递增率达6.94%。同期，日本人口总量由38.313百万人增加到71.933百万人[1]，因此同期人均住宅消费支出则由不足2日元增加到近37日元，增加了19倍，年递增率5.4%。其中，1885年至1940年，承租者支付的房地产租金总额由6.54百万日元增加至610.38百万日元，

---

[1] 东洋经济新报社编：《人口统计总览》，东洋经济新报社1985年版，第45—46页。

增加了92倍，年率8.6％，人均支付租金由0.2日元增至8.5日元，年率7.1％。所有者房地产租金收取总额由49.67百万日元增加到976.61百万日元，增加了近19倍，年递增率5.6％，人均租金收取额由1.3日元增加至13.6日元，年递增率4.4％。由上可知，承租者房地产租金支付金额的增长幅度，无论是总量还是人均支出，都高于所有者房地产租金的收取金额，说明战前日本居民中没有属于自己住宅的人数占有很大比例，他们只得以现房来寻求生活空间，提高和改善居住条件难以做到，进而表明战前日本居民住宅状况的恶化。住宅改善之所以落后，主要原因在于土地问题。由于人口城市化进程的加快和土地租保金融的增强，导致对土地的需求增大，地价比其他物价水平以较大幅度的增长。资料显示1931年东京每亩最高地价已达2百万日元，合上海规元320万两，居同年全世界24个大城市的第10位。而该年上海仅为50万两（上海规元，下同），广州为21万两[①]，分别居22位和24位。与中国一样，城市土地价格较农地价格迅速上涨，尤其是经济发达地区更是如此。

期间，住宅修缮呈现出较强的增长态势，由1885年的1.69百万日元增加到1940年的47.61百万日元，55年间增加27.2倍，年均递增率6.26％，人均修缮费由0.04日元增至0.66日元，期间增加15.5倍，年递增率5.23％。水费支出亦呈现出强劲增长态势，1885年仅有0.03百万日元，到了1940年猛增到51.71百万日元，进入20世纪二三十年代增长迅速加快。55年间水费支出增加了1722.7倍，平均年递增率14.51％，居住宅消费中各项支出增幅之首。

---

① 陈炎林：《上海地产大全》，1933年版，第68—70页，转引赵津：《中国城市房地产业史论（1840—1949）》，南开大学出版社1994年版，第245页。

战前日本家庭家具、什物消费种类多达二十余种，包括木制家具、竹藤柳制品、玻璃制品、金属制品、漆器和陶瓷制品以及自行车、电风机、收音机、电热器等家庭电气用品。其消费支出总额由1909年的8.43百万日元，增加到1940年的969.39百万日元，增加了近114倍，年递增率16.5%；人均消费支出由0.22日元增至13.48日元，增加了60.2倍，年递增率14.2%。其中自行车及其配件消费额由1909年的2.69百万日元增至1940年的59.15百万日元，增加了近21倍，年递增率10.48%。日本家庭有收音机消费支出是20世纪20年代中期的事，1926年该项支出仅为0.13百万日元，此后不断增加，至1940年猛增至68.33百万日元，14年间增加了524.6倍，年递增率56.4%[①]。

日本传统社会的家庭人口规模较大，构成也较为复杂，许多家庭中包括旁系亲族和隶属农家。随着经济社会化的推进，以家庭劳动力为核心的小农家庭普遍化，直系家族人口规模大体在5人。自19世纪80年代至20世纪50年代中期的70余年间，日本平均家庭规模基本没有变化，家庭人口数由1881年的4.76人略升到1955年的4.97人[②]。战前日本家庭人口规模的减少和经济的发展，并没有使其国民的居住条件得以改善，人均居住面积依然处于较低水平。据资料显示，1886年人均居住面积只有10.2平方米，1920年仅微略升到10.47平方米，此后，20—40年代一直维持在11平方米略强，至1940年也只有11.46平方米，几乎没有变化。同期，东京居民人均居住

---

① 根据大川一司、筱原三代平、梅村又次编：《长期经济统计：推计与分析》卷6《个人消费支出》，第237页表中数字计算。

② 60年代初期略减为4.54人，60年代中期减为4.05人，到了90年代又减至3.01人，见西川俊作、尾高煌之助、斋藤修编著：《日本经济200年》，第440页。

面积均低于全国水平①，随着城市化程度的加深和劳动力转移的加快，大量农村人口拥入城市，城市的房地产价格大幅攀升，房租价格亦随之上升，大体从大正时代开始，城市居民的住房拥挤程度日趋严重。据统计资料显示，1916年，大阪市的住宅空房率由以前的5.47%强升至0.84%，次年又升至0.26%，1919年又升到0.15%。在神户，1916年时空房率为3.42%，次年上升至1.16%，1918年为0.94%，1919年为0.72%。另据1916年5月内务省社会局的调查资料表明，该年全国住宅不足的家庭达12200余户②。

从总体上说，战前日本国民居住条件十分拥挤，居住环境较为恶劣，但也呈现出较大差异。据1926—1927年内阁统计局调查的全国性资料显示，全国租房家庭占总家庭数的比率高达92.1%，平均每家房间数2.8间，人均草垫拥有量3.1块，平均每间房租13.78日元，占住房消费支出的80.3%。其中，高收入阶层租房率为90.6%，每户平均房屋3.5间，人均草垫3.9块，平均每间房屋租金16.79日元；劳动者阶层租房率高达92.8%，高于全国平均水平近3个百分点，其居住面积亦十分狭窄，平均每户间数2.5间，低于全国2.8间的平均水平，人均草垫拥有量仅为2.7块，其中矿工仅有2块，平均每间房屋租金为12.14日元，矿工仅有3.4日元。农户住房条件较城市居民为宽裕，一般拥有房屋5间左右，人均草垫数量达6块。与普通劳动者住房种类和构造简陋，住房环境拥挤和恶劣的情形相对照，富裕阶层则追求居住享受，住房功能单一化，在战前出现了

---

① 综合研究开发机构编：《生活水平的历史分析》，综合研究开发机构1988年出版，第320—321页。
② 森末义彰、宝月圭吾、小西四郎编：《生活史Ⅲ》，第369—370页。

"文化住宅"的建筑特色，多使用新型建筑材料建造，豪华气派。

（四）燃料灯火消费支出结构

燃料灯火费支出在战前日本消费结构中所占比重较低，平均为3.2%，大大低于同期中国8.5%的平均水平。这大概与日本气候温暖有关。战前日本燃料灯火种类大致可分为火柴、蜡烛、煤类、木炭、柴薪、电灯、煤气等数种。

表4.34 战前日本燃料灯火消费结构的长期变动

单位：百万日元

年份	火柴	蜡烛	煤类	木炭	柴薪	电灯费	煤气费
1885	0.39	—	—	7.44	24.95	—	—
1890	0.95	—	—	9.54	22.31	0.21	0.09
1895	1.73	—	—	14.49	26.14	0.87	0.13
1900	3.20	—	—	23.70	38.47	2.52	0.65
1905	3.73	—	—	24.35	44.85	5.38	1.54
1910	2.75	0.67	—	29.79	64.32	14.18	6.00
1915	8.20	5.20	—	35.60	64.33	36.38	9.34
1920	27.07	11.71	—	142.33	239.09	100.88	21.71
1925	9.91	11.52	2.24	119.77	140.35	187.36	31.13
1930	3.50	11.53	3.01	82.75	88.31	247.16	57.51
1935	7.89	10.78	34.31	87.73	89.01	266.91	62.82
1940	16.15	22.61	100.55	204.66	185.44	293.32	91.88

说明：表中数据系当年价格。

资料来源：大川一司、筱原三代平、梅村又次编：《长期经济统计：推计与分析》卷6《个人消费支出》，表88中数据整理。

表4.34中数据反映了战前日本燃料灯火消费结构的长期变动趋势。从中可知，日本自19世纪80年代中期至20世纪40年代的55年间，燃料灯火消费支出总额由32.78百万日元猛增至1940年的915.61百万日元，55年间增加了近28倍，年递增率6.24%。其中，柴薪、木炭消费支出所占比例最大，二者合计的消费值由1885年的32.39百万日元增至1940年的390.1百万日元，增加了11倍，年递增率4.6%，木炭和柴薪的年均递增率分别为5.2%和3.1%。所占燃料灯火消费支出总额的比率，木炭基本保持不变，由1885年的22.70%略降至1940年的22.35%，柴薪由1885年的76.11%降至20.25%，下降幅度较大，这主要是伴随着日本工业化水平的不断提高，家庭燃料灯火消费种类中柴炭、煤等原生性能源逐渐由电、煤气等再生性能源所替代所致。

就木炭和柴薪的消费量和消费值而言，战前日本亦呈现出差别性特征。如同中国一样，柴薪仍然是农家主要的热量来源，取自农作物秸秆和树木。据统计，1885年日本全国柴薪消费总量为90.98百万石，消费值为24.95百万日元（当年价格），扣除价格因素外，实际消费值为58.64百万日元（1934—1936年价格）。其中，农家消费总量为43.90百万石，占总柴薪消费量的48.25%；非农家消费量为13.29百万石，所占比例为14.61%；产业用柴薪消费量为33.79百万石，占37.14%。到了1940年，日本全国柴薪消费量增至111.09百万石，比1885年增加了22%，增幅不大，其消费值，当年价格为145.37百万日元，比1885年增加了4.8倍，年递增率3.26%，增幅不凡。其中，农家消费量为47.13百万石，比1885年增加不多，所占比例略有下降，为42.4%，非农家所占比例呈上升态势，达19.10%，产业用柴薪消费量为38.47%，与1885年不相上下①。另据资料显示，柴薪消费多为农家自给，据1934年东京帝大农政学研究室进行的调查表明，东京市内48家农户中，有17家柴薪全部为自给，至1950年前后，农家柴薪总消费量中仍有85%为自给②。与柴薪消费相比较，战前日本木炭消费呈现较大变化，1885年，全国木炭消费总量仅有80.5万吨，农家为37.5万吨，非农家为28.5万吨，产业用炭为14.5万吨，所占比例分别为46.6%、35.4%和18.0%；农家木炭消费值为16.07百万日元，非农家为17.72百万日元（1934—1936年价格），二者不相上下。到了1940年，全国木炭消费总量猛增至2.74百万吨，比1885年增加了2.4倍，其中农家消费增幅很小，该年仅为40.2万吨，而非农家消费增幅强劲，该年达136百万吨，比1885年增长了近4倍，所占比例亦高达近一半③。不过，战前日本家庭中的光源虽由方形纸罩座灯、蜡烛改为石油灯，但做饭、取暖仍主要是靠薪炭。因此，战前日本薪炭消费所占比例居高不下就不足为奇了。

随着日本工业化水平的显著提高，特别是进入20世纪以后，家庭燃料灯火消费结构中一些工业化新产品消费支出所占比例呈现大幅度上升趋势，最具代表性者为电力和煤气消费。日本的电灯事业始于1886年，此后在东京、大阪、京都等大城市相继成立电灯公司，到了1920年，日本城市的电灯普及率已高达90%，农村的电灯普及率，到了1933年亦达较高比例。这与同期中国享受电灯者

---

① 据大川一司、筱原三代平、梅村又次编：《长期经济统计：推计与分析》卷6《个人消费支出》，表89和表90中数据计算。
② 牧野文夫：《近代日本的技术发展》，风行社1996年版，第161页。
③ 据大川一司、筱原三代平、梅村又次编：《长期经济统计：推计与分析》卷6《个人消费支出》，表89和表90中数据计算。

仅为城市中少数家庭的情形形成鲜明对照。1928年电灯泡仅为15w（10烛光），到1930年20w（16烛光）电灯已广泛使用[1]。另外，一些家庭电气普及也初显端倪，收音机普及率已由1935年的18.1%上升至1940年的39.9%，1937年，电风扇普及率为4.1%，电动钟表为2.7%，熨斗为21.9%，吸尘器为0.05%，洗衣机为0.02%，冰箱为0.08%[2]。据表4.34中数字可知，1887年，全国电灯费支出仅为0.9万日元，进入20世10年代，已猛增已14.18百万日元，20年代又增至100.88百万日元，30年代又至247.16百万日元，40年代为293.32百万日元。1887年至1940年的53年，家庭电灯消费支出增加了3万余倍，年率高达21.7%。

战前日本煤气事业始于1872年在横滨建立的煤气公司，2年后又在东京成立煤气株式会社，此后日本煤气事业得以快速发展。至1912年全国已有煤气公司达74家。最初煤气主要用于家庭照明，到20世纪10年代，煤气灯逐渐被电灯所取代，主要用于家庭取暖、洗浴以及厨房。煤气消费的普及仅限于城市，1930年城市煤气普及率已达40%—50%。而同年英国已达90%以上[3]。据表4.34中数字可知，1889年，全国煤气消费总值仅为8.3万日元，到了1920年已达21.71百万日元，1930年又达57.51百万日元，1940年达91.88百万日元，1889年至1940年的51年间增加了千余倍，年递增率近15%。

耐人寻味的是战前日本各阶层家庭燃料灯火消费支出并未呈现明显的差异特征，以1926—1927年内阁统计局所作的全国家计调查

---

[1] 牧野文夫：《近代日本的技术发展》，第160、180页。
[2] 牧野文夫：《近代日本的技术发展》，第183页。
[3] 牧野文夫：《近代日本的技术发展》，第176—177页。

表明，各阶层该项消费支出所占家庭总消费支出的比例基本上维持在4%—6%左右；全国平均为4.6%，高收入阶层和劳动者阶层亦为4.6%，而农家略高于全国，为6.1%，其中佃户该项支出最高，为6.6%，最低是矿工为3.6%，恐系矿工燃料灯火的主要来源为煤，且不用购买所致。

（五）杂项消费支出结构

杂项消费支出体现了国民在收入水平和消费水平不断提高的前提下，用于追求生活舒适和满足精神文化享受的各种消费支出不断上升，各种消费支出所占比率的提高反映了实际生活质量的上升和消费结构的升级。从整体而言，如前所述，战前日本国民杂项消费支出占总消费支出的比例，由1874／1883年的13.9%上升至1931／1940年的20.7%。战后伴随着日本经济的恢复和高速增长，国民收入水平和生活质量大幅攀升，杂项支出所占比例亦快速提高，1953年为26.0%，1958年为30.1%[1]，到了1990年已高达58%之巨[2]。而同期中国20世纪30年代的杂项系数只有15%略强，只相当于日本20世纪初期水平，从而反映出中日两国国民生活质量的消费水平的差异。

按照筱原三代平主编的《个人消费支出》中所列杂项消费支出大体与中国相同，包括如下五项：（1）保健卫生费，包括医疗医药、理发、沐浴、化妆品、肥皂、牙刷等费用；（2）交通费，包括铁路旅费和运输费、航运费、人力车费等费用；（3）通信费，包括

---

[1] 一桥大学经济研究所编：《解说日本经济统计》，岩波书店1961年版，第150页。
[2] 西川俊作、尾高煌之助、斋藤修编著：《日本经济200年》，第433页。

邮政费、电话费、电信费等费用；（4）教育娱乐费，包括书报、学费、文具、玩具、照相、烟火、乐器等费用；（5）交际费[①]。

表4.35 战前日本杂项消费结构的长期变动

单位：百万元

年份	保健卫生费	交通费	通信费	交际费	教育娱乐费
1874—1883	24.25	1.51	0.48	36.92	24.70
1877—1886	30.24	1.75	0.72	43.33	28.30
1882—1891	38.81	3.16	1.04	49.24	33.15
1887—1896	47.58	7.06	1.82	63.56	42.85
1892—1901	69.08	16.18	3.73	116.39	66.26
1897—1906	87.53	28.85	6.64	174.32	93.29
1902—1911	87.17	46.11	10.15	208.05	123.08
1907—1916	108.16	70.16	14.92	224.62	167.88
1912—1921	228.16	150.87	27.48	270.25	356.53
1917—1926	419.89	292.45	45.89	384.05	624.44
1922—1931	508.60	383.47	62.35	417.56	776.73
1927—1936	611.23	398.95	76.27	352.96	867.79
1934—1940	815.06	493.48	95.65	405.66	1135.13

说明：当年价格的10年平均值。
资料来源：大川一司、筱原三代平、梅村又次编：《长期经济统计：推计与分析》卷6《个人消费支出》，第5页。

[①] 另据内阁统计局《家计调查》统计，杂项消费支出包括保健卫生费、育儿费、教育费、交通费、通信运输费、文具费、交际费、赠答费、教育娱乐费、旅行费、冠婚葬祭费等十余项。

表4.35中数字反映了战前日本国民杂项消费支出结构的长期发展趋势。从中可以看出，日本近代经济增长开始起步之后的杂项消费支出总量呈现显著的上升态势。名义杂项支出由1874／1883年的87.86百万日元，增加到1931／1940年的2944.98百万日元，57年间增加了32.5倍，年递增率6.4%，扣除物价上涨因素，实际年递增率为2.9%，增长幅度亦为可观。其中，卫生保健费增加了32.6倍，年递增率6.3%，所占比重由27.6%上升至27.7%，基本保持不变；交通费增幅最大，57年间增加了325.8倍，年递增率高达10.7%，其比重亦由1.7%升至16.8%；通信费仅次于交通费，期间增加了198.3倍，年递增率9.7%，其比重亦由0.5%上升至3.2%；教育娱乐费紧追其后，期间增加了近45倍，年递增率近7%，比重由28.5%上升至38.5%；最低为交际费支出，期间仅增加了近10倍，年递增率为4.3%，其比重却由42%降至13.8%。

同样，众多统计资料表明，战前日本国民杂项消费支出结构中亦呈现出显著的阶层和区域差别。明治初期静冈县家计调查统计资料表明，1887年富有阶层年平均人均杂项消费支出为44日元，1892年上升为55日元，占家庭总消费支出（食品费、被服费）的比重亦由46.8%上升至51.8%；中等收入阶层则由27日元升至33日元，比重仅由48.2%略升至48.7%；低收入阶层由13.2日元升至16.5日元，所占比重由38.8%升至41.4%[1]。另据内阁统计局1926—1927年进行的全国家计调查数据显示，当时全国平均杂项消费支出占总消费支出的比重为16.8%，其中卫生保健费为6.3%，育儿教育费为2.9%，交

---

[1] 货币制度调查会：《货币制度调查会报告》，1895年，第372页。

际费为7.6%。富有阶层的杂项消费支出所占比重为17.7%，高出全国平均水平0.9个百分点，以上三项所占比重分别为6.2%、3.2%和8.3%；而城市劳动者阶层的杂项消费支出比重为16.3%，低于全国平均水平0.5个百分点，三项所占比重分别为6.4%、2.8%和7.1%；农家杂项消费支出所占比重最低，仅为12.1%，三项所占比重分别为2.8%、1.4%和7.9%，其中佃农杂项消费支出比重在各阶层中最低，仅有10.6%。

第三节 中国与日本消费结构变动的比较分析

在对近代中国和日本消费需求结构的变动趋势及其特征进行纵向分析以后，我们还将对两国消费需求结构进行横向对比研究，以求进一步分析两国消费结构变动趋势的特点。

日本是欧美国家以外唯一实现了工业化的国家。日本与中国在历史背景、近代化的起步时间和起始条件、发展过程等方面有许多相似之处。以日本作为在二元经济结构下获得迅速经济增长的成功范例，与中国同时期进行比较，有助于我们认识中国近代经济发展的过程中消费需求结构的变动趋势及其特征。

表4.36 近代中国与日本消费需求结构变动的比较（1917、1936）

年份	消费需求（亿元）		消费需求结构（%）							
			食品		衣着		房租		燃料灯火		杂项	
	1917	1936	1917	1936	1917	1936	1917	1936	1917	1936	1917	1936

续 表

	消费需求（亿元）		消费需求结构（%）								
			食品		衣着		房租		燃料灯火		杂项
中国	132.5	279.8	74.3	63.4	6.8	8.4	8.1	5.1	6.2	8.0	4.5	15.0
日本	75.2	129.1	60.2	49.3	8.8	13.9	9.1	12.5	3.7	4.3	18.1	20.0

说明：中国为1933年币值；日本为1934—1936年币值。
资料来源：中国见表1.2和表4.1；日本消费需求总额见大川一司等编：《长期经济统计：推计与分析》卷1《国民所得》，东洋经济新报社1974年版，第215页；消费需求结构比例据大川一司等编：《长期经济统计：推计与分析》卷6《个人消费支出》，东洋经济新报社1967年版，第139页表中数据计算。

在近代中日两国经济发展的过程中，国民收入和国民消费需求都呈现出不断上升的变动趋势，但两国国民收入和国民消费需求的增长幅度却不尽相同。1887年至1936年的49年间，日本国民收入和人均国民收入呈现大幅度的增长态势，实际国民收入由1887年的43.42亿日元增加至1936年的207.14亿日元，49年间增加3.8倍，年均递增率3.2%，实际人均国民收入由112日元增加到292日元，期间增加1.6倍，年均递增1.94%[1]。而在大体相同的时期内，1887—1936年的49年间，中国实际国民收入仅增加1.2倍，年平均递增率1.58%，期间实际人均国民收入增加33%，年平均递增率0.6%。可见中国的经济发展速度大大落后于日本。消费是收入的函数，国民收入水平的提高必然促使国民消费需求水平及其结构呈现同步增长的态势。中日两国国民收入增长幅度的不同，必然影响国民消费需

---

[1] 据大川一司等编：《长期经济统计：推计与分析》卷1《国民所得》，第16—20页中数据计算。

求增长速度，消费需求结构变动出现差异。据笔者估算，从19世纪80年代经济近代化起步至20世纪30年代中期的近半个世纪中，中国实际消费需求总额由1887年的131.94亿元增至1936年的279.8亿元，49年间增加1.1倍，年递增率1.55%，实际人均消费需求额则由34.95元增加到54.79元，期间增加了57%，年递增率0.91%。而同期日本实际消费需求总额由1887年的37.65亿日元，增加到1936年的129.1亿日元，49年中增加了2.4倍，年均递增率2.55%，实际人均消费需求额则由97日元增至184日元，增加90%，年均递增率1.33%[1]。其中，1917—1936年间，中日两国实际消费需求总额年增长率分别为4%和3%。由上可见，在中日近代经济发展的过程中，中国实际国民消费需求增长速度仅低于同期日本一个百分点，实际人均消费需求增长速度与日本不相上下，仅低于日本0.4个百分点。1917—1936年的19年间，中国消费需求的增长速度加快，反而高出日本一个百分点。而同期两国国民收入的增长幅度却迥然有异，日本的实际国民收入和实际人均国民收入分别高出中国1.62和1.34个百分点。

国民收入和消费需求总量变动的不同，导致消费需求结构变动亦呈现出差异性特征。从表4.36中可以清楚地看出，1917—1936年的19年间，中国的恩格尔系数由73.34%下降至63.40%，期间下降了9.94个百分点，年平均减少0.52个百分点，而同期日本国民的恩格尔系数则由60.2%下降至49.3%，期间下降了10.92个百分点，年平均减少0.57个百分点。虽然中日两国恩格尔系数下降幅度相差无几，但从恩格尔系数高低所反映出的两国国民生活质量和消费水平

---

[1] 据大川一司等编：《长期经济统计：推计与分析》卷1《国民所得》，第213、237页中数据计算。

差距却不可同日而语。中国1936年的恩格尔系数尚低于日本20世纪10年代水平。按照联合国粮农组织的标准，中国20世纪30年代中期国民消费和生活水平尚处于贫困状态，而同期日本国民生活质量消费水平已达到小康水平，1938年的恩格尔系数更降至46.9%[1]。

表4.37　战前日本个人消费需求与所得变动（1895—1936）

单位：%

期间	可支配所得PY/N（1）	消费支出PC/N（2）	恩格尔系数Ef（3）	平均消费倾向APC（4）	边际消费倾向MPC（5）	储蓄率S/N（6）
1895—1900	2.45	2.34	62.0	—	—	8.22
1901—1910	1.52	1.51	61.05	—	—	4.30
1911—1920	3.96	3.49	62.25	—	—	14.10
1921—1930	0.87	1.07	58.4	—	—	1.31
1930—1936	3.52	2.18	54.1	—	—	16.20
平均	2.33	2.06	60.28	0.92	0.82	8.24

资料来源：（1）（2）（6）引自南亮进著，毕志恒、关权译：《日本的经济发展》，192页，（3）引自野田孜《食物需求》，（4）（5）尾高煌之助《个人消费》，均见大川一司、南亮进编：《近代日本的经济发展》，东洋经济新报社1975年版。

表4.37数字也反映出，在战前日本经济发展历程中，个人可支配收入的增长一直是以高于个人消费的速度增长。人均消费变化比较缓慢，恩格尔系数虽有缓慢下降，但其所占比例仍然很高，1895—1936年，平均高达60.28%。日本在其经济发展各时期恩格尔系数偏高，反映了其消费结构变化滞后于产业结构的变化和经济的

---

[1] 据大川一司等编：《长期经济统计：推计与分析》卷6《个人消费支出》，第139页中数据计算。

增长。战前日本消费需求之所以上升缓慢，是由于其在经济发展过程中有效地避免了近代西欧生活方式的影响，日本在引进先进技术和设备以及制度安排的同时，日本人的消费模式仍很大程度上依赖过去形成的习惯，避免了消费需求和通货膨胀所造成的困扰，制约和影响消费需求变化的三大因素对战前日本消费需求的变动影响不大。为此，在日本学术界形成了独特的"消费习惯假说"。消费水平的上升落后于生产率的增长，其结果导致了储蓄率的上升，从而保证了资本形式的迅速扩大，为日本经济高速增长创造了条件。

如上所述，近代中国经济发展过程中，国民收入增长是以略高于个人消费速度增长，而人均消费变化较之日本又十分激烈；恩格尔系数很高，但下降速度亦较明显，由1917年的74.3%下降至1936年的63.4%。按照巫宝三估算，仅就1933年而言，当时农村消费中，食品所占比重为59.8%，但城市人口的食品消费只占29.5%。这说明在中国总体的经济水平提高极慢的情况下，城市消费结构有比较明显的变化，农村的消费结构则基本保持原状，从而使中国的城市化得以超前发展。造成这种现象的原因在很大程度上是由于中国在其经济发展过程中没有有效地避免近代西欧生活方式和消费方式的影响和冲击。近代中国在引进西方国家先进技术和设备以及制度安排的同时，中国人特别是富有阶层的消费模式受到外来因素的强烈刺激和牵动，大量传统社会沉淀已久的社会闲散资金并未流入投资领域，有相当一部分被挥霍和浪费掉。富有阶层的消费行为和模式又给低收入者以较强的示范作用，攀附、夸富的消费心理和行为在人们的行为活动中极为活跃。消费水平的上升快于生产率的增长，消费结构的转换快于收入水平的增长速度，其结果必然导致储蓄率的低下，从而限制了资本形成的迅速扩大，阻碍了工业化水平的稳定提高和经济进一步增长。

随着恩格尔系数的下降，衣着消费占总消费需求总额中的比例呈上升变动是消费需求结构合理化变动的必然趋势。这种变化反映在日本经济发展的过程中，却未体现在近代中国经济发展的过程中。日本衣着消费所占比重由1917年的8.83%上升至1936年的13.88%，期间上升了5.05个百分点，而中国同期衣着消费所占比重上升幅度极小，只上升了1.56个百分点。中日两国国民反映在衣着消费方面上的差异清楚可见。同期中国国民房租消费支出所占比例非但没有上升，反而在下降，由8.12%降至5.11%，这反映出中国国民居住条件和质量的低下，受食品和衣着消费的限制，无能力提高房租消费支出的比例。而同期日本国民房租消费支出所占比例呈现一定水平的上升态势，由1917年的9.13%升至12.53%，上升了3.4个百分点。同期中日两国国民燃料灯火消费支出所占总消费需求比重变动不大，中国只上升了1.8个百分点，日本上升了0.58个百分点，这是因为中国全国平均气温比日本较为寒冷。而反映发展和享受消费资料支出的杂项消费支出，两国差别较大。中国杂项消费支出所占比例由1917年的4.52%升至1936年的15.01%，上升了10.49个百分点，而同期日本则由18.14%上升至20.03%，上升了1.89个百分点。日本杂项消费支出上升幅度虽不及中国，但至1936年日本杂项消费支出所占比例却高出中国5.02个百分点，反映了日本国民生活质量和消费水平较中国为高。

第四节　中日与同期发达国家消费结构变动的对比研究

我们在对近代经济生活中的中国和日本消费结构变动及其特征进行了纵向和横向分析以后,还将进一步对两国与同期发达国家的消费结构变动情况开展对比研究,以求完整地认识中日两国消费结构的总体态势和发展特征。

消费结构的合理变动是体现人均国民收入增长和消费水平提高的重要内容。从表4.38中可以看出,随着欧美发达国家工业化水平的显著上升,经济实力的不断增强,在人均可支配收入和消费水平同步增长的推动下,消费结构呈现出不断优化和合理变动的发展态势。恩格尔系数总体上呈现下降趋势,至20世纪30年代,大体上占30%左右。如英国(1920—1930)为31.9%,意大利(1921—1940)为47.8%,挪威(1910—1930)为37.2%,瑞典(1938—1948)为25.2%(包括饮料和烟草),美国(1929—1948)为31.8%(包括饮料和烟草),加拿大(1926—1930)为26.4%,均大大低于中国,也低于同期日本。服装所占比重,至20世纪30年代大体占有13%左右的比重,除美国和加拿大呈不断下降态势外,其他国家均呈上升趋势,进入50年代以后,资料显示这些国家衣着所占比重又出现了下降走势[1]。欧美发达国家衣着所占比重的下降趋势,可以归因于衣着相对价格的下降,而衣着价格的下降又可归功于这些国

---

[1] 卡洛·M·奇波拉主编,胡企林等译:《欧洲经济史》第5卷(上册),商务印书馆1988年版,第93—94页。

家重化学工业发展所出现的合成原料的广泛使用，以及初级产品价格的下降。杂项系数表现出强劲的增长态势，英国（1920—1939）为32.8%，意大利（1921—1940）为31.4%，挪威（1910—1930）为27.8%，瑞典（1938—1948）为51.2%，美国（1929—1948）为39.8%，加拿大（1926—1930）为26.4%，不仅大大高于同期中国，也高于同期日本。

表4.38 近代欧美发达国家消费结构的变动

单位：%

国别	年份	食品	饮料烟草	衣着	住房	其他
英国	1880—1899	34.2	13.8	—	10.7	41.3
	1900—1919	34.7	11.2	9.8	14.7	29.7
	1920—1939	31.9	11.2	10.7	13.9	32.3
	1940—1949	29.1	19.2	10.1	13.1	28.6
	1950—1959	31.3	14.1	11.7	12.8	30.1
意大利	1881—1900	47.3	21.0	—	7.9	23.8
	1901—1920	49.7	17.3	—	6.6	26.4
	1921—1940	47.8	12.9	—	7.9	31.4
	1941—1950	52.6	11.2	—	1.2	35.0
	1950—1959	46.6	10.7	11.5	5.2	26.0
美国	1869—1889	39.3		17.0	16.9	26.8
	1889—1908	37.7		14.7	18.0	29.6
	1909—1928	33.1		13.0	18.0	35.9
	1919—1929	31.7		14.7	16.8	36.8
	1929—1948	31.8		13.6	14.8	39.8
	1950—1959	23.7	5.7	10.1	15.7	44.8

续表

国别	年份	食品	饮料烟草	衣着	住房	其他
挪威	1865—1875	45.2	7.0	10.9	19.8	17.1
	1890—1900	42.6	6.7	11.8	16.6	22.3
	1910—1930	37.2	6.1	13.3	15.6	27.8
	1950	28.2	8.6	18.1	9.7	35.4
	1950—1959	30.3	8.1	16.7	10.2	34.7
瑞典	1864—1882	38.7		5.2	26.3	29.8
	1889—1906	36.5		8.5	19.4	35.6
	1906—1926	35.6		10.0	14.8	39.6
	1938—1948	25.2		12.6	11.0	51.2
	1950—1959	29.4	9.2	13.9	13.9	33.6
加拿大	1870—1890	32.2	5.7	16.9	26.7	18.5
	1900—1910	30.0	6.5	17.0	24.8	21.7
	1920—1930	29.8	5.7	15.0	26.0	23.5
	1926—1930	26.4	5.2	13.8	28.2	26.4
	1941—1950	27.1	8.2	14.2	24.5	26.0
	1950—1959	23.7	8.3	10.2	21.2	36.6

资料来源：西蒙·库兹涅茨编著，戴睿、易诚译：《现代经济增长：速度、结构与扩展》，北京经济学院出版社1989年版，第229—232页。

第五章
中日政府消费支出的变动分析

19世纪80年代以后，中国和日本两国开始了经济近代化的历程。如前所述，与传统社会相比较，近代中日两国是处于一种由封闭经济向开发经济，自然经济向市场经济转变的过渡时期。过渡型经济形态的本质特征就决定了近代中日经济发展过程中的政府消费支出发生了很大变化，这对近代中日经济增长的贡献力亦更加突出。本章从宏观的角度，采用实证分析和动态分析方法，试图就近代中日政府消费支出的变动趋势及其特征展开分析，探究其形成原因，并进一步考察和比较中日两国政府消费支出变动的总体特征和异同。

第一节 近代中国政府消费支出的变动趋势及其特征

政府消费支出是指政府作为消费单位对最终产品和劳务的购买

支出，它是总需求中的重要组成部分。[①]近代中国有关政府消费支出的长期统计数据十分缺乏，这是迄今尚无人对此问题有过研究的根本原因。为此，我们首要任务就是利用旧中国零散又珍贵的财政及其有关资料，采用相关的分析方法，对政府消费支出进行估算。现将其结果列出，请看表5.1。

表5.1 近代中国政府消费支出的长期变动（1885—1936）

单位：亿元，1933年币值

年份	政府消费支出	年份	政府消费支出	年份	政府消费支出
1885	2.58	1913	4.74	1931	8.32
1886	2.66	1914	3.38	1932	7.88
1887	2.63	1916	3.92	1933	7.95
1888	2.61	1919	4.22	1934	11.33
1889	2.30	1925	4.45	1935	10.28
1899	3.00	1928	2.21	1936	12.38
1903	3.56	1929	2.85		
1909	4.94	1930	3.40		

资料来源：拙文《政府消费支出变动与近代中国经济增长》，载《社会科学辑刊》2000年第5期。

[①] 衡量政府活动的指标有两个：一是综合性指标，即财政支出，是从中央政府和地方政府支出的合计中扣除重复数额之后的部分；二是国民收入概念指标，即政府一般支出，包括政府消费支出、政府资本形成和转移支出。

我们以上表估算结果，来进一步分析近代中国经济生活中的政府消费支出的变动趋势及其特征，似乎可以从中得出如下几个结论：

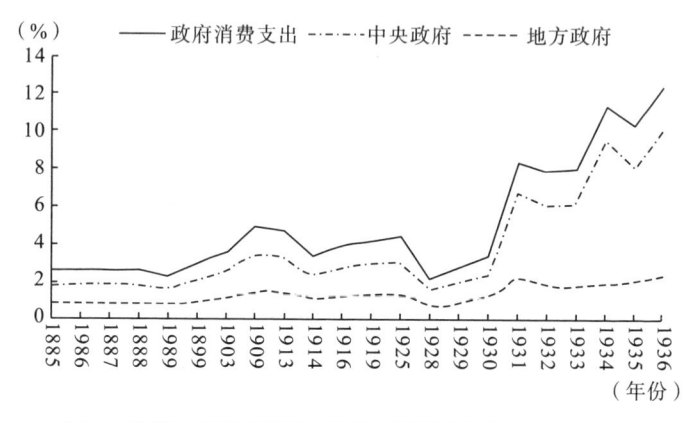

图5.1 近代中国政府消费支出的长期变动曲线(1885—1936)
资料来源：根据表5.1和5.2中数据绘制。

一、中国自19世纪80年代中期近代化开始起步至20世纪30年代中期的近半个世纪，政府消费支出的变动趋势总体上呈现显著的不断上升态势。名义政府消费支出总额由1887年的1.2亿元，增加为1936年的14.25亿元，49年间增加10.9倍，年均增加值为0.266亿元，年平均递增率达5.2%。若以1933年可比价格计算，1887年仅为2.63亿元，1936年猛增至12.38亿元，1936年比1887年增加9.75亿元，49年间增加3.7倍，年平均递增率3.2%。以上数据充分表明，持续上升是近代中国政府消费支出长期变动的总体特征。

二、19世纪80年代至20世纪30年代中国政府消费支出总额的上升变动并非直线运动，而是在曲折不羁的升降波动中逐步上涨，并呈现出某种周期性波动的迹象。这表现在自1887年至1936年的近50年间，各阶段的政府消费支出的增长速度是不尽相同的。在19世纪最后的15年间，晚清政府的消费支出的年均递增幅度极为有限，基本保持一种稳定的状况，年均政府消费支出总额在2.5亿元至3.0亿元左右波动，无明显的上升趋势。进入20世纪以后，北洋政府的消费支出与晚清政府相比显著上升，年平均政府消费支出总额在3亿—4亿元之间。南京国民政府时期，政府消费支出呈现强劲的上升趋势，特别是1931—1936年，年平均政府消费支出达9.8亿元，其中1936年为最高点，达12.38亿元。

我们若将表5.1数据绘制成曲线图，如图5.1所示，可以清晰地显示出近代政府消费支出变动的周期性波动迹象。若以1885年作周期上升期的起点，则1909年上升至最高点，此后略有下降，至1928年跌入谷底，1929年开始反弹，逐步攀升，上升期至1936年升至顶峰，此后预示着下一个周期的开始。由上可见，在中国近代经济发展较为正常的50年中，政府消费支出的变动存在着期限大体为25年左右的两个中长周期波动，19世纪80年代中期至20世纪10年代为第一个周期；20世纪10年代至30年代中叶为第二个周期。周期的下转点大体为1885年、1928年，周期的上转折点为1909年、1936年。1937年至1949年中国先后经历了抗日战争和解放战争，这为期13年的战时经济时期，按照西方经济周期理论，受外生变量的巨大影响，正常的经济运行及其内在规律受到干扰和破坏，无法呈现明显的周期性波动，故本书不再加以考察。

三、近代中国政府消费支出不断上升不仅表现在政府消费支出总量的上升变动，还表现在政府消费支出结构的变化。请看表5.2。

从经济发展史的角度来考察，政府消费支出结构的发展演变呈现一定的规律性特征。西方发达国家历史统计资料业已证明，随着近代经济发展和工业化水平的提高，政府规模不断扩大，政府参与国家经济活动的实力和范围日益扩展和增强，中央政府消费支出占政府总消费支出的比重和绝对值也呈现明显的上升趋势。

表5.2 近代中国政府消费支出结构的长期变动（1885—1936）

单位：亿元，1933年币值

年份	中央政府消费支出	地方政府消费支出	年份	中央政府消费支出	地方政府消费支出
1885	1.81	0.77	1919	2.96	1.26
1886	1.86	0.80	1925	3.12	1.33
1887	1.84	0.79	1928	1.55	0.66
1888	1.83	0.78	1929	2.00	0.85
1889	1.61	0.69	1930	2.38	1.02
1899	2.10	0.90	1931	6.70	2.23
1903	2.49	1.07	1932	6.07	1.81
1909	3.46	1.48	1933	6.20	1.75
1913	3.32	1.42	1934	9.52	1.81
1914	2.37	1.01	1935	8.12	2.16
1916	2.74	1.18	1936	10.03	2.35

资料来源：同表5.1。

表5.2中数据反映了我国近代中央和地方政府消费支出结构变动的时间序列状况。据表中数据显示，随着经济近代化的不断推进，中央政府消费支出的绝对值亦呈现不断上升的态势，由1885年的1.81亿元，增加至1936年的10.03亿元，49年间增加4.54倍，年均递增率为3.5%，占政府总消费支出比重由1887年的70%上升为1936年

的81.1%。而地方政府消费支出则由1885年的0.77亿元，增加到1936年的2.35亿元，49年间增加2.1倍，年均递增2.3%，低于同期中央政府消费支出的增长幅度，占当地政府总消费支出的比重则由1887年的30%降至1936年的18.9%。

政府消费支出中中央政府消费支出所占比重不断上升以及地方政府消费支出所占比重日渐下降的变动，不仅是政府消费支出结构不断趋于合理的反映，也是社会经济发展水平和政府职能扩大及政府参与经济活动能力提高的具体体现。这种政府消费支出结构的变动，如上所言业已为世界许多国家的统计资料所证明，同样也存在于近代中国经济发展的过程中，进而成为测度近代中国经济近代化发展程度的一个重要宏观经济变量指标。

第二节 战前日本政府消费支出的变动及其特点

有别于近代中国政府消费支出的统计资料较为缺乏的特点，战前日本经济发展中的政府消费支出的统计数据十分丰富和完整。从明治时代开始，历届日本政府就十分注重对政府经济活动的相关统计数据的整理，且随着近代意义的财政税收体制的建立和完善，有关财政史实资料的编制一直沿袭下来，保存完整。到了20世纪60年代，大川一司等人编著的《长期经济统计：推计与分析》第7卷《财政支出》和第1卷《国民所得》相继出版，该书是采用现代国民经济核算体系（SNA）的方法对战前日本的财政统计数据进行了整理和估算，推算出战前日本政府消费支出的长时间序列数据，从而为后人开展近代日本政府经济活动的研究提供了丰富的初始历史资料。

表5.3中列出了战前日本政府消费支出的长期时间数列资料,图5.2是采用可变价格和不变价格编制而成的长期变动趋势曲线。以上图表清楚地反映出19世纪80年代中期至20世纪40年代间日本政府消费支出的长期发展状况和趋势。用以上图表中的统计数字来分析战前日本经济发展过程中的政府消费支出变动趋势及其总体特征可以发现,期间政府消费支出呈现显著的上升变动趋势。1885年至1940年的55年间,名义政府消费支出总额由60百万日元,增加至1940年的4821百万日元,55年间增加了近80倍,年平均递增率达8.3%,大大高于同期中国(1885—1936)政府消费支出的增长速度。实际政府消费支出总额则由1885年的283百万日元增至1940年的3377百万日元,55年间增加了近11倍,年均增加值56.3百万日元,年平均递增率达4.6%,亦高于同期中国的增长幅度。从长期趋势来看,如图中所示,是一条斜率较陡的上升变动曲线,这表明战前日本政府消费支出的总体发展趋势是在较低水平基础上,保持了一种持续、稳定和快速的增长态势;同时,政府支出规模的差异也表明中日两国政府对各自国家经济发展的贡献力和参与程度是不同的。

表5.3 战前日本政府消费支出的长期变动(1885—1940)

单位:百万日元

年份	名义值	实际值	年份	名义值	实际值	年份	名义值	实际值
1885	60	283	1904	546	1428	1923	1164	1097
1886	63	311	1905	626	1574	1924	1187	1113
1887	62	320	1906	485	1178	1925	1073	1000

续表

年份	名义值	实际值	年份	名义值	实际值	年份	名义值	实际值
1888	62	315	1907	338	729	1926	1133	1079
1889	59	292	1908	307	710	1927	1391	1303
1890	66	299	1909	320	740	1928	1688	1594
1891	63	298	1910	338	754	1929	1612	1532
1892	70	324	1911	407	839	1930	1452	1476
1893	66	315	1912	370	736	1931	1685	1843
1894	124	575	1913	339	672	1932	1839	1982
1895	148	657	1914	354	727	1933	2046	2175
1896	118	459	1915	366	769	1934	2005	2062
1897	111	383	1916	361	731	1935	2117	2108
1898	131	421	1917	423	750	1936	2185	2135
1899	150	476	1918	582	821	1937	2609	2442
1900	183	538	1919	881	994	1938	3046	3029
1901	201	603	1920	1085	1026	1939	3402	2529
1902	202	584	1921	1120	1039	1940	4821	2377
1903	241	671	1922	1198	1113			

说明：名义值为当年价格数据，实际值为以1934—1936年价格计算的不变价格数据。

资料来源：大川一司、筱原三代平、梅村又次编：《长期经济统计：推计与分析》卷1《国民所得》，东洋经济新报社1974年版，第182、217页。

(百万日元)

----- 名义值　　── 实际值

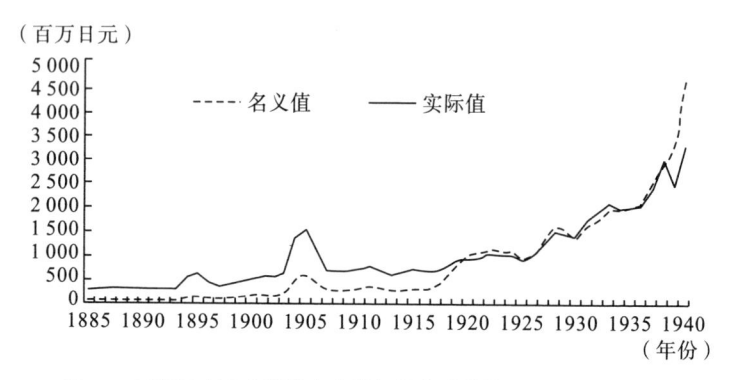

图5.2　战前日本政府消费支出的长期变动曲线（1885—1940）
资料来源：根据表5.3中数据绘制。

图5.3清楚地反映出1880年至1960年日本实际人均政府消费支出的发展趋势和变动特征。从图中可以看出，期间日本人均政府消费支出变动程度，与总体政府消费支出的发展趋势十分相近，亦呈现出持续上升的增长态势。19世纪80年代初期，实际人均政府消费支出不足5日元，至20世纪初期，就增至12日元以上，后虽有较大幅度下跌，但从1905年开始又呈现上升态势，至1937年高达40日元以上，至历史最高峰。

如同近代中国一样，日本在由传统经济向近代经济转变的历史进程中，政府消费支出显著上升的变动态势亦是战前日本经济增长，政府职能扩大，以及政府参与社会经济活动能力增强和范围日渐扩展的必然体现。而且从两国政府消费支出的规模来看，战前日本政府的消费支出总额明显大于近代中国政府。

19世纪80年代中叶至20世纪40年代的日本政府消费支出总额的不断上升变动态势亦并非直线增长，而是在曲折的变动中不断上涨，呈现出阶段性的变动特征和周期性波动。对这种阶段性和周期性波动开展深入分析，有助于我们更加深刻地把握战前日本政府消费支出发展的本质特征和规律。

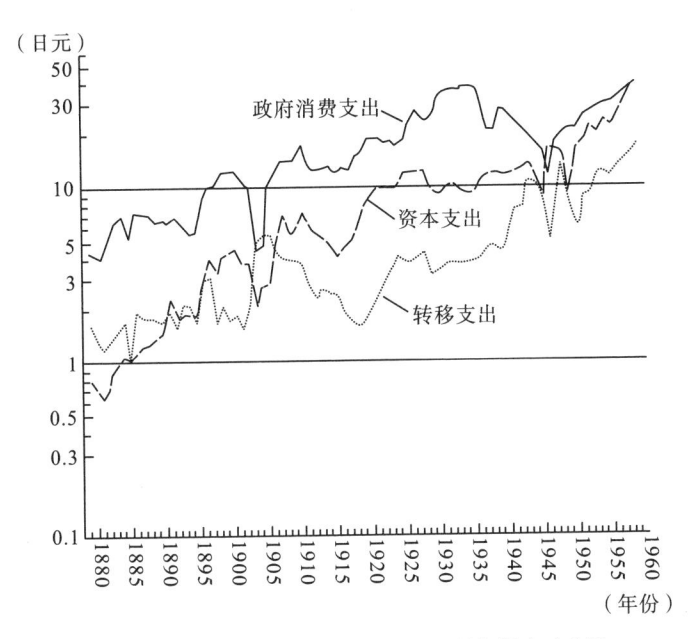

图5.3　战前日本实际人均政府消费支出的长期变动曲线
（1880—1960）

说明：1934—1936年价格。
资料来源：大川一司、筱原三代平、梅村又次编：《长期经济统计：推计与分析》卷7《财政支出》，东洋经济新报社1966年版，第30页。

表5.4 战前日本政府消费支出的阶段性波动（1887—1938）

单位：%

期间（年数）	政府消费支出	总需求
（A）		
Ⅰ（U） 1887—1897（10）	5.22	3.21
Ⅱ（D） 1897—1904（7）	10.38	1.85
Ⅲ（U） 1904—1919（15）	−0.14	3.40
Ⅳ（D） 1919—1930（11）	5.73	2.27
Ⅴ（U） 1930—1938（8）	5.98	5.01
（B）		
Ⅰ′ 1887—1904（17）	7.34	2.65
Ⅱ′ 1897—1919（22）	3.21	2.91
Ⅲ′ 1904—1930（26）	2.34	2.92
Ⅳ′ 1919—1938（19）	5.83	3.42
（C）		
Ⅰ″ 1887—1930（43）	4.32	2.81
Ⅱ″ 1904—1938（34）	3.20	3.41
Ⅲ″ 1887—1938（51）	4.58	3.16

说明：B部分表示的波峰和波谷是根据即将转为下降之前和即将转为上升之前的标准选定的；C部分各年增长率是对前年增长率，各期间平均增长率是各期间年的各年增长率的简单平均。

资料来源：同表5.3，第28页。

上表5.4中数字反映了战前日本政府消费支出和总需求的阶段性变动规律和特征。从中可以看出各阶段的政府消费支出的增长幅度是不尽相同的，我们可以将战前日本政府消费支出的发展变动大体划分为5个阶段，从表中数字可知，上升期（Upswing）与下降期(Downswing)的政府消费支出增长幅度波动升降,阶段性特征显著。1887—1897年为第一阶段,期间实际政府消费支出总额由1887年的320百万日元增加到1897年的383百万日元,10年间增加近20%,年均增加额6.3百万日元,年均递增率5.22%。与后几个阶段相比较,第一阶段属于起点高,增长幅度较快的时期。第二阶段是处于1897—1904年的7年间,实际政府消费支出总额由1897年的383百万日元增加至1904年的1428百万日元,7年间增加了2.7倍,期间平均递增率为10.38%,增长幅度均高于各个时期,是50余年中发展最快的阶段,属于战前日本政府消费支出的高速发展阶段。第三阶段是1904—1919年的15年间,是继第二阶段高速增长后的一次大幅度下降阶段,也是50余年中发展最慢的阶段。期间实际政府消费支出由1904年的1428百万日元降至1919年的99百万日元,期间下降幅度达-0.14%。第四阶段1919—1930年的11年间,实际政府消费支出总额由1919年的994百万日元猛增至1930年的1476百万日元,11年中增加了48.5%,平均每年增加43.8百万日元,年均递增率达5.73%。在第三阶段低迷下降后,第四阶段开始大幅度上升,显示出良好的上涨走势,属于增幅下降后的稳定上升时期。第五阶段是1930—1938年的8年间,实际政府消费支出由1930年的1476百万日元增加至1940年的3377百万日元,8年中增加了近1.3%,年均递增率达5.98%。第五阶段是仅次于第二阶段的政府消费支出增长速度较快的时期,属于第四阶段保持高速增长以后的又一快速增长阶段。概括半个多世纪以来的日本政府消费支出的总体态势,我们可以发现,其发展阶段经历了初期阶段起点高,快速增长,而后增幅减慢和平稳增长的全过程。1887—1938年的全时期内,实际政府消费支出的增长幅度既高于实际国民消费需求的增长速度,也高于同期总需求的增长速度,表现出强劲的增长态势。

同样,战前日本政府消费支出不断上升的发展趋势不仅表现在政府消费支出总量和人均政府消费支出额的上升变动,也体现在政府消费支出结构的变化。所谓政府消费支出结构是指政府各种消费支出在总政府消费支出中所占的比重及其相互关系的变动。从不同的层次和角度,按照政府消费支出的不同,以用途和功能分类可得到不同的划分标准。政府消费支出结构分类的标准有三:一是依据经济功能划分,按照国民经济核算体系的统计口径和方法,将政府消费支出划分为政府购买各种商品和劳务支出、各级政府成员工薪报酬支出和军费开支三部分;二是依据政府部门划分,可将政府消费支出分为中央政府消费支出和地方政府消费支出两部分;三是可按照各级政府职能部门划分为具有不同职能特征的具体各政府机构的消费支出。

表5.5 战前日本中央和地方政府消费支出结构的长期变动(1872—1940)

单位:%

年份	全政府支出(百万日元)	非军事 小计	消费(Cg) 小计	消费(Cg) 中央	消费(Cg) 地方	投资(Ig) 小计	投资(Ig) 中央	投资(Ig) 地方	军事
1872	33.7	71.5	51.3	51.3	—	20.2	20.2	—	28.5
1875	48.9	66.2	51.8	51.8	—	14.4	6.5	7.9	33.8
1880	55.9	79.2	60.5	35.1	25.4	18.7	2.9	15.8	20.8
1885	61.5	72.3	50.7	24.1	26.6	21.6	3.3	18.3	27.7

续表

年份	全政府支出（百万日元）	非军事 小计	消费（Cg）小计	中央	地方	投资（Ig）小计	中央	地方	军事
1890	94.7	78.1	57.6	34.1	23.5	20.5	3.5	17.0	21.9
1895	193.2	39.9	26.7	10.6	16.1	13.2	3.1	10.1	60.1
1900	339.3	59.9	33.9	17.3	16.6	26.0	10.2	15.8	40.1
1905	768.0	26.8	17.3	12.1	5.2	9.5	2.2	7.3	73.2
1910	576.1	68.1	35.6	18.8	16.8	32.5	12.6	19.9	31.9
1915	580.1	64.8	34.6	12.8	21.8	30.2	12.9	17.3	35.2
1920	2212.0	60.8	27.9	8.4	19.5	32.9	18.1	14.8	39.2
1925	2045.2	74.1	36.8	12.3	24.5	42.0	18.4	23.6	21.1
1930	2322.0	81.6	48.8	21.0	27.8	32.7	11.5	21.2	18.4
1935	3413.0	70.7	44.7	16.7	28.1	26.0	9.5	16.5	29.3
1940	1171.0	49.2	39.5	28.8	10.7	9.7	4.1	5.6	50.8

说明：全政府支出是政府消费和政府投资的合计。

资料来源：江见康一：《政府支出的模式》，见大川一司、速水佑次郎编：《日本经济的长期分析——增长、结构、波动》，日本经济新闻社1973年版，第379页。

表5.5中数字是将战前日本政府全部支出划分为军事和非军事支出两大部分，其中又将非军事支出分为中央与地方政府消费支出和投资，从而较为全面地反映出战前日本政府总体支出和政府消费支出的比例关系和结构变动。从表中数据可以清晰地看出，就战前日本政府总支出和消费支出、投资和军事开支所占比重综观之，非军事性开支始终占有60%左右的绝对份额，其中政府消费支出亦保持在35%以上的比重。自19世纪80年代中叶至20世纪40年代，中

央政府的消费支出占全部政府支出的比重，平均为23.7%，而同期地方政府消费支出所占比重略低于中央政府，达20.2%。自1910年开始，地方政府消费支出呈现不断上升态势，1935年达到历史最高点，所占比重为28.1%。另据相关资料显示，中央政府消费支出和地方政府消费支出占全部政府消费支出的比例亦经历了一种不断变化的过程。1880年中央政府消费支出所占比重为54.1%，地方政府为45.9%，此后地方政府所占比重呈现下降趋势，1900年地方政府消费支出仅占37.7%，而中央政府消费支出占62.3%。从20世纪20年代开始，地方政府消费支出所占比重不断上升，1920年为44%，1930年超过中央政府，达54.1%，而至1940年又大幅度下降，仅占20.8%，中央政府高达79.2%。以上数字表明，中央和地方政府消费支出在总体态势上呈现不断上升的同时，中央和地方政府消费支出结构亦呈现出波动发展的变动趋势，除个别时期以外，中央政府消费支出始终占有较大份额，这充分说明战前日本中央政府参与国家经济活动和发挥政府经济职能的作用日渐显著和强化。

下面我们将按照经济功能划分的标准来考察战前日本政府消费支出结构的变动趋势及其特征。首先看军费支出状况，战前日本的军费开支包括直接军费和间接军费，前者包括常备国防费（包括一般会计陆海军省经费和征兵费）、战费（包括临时军费特别会计和陆海军省以外各省的战争关联支出），后者包括战争关联费（包括军事扶助、军人退休金及恩惠）和军事公债利息。

图5.4是以不变价格绘制的战前日本军事开支的长期变动曲线。结合图5.4和表5.5中数据可以清楚地发现，战前日本军费开支呈现显著的不断上升趋势，其平均所占全部政府支出的比重达35%以

上，军费开支占政府消费支出的比重亦高达34%，其中1890年为21.5%，1900年为33.7%，1920年为39.2%，1940年高达80.2%。战后，随着非军事化政策的推进，军费大幅度削减，1976年时军事开支占政府消费支出的比例仅为2.7%。[①]从图5.4我们还可以看出，在战前日本社会经济发展过程中，历次战争期间，如中日甲午战争（1894—1895年）、日俄战争（1904—1905年）、第一次世界大战（1914—1918年）、"九一八"事变（1913年）和第二次世界大战（1937年以降），军费开支都呈现大幅度上升态势，期间各时期军费所占全部政府支出的比重分别为60.1%（1895年），73.2%（1905年），35.2%（1915年），18.4%（1930年），50.8%（1940年）。

政府官员的工薪报酬开支是政府消费支出的重要组成部分，伴随着政府规模的扩大和政府职能的增强，工薪报酬开支呈现不断上涨的趋势。据统计资料显示，名义工薪报酬支出由1885年的24百万日元猛增至1940年的977百万日元，55年间增加了近40倍，每年增加17.3百万日元，年均递增率近7%；实际工薪报酬支出则由1885年的100百万日元增至1940年的928百万日元，55年间增加了8.3倍，年递增率4.1%。虽然战前日本政府官员工薪报酬支出总额呈现上升态势，但受到军费开支的挤占，其所占政府消费支出的比重却不断下降。以名义值计算，其所占比重由1885年的40%降至1940年的20.3%，实际值则由35.3%下降到27.5%。[②]

---

① 据南亮进：《日本的经济发展》，东京经济新报社1981年版，第283页中数字计算。
② 据大川一司、筱原三代平、梅村又次编：《长期经济统计：推计与分析》卷1《国民所得》，第182、217页中数字计算。

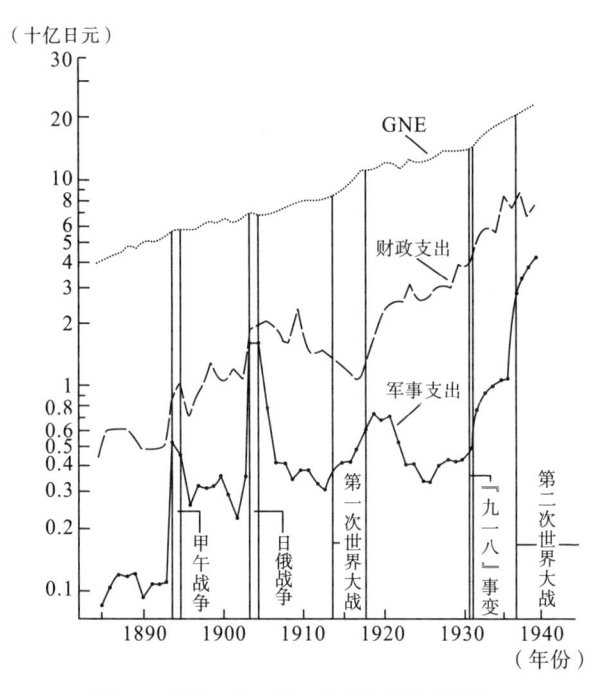

图5.4 战前日本军费开支的长期变动曲线

资料来源：南亮进：《日本的经济发展》，东洋经济新报社1981年版，第277页。

第三节　影响中日政府消费支出变动的因素分析

我们不仅要实证地考察战前中日两国政府消费支出不断上升趋势的客观存在及其特征，更应对造成其变动的原因进行探讨和说明。政府消费支出不断上升的变动趋势，不是一种个别的、偶然性的短期现象，而是一种普遍的、必然的客观规律，它反映着政府经济活动与经济增长之间的内在本质联系。近代中日政府消费支出不断上升的变动趋势，受多种客观条件和因素的影响，从长期分析的角度看，主要有以下诸方面：

一、近代中日两国国民经济发展水平的提高是政府消费支出逐渐上升的物质保证

近代中国经济在发展较为正常的19世纪80年代至20世纪30年代有缓慢的增长。如第一章所述，如果按1936年不变价格计算，工农业总产值由1887年的146.13亿元，到1936年增加到306.12亿元，近50年增加了1.1倍，年平均递增率为1.5%。国民收入由1887年的143.43亿元，增加到1936年的354.6亿元，49年间增长了1.4倍，年平均递增1.86%。人均国民收入由38元增加到69.43元，增长了83%，年平均递增1.23%。其中，1920—1936年，是中国近代经济发展史上增长速度最快的时期，在国家工业化和资本主义化的道路上取得了长足的进步。仍以通常用来衡量经济发展的三项主要指标来看，工农业总产值由1920年的229.98亿元，增加到1936年的306.12亿元，年平均递增1.80%；国民收入由1914年的187.64亿元，增加到1936年的257.98亿元，年平均递增1.45%；人均国民收入由41.22元增加为51.51元，年平均递增0.9%。三项指标均在抗战爆发前的1936年达到近代中国历史上的最高峰。近代中国经济的发展无疑决定了政府消费支出总量和结构呈逐渐上升态势。

战前日本经济取得的显著增长实绩无疑是政府消费支出大幅度上升的基本物质条件。据统计资料显示，1885年至1940年的55年间，实际GNP总值由1885年的38.52亿日元，增加到1940年的228.48亿日元，55年间增加了近5倍，年均递增率达3.29%；同期人均GNP

亦呈现出强劲的上升发展态势，由1885年的101日元增加到1940年的318日元，55年间增加了2倍多，年平均递增率为2.1%。期间农业生产总值增长达到1.34%（1889—1938年），生产效率增长率达1.56%，对农业产出贡献强劲。日本自1880年中期成功地实现了工业化起步后迅速发展，取得了公认的经济发展成就。广义制造业（工矿业、建筑业、交通、通信、公共事业等），战前日本平均增长率高达6.3%，工业生产指数增长率为5.4%，大大超过同期欧美各国。[①] 由上可见，战前日本经济的持续快速增长为政府消费支出的上升提供了物质基础。

二、政府职能与作用的扩大和强化是促使政府消费支出不断上升的主要动因

众所周知，与传统社会的政权相比较，由晚清政府、北洋政府和南京国民政府组成的中国近代权力主体群性质虽然仍是具有浓厚的传统中央集权的专制政治或是为达到这一目标的军阀政治，但其政府职能以及对社会经济发展所发挥的积极作用已发生很大变化。晚清政府在19世纪中期出于"图强"的政治目的，创办了一些军事、船舶工业，客观上促进了中国资本主义的发展。此后的北洋政府和南京国民政府为加强军事力量，致力于近代工业及交通运输业的发展，使中国在当时特定的历史背景下，经济有了较快的增长。与此同时，近代中国政权主体受西方现代文明的冲击，为维护自身政权的存在和稳定，被迫从西方移植来了新的制度安排，建立了新

---

① 南亮进著，毕志恒、关权译：《日本的经济发展》，第71页。

型的商业制度、工厂制度、银行制度,实现了工商管理机构及其体制的近代化,并为适应近代中国经济发展的需要,颁布了一系列旨在促进资本主义发展的政策和法规,从而使政府的职能更加突出经济方面,其对经济增长的促进作用也更加强化。

有别于近代中国权力主体对政治目标函数的偏好所导致的传统政治与新式经济不同质、非均衡的特征,由明治政府、大正政府和昭和政府组成的日本政权主体群性质则更多地体现出政治与经济目标相一致,呈现出趋同于资本主义性质的一元化取向,从而促使其政府的政治和经济职能对社会经济发展的促进作用强于近代中国。1868年明治政府以"殖产兴业""富国强兵"为中心开展的明治维新运动,充分利用国家的权力干预经济,大力推进经济组织的现代化和积极引进西方先进的科学技术,迈出了经济近代化道路的第一步,从而为资本主义的顺利发展奠定了坚实基础。此后的历届日本政府都以发展经济、提高国家经济实力为重任,大力推行经济改革,转变政府职能。在同样受到现代西方文明冲击的条件下,不是像近代中国政府群那样被迫地移植西方的制度安排,而是主动、积极地改变制度,改善制度环境,将政府干预手段从传统的以国家直接干预为主改变为依靠制定法规政策制度,创造良好的促进资本主义经济发展的制度环境等间接的干预为主[1],建立了新型的近代经济制度和市场体制,实现了工商管理体制和运行机制的近代化,从而使政府的经济职能更加突出,政府参与经济活动的范围和程度亦更加显著。

---

[1] 朱荫贵:《国家干预经济与中日近代化》,东方出版社1994年版,第19—20页。

三、政府财政规模的扩大是导致政府消费支出上升的基础

中国在前资本主义社会晚期,中央政府财政收支基本维持在3000万—4000万银两左右,并长期顺差,鸦片战争以后,虽然财政支出加剧,1842—1891年,由3150万两增加至7936万两[1],50年间财政支出增加1倍有余,但至19世纪80年代,政府财政收入平均仍在8000万两左右,财政收支基本平衡,且规模不大。19世纪80年代以后,中国开始了经济近代化的历程,中国的近代工业——先是官办,而后是民办——开始产生。随着近代政府群职能和参与经济活动的不断扩大和强化,政府规模逐渐扩大,从而导致政府财政规模显著扩展。1899年,中央政府的财政收入为129.2百万元,支出148.3百万元,财政收支总计277.5百万元。1919年时财政收入490.4百万元,支出495.8百万元,合计986.2百万元[2]。而至1937年,财政规模更加扩大,该年财政收入达559百万元,支出2091百万元,财政收支高达2650百万元[3]。以可比价格计算(1933年价格),1899年的财政收支总额为453.5百万元,1937年为1955.3百万元,38年间增加3.3倍,年平均递增率近4%。由此可见,近代政府财政规模的不断扩大,使其有能力提高在消费和劳务的购买支出,从而使政府消费支出得以快速上升。

日本在经济近代化开始之前的19世纪60年代,明治维新之初,政府财政收支只有6359万日元[4]。到了70年代,财政收支有所上

---

[1] 《清史稿》第13册,第3704—3706页。
[2] 杨荫溥:《民国财政史》,中国财政经济出版社1985年版,第102页。
[3] 杨荫溥:《民国财政史》,中国财政经济出版社1985年版,第102页。
[4] 大川一司、筱原三代平、梅村又次编:《长期经济统计:推计与分析》卷7《财政支出》,第147页。

升，但也基本保持在1亿—1.2亿日元之间，并长期处于顺差状态。19世纪80年中叶经济近代化起步以后，伴随着政府职能转化和参与社会经济活动范围的不断扩大，政府规模也逐渐扩大，从而促使政府财政规模日渐拓展。战前日本政府收入的主要来源是租税和公债收入，初期租税的比例超过80%，1887年开征了收入弹性更高的所得税，使日本政府财政收入至20世纪20年代以后有了大幅度增加。同时伴随着近代税收体制的建立和完善，财政收入来源逐渐实现了由间接税向直接税的转化，到了1940年，直接税收入已达50%以上[1]，从而使日本政府财政规模显著扩大。据统计，1885年政府财政收入为62.2百万日元，财政支出61.1百万日元，财政收支合计123.3百万日元。1895年时政府财政收入为118.4百万日元，支出为91.6百万日元，财政收支合计210百万日元。进入20世纪以后，财政规模快速扩张，1900年时财政收支总额高达553.8百万日元，1910年又达1221.1百万日元，10年间增加了1.2倍。1920年财政收入达20亿日元，支出15亿日元，合计35亿日元。到了1940年财政规模更加扩大，这年财政收入高达64.4亿日元，支出61.7亿日元，合计126.1亿日元[2]。1885—1940年的55年间，日本政府财政总额增加了101倍，年递增率8.8%，大大高于同期中国政府财政规模的上涨速度。与此同时，随着日本政府规模的不断扩大，政府公务人员的人数及其收入也大幅度提高，从而使政府财政规模和工薪报酬开支显著上升。据统计，1880年政府公务人员人数仅有11.7万人，占全社会劳动力

---

[1] 南亮进著，毕志恒、关权译：《日本的经济发展》，第260页。
[2] 大川一司、筱原三代平、梅村又次编：《长期经济统计：推计与分析》卷7《财政支出》，第147—148页。

总数的比例仅为0.59%，1900年增加至40.1万人，比1880年增加了2.4倍，所占总劳动力比例升至1.61%，1920年又增至101.8万人，比1880年增加了7.7倍，所占总劳动力比例升到了3.73%，1940年公务人员总数为185.4万人，比1880年增加了近15倍，所占总劳动力比例为5.7%[①]。同时人均公务员收入亦呈现显著的上升态势，1900年中央政府公务员人均收入为620.3日元，地方政府为108.8日元，平均270.7日元，到了1930年分别为651.8日元和176.1日元，平均481.9日元[②]，比1900年增加了近80%。同样我们可以看出，伴随着日本政府财政规模的显著提高，为政府消费支出的扩大提供了条件，从而使政府消费支出得以快速增长。

四、政府军费开支的扩张是促使政府消费支出上升强有力的推动力量

如上所言，近代中国政府群性质仍是传统的中央集权的专制政治或军阀政治，政府行为目标更多地取决于其政治目标。传统政治与新式经济的不同质、不对称和非均衡，使政府的职能及其活动过多地取决于其政治目标，经济目标也是为其政治目标服务的，进而使近代中国政府的军费开支在政府总消费支出中所占比重庞大。晚清政府在坚守"中学为体，西学为用"的信条下，大规模投资军事工业，而后陆续创办的民用工业也是为其军事工业服务的。据统计，从1872年至1894年，晚清政府兴办的军用和民用工业共27家，

---

① 大川一司、筱原三代平、梅村又次编：《长期经济统计：推计与分析》卷7《财政支出》，第7、8页。
② 大川一司、筱原三代平、梅村又次编：《长期经济统计：推计与分析》卷7《财政支出》，第7、8页。

投资额达2964万元①。北洋政府军费开支庞大是众所周知的事情，1913年军费高达172.7百万元，占财政总支出的27%，而1925年军费上涨至297.7百万元，占财政支出的比重上升至47%②。南京国民政府为加强军事力量，大量购买美国军械，军费开支更加庞大，1927年军费开支占实际财政支出的比重高达87%，1937年仍达到66.4%的比重③。

战前日本经济发展过程中，军费开支因中日甲午战争、日俄战争、第一次世界大战、"九·一八"事变、华北事变、太平洋战争的军备扩大而逐渐上升，占政府总财政支出和总消费支出的比重也不断提高。19世纪80年代后半期到90年代前半期，被日本学者称为"小政府"时代。这时期，全部军费支出占财政支出的比重仅15%—18%，规模很小。即使如此，明治政府为了对抗中国清朝政府，在扩充军备中尤以扩充海军和修筑铁路、公路以备战时服务的建设项目为急务。中央财政规模在中日甲午战争以前大约维持在8000万日元左右，而甲午战后一下子超过2亿日元，其中最主要的原因是军费的大幅度增加。地方财政甲午战后增加的势头更猛，到1900年前后其规模已达到战前的3倍。甲午战争后，日本实现了从"小政府"向"大政府"的转变④。日俄战争（1904—1905年）时，军费开支占总财政支出的比重高达74.2%，第一次世界大战期

---

① 许涤新、吴承明主编：《中国资本主义发展史》第2卷，人民出版社1990年版，第341—342页。
② 杨荫溥：《民国财政史》，第13页。
③ 杨荫溥：《民国财政史》，第70、103页。
④ 西川俊作、山本有造编，厉以平监译：《产业化的时代》(下)，《日本经济史》第5卷，北京三联书店1998年版，第10—21页。

第五章　中日政府消费支出的变动分析　353

间（1914—1920年）也有27.1%之高，太平洋战争爆发后的1937—1940年，所占比重更达42.7%，1941—1945年更高达58.3%，其中战时军费开支占总军费支出的比重达94%[①]。实际财政支出亦随军费开支增大而增大，财政支出占GNE的比重，由1888年的12%，上升到1938年的37%[②]。二战前日本军费上升的原因无疑是扩充军备及其"转换效应"所致[③]。

  近代中日两国都是中央集权式国家政体，权力主体都可凭借其在政治力量对比与资源配置权力上的优势地位，根据经济和政治目标函数最大化原则决定其消费支出行为、方向、速度、形式、步骤，并通过隶属于权力主体的各级行政系列加以贯彻实施。但由于两国权力主体政治和经济目标函数的不同：日本政府追求政治和经济双重目标的优化，谋求资本主义制度的最终确立和发展；中国政府以追求政治目标为主，经济目标辅之，导致二者非同质发展。这决定了两国政府消费支出对各自经济近代化的贡献不尽相同。由上可知，伴随着经济近代化的深入，近代政府职能和作用的扩大和强化，政府财政规模的扩大所导致的消费和劳务的上升，以及军费开支的扩张等因素是导致近代中日政府消费支出总量和结构变动上升的根本性原因。

[①] 大川一司、筱原三代平、梅村又次编：《长期经济统计：推计与分析》卷7《财政支出》，第22页。
[②] 南亮进著，毕志恒、关权译：《日本的经济发展》，第259页。
[③] "转换效应"是A.T.皮克库和J.瓦依兹曼在研究英国政府财政支出与军费支出变动中发现的一种现象，即财政规模因每发生一次战争便出现阶段性扩大，此后相当于战时军费开支的财政支出在财政结构中被固定下来。

第四节　中国与日本政府消费支出变动的比较分析

同样，我们在对近代中国和日本政府消费支出变动发展趋势及其总体特征和影响因素进行了纵向分析后，将两国结合起来开展横向的对比研究，以求进一步探求各自政府消费支出的变动规律及其异同。

在近代中日两国经济发展的过程中，财政规模和政府消费支出都呈现出不断上升的发展趋势，但两国财政支出和政府消费支出的变动幅度是不尽相同的。1887年至1936年的49年间，日本实际财政支出总额由5.37亿日元增加至76.69亿日元，增加了13.3倍，年平均递增率达5.6%，其所占GNE的比率亦由1888年的12.1%升至1938年的36.8%，这种财政规模随着经济发展而扩大的倾向被A.瓦格那称之为"经费膨胀的法则"，在日本也表现得很充分。而在大体相同的时期内，中国实际财政支出总额则由2.65亿元增加到16.5亿元，49年间仅增加了5.2倍，年均递增率为3.8%，大大低于同期日本财政支出的增长幅度。其所占国民生产总值的比重也比同期日本相距甚远，1887年实际财政支出占GNP的比例仅为2.2%，1936年也不过8%的水平[1]，与日本不可同日而语。

---

[1] 1887年GNP数字见张仲礼：《十九世纪八十年代中国国民生产总值的粗略估计》；1936年GNP数字见巫宝三：《中国国民所得（一九三三年）》（上册），第17页。

表5.6　近代中国和日本政府消费支出变动的比较（1887、1936）

年份	财政支出（亿元） 1887	财政支出（亿元） 1936	年率（%）	政府消费支出 总额（亿元） 1887	政府消费支出 总额（亿元） 1936	年率（%）	中央政府 1887	中央政府 1936	年率（%）	地方政府 1887	地方政府 1936	年率（%）
中国	2.65	16.5	3.8	2.63	12.38	3.2	1.84	10.03	3.5	0.79	2.35	2.2
日本	5.37	76.69	5.6	3.20	21.35	3.9	1.52	7.98	3.4	1.68	13.37	4.3

说明：①中国为1933年币值，日本为1934—1936年币值。②日本1887年财政支出数据由1888年替代，1936年数据由1938年替代。

资料来源：中国财政支出数据，1887年根据张仲礼：《十九世纪八十年代中国国民生产总值的粗略估计》，载《南开经济研究所季刊》1987年第一集增刊，文中原为银两数，按1∶1.4686（见张仲礼文）比例折合成银圆，再依据王玉茹：《近代中国价格结构研究》（陕西人民出版社1997年版）中物价指数，折算为1933年币值；1936年见巫宝三：《中国国民所得（一九三三年）》（上册），中华书局1947年版，第142页。政府消费支出数据，同表5.1和5.2。

日本财政支出数据见南亮进：《日本的经济发展》，东洋经济新报社1981年版，第276页；政府消费支出总额见大川一司、筱原三代平、梅村又次编：《长期经济统计：推计与分析》卷1《国民所得》，第217页；中央和地方政府消费支出数据，按照江见康一：《政府支出的模式》，见大川一司、速水佑次郎编：《日本经济的长期分析——增长、结构、波动》，日本经济新闻社1973年版，中央和地方政府消费支出所占比重，乘以政府消费支出总额换算而得。

两国政府消费支出的变动及其增长速度也存在差距。1887年至1936年，日本政府实际消费支出总额由1887年的3.2亿日元增加至1936年的21.35亿日元，49年间增加了5.7倍，年均递增率3.9%；所占GNE的比重则由1888年的6.7%，上升到1938年的11.8%[①]；其所

---

① 南亮进著，毕志恒、关权译：《日本的经济发展》，第259页。

占财政支出的比重由1887年的59.6%降至1936年的27.8%。其中,中央政府实际消费支出由1887年的1.52亿日元,增加到1936年的7.98亿日元,49年间增加了4.3倍,年递增率3.4%,所占财政支出的比重亦由1887年的28.3%降至1936年的10.4%,其所占政府消费支出的比重亦呈现下降态势,由47.5%降至37.4%。同期地方政府消费支出表现出与中央政府消费支出变动不同的态势,其实际消费支出总额由1887年的1.68亿日元增至1936年的13.37亿日元,49年间增加了近7倍,年递增率达4.3%,增长幅度大大高于同期中央政府消费支出的增长幅度。同期地方政府消费支出所占财政支出的比重亦呈现下降趋势,由1887年的31.3%降至17.4%,所占政府消费支出的比重却没有下降,而呈现出略有上升的态势,由52.5%升至62.6%。我们再来看看同期中国的情况,1887年至1936年,中国政府实际消费支出总额由1887年的2.63亿元增加至1936年的12.38亿元,49年间增加了3.7倍,低于同期日本5.7倍的增加幅度,年均递增率也低于日本,为3.2%,其所占GNP的比重由1887年的2.2%仅上升至1936年的6.2%,上升幅度远不及同期日本。政府消费支出所占财政支出的比重亦不及日本,由1887年的99.2%降至1936年的75.0%。政府财政支出中政府消费支出所占比重居高不下的状况表明政府财政收入的绝大部分被消耗掉,政府消费扩张所导致政府投资减少的挤出效应颇为显著,从而限制了政府的储蓄规模和资本形成,使中国政府对国民经济的发展所发挥的作用远不及日本政府。资料又显示,同期中国中央和地方政府的消费支出也表现出与日本不同的情况,中央政府实际消费支出由1887年的1.84亿元增加到1936年的10.03亿元,增加了4.5倍,年递增率3.5%,与同期日本不相上下,所占财政支出的比重则由69.4%略降至60.8%，所占政府消费支出的比重则由70%升至81.0%。同期地方政府实际消费支出则由1887年的0.79亿元增加到1936年的2.35亿元，49年间增加了近2倍，大大低于同期日本地方政府消费支出的增加幅度，年递增率亦不及日本，仅有2.2%的增长速度，所占财政支出的比重则由1887年的不足30%降至14.2%，所占政府消费支出的比重则由1887年的30%降至19%。

第五节　中日与同期发达国家政府消费支出变动的对比研究

在对近代中国和战前日本政府消费支出进行了纵向和对比分析以后，我们还将与同期发达国家政府消费支出的变动开展横向比较，以求较为全面地认识中日两国政府消费支出的变动趋势及其特征。

伴随着欧美发达国家经济发展水平的逐渐提高，政府规模的不断扩大，政府直接或间接参与国家政治经济活动的实力和范围日益扩展和深化，政府消费支出总量及其所占GNP的比重均呈现明显的上升趋势，其变量幅度较之同期中国方面大为激烈，而与日本不相上下。

表5.7　近代发达国家GNP结构中政府消费支出所占比重

单位：%

国别	年份	政府消费支出	国别	年份	政府消费支出
英国	1885—1889	6.7	德国	1885—1889	6.3
	1900—1914	7.4		1891—1913	7.2
	1921—1939	8.9		1914—1928	7.2
	1930—1939	11.4		1929—1938	12.8
	1945—1954	19.2		1950—1959	14.4
美国	1887—1891	4.6	意大利	1881—1900	4.8
	1907—1911	4.9		1901—1910	4.3
	1909—1928	4.4		1921—1930	5.6
	1929—1938	9.4		1931—1940	9.4
	1946—1955	15.4		1950—1959	12.0

资料来源：同表1.22。

欧美国家在工业化历程中，政府消费支出占GNP的比重平均由19世纪中期的3.5%至5%，上升至二战后的15%左右[①]。例如，美国

---

① 1956—1960年，美国为16.6%、英国为16.2%、西德为13.1%；1961—1965年，美国为17.3%、英国为16.5%、西德为15%；1966—1970年，美国为19.3%、英国为17.7%、西德为15.8%，见石弘光：《政府的储蓄与投资》，载大川一司、南亮进编：《近代日本的经济发展——根据长期经济统计的分析》，东洋经济新报社1975年版，第359页。

第五章　中日政府消费支出的变动分析

1887—1891年，其所占比重为4.6%，1929—1938年为9.4%，1946—1955年达15.4%。德国在1887—1891年为6.3%，1929—1938年为12.8%。英国在1887—1891年为6.7%，1930—1939年为11.4%。日本1888年为6.7%，1938年为11.8%，与同期欧美国家不相上下。而同期中国政府消费支出所占GNP的比重，1887年仅为2.2%，1936年也不过才升到近6.2%，只相当于世界发达国家19世纪末期水平。

第六章
中日消费需求变动的宏观经济效应

以上各章我们重点对中日消费需求变动的一般水平及其结构的变动趋势进行了充分的实证性比较研究,本章将在此基础上,按照从分析到综合的逻辑顺序,从总需求与总供给内在联系的角度,集中探讨和说明近代中日两国消费需求总量变动和结构变动的宏观经济效应,以求进一步揭示和比较两国消费需求变动的一般性规律和异同。

按照马克思政治经济学的观点,生产与消费是相互作用的,生产决定消费,消费反过来给生产以重要影响。人们不可能消费没有生产出来的东西,不可能对无法生产出来的东西形成消费需求;反之,生产最终要受消费的制约,没有消费需求的盲目生产是无法持续的,从这一意义上说生产的最终目的是消费。因此,社会总消费需求变动必然对社会再生产过程,以至于对整个国民经济发展会产生重大影响。由于结构变动和总量变动是消费需求变动的两种基本形态,因此,消费需求变动的宏观经济效应就是通过这两种形式体现出来,其表现为:一是消费需求总量扩张或收缩引起总供给大体呈同步扩张或收缩的供给效应；一是消费需求结构变动牵动供给结构变动和供给增长的产出效应。

第一节 消费需求的变动对总需求的贡献

消费需求是总需求的重要组成部分，大体占总需求的三分之二以上，它的变动对总需求变动具有重要影响。从表6.1可以看出，在近代中国经济发展过程中，不仅个人消费需求始终占绝大比重，而且其变动方向也与总需求变动方向大体一致。因此，可以说消费需求变动与总需求变动密切相关。

表6.1 近代中国个人消费需求和政府支出与总需求变动比较

单位：%

年份	AD%	PC/AD	PC%	PG/AD	PG%
1887—1917	0.01	94.3	0.01	1.6	2.5
1917—1922	4.5	93.7	4.7	1.9	−0.3
1922—1927	6.0	94.3	6.1	1.2	−7.4
1927—1932	4.2	94.2	4.0	2.5	38.9
1932—1934	−2.4	93.4	−2.6	4.5	12.8
1934—1936	4.5	91.5	3.4	5.4	3.0

说明：AD、PC、PG分别代表总需求、个人消费需求、政府消费支出，AD%、PC%、PG%分别代表AD、PC、PG的增长率。
资料来源：拙著《总需求的变动趋势与近代中国经济发展》，高等教育出版社1997年版，第156页。

根据表6.1数字可知，近代中国个人消费需求占总需求的份额总体上呈较弱的下降趋势，其比重由1887年的95.5%降至1936年的

90.2%,49年间仅下降了5.3个百分点,年平均下降0.11%。虽然个人消费需求占总需求总额的比重呈下降走势,但其增长率总体上呈现上升特征,并且个人消费需求增长率与总需求增长率具有较强的关联,二者几乎呈同步波动态势,波动幅度基本相同,这表明个人消费需求变动对总需求变动具有重要牵动作用。我们看到,人均实际消费需求增长率从1887—1936年年平均增长0.9%(以1933年不变价格计算),同期发达国家,美国(1889—1948年)为2.1%,瑞典(1882—1948年)为2.3%,日本(1889—1938年)为1.5%,加拿大(1870—1930年)为1.3%,德国(1851—1931年)为1.4%,英国(1880—1939年)为0.8%,意大利(1860—1940年)为0.5%,挪威(1865—1930年)为0.9%。[1]从整体上看,近代中国国民个人消费需求增长率同于或略低于同期世界工业化国家和日本的平均水平。

一般说来,在正常条件下(例如价格水平一定),消费需求数量的变化主要是受下列因素影响和制约:可支配收入水平;边际消费倾向(MPC);消费的示范效应。如果消费倾向不变,可支配收入水平提高,那么,消费需求必然随着收入水平的上升而上升,反之亦然。假如收入水平相同,边际消费倾向大,则用于消费的支出就多,对消费品的需求就越大。在现实经济生活中,消费者的消费支出不仅受其收入的影响,而且也受周围其他人消费行为的影响。高收入者的消费行为和消费模式,常常是低收入者消费行为的导向器,努力进行"模仿",并力图尽快"赶上别人"的倾向是消费"示范效应"的典型反映。

---

[1] 南亮进、毕志恒、关权译:《日本的经济发展》,第274页。

在近代中国经济发展历程中，国民个人消费需求的增长速度一直略低于国民收入的增长速度，从1887—1936年的49年间，如上所述，以1933年不变计算的实际消费需求年平均增长率和人均实际消费需求年平均增长率分别为1.5%和0.9%，而同期实际国民收入年平均增长率为1.86%，人均实际国民收入年平均增长率为1.23%。

同期恩格尔系数仍然很高，且下降速度不太明显。恩格尔系数由1917年的74.3%下降至1936年的63.4%[①]，按照巫宝三估算，仅就1933年而言，当时农村消费中，恩格尔系数为59.8%，但城市居民恩格尔系数只占29.5%[②]。这说明，在中国总体的经济水平提高极慢的情况下，中国的城市化却得以超前发展。造成这种现象的原因在很大程度上是由于中国在其经济发展中并没有有效地避免近代西欧生活方式和消费方式的冲击和影响，近代中国在引进西方国家先进技术和设备以及制度安排的同时，中国人特别是富有阶层的消费模式受到外来因素的强烈刺激和牵动，大量传统社会沉淀已久的社会闲散资金并未流入投资领域，有相当一部分被挥霍和浪费掉。富有阶层的消费行为和消费模式又给低收入者以较强的示范作用，攀附、夸富的消费心理和行为在人们的行为活动中极为活跃。消费水平的上升快于生产率的增长，消费结构的转换快于收入水平的增长速度，其结果必然导致储蓄率低下，从而限制了资本形成的迅速扩大，阻碍了经济进一步增长。

与个人消费需求变动不同的是政府消费支出在总需求中所占的比重却呈现上升趋势，由1887年的1.04%增至1936年的5.3%，但上

---

① 见表4.1。
② 巫宝三：《中国国民所得（一九三三年）》（上册），第171页。

升幅度甚微。世界工业化国家发展的历史经验表明，在经济近代化过程中，随着政府政治和经济目标函数及行为的加强，政府参与经济活动的能力逐渐提高，特别是在实行强制式制度安排的国家中更是如此[①]。因此，必然造成总需求结构中政府消费支出所占总需求份额和增长率的大幅度提高。但我们从表6.1中可以看出，政府消费支出变动虽较为激烈，但与总需求变化的关联程度较弱，二者并未呈现同步波动态势，这表明政府消费支出对总需求变动的贡献力不如个人消费需求那样大。

就消费需求变动对总需求变动的影响而论，如同中国一样，在战前日本经济发展过程中，不仅个人消费需求始终占绝大比重，而且其波动方向也与总需求周期波动大体一致，因此，可以说个人消费需求变动与总需求周期波动密切相关。可以看出，战前日本消费需求占总需求中的份额总体上呈下降趋势，由1885年的88.3%降至1944年的72.3%，59年间共下降了15.6个百分点，年平均下降0.3%。其中，个人消费需求从1885至1944年，由80.9%下降为35.6%，年平均递减1.45%。政府消费需求在总需求中所占比重呈上升走势，由1885年的7.5%增至1944年的37.1%，59年间上升了29.6个百分点，年平均递增率为0.5%。政府消费需求增长率升降相间，七次周期平均增长率分别为2.4%、13.1%、12.9%、2.6%、17.7%、3.1%和30.3%；其增长率与总需求增长几乎呈同步波动态势，密切程度较高。而且，政府消费需求增长率多在总需求周期波动至波峰前二三年或同年达到其最高值，成为促使总需求形成波峰的有力

[①] 拙文《论中国近代化过程中的制度安排与变迁》，载《南开经济研究》1994年第5期。

推动因素。例如，1890年总需求正处波峰，而该年政府消费需求增长率也高于前后年份为11.9%，其后1894年为87.9%（1896年为波峰），1904年为126.5%（1906年是波峰），1911年为20.4%（1912年是波峰），1917年为37.6%，亦处于波峰，1924年为19%（1925年为波峰），1941年达顶峰，为179.9%。导致政府消费需求规模扩大的原因在于战前日本实际军事费用开支膨胀及政府财政支出的"转换效果"所致。政府消费需求中用于军费的比重因战争需要而不断增加，30年代军费开支恶性膨胀，占政府消费支出的70%以上，牵制着政府消费支出的上升。

表6.2 战前日本消费需求所占份额及增长率与总需求周期比较

单位：%

指标 周期	AD%	PC/AD	PC%	PG/AD	PG%
1.1887—1892	9.5	79.8	4.7	6.8	2.4
2.1892—1901	11.7	78.2	9.2	7.2	13.1
3.1901—1909	7.4	75.2	5.8	11.9	12.9
4.1909—1914	8.5	76.0	4.8	7.9	2.6
5.1914—1922	36.0	70.3	17.2	6.3	17.1
6.1922—1930	1.6	75.9	−0.9	8.5	3.1
7.1930—1944	20.3	49.6	10.0	26.3	30.3

说明：表中字母所代表的意思同表6.1。
资料来源：据大川一司、筱原三代平、梅村又次编：《长期经济统计：推计与分析》卷1《国民所得》，第178页中数字计算。

个人消费需求增长率与总需求增长率亦具有较强的关联，二者变动方向基本一致。战前日本经济发展过程中，消费需求呈现明显的上升变动趋势。1885—1944年的59年间，个人消费需求增加了40倍，年平均递增率6.5%[①]，而实际人均消费需求年均增长率（1889—1938年）仅为1.5%[②]。但同期日本人均收入却增加了四倍半，年均递增率达2.14%，人均实际可支配收入年均递增率（1895—1936年）为2.33%[③]，既高于人均实际消费需求增长速度，也高于人均实际总需求增长速度。

表6.3 战前日本个人消费需求与收入变动

单位：%

年份	可支配收入PY/N（1）	消费支出PC/N（2）	恩格尔系数Ef（3）	平均消费倾向APC（4）	边际消费倾向MPC（5）	储蓄率S/N（6）
1895—1900	2.45	2.34	62.0	—		8.22
1901—1910	1.52	1.51	61.05	—		4.30
1911—1920	3.96	3.49	62.25	—		14.10
1921—1930	0.87	1.07	58.4	—		1.31
1931—1936	3.52	2.18	54.1	—		16.20
平均	2.33	2.06	60.28	0.92	0.82	8.24

资料来源：（1）（2）（6）引自南亮进著，毕志恒、关权译：《日本的经济发展》，第192页；（3）引自野田孜：《食物需求》，（4）（5）引自尾高煌之助：《个人消费》，均见大川一司、南亮进编：《近代日本的经济发展——根据长期经济统计的分析》，东洋经济新报社1975年版。

①　据大川一司、筱原三代平、梅村又次编：《长期经济统计：推计与分析》卷1《国民所得》，日本东洋经济新报社1974年版；日本经济企画厅：《国民所得白皮书》，1962年版书中数据计算。
②　南亮进著，毕志恒、关权译：《日本的经济发展》，第274页。
③　南亮进著，毕志恒、关权译：《日本的经济发展》，第273页。

表6.3中数字也验证了上述结果，依表中数据可见，国民个人可支配收入的增长一直是以高于个人消费的速度增长。但人均消费变化比较缓慢，恩格尔系数战前虽有缓慢下降，但其所占比例仍然很高，1895—1936年，平均高达60.28%，生活水平属于绝对贫困类型。日本在其经济发展各时期恩格尔系数偏高，反映了其消费结构变化滞后于产业结构的变化和经济的增长。战前日本消费需求之所以上升缓慢，是由于其在经济发展过程中有效地避免了近代西欧生活方式的影响。日本在引进西方先进技术和设备以及制度安排的同时，消费模式仍很大程度上依赖于过去形成的习惯，避免了消费需求和通货膨胀所造成的困扰，制约和影响消费需求变化的三大因素对战前日本消费需求变动的影响不大。为此，在日本学术界形成了独特的"消费习惯假说"。消费水平的上升落后于生产率的增长，其结果导致了储蓄率的上升，从而保证了资本形成的迅速扩大，为日本经济高速增长创造了条件。

　　综上所述，近代中日两国个人消费需求变动与总需求变动密切相关，二者的变动方向和幅度基本同步，这表明近代中日两国个人消费需求对总需求变动具有重要影响，成为总需求变动不断再生的重要推动力量。所不同的是，中日两国政府消费支出与总需求变动的关联程度不尽相同。日本政府消费支出与总需求变动呈同步波动态势，而中国的二者变化关联较弱，这表明了中日两国政府对各自国家经济发展的贡献力和参与力量是不同的。

第二节 消费需求总量的变动与近代中日经济增长

无论是从宏观经济理论还是从各国的经济发展实践都证明,消费需求与经济增长存在明显的相互促进关系。一方面,消费需求的增长会推动经济增长;另一方面,经济增长会增加国民的可支配收入,提高国民的消费水平,从而促进消费需求的增加。

综观以上各章分析不难发现,近代中国和日本经济生活中的消费者与传统社会相比较,已具有了较多近代化意义上的消费者行为特征。这种特征集中地表现在近代消费者随其收入水平的提高和市场化步伐的加快,消费意识和消费欲望不断增强,从而导致整个社会消费需求呈现逐步上升趋势。就近代中日经济总体而言,消费需求不断上升的变动趋势对近代中日宏观经济运行产生的正面效应是十分明显的。

按照现代经济学原理,在资源约束条件下,需求的增加并不能导致供给的增加,而只会导致膨胀,甚至导致膨胀与短缺并存。但如果资源约束不存在,即在既定的社会资源和生产能力尚未充分利用之前,社会总产出水平和经济增长的幅度取决于社会总需求的强度,需求增加将导致供给的增加,其中占总需求三分之二的消费需求变动对经济增长具有决定意义,见图6.1。

图6.1所示的是在封闭经济条件下,从不存在资源约束角度来表现的消费需求变动对总供给(即经济增长)变动的影响状况。由于总需求中包括消费需求(包括个人消费需求和政府消费支出),所以假设 $AD=C+M$,其中 AD 代表总需求;C 代表消费需求;M 代

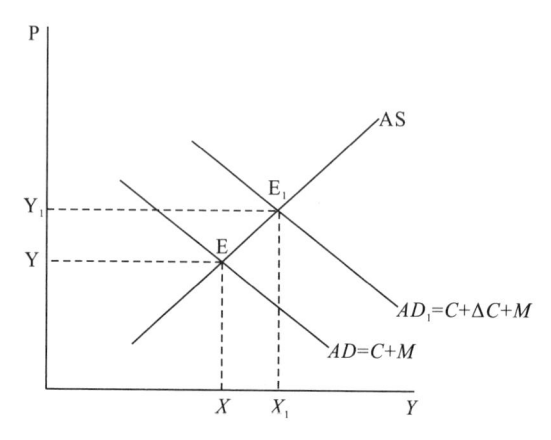

图6.1 消费需求影响下的总供给曲线

表其他需求；Y代表产量；P代表价格；AS代表总供给。从图中可以看出，若其他因素不变，消费需求增加为ΔC，则AD曲线上移至$AD1$，形成一个新的均衡点$E1$，在这点上，$X1>X$，$Y1>Y$，显然总供给增加。可见，消费需求的增加导致生产规模扩大，消费需求带动了经济增长，反之亦然。

近代中国经济的本质特征即近代化已经起步并有所发展，但远未实现经济的起飞，则决定了社会存在闲置资源和未饱和的生产能力。这样，总需求变动特别是消费需求的上升变动就对近代经济增长具有促进作用。如本书的实证分析表明，近代中国消费需求的波动方向和强度与经济增长周期波动具有同步波动的态势，二者相关性较强。如第一章中分析的那样，近代中国国民消费需求呈现周期性波动迹象，若以1917年作为周期的上升期起点，则1930年上升至最高点，从1931年开始下降，至1934年跌至谷底，其后为上升期，预示着下一周期的开始。另据刘佛丁先生的研究，在中国近代经济发展过程中,即从19世纪80年代近代化开始起步以后,近代经济起码经历了两个完整的中长经济周期。19世纪80年代中期至20世纪10年代中期为第一周期,其向上转折点为1905年;第二个周期的上升期从1914年开始,在1931年达到顶点转入衰退,至1935年降到低点,从1936年起经济走出低谷,开始回升。①由上可知,上述中国近代国民消费需求的周期波动趋势与近代经济增长的第二个周期波动状况基本一致。1937年至1949年中国先后经历了八年抗日战争和三年解放战争,由于受外生因素的巨大影响,正常的经济运行及其内在规律受到严重干扰和破坏,现有的研究已充分表明,这时期国民经济处于衰退时期。而同期国民消费需求的名义总额,受价格总水平上涨的牵动,虽然呈激烈上升趋势,但实际消费需求总额却大幅度下跌,亦与经济增长状况显示大体同步的波动态势。

表6.4 近代中国个人消费需求变动对经济增长的贡献

	1887—1922	1922—1936	1936—1952
(1)消费需求年增长率	0.67	3.75	−1.88
(2)国民收入年增长率	1.00	1.45	−2.40

说明:国民收入基期为1887、1914、1936、1952年。
资料来源:(1)据表1.2计算;(2)刘佛丁等著:《近代中国的经济发展》,山东人民出版社1997年版,第70页。

---

① 刘佛丁等:《近代中国的经济发展》,山东人民出版社1997年版。

表6.4中数字不仅显示出消费需求变动与经济增长变动的方向基本一致，而且还可以看出，消费需求增长幅度大于经济增长的增长幅度。这说明，在近代经济发展中，消费需求总量扩张在很大程度上具有刺激总供给增长的经济效应。

就近代中国政府消费支出变动对经济增长而言，在近代中国经济发展过程中，政府消费支出对国民收入上升的乘数效应日渐显著。按照现代宏观经济学理论，在现存生产资源尚未充分利用的条件下，政府消费支出的增长可以导致大于其本身几倍的社会总产出的增长。这个由于政府消费支出增长而引发的扩张过程，可以用"乘数理论"来说明。乘数理论是把经济增长（国民收入的变动）看作因变量，把政府消费支出看作自变量，阐明政府消费支出的变动在很大程度上带动国民收入变动的数量关系。从表6.5中可以看出，近代中国宏观经济运行中，政府消费支出引起更多国民收入增加的"乘数效应"是客观存在的。

从表6.5可以清楚地看出政府消费支出通过乘数效应引起社会总产出的扩张和收缩的变动过程。政府消费支出的乘数与其边际消费倾向呈正向运动，边际消费倾向越大，乘数就越大，乘数的效应就越明显。表中数据反映了这种关系，由此可知，政府消费支出的乘数效应是客观存在的，从而对国民收入的波动起着一定的牵动作用。

表6.5　近代中国政府消费支出的乘数效应

	1932	1933	1934	1935	1936
政府消费支出增量（亿元）	−1.05	0.07	3.38	−1.05	2.10
国民收入增量（亿元）	−10.49	−34.05	−9.74	16.59	56.56
政府消费支出的边际消费倾向	0.1	−0.002	−0.34	−0.06	2.20
乘数	1.1	1	1.5	0.75	0.83

资料来源：据巫宝三：《中国国民所得（一九三三）修正》，载《社会科学杂志》第9卷2期，1947年；表5.1数字计算。

表6.6　战前日本消费需求变动对经济增长的贡献

单位：%

期间	个人消费支出	政府消费支出	总需求
1887—1897	3.15	5.22	3.21
1897—1904	1.02	10.38	1.85
1904—1919	2.99	−0.14	3.40
1919—1930	2.60	5.73	2.27
1930—1938	2.23	5.98	5.01
1938—1953	0.89	−3.84	0.37
1953—1969	7.90	4.55	9.56
1887—1930	2.61	4.32	2.81
1904—1938	2.69	3.20	3.41
1887—1938	2.55	4.58	3.16
1887—1969	3.29	3.02	3.90

资料来源：大川一司、筱原三代平、梅村又次编：《长期经济统计：推计与分析》卷1《国民所得》，第28页。

表6.6中列出了战前日本个人消费需求和政府消费支出与经济增长的周期变动情况，图6.2是以不变价格绘制而成的周期波动曲线。通过对1887至1969年82年间日本个人消费需求、政府消费支出与经济增长变动的分析，可以看出三者不仅是不断变化的，而且呈现出各自的增长态势和幅度不尽相同。1887—1938年，三者的年平均增长率分别为2.55%、4.58%、3.16%，其中政府消费支出的增长幅度最大，分别高于个人消费需求和经济增长2.03和1.42个百分点，表现出强劲的增长势头。同时，还可以看出，个人消费需求和政府消费支出变动的程度和方向与经济增长周期波动具有同步波动的态势，亦如第一章和第五章所分析，战前日本个人消费需求呈现出三个平均为期20年左右的中长周期，第一周期以1887年为上升期起点，到1896年升至峰顶，而至1903年跌至谷底；第二周期从1904年

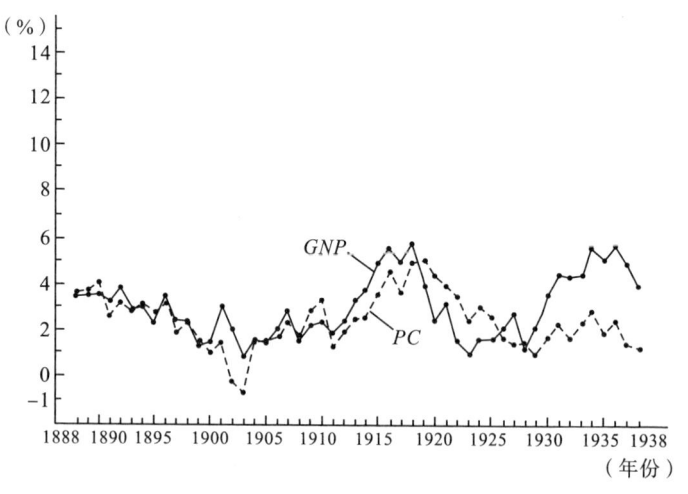

图6.2 战前日本个人消费需求变动对经济增长的影响
资料来源：同表6.6，第15页。

开始上升，至1919年达到波峰，从1920年开始回落，到1929年降至谷底；第三周期从1930年开始，上升期至1934年达到峰点，从1935年始下降，此后为下降期。而据以上图表显示，在战前日本经济发展的过程中，日本经济也经历了与个人消费需求周期波动完全相同的三个完整的平均维度为20年的中长期周期，二者相关性极强，其变动方向和强度基本一致，这同样表明消费需求总量扩张具有对经济增长强劲的拉动作用。

表6.7 战前日本政府消费支出的乘数效应

	1887	1898	1919	1938
政府消费支出增量（百万日元）	9	38	173	587
GNP增量（百万日元）	261	206	546	765
政府消费支出的边际消费倾向	0.03	0.18	0.32	0.77
乘数	1.03	1.22	1.47	4.35

资料来源：据大川一司、筱原三代平、梅村又次编：《长期经济统计：推计与分析》卷1《国民所得》，第213页中数字计算。

据表6.7中数字可以看出，与近代中国一样，战前日本政府消费支出促进国民收入上升，导致社会总产出增强的乘数效应十分显著，而且随着时间的推移，乘数越来越大，作用日渐明显且强于同期中国，从而对经济增长的拉动作用也大于中国。

第六章 中日消费需求变动的宏观经济效应 375

第三节 消费需求总量的变动与
近代中日市场供给的变化

近代中国和日本消费需求不断上升的变动趋势使消费品供求状况也发生了很大变化。首先,促进了商品量和消费品市场的扩大。先看中国情况,据统计,1840年中国国内市场几种主要商品总值为38762万两,折合5.7亿元,至1894年增至141225万元,即半个世纪增长1.5倍,年平均递增率为1.8%。到1920年为69.4亿元,即26年间增长4倍,年率约6.4%[1]。以上所言为埠际贸易,而非全部商品流通量。另据吴承明先生估算,1920—1936年,国内市场商品总值由924433万元增至1680694万元[2],16年间增加82.1%,年均增加值达47266.3万元,年递增率3.8%,剔除物价上涨因素,增长54%,增长率为2.7%。商品总值和商品流量的增加是消费品市场扩大的反映,在19世纪70—80年代,国内市场的发展还是很缓慢的,90年代起开始显著,而进入20世纪以后,市场规模迅速扩大,尤其是20—30年代更为显著[3]。仅就消费品市场而言,至20世纪30年代,市场规模已经形成了由楔入中国国内市场的外资商业、在通商口岸及其他城市的中国资本新式商业、中国广大内地乡镇和农村的传统商

---

[1] 许涤新、吴承明主编:《中国资本主义发展史》第2卷,人民出版社1990年版,第996页。
[2] 吴承明:《中国近代资本集成和工农业及交通运输业产值的估计》,载《中国经济史研究》1991年第4期。
[3] 吴承明:《中国资本主义与国内市场》,中国社会科学出版社1985年版,第266页。

业所组成的三重消费品流通格局[1],彼此并存,相互交织,相互影响,在一定程度上促进了近代中国消费社会面貌的形成和发展,并进而对资源流动格局的变化起了加速作用。交通运输事业的发展可以从一个侧面反映国内市场的扩大。至1936年,我国全部交通运输业中,新式生产的部分已占到30%以上。铁路里程从1895／1911年的9618.1公里增至1932／1937年的21036.14公里[2]。铁路货运量则由1920年的8.9亿吨公里,增加为1936年的17.8亿吨公里[3]。公路建设也迅速发展,1913年中国实际上尚无公路可言,1921年公路里程也只有736英里,到1935年已竣工的公路里程达59900英里,15年间增加80余倍[4]。轮船1900年为19749吨,1920年为158150吨,到1936年猛增加为576875吨[5],36年间增加28倍。民用航空业始于1929年,到1935年已有三家航空公司设立了十条通达全国的航线,通航里程超过1680000英里[6]。商品流通市场规模的扩大不仅表明国内生产供给能力的增强,同时也是消费需求扩大的具体反映。

日本方面,据统计,1887年时日本国内商品市场总值仅为18.33百万日元(1934—1936年价格),1917年增至46.07百万日元,30年增加了1.5倍,年均递增率3.1%。到1928年又增至56.31百万日元,

---

[1] 沈祖炜:《中国近代商业市场的三重结构(1895—1927年)》,载《中国经济史研究》1994年增刊。
[2] 严中平等编:《中国近代经济史统计资料选辑》,科学出版社1955年版,第180页。
[3] 蒂姆·赖特著,丁长清译:《中国经济和社会中的煤矿业(1895—1937)》,东方出版社1991年版,第59页。
[4] 郑友揆:《中国的对外贸易和工业发展(1840—1948)》,上海社会科学院出版社1984年版,第39页。
[5] 严中平等编:《中国近代经济史统计资料选辑》,科学出版社1955年版,第227、234页。
[6] 郑友揆:《中国的对外贸易和工业发展(1840—1948)》,第39页。

第六章 中日消费需求变动的宏观经济效应

比1887年增加了2.1倍，年均递增率达2.8%，至1939年又增至78.21百万日元，1887—1939年的半个多世纪中增加了3.3倍，年均递增率2.8%[1]。战前日本的商品流量不断扩大，商品市场自19世纪80年代中期近代经济增长和工业化开始起步后，伴随着社会经济实力的增强，社会间接资本的不断改善以及人均国民收入水平的逐渐提高，至20世纪初，消费品市场在全国范围内业已形成，20、30年代更有快速发展。商品流通网络不仅局限于大中城市，广大的农村也被覆盖进去。战前日本消费社会的形成和发育程度高于同期中国。需求的上升和市场的扩大得益于劳动生产率的显著提高[2]以及重要的社会间接资本——交通运输网——存量的逐渐增大。交通运输业的发展不仅反映了国内市场的扩大，同时又是促进国内外市场扩大的重要推动力量。至1920年，近代商业的从业人员已占全国劳动力总量的46.5%，仍保留着传统因素的新式商业从业人员已占24.7%[3]。进入明治时代，随着明治政府推行改革措施，一切妨碍国内交通的旧制度全部废除，传统和新式的交通运输业迅速发展起来。1870年接通了东京至横滨间的电信，1872年新桥至横滨间的铁路开通，1884年和1885年，大阪商船和日本邮船公司相继成立。至1915年，日本邮船公司拥有船舶吨数42.8吨，一年航海里数4005千海里，资产总额71.9百万日元[4]。另据统计，20世纪初日本商船拥有量为48.8万

---

[1] 据大川一司、筱原三代平、梅村又次编：《长期经济统计：推计与分析》卷1《国民所得》，第227页中计算。
[2] 严立贤：《中国和日本的早期工业化与国内市场》，北京大学出版社1999年版，第1页。
[3] 中村隆英：《明治大正时期的经济》，东京大学出版会1985年版，第192页。
[4] 朱荫贵：《国家干预经济与中日近代化》，东方出版社1994年版，第111页。

吨，仅占世界商船拥有总量的1.6%，1920年增至299.6万吨，占世界5.2%，1939年又增至563万吨，占世界的8.1%，仅次于美国和英国，而高于德国和法国[①]。铁路营运里程1890年为2251公里，1905年猛增至7793公里，1925年又增至20038公里，1940年又增至27289公里，1890—1940年的整整半个世纪增加了11倍。旅客运送量由1890年的7.3亿人公里，至1920年增至147.3亿人公里，1945年又增至974.5亿人公里。货物运输量由1890年的1.1亿吨公里，1925年增至122亿吨公里，1940年又增至287.4亿吨公里，增幅不凡[②]。运输工具的改进，特别是铁路网的完善，降低了运输的时间成本和运营，从而降低了商品成本，运输时间的缩短加速了流动资本的周转，又降低了成本，这些都进一步促进了各种商品的全国市场的成熟和发展。

表6.8 近代中国进口货物结构变动（1873—1936）

单位：%

年份	生产资料				消费资料		
	合计	机器及大工具	原料	建筑用品、设备、器材、半制成品等	合计	消费品原料	直接消费品
1873	8.1	—	—	8.1	91.9	8.5	83.4
1893	8.4	0.6	—	7.8	91.6	13.0	78.6
1903	15.0	0.7	—	14.3	85.0	22.3	62.7
1910	17.6	1.5	0.1	16.0	82.4	17.0	65.4

---

① 安藤良雄编：《近代日本经济史要览》，东京大学出版会1981年版，第29页。
② 安藤良雄编：《近代日本经济史要览》，第29页。

续表

年份	生产资料 合计	机器及大工具	原料	建筑用品、设备、器材、半制成品等	消费资料 合计	消费品原料	直接消费品
1920	28.5	3.2	0.2	25.1	71.5	16.9	54.6
1930	26.9	3.7	1.9	21.3	73.1	17.3	55.8
1936	44.4	6.1	2.7	35.6	55.5	13.0	42.5

资料来源：严中平等编：《中国近代经济史统计资料选辑》，科学出版社1955年版，第72—73页。

其次，促进了消费品进口数量和结构变动。进口是本国对国外商品和劳务的需求，进口规模取决于本国的收入水平，同时也受汇率的影响。进口增加，扩大了国内市场供给，也表明国内对国外商品及劳务需求的扩大。从本质关系上看，进口是由出口来支付的，因此，进口需求越大，也意味着消费需求的规模越大。我们仅从进口商品结构来看，表6.8中显示近代中国消费资料的进口值远远大于生产资料的进口值，而用于个人消费需求的直接消费品的进口总额又较消费品原料的进口为巨。二者之和在19世纪末期所占进口货物总值比重高达90%以上。进入20世纪以后，随着中国工业化步伐的加快，生产资料进口的比重有所增加，但消费品进口的绝对值仍在迅速增加，至30年代，进口的直接消费品比重仍达50%左右。就是生产资料中进口增长最快的建筑用品，也有相当一部分是用于富有阶层修建住宅所用。20世纪30年代汽车和汽油的进口骤增，除用于军事目的外，也有相当比例用于私人消费和政府经常性消费支出。

表6.9 战前日本进口商品结构变动（1887—1938）

单位：%

	消费资料	非消费资料
（A）		
1887	33.4	66.6
1897	28.5	71.5
1904	25.4	74.6
1910	9.9	90.1
1930	14.3	85.7
1938	8.3	91.7
	消费资料	非消费资料
（B）增长率		
Ⅰ′ 1887—1901	4.11	6.32
Ⅱ′ 1897—1919	2.33	7.22
Ⅲ′ 1904—1919	4.02	7.13
Ⅳ′ 1919—1938	4.71	7.26

资料来源：大川一司、速水佑次郎编：《日本经济的长期分析——增长、结构、波动》，日本经济新闻社1973年版，第235页（该论文后又载大川一司：《经济发展与日本的经验》，大明堂1976年版）。

表6.9中数字反映了战前日本经济发展过程中，制造业产品进口中消费资料和非消费资料所占比重的变动情况。与近代中国消费资料的进口比重远远大于生产资料的进口比重，且用于个人消费需求的直接消费品的进口总值又较消费品原料的进口为巨的特征不同，战前日本的消费品进口所占比重呈现显著的下降走势，虽然近代中国的消费资料所占比重不断下降，但下降幅度远不及日本。日本消费品占制造业产品进口的比重已由1887年的33.4%大幅度降至1938

年的8.3%，而且这种变化从20世纪初已经大大加速了。同时非消费品所占比重由1887年的66.6%升至1938年的91.7%，且在1919年时就已达到90.1%的比例。从递增率来看，非消费品增长幅度一直高于消费品的增长幅度，1887年至1938年，非消费品年均递增率高达7.45%，而消费品年平均增长率为4.02%，二者相差3个百分点。

最后，消费需求不断上升推动了消费品价格水平有较大幅度上涨。中国自从19世纪80年代中期近代化开始起步以后，物价总水平上涨速度加快。传统社会晚期的200年间（1640—1840），物价上涨了不足一倍，而1887—1936年的近50年间，中国的物价上涨了三倍有余。消费品价格上涨幅度亦表现出同样的上升态势。虽然有的学者认为造成近代中国经济生活中物价上涨的主要原因是白银流入和货币贬值的结果[1]。但不可否认的是，供求关系的变动，特别是消费需求的不断上升，对物价总水平上涨也起着重要的牵动作用。与中国不同的是，日本传统社会晚期物价变动强于中国，长达两个世纪的德川经济中物价长期变动趋势的总体特征是17世纪上升，17世纪后半叶停滞，17世纪末到18世纪初升降变化激烈，1736年的元文改铸引起物价上涨，到1780年前后缓慢下降，经天明歉收时物价急剧上涨后，到1820年前后下跌或稳定，又因天保改铸及歉收而导致1820年后物价持续上升，开港后出现超级膨胀[2]。尽管如此，1740—1850年的百余年间，物价指数仅由不到100升至110略强[3]，变化比较平稳。从19世纪80年中叶近代化开始起步以后，物价总水平快速上

---

[1] 王玉茹：《近代中国价格结构研究》，陕西人民出版社1997年版，第26页。
[2] 新保博、斋藤修编，厉以平监译：《近代成长的胎动》，《日本经济史》第2卷，北京三联书店1997年版，第127页。
[3] 新保博：《近世的物价与经济发展》，东洋经济新报社1978年版，第38页。

涨，1887年至1938年，日本的综合支出物价上涨了4倍有余，物价指数由1887年的30.4上升至1938年的123.5。同期消费品价格上涨幅度也表现出强劲的上升趋势，消费品价格指数由1887年的30.3上涨至1938年的120.9，上涨了近4倍，其中城市消费品价格指数由32.58升至119.71，上涨了3.7倍，农村消费品价格指数由28.08升至123.4，上涨了4.4倍，略高于城市消费品价格上涨幅度0.7个百分点。

一般说来，在现代商品经济条件下，总需求是总供给的影子，总供给是总需求的结果，二者密不可分。当总供给大于总需求即需求不足时，生产过剩，市场销售疲软，部分产品价值无法实现，形成积压，需求相对于生产规模严重不足，导致物价下跌；当总供给小于总需求即需求膨胀时，受社会生产供给能力的限制，名义总供给总是大于实际总供给，从而造成物价上涨。

随着近代市场经济步伐的加快和市场机制作用的增强，总需求和消费需求上升从而导致物价总水平上涨的结果是，使产品价值实现对经济增长的影响力逐步显示出来。同时，与同期西方工业化国家相比，虽然近代中国物价的迅速上涨与西欧中世纪后期的价格革命有相似之处，但其波动的幅度和涨落的速率明显低于西方工业化国家，这对近代中国工业化是有利的。较之西方国家，它受经济危机的打击较小，而在周期的繁荣时期，慢性的通货膨胀也起到了刺激经济增长和加速资本积累的作用。而在战前日本，日本学者普遍认为不论战前还是战后，其经济增长的特征之一就是典型的"通货膨胀式增长"[①]，即存在着超过总供给的总需求，物价除特别时期

---

① 南亮进著，毕志恒、关权译：《日本的经济发展》，第273页。

以外总是上升的。这种通货膨胀式的增长通过刺激储蓄和投资，为实现其高速经济增长和"加速趋势"增强起到了积极的作用。

第四节 消费需求的上升与投资需求的变动

消费与投资之间有着密切的关系，消费需求与投资需求会发生相互作用。西方经济学中加速原理或加速作用表明，收入或消费变动会引起投资的剧烈变动。当收入增长，消费需求上升时，会带动投资以更大的幅度增加。这是因为随着消费需求的增长，为了缓解消费品供不应求的矛盾，就必然增加消费品生产，这就要求增加对消费品生产的投资，投资的增加又要求扩大生产资料的生产，这也得增加投资。这说明，消费需求的膨胀会导致投资需求的膨胀；反之，收入减少，消费需求下降时，会带动投资需求以更大的幅度减少。因此，消费需求具有诱发投资需求同向变动的宏观经济效应。

西方工业化国家经济发展的历史表明，在存在消费者主权和生产者主权的市场经济体制下，产出靠需求来引导，靠投入来维持是一种必然现象。就近代中国和日本而言，在经济近代化过程中，随着市场经济步伐的加快和市场规模的不断扩大，市场运行机制作用日益增强，消费者和生产者的自主选择虽然受到强经济因素的干扰和限制，但与传统社会相比，的确有较大的选择空间和余地，特别是消费者主权具有的实际经济意义明显加强。近代中日两国经济生活中，需求上升要求产出上升，进而诱发投资需求上升的连锁反应日益显著。

另外，随着近代经济的发展，国民收入分配关系和财产分配关系都发生了变化。国民收入总量的上升及其国民收入分配格局中劳动收入所占比重的增强，首先带来了个人收入水平的上升，同时也带来了消费需求在总需求以及整个社会经济生活中的地位转换。近代中国国民收入，1887年为143.43亿元（为1936年币值，下同），1914年为187.64亿元，1936年为354.6亿元；同期国民消费需求分别为151.90亿元、152.49亿元（1917年）、322.14亿元。战前日本GNP（GNE），1887年为43.42亿日元（1934—1936年价格，下同），1897年为57.01亿日元，1917年为100.61亿日元，1927年为128.43亿日元，1938年为207.14亿日元；同期国民消费需求分别为37.65亿日元、49.72亿日元、75.21亿日元、107.18亿日元、130.57亿日元。国民收入与国民消费需求间差额的形成和发展，为投资需求的形成创造了一个新的资金来源。国民收入水平的上升以及国民收入与消费需求缺口的形成和扩大，必然导致边际消费倾向呈下降趋势，从而牵动边际储蓄倾向即边际净投资比率的上升，投资需求随之扩大。

消费需求结构的变动也对投资需求总量上升起着促进作用。例如，1936年与1917年相比，近代中国国民恩格尔系数由74.34%下降到63.40%，下降了10.94个百分点；非食品类中的享受与发展性消费支出占总消费需求中比重由4.52%上升到15.01%，上升了10.49个百分点。战前日本恩格尔系数由1887年的62.8%降至1938年的46.5%，杂项消费支出所占比重由1887年的15.7%上升至1938年20.4%[1]。恩格尔系数的下降，并不意味着食品支出绝对额的下降，它或维持原有水平或继续上升；而非食品支出比重的上升，不仅表明这类消费

---

[1] 大川一司、筱原三代平、梅村又次编：《长期经济统计：推计与分析》卷6《个人消费支出》，第136—137页。

需求相对比重的上升,而且意味着其绝对额的不断上涨。因此,食品类消费和非食品类消费总量的保持原状而在受人口驱动下导致的上升以及其自身在受收入水平牵动下的上升,都必然要求用于这些生产的投资需求不断扩大。

因此说,无论从理论上还是实际上,西方工业化国家经济发展过程中出现的人口持续增长条件下,收入水平不断提高和消费需求不断上升所产生的投资需求相应增长的经济现象,在近代中国和日本经济生活中也是存在的。

第五节 消费需求结构的变动与产业结构及资源配置结构的变化

经济发展的过程不仅是产出总量的增长过程,更具有特征意义的是发展过程中结构转变的方面。现代经济发展理论的重大进展之一就是,从新古典经济学仅仅重视供给方面的因素,扩展到结构转变的需求方面的因素。可以说,随着经济增长或经济发展,收入水平的提高而产生的消费需求结构的变化是导致产业结构转换的一个重要动因,这一新的思路和方法已经深深地影响着经济理论的发展。对此,西蒙·库兹涅茨、H.钱纳里等一再予以充分肯定。"从历史上看,对发展型式的兴趣一直集中在消费和生产随时间产生的部门转移。随收入水平上升食品消费份额下降的恩格尔定律在许多研究中得到证实,它们为结构变化方面的经验和理论研究提供了一个原型"。"资源配置过程在国内需求、国际贸易和生产部门构成方面随着收入水平的提高而产生系统的变化。这些型式是由于收入上升后的需求影响和要素比例及技术上的变化引起的供给影响之间的交互作用而产生的。"[1]库兹涅茨在其经济增长理论的重要代表作品之一《现代经济增长》一书中，探讨了现代经济增长的总量、速度、结构及其传播扩展机制，他的分析证实，产业结构趋势和产值使用格局的趋势是高度相关的，后者包括最终需求结构和消费结构[2]。钱纳里更注重经济发展过程中的结构转换，在研究资源配置过程中，直接考察了消费结构同产业结构的相互依赖关系。

就近代中日两国经济发展而言，消费需求结构变动牵动产业结构和资源配置结构变动的经济效应主要表现在以下几个方面：

一、促进产业结构和就业结构发生转换

近代中日两国随着经济近代化的起步和不断增长，正处于国民经济结构的转换时期。虽然这种结构转换同西方工业化国家相比较是很缓慢，但它确实是存在于近代中日两国经济发展的过程中。经济结构的转换成为近代中日两国经济增长的一个重要标志。

近代中国经济发展过程中，三次产业投资结构发生了变化，农业生产部门虽系旧式生产，无近代方向的投资可言，但旧式农业投资是呈上升趋势的。第二、三产业投资结构中，其投资绝对量都不断增加，但第二产业的投资增长幅度大于第三个产业的投资增长幅度，前者为10.4%（1894—1936年），后者为7.3%。而且第二产业投资所占第二、三产业投资总额的比重呈上升趋势，由1894年的6.8%

---

[1] H.钱纳里著，李新华等译：《发展的型式1950—1970》，经济科学出版社1988年版，第44页。
[2] 西蒙·库兹涅茨编著，戴睿、易诚译：《现代经济增长：速度、结构与扩展》北京经济学院出版社，1989年版。

上升到1936年的19.6%；而第三产业呈下降趋势，由93.2%下降至80.4%[1]。三次产业投资结构的变动反映在相应国民收入的变动方向是一致的。

表6.10 近代中国产业结构的变动

单位：%

产业＼年份	1887	1914	1936
农业	69.63	68.26	64.50
工矿交通业	10.10	13.22	15.53
服务业	20.27	18.52	19.97

资料来源：据刘佛丁等：《近代中国的经济发展》，山东人民出版社1997年版，第70页中数字计算。

从表6.10可以看出，19世纪80年代至20世纪30年代，中国的产业结构发生了缓慢地变化。50年间农业部门在国民收入中的比重由1887年的69.63%仅下降到1936年的64.50%，工矿交通业所占国民收入的比重由10.10%上升至15.53%，而第三产业在国民收入中的比重变化不大，大体保持在20%左右。仅就工农及交通运输业产值变动而言，也呈同样的变化趋势。1887年农业占工农交通运输业总生产的比重为90.44%，工矿交通运输业所占比重仅为9.56%[2]。1920年二者所占比重分别为63.46%和36.54%，而至1936年二者所占比重则

---

[1] 拙著《总需求的变动趋势与近代中国经济发展》，第三章。
[2] 据费正清编：《剑桥中国晚清史》下卷，中国社会科学出版社1990年版，第9页中数字计算。

分别为56.54%和43.46%①。其中，新式生产在工农业总产值中的比重，1920年占6.21%，到1936年增至13.04%。新式产业在工业生产中的比重也由1920年的18.19%增长为1936年的32.46%，同期，新式产业在交通运输业中的比重由50.47%上升为57.91%，表明了中国的工业化和近代化的进步。同期资本主义经济在工农业总生产中的比重亦呈上升趋势，由1920年的14.05%提高为1936年的21.81%，在交通运输业总生产中的比重亦由50.47%升至57.91%②。随着中国近代经济的发展和产业部门的拓宽以及三大产业结构的变动，加速了过剩劳动力的转移和就业结构的转换。据统计，近代的农业就业人口占全部就业人口的比重呈微弱的下降趋势，1887年为80%③，1932年为77.7%④，1936年为75.52%⑤；同时期非农业产业部门就业人口所占比重却由1887年的20%，上升至1933年的22.3%，又至1936年的24.48%。其中，若将就业人口划分为近代产业部门和传统产业部门来考察其变动情况，可以看出，1887年虽已萌发近代部门端倪，但我们仍可视其为全部传统生产，而到了1933年，近代产业部门的就业人口已达1034.3万人，占全部就业人口的5.9%，传统产业部门就业人口为16507万人，占94.1%。仅就非农业产业部门而言，近代产业部门的就业人口所占比重为26.4%，传统产业部门的就业人口

---

① 据吴承明：《中国近代资本集成和工农业及交通运输业产值的估计》，载《中国经济史研究》1991年第4期中数字计算。
② 许涤新、吴承明主编：《中国资本主义发展史》，第3卷，第740—743页。
③ 张仲礼：《十九世纪八十年代中国国民生产总值的粗略估计》，载《南开经济研究所季刊》1987年增刊第1集。
④ 据吴承明：《论二元经济》，载《历史研究》1994年第2期文中数字计算。
⑤ 刘佛丁等：《近代中国的经济发展》，山东人民出版社1997年版，第182页。

占73.6%[①]。需要指出的是，虽然消费需求牵动产业结构变动的宏观经济效应存在于我国近代经济发展过程中，但受投资规模的限制和较高的土地租率和土地收益率影响，中国的资源配置倾向于传统农业的局面难以改变，资源向近代产业转移的速度较为缓慢。近代工业虽有发展，但对整个国民经济结构变动和升级的作用仍然有限。

表6.11 战前日本产业结构的变动

单位：%

年份	GDP 第一产业	GDP 第二产业	GDP 第三产业	就业人口 第一产业	就业人口 第二产业	就业人口 第三产业
1888	41.5	12.2	46.3	69.9	30.1	
1900	34.6	17.9	47.5	65.0	35.0	
1910	31.5	25.7	42.8	60.2	18.6	21.2
1920	24.7	32.1	43.2	53.4	23.9	22.7
1930	20.9	43.5	35.6	49.5	24.4	26.1
1938	15.9	51.8	32.3	44.7	28.7	26.6

说明：表中数据系7年移动平均值（1887、1938年为5年平均）。
资料来源：南亮进著，毕志恒、关权译：《日本的经济发展》，第106、223页。

表6.11中数字反映了战前日本三次产业各占GDP的比重和就业人口变动情况，从中可以清楚地看出，日本在工业化启动前夕，手工业就远较中国发达，在GDP中的比重与服务业合并计算已达45.5%

[①] 吴承明：《论二元经济》，载《历史研究》1994年第2期。

（1883—1887年）[1]。工业化起步后，伴随着工业化的快速提升和经济增长，第二和第三产业有了高速增长，其在GDP中的比例合计已由1888年的58.5%升至1938年的84.1%，其中第二产业的上升特别显著，由1888年的12.2%快速上升至1938年的51.8%，农业在GDP中的比重则由1888年的41.5%逐渐下降，到1938年降至15.9%。三次产业劳动人口实际人均产业指数，若把第一产业为100，到了1940年，第二产业最高达365，第三产业仅次之，为231[2]。可以说日本在19世纪80年代至20世纪30年代已经实现了由农业国向工业国的转变，实现了国家的工业化。与之相伴随，就业人口也相应从农业转移到工业和服务业，农业人口在全部就业人口中的比重则由1888年的近70%下降至1916年的60%、1925年的51.2%、1936年的47.5%[3]，1938年又降至44.7%。第二和第三产业就业人口的比重则由1887年的30.1%上升至1916年的40%、1925年的48.8%、1936年的52.5%[4]，1938年又升至55.3%。与其他发达国家一样，表明劳动力在各产业间分布变化的配第定律（即劳动力结构从第一产业向第二产业再向第三产业的转化）在战前日本颇为显著。从劳动力增长率来看，1910—1938年，第一产业劳动力增长率几乎为零（为-0.22%），第三产业为1.61%，而第二产业则实现了2.35%的高增长[5]。同样，亦若将就业人口划分

---

[1] 大川一司编：《日本经济的成长率——有关1878—1942年的实证研究》，岩波书店1956年版，第24页。
[2] 中村隆英著：《日本经济——增长与结构》，东京大学出版会1993年第3版，第32页。
[3] 大川一司著：《日本经济的结构——从历史的视点》，劲草书房1974年版，第66页。
[4] 大川一司著：《日本经济的结构——从历史的视点》，第66页。
[5] 南亮进著，毕志恒、关权译：《日本的经济发展》，第222页。

为近代产业部门和传统产业部门来看,资料显示,1881—1885年,近代产业部门的就业人口仅为40.6万人,占全部就业人口的比重为1.8%,传统产业部门就业人口为1452.6万人,占98.2%,其中非农业部门的传统产业(包括旧在来产业和新在来产业)[①]就业人口为706万人,占32%[②]。到了1920年,据日本国势调查资料显示,虽然传统产业部门就业人口增加到2328万人,但其所占比重却降至85.4%,近代产业就业人口增加至389.5万人,比1881—1885年增加了8.6倍,所占比重亦上升至14.2%。仅就非农业部门而言,近代产业部分所占比重已升至28.8%[③]。

表6.12 近代中国"霍夫曼比例"的变动

年份\指标	消费品工业（万元）	资本品工业（万元）	霍夫曼比例
（1）1894	2083	2871	0.73∶1
（2）1911/1913	15084	13848	1.09∶1
（3）1920	33545	22939	1.46∶1
（4）1933	103651.5	38926.2	2.66∶1

---

① 日本学者将第一产业以外的劳动力人口划分为近代产业、旧在来产业和新在来产业三部分。在来产业即传统产业。近代产业是指明治以降从海外移植而来的具有新技术和组织形态的工业、交通、银行、通讯、保险等行业;旧在来产业是指仍保持传统的生产技术和经营方式的行业,如大工、左官等建筑业、家内手工业、传统商业等;新在来产业是指虽是从海外引进的产业,但仍保持着旧式的技术和经营方式,如传统机械制造、纺织业的一部分等等。
② 中村隆英著:《日本经济——增长与结构》,第35页。
③ 中村隆英:《明治大正时期的经济》,东京大学出版会1985年版,第192页。

续表

年份 指标	消费品工业（万元）	资本品工业（万元）	霍夫曼比例
（5）1942	96927.7	96974.9	0.99∶1

注：（1）消费品工业指生产消费资料的本国近代工业，包括棉纺织业、缫丝业、面粉业、火柴业、卷烟业等行业；资本品工业指以生产工具等生产资料的本国近代工业，包括机器业、水泥业、水电业、矿冶业等行业；（2）1894年、1911—1913年、1920年、1942年为资本额；1933年为净产值。

资料来源：（1）—（3）据许涤新、吴承明主编：《中国资本主义发展史》第2卷，人民出版社1990年版，第1057—1066页，甲表2、3计算；（4）严中平等编：《中国近代经济史统计资料选辑》，科学出版社1955年版，第105页；（5）陈真、姚洛合编：《中国近代工业史资料》第4辑，北京三联书店1961年版，第93页。

二、牵动"霍夫曼比例"重新出现上升趋势

"霍夫曼定理"是以德国经济学家霍夫曼的名字命名的关于工业化发展规律的理论，他通过对近20个国家工业化过程中消费资料工业与资本资料工业之间比例关系及其长期变动趋势的分析，得出一个重要结论：一般国家工业化过程大体要经历"霍夫曼比例"从高到低四个阶段，而在工业化程度极高的第四阶段，"霍夫曼比例"将降到1.0以下[1]。

西方工业化国家经济发展的历史表明，工业生产方式的变革一般是通过演进性的类型，发端于纺织、食品等消费品生产领域，而一些工业革命以后才开始工业化的发展中国家则开创了工业化以资本品工业起步的发展模式，中国即在其列。众所周知，近代中国

---

[1] 参见杨治：《产业经济学导论》，中国人民大学出版社1985年版，第59—60页。

工业化是在外国资本主义入侵后被动地进行的,早期近代政权主体——晚清政府始终死守"中学为体,西学为用"的信条,把西方资本主义国家的先进技术和机器设备引进了中国,在19世纪中期以"图强"为目的创办一些军事工业。这些工业撇开其他含义,仅就工业性质而言,当属资本品工业。晚清政府为"强国"而推行优先发展资本品工业生产的"逆霍夫曼定理"发展战略,其政治目标函数是实现林则徐、魏源"师夷长技以制夷"之策,但客观上完成了"霍夫曼比例"的超前转换,从而有力地推动了我国近代生产资料工业生产的发展,为我国早期工业化的实现奠定了一定的物质基础。因此,到了1894年,近代中国"霍夫曼比例"为0.73,消费品工业占同时期本国全部产业资本额和产业工人数的比重分别为42%和43.63%,而资本品工业所占比重分别为58%和56.37%[1]。

如前所言,晚清工业结构中资本品工业的核心是军事工业,该时期的机械及五金工业还只是修配业,真正的制造业等行为尚未出现。因此,整个工业部门是残缺不全的,经济结构极不协调,这反映了近代化早期工业经济结构的畸形特征。此后随着政府参与经济活动的衰退,国外资本在中国的投资以及国内私人资本投资的增强,改变了中国工业发展道路及工业化类型,消费需求诱发投资需求进而牵动"霍夫曼比例"重新上升的产出效应日渐生效。这主要体现在消费品工业生产比例上升,轻工业产品生产进口替代步伐加快,至19世纪末20世纪初已基本上转为以消费品工业为主导的中国工业化道路。如表6.10所示,1911—1913年,全部本国工业资本

---

[1] 产业工人数见孙毓棠编:《中国近代工业史资料》第1辑,科学出版社1957年版,下册,第1202页。

总额中,消费品工业为15084万元,比重达52.1%,资本品工业为13848万元,比重达47.9%,纺织、食品等行业产业工人数占全部产业工人总额66.24%。机械五金、冶炼、铸铁、化学等行业所占比重为33.76%[1],该时期"霍夫曼比例"上升为1.09。

第一次世界大战结束以后,中国工业经济仍不断增长,工业经济结构进一步得到改善,这表现在,随着国内外资本竞争日益加剧和市场化步伐的加快,工业资本日益向新兴工业部门转移,工业生产技术和劳动生产率不断提高。在整个工业体系中,纺织、食品等轻工业部门的资本额、工人数、工业产值所占比重逐步上升,重工业部门所占比重相应减少。工业企业数增加,工业投资总额稳中有增。到1920年,仅民族资本工业企业总数达1759家,工业投资总额达50062万元,产业工人数557622人[2]。同期全部本国工业结构中,消费品工业资本额达33545万元,占59.4%,资本品工业资本额达22939万元,占40.6%,"霍夫曼比例"又上升为1.46。

到了20世纪30年代,中国工业经济结构进一步自发调整,纺织、食品等消费品工业生产能力已实现较强国产化,在工业结构中已跃居绝对优势地位,两大行业企业数达1302家[3],产值占工业总产值的66%,工人数占全部产业工人总数的57.7%[4],资本品工业在

---

[1] 陈真、姚洛合编:《中国近代工业史资料》第1辑,北京三联书店1957年版,第55页。
[2] 陈真、姚洛合编:《中国近代工业史资料》第1辑,北京三联书店1957年版,第56页。
[3] 陈真、姚洛合编:《中国近代工业史资料》第1辑,北京三联书店1957年版,第57页。
[4] 巫宝三:《〈中国国民所得(一九三三)〉修正》,载《社会科学杂志》第9卷2期,1947年。

工业中所占比重相对下降而绝对量却呈增长趋势，资本有机构成及生产能力都有不同程度提高。电力、钢铁、化学等新兴工业部门的出现并在整个工业体系中地位逐步上升，工业部类增多，企业总数增加，使整个工业经济结构比以前有较大改善，工业经济结构已由原来的重型结构转变为轻型结构。这是近代中国工业进步的一个重要标志。该年本国消费品工业产值达103651.5万元，占72.7%，工人数占64%，工厂数占60.6%；而资本品工业产值为38926.2万元，占27.3%，工人数占36%，工厂数占39.4%[①]。"霍夫曼比例"高达2.66。若加上外国在华投资，1933年消费品工业和资本品工业产值所占比重分别为83.2%和16.8%，其"霍夫曼比例"为4.89[②]。

抗日战争爆发后，南京国民政府为加强军事力量，开始注重与军事工业有密切关系的各种矿业生产，以及日本帝国主义在中国东北大力发展钢铁、煤炭等行业生产，使中国在当时特定的历史条件下重工业部门生产又以更快的速度增长，导致"霍夫曼比例"重新下降。如1942年资本品工业工厂数、工人数和资本额分别占全国总数的36.9%、33.7%和50.03%，消费品工业的相同指标则分别占全国的63.1%、66.3%和49.97%，动力设备分别为64.6%和35.4%，该年"霍夫曼比例"为0.99[③]。

纵观近代中国"霍夫曼比例"变动的历史不难发现，其历史性转折点即该比例向小于1.0转变，不是发生在工业化进程的高级阶段，而是发生在工业化初期的起步阶段。我国"霍夫曼比例"是在消费品工

[①] 严中平等编：《中国近代经济史统计资料选辑》，第105页；陈真编：《中国近代工业史资料》第4辑，第91页。
[②] 据陈真编：《中国近代工业史资料》第4辑，第91页计算。
[③] 据陈真编：《中国近代工业史资料》第4辑，第93页计算。

业生产发展水平尚未起步或很低的基础上实现超前转换的，它在很大程度上是由抑制消费需求和向资本品工业部门倾斜的政府投资行为和政策来维持的。随着中国近代化水平的逐步提高，工业化发展道路逐渐纳入最先发生工业化国家"轻纺工业—整个轻工业—重工业"的一般工业生产方式的变动轨迹，到了20世纪40年代，"霍夫曼比例"重新降至1.0以下，这从一个片面反映了近代工业化的发展水平。

表6.13 战前日本"霍夫曼比例"的变动趋势

年份	重化学工业 生产额（百万日元）	%	轻工业 生产额（百万日元）	%	霍夫曼比例
1887	58.4	16.8	287.9	83.2	4.93∶1
1890	73.4	16.9	360.5	83.1	4.91∶1
1895	106.7	13.8	667.4	86.2	6.25∶1
1900	191.4	16.2	989.8	83.8	5.17∶1
1905	308.9	21.7	1111.8	78.3	3.60∶1
1910	434.4	21.0	1638.5	79.0	3.77∶1
1915	840.9	29.2	2039.4	70.8	2.43∶1
1920	3202.7	33.4	6376.5	66.6	1.99∶1
1925	2400.5	23.8	7699.9	76.2	3.21∶1
1930	2896	32.8	5941.9	76.2	2.05∶1
1935	6516.5	43.5	8451.4	56.5	1.30∶1
1940	19569	58.8	13683.2	41.2	0.70∶1

说明：（1）重化学工业包括化学、钢铁、有色金属、机械之和；轻工业是指制造业中的其他部分，包括食品、纺品、窑业、制材、印刷及其他之和；（2）生产额为当年价格。

资料来源：据大川一司、筱原三代平、梅村又次编：《长期经济统计：推计与分析》卷10《矿工业》，东洋经济新报社1972年版，第140—143页中数字计算。

与中国工业生产方式演进类型不同的是战前日本与西方工业化国家一样,走的是一条先发展纺织、食品等消费品生产,后又发展机械、金属、钢铁、化学等资本品生产的工业化发展模式。战前日本的工业化同样是在外国资本主义入侵后进行的,明治政府不是被动的,而是主动地引进西方资本主义国家先进的技术设备、组织形态和制度安排,以"殖产兴业"为目的,开始了其工业化的历史进程。1877—1900年,对制造业增长的相对贡献度,食品和纺织分别为40%和35%,二者合计为75%,占绝对优势,也就是说在19世纪工业增长中,有三分之二是依赖轻工业的发展,轻工业的增长率为4.5%,与工业平均值(4.4%)相近[①],在工业生产额里轻工业所占比重由1887年的83.2%升至1895年的86.2%;而重化学工业对制造业增长的相对贡献度仅有13%,但其增长率却高于轻工业和工业平均水平,达4.93%[②],其所占比重亦由1887年的16.8%升至1905年的21.7%。体现在"霍夫曼比例"上,由1887年4.93,升至1895年的6.25,以后呈逐渐下降态势。

进入20世纪以后,伴随着20年的城市化和公共投资增加以及政府促进重化学工业发展措施的推行,制丝、棉纺、织布等轻工业成功地实现了进口替代和出口,进入20世纪以后,上述三类产品的出口占商品出口的比率高达51%—65%,对节约外汇和赚取外汇做出了贡献,使重化学工业开始起步。重化学工业从第一次大战开始,直到第二次大战后有了显著发展,成为提高制造业以及整个经济增长率的动因。1901—1920年,轻工业对制造业增长的相对贡献度,

---

① 南亮进著,毕志恒、关权译:《日本的经济发展》,第107页。
② 南亮进著,毕志恒、关权译:《日本的经济发展》,第107页。

由1877—1900年的75%降至50.5%，又降至1920—1938年的28.4%；而重化学工业则由1877—1900年的13%上升至39.6%和61.4%。轻工业的实际增长率在1901—1920年由1878—1900年的4.51%降至1901—1920年的4.25%，又降至1921—1938年的4.01%，而重化学工业则由同期的4.93%升至9.92%和9.83%，均大大高于轻工业和全制造业平均水平[1]。

到了20世纪30年代中后期，日本工业经济结构进一步得到改善，这表现为伴随着轻工业生产能力的增强以及出口规模的扩大，工业生产技术和劳动生产率的显著提高，在整个工业体系中，纺织、食品等轻工业的产量虽呈增长趋势，但其在工业中所占比重不断下降，重化学工业在整个工业体系中的地位显著提高，使工业经济结构实现了从以纤维为中心的轻工业转向重化学工业，这一过程被日本学者称为"重化学工业化"。主导产业的替换在战前日本进行得相当迅速，即轻工业发展到极限时，重化学工业开始加速发展，这非但没有使轻工业生产整体实力下降，反而上升，可以说，主导产业的快速替换加速了日本的工业化进程。"霍夫曼比例"在1938年就实现了历史性转折，该年比例为0.74，到了1940年又降至0.70。

回顾战前日本"霍夫曼比例"变动的历史轨迹可以看出，它走的是一条不同于近代中国而与西方发达国家工业化演进方式相一致的发展道路，"霍夫曼比例"从19世纪末达到最高点后就不断下降，进入20世纪20年代后期，虽有回升，但随着技术进步和工业产品的需求量增加，重化学工业重新飞速发展，进入30年代以后，该比例

---

[1] 南亮进著，毕志恒、关权译：《日本的经济发展》，第105—107页。

不断下降,降至1.0以下。由上可见,中国近代工业化过程中的"霍夫曼比例"正常转折点(即降至1.0以下)的时间晚于日本。

三、有力地推动了近代中日两国生产资料工业的发展

"霍夫曼比例"的重新上升反映了中日两国近代消费品工业生产的较快增长,而消费品工业生产的快速增长必然要求资本品工业部门即生产资料生产相应有更快的增长。实践证明,剔除早期工业化启动时期中国工业结构不合理状况即受政府政治目标函数牵动下资本品工业生产大于消费品工业生产,从20世纪初开始,伴随着消费品工业生产的迅速增长,资本品工业生产也有了较快发展。从表6.10也可以看出,在中国近代工业结构中,1911/1913—1942年,资本品工业生产比消费品工业生产以较快的速度增长。消费品生产在此期间所占全部本国工业生产比重由52.1%下降为49.9%,年平均增长率为6.6%;而资本品生产所占比重却由47.9%上升为50.1%,年率达6.9%。另据美国学者章长基研究表明,进入20世纪以来的中国经济发展过程中,以金属品为代表的生产资料生产的增长速度也比以纺织品为代表的消费资料生产以较快速度增长。消费品生产在全部工业生产所占比重呈波动的下降趋势,1912年占21.9%,到1921年上升为44.1%,这个比重一直维持到30年代初期,以后迅速下降至1945年的5.3%。同时,金属、矿产、电力等生产资料生产所占比重不断上升,电力部门占总生产的比重由1921年的3.3%增加到1936年的22.1%,到1945年更增至50.4%。以1933年为基期编制的中国工业生产指数变动状况表明,消费品生产指数,1912年为8.3,1937年为68.2,1942年下降为22.7;而金属品生产指数由1912年的

4.7，增至1937年283.0，1943年达最高点595.3，电力工业亦尤为突出，由1912年的2.5，增至1943年的251.8[①]。1936年时中国供电事业的发电容量达到631165千瓦[②]，1944年为最高点53.3亿度[③]。

即使不考虑技术进步、资本有机构成提高等因素，仅从物质消耗方面来考察亦呈上述同样趋势。如1903—1936年，以1933年为100，水泥消耗指数由1.9上升至133.1，钢铁消耗指数由19.5增至140.1，机械消耗指数由12.8升至132.6[④]。这些物质消耗都属于中间需求，而这些中间需求又都是由原材料、机械设备以及建筑设施等构成的，因此，只要整个工业生产增长的同时物耗率上升，生产资料的生产必然会较快地增长。

战前日本"霍夫曼比例"由高至低的不断变动过程，反映了其消费品工业生产和资本品工业生产呈现同方向增长的态势。伴随着消费品工业的迅速增长，资本品工业也以此为基础有了快速发展。与近代中国不同的是，战前日本的重化学工业一直是以高于轻工业和全制造业平均值的速度飞速发展，1878—1938年，重工业的实际增长率为8.2%（7年移动平均值，下同），对制造业增长的相对贡献度为38%，而轻工业分别为4.2%和51.4%。1887—1940年，轻工业生产占全部制造业生产的比重由83.2%降至41.2%，而重化学工业生产所占比重却由16.8%上升至58.8%。

[①] 章长基：《1921—1949年中国的工业生产》，载张仲礼主编：《中国近代经济史论著选译》，上海社会科学院出版社1987年版，第312—315页。
[②] 朱大经：《十年来之电力事业》，载谭熙鸿主编：《十年来之中国经济》，上册，中华书局1948年版。
[③] 严中平等编：《中国近代经济史统计资料选辑》，第100、146、147页。
[④] Thornas G.Rawski, *Economic Growth in Prewar China*, University of Califormi Press, 1989, pp.245.

另据制造业生产指数（1934—1936年为100）的变动状况看也呈现出同样的发展态势。轻工业生产指数，1885年为8.8，1900年为17.7，1920年为112.7，1930年为227.3，1940年的达最高点为705.8。其中，钢铁生产指数由1885年的0.2上升至1940年的166.7，有色金属生产指数由3.4上升至135.3，机械生产指数上升最为突出，由0.5上升至246.8，化学生产指数由4.7升至157[1]。发电容量由1910年的6.2亿千瓦小时，增加到1930年的157.7亿千瓦小时，1940年的305.7亿千瓦小时；发电能力由1905年的3.9万千瓦，增加到1920年的95.1万千瓦，1930年144.3万千瓦，1940年的788.1万千瓦[2]。工业的动力化率由1909年的28.2%上升至1935年的86%，电力化率由13%升至82.2%[3]。

一般认为，资本品工业比重及其增长速度的相对增加是工业化的主要特征。亦有学者根据资本品生产与消费品生产的关系提出工业化的三阶段理论：第一阶段为消费品工业占绝对优势阶段；第二阶段为资本品工业相对增加阶段；第三阶段为消费品工业与资本品工业均衡增长，而资本品工业渐占优势地位阶段。如上所述，近代中日两国工业化过程中亦出现了上述第一、二阶段的状况，这反映了中日两国工业化的发展水平。实践证明，在近代中国和日本经济不断发展过程中，需求结构变动和消费增长诱发投资需求的牵动作用日益增强，以及对生产资料的生产更快增长的依赖程度也不断上升，从而使整个国民经济即总供给得以较快增长的产出效应客观存

---

[1] 安藤良雄编：《近代日本经济史要览》，第10页。
[2] 大川一司、筱原三代平、梅村又次编：《长期经济统计：推计与分析》卷12《铁路与电力》，东洋经济新报社1965年版，第204—206页。
[3] 南亮进：《动力革命与技术进步》，东洋经济新报社1976年版，第220—243页。

在，并发挥着积极作用。进而我们可以得出一个基本结论：近代中国和日本消费需求具有诱发投资需求进而牵动"霍夫曼比例"重新上升的产出效应，同时，生产资料较快增长又是需求结构变动牵动供给结构变动和供给增长效应的又一具体反映和体现。

附录一
近代中国国民消费需求总额的估算（1887—1936年）

1887年

19世纪80年代中期的国民消费需求总值迄今尚无任何统计资料，亦无人估计，我们只得依据间接指标加以推算。张仲礼先生在《中国绅士收入》一书中首次估算了19世纪80年代中期（以1887年为代表年份）中国国民生产总值为28亿两[1]。刘佛丁先生后据此推算出该年全部国民收入为3213973000两，其中最富有的绅士阶层收入为674934330两，普通阶层收入为2539038670两[2]。张仲礼书中所采用的银两与银圆的兑换率为1两＝1.4686元，1993年的物价水平为1887年的3倍。以此为依据，我们折算出该年国民收入总额为143.43亿元。一般说来，收入等于消费和储蓄（投资）之和。因此，国民收入并不直接等同于现期消费需求[3]，对这部分收入要作两项扣除：一是国民本期年末储蓄存款；二是个人固定和流动资本投资支出。经

---

[1] 张仲礼：《19世纪80年代中国国民生产总值的粗略估计》，载《南开经济研究所季刊》1987年增刊，第1集。
[2] 刘佛丁等著：《近代中国的经济发展》，94页。
[3] 近年来，我国经济学界，有些学者把现期国民收入直接等于现期消费需求，这是不确切的。

过这两项扣除后便大致可得到现期国民消费需求总额。我们推断这时期上述两项支出占国民收入的比重为8%，共计11.47亿元。这样，1887年国民消费需求总额以1933年币值计算，实为131.94亿元。

1917年

我国最早的国民生活费调查为Dittmer教授于1917年指导清华大学学生对北平西郊195家居民进行的调查。这195家居民职业较为广泛，包括农民、工人、军人、车夫、木匠、理发匠、旗人及少数学界人士等不同阶层。我们即以这次样本调查资料为依据，推算1917年国民消费需求总额。我们将样本资料中平均每家费用除以平均每家人口数，即得该年每人生活费用及各项分配额，如表1所示。

表1　1917年人均生活费用支出

地点	平均每家人口数	平均人均生活费用（元）					
		食品	衣着	房租	燃料灯火	杂项	合计
北平西郊	4.20	17.92	1.64	1.96	1.50	1.09	24.11

资料来源：《清华学报》第3卷第2期，1926年。

以上表所得，乘以该年全国人口总数，即得该年全国国民消费需求总额。1917年全国人口数为440925600人[①]。见表2。

---

① 乔启明：《中国农村社会经济学》，商务印书馆1945年版，第24页。

表2 1917年全国国民消费需求总额

单位：元

食品	衣着	房租	燃料灯火	杂项	合计
7901386752	723117984	864214176	661388400	480608904	10630716220

1922—1925年

我们选择该时期内6个样本居民生活费调查资料。其中，农村以卜凯1922—1925年调查为主，城市中各选点能代表各阶层生活费调查样本4个，以求全面显示该时期内城市居民消费水平。所选户共2653家以上，人口数达15552人，行业涉及农民、工人、手工业者、人力车夫、军人、商人、学人等诸多层次。我们将样本资料中平均每家费用分别除以每家人口数，而得该年份内各个调查的平均每人生活费支出及各项分配额，然后用算术平均法得人均生活费用，如表3。

依表3所得1922—1925年人均生活费用支出额及各项分配额，再乘以该期间内全国人口数，就可求出这时期全国国民消费需求总额及各项分配额。在此，我们有两大假定：一是期间人口总数无变动；二是物价水平无变化。这种假定当然与事实不符，不过在短期内变动不致太大。该时期内全国人口数，我们选择1923年为代表，为4.45亿人[①]。这样1922—1925年间全国国民消费需求总额如表4所示。

---

① 陈长衡：《中国近八十年来人口增加徐速及今后调剂方法》，载《东方杂志》第24卷18号，1927年，转引吴承明：《中国近代农业生产力的考察》，载《中国经济史研究》1989年第2期。

表3　1922—1925年中国人均生活费用支出

地点	平均每家人口数	食品	衣着	房租	燃料灯火	杂项	合计
（1）全国六省	5.94	22.94	2.92	1.91	4.26	6.41	38.44
（2）北平成府村	4.52	18.58	8.85	1.33	—	1.11	29.87
（3）安徽湖边村	4.40	24.23	9.09	1.25	—	1.14	35.71
（4）北平	5.30	24.20	1.61	2.58	2.90	0.97	32.26
（5）北平甄家营	6.00	24.00	5.00	0.33	3.33	1.67	34.33
（6）北平清华园	5.17	25.83	9.47	1.25	1.51	1.51	39.57
平均		23.30	6.16	1.44	3.00	2.14	35.03

资料来源：（1）卜凯著，张履鸾译：《中国农家经济》，商务印书馆1936年版，第509、513页；（2）（3）（4）（6）陈达：《中国劳工问题》，商务印书馆1929年版，第422—442页；（5）李景汉：《京兆农村的状况》，载《现代评论》第3卷第71期，1926年4月。

表4　1922—1925年全国国民消费需求总额

单位：元

食品	衣着	房租	燃料灯火	杂项	合计
10368500000	2741200000	640800000	1335000000	952300000	16037800000

1926年

我们选择该年份内6个样本生活费调查，所选调查地点和被调查阶层力求广泛，以冀反映该年内全国居民消费全貌。为求出人均生活费用支出额，我们将样本平均每家生活费用及各项分配额除以相应平均每家人口数即得,并用算术平均法求出1926年度人均生活费支出额及各项分配额,在此,我们假定各地物价水平不存在差别,请看表5。

1926年全国人口总数4.462亿人[1],以上表所得人均生活费支出乘该这年人口数,即得1926年全国消费需求总额,如表6所示。

表5　1926年人均生活费用支出

地点	平均每家人口数	食品	衣着	房租	燃料灯火	杂项	合计
(1)上海	5.00	26.64	5.11	6.67	4.61	8.18	51.21
(2)上海	4.00	40.50	6.00	6.00	4.50	6.00	63.00
(3)北平	4.44	22.75	1.47	4.22	5.00	3.67	37.11
(4)北平郊外	5.44	28.44	1.94	1.28	5.56	6.03	43.25
(5)北平挂甲屯	3.52	29.94	3.59	2.05	3.71	7.31	46.60
(6)北平	4.58	31.55	3.03	3.33	5.01	1.38	44.30
平均		29.97	3.52	3.93	4.73	5.43	47.57

资料来源：(1):《上海市总商会月报》第7卷5期；(2) *The China Year Book*. 1928年版；(3) 王清彬等编：《第一次中国劳动年鉴》,北平社会调查所1928年版,第164页；(4)(5) 李景汉：《北平郊外之乡村家庭》,商务印书馆1928年版,第64页、138页；(6) 陶孟和：《北平生活费之分析》,北平社会调查所1930年版,第33页。

---

[1] 安那特估,见乔启明《中国农村社会经济学》,商务印书馆1945年版,第24页。

表6　1926年全国国民消费需求总额

单位：元

食品	衣着	房租	燃料灯火	杂项	合计
13372614000	1570624000	1753566000	2110526000	2422866000	21225734000

1927—1928年

该年份内居民生活费调查所选估计样本共有6个，将样本中平均每家费用，分别除以各自平均每家人口数，求出各个调查的人均生活费支出及各项分配额，再用算术平均法而得1927—1928年人均生活费用，如表7所示。

表7　1927—1928年人均生活费用支出

地点	平均每家人口数	生活费用分配（元）					
		食品	衣着	房租	燃料灯火	杂项	合计
（1）北平	5.20	28.47	5.23	5.88	3.83	7.19	50.60
（2）塘沽	3.72	32.99	4.21	5.63	4.78	11.63	59.24
（3）天津	5.02	32.27	4.19	9.21	2.08	9.65	57.40
（4）定县	6.00	27.99	2.48	3.09	3.26	3.62	40.44
（5）天津	4.30	30.58	2.99	6.95	6.31	2.64	49.47
（6）北平	4.10	29.91	2.40	4.83	6.09	8.22	51.45
平均		30.37	3.58	5.93	4.39	7.16	51.43

资料来源：（1）王清彬等编：《第一次中国劳动年鉴》，北平社会调查所1928年版，第163页；（2）林颂河：《塘沽工人调查》，北平社会调查所1930年版，第179页；（3）《大公报》1930年3月17日；（4）李景汉：《定县社会概况调查》，中国人民大学出版社1986年再版，第304—305页；（5）冯华年：《天津手艺工人家庭生活调查之分析》，载《经济统计季刊》第1卷3号，1932年；（6）The Annals of the American Academy of Political and Social Science，No.5，1930。

将表7平均每人生活费支出额乘以该时期全国人口数即得这时期全国消费支出总额。我们同样假定1927年与1928年两年间人口、物价水平无变动。至于全国人口数，则选择中国海关估计1928年为4.518亿人为代表。①这样，1927—1928年全国国民消费需求总额如表8所示。

表8　1927—1928年全国国民消费需求总额

单位：元

食品	衣着	房租	燃料灯火	杂项	合计
13721166000	1617444000	26791740000	1983402000	3234888000	23236074000

1929年

我们选择的这年度估计样本生活费调查共6个，将样本调查中平均每家生活费用除以各自平均每家人口数，而得平均人均生活费支出，然后再用算术平均法求出1929年人均生活费支出额及各项分配额（表9）。

---

① 《中国对外贸易报告》，转引雷麦著，蒋学模、赵康节译：《外人在华投资》，商务印书馆1953年版，第14页。

表9 1929年人均生活费用支出

地点	平均每家人口数	生活费用分配（元）					
		食品	衣着	房租	燃料灯火	杂项	合计
（1）上海	5.20	67.66	4.01	9.98	2.56	26.27	110.48
（2）杭州	6.00	40.67	1.92	4.00	1.30	3.85	51.74
（3）武汉	5.20	31.29	6.58	5.15	5.93	4.96	53.91
（4）上海	4.42	54.76	5.25	4.01	2.69	18.00	84.71
（5）南京	4.96	53.08	4.67	8.98	7.36	21.67	95.76
（6）上海	4.62	52.28	7.36	8.19	6.28	24.24	98.35
平均		49.96	4.97	6.72	4.35	16.50	82.50

资料来源：（1）（4）（5）邢必信等编：《第二次中国劳动年鉴》，北平社会调查所1932年版，第200—201页；（2）同上，第167页；（3）《立法院统计月报》第2卷4期；（6）上海市社会局编：《上海市工人生活程度》，中华书局1934年版，第16页。

我们所选样本调查的地点多在经济较为发达地区，涉及行业亦以城市工厂工人为主，故表9人均生活费支出偏高，不足以代表全国情况。为此，我们将其下降三分之一，然后将所得结果乘以全国人口数，即得全国消费需求总额。1929年全国人口数，我们采用陈长衡先生的估计数，为4.617亿人[①]，这样，调整后的1929年全国居民消费需求及各项分配额，如表10。

---

① 《中国对外贸易报告》，转引雷麦著，蒋学模、赵康节译：《外人在华投资》，商务印书馆1953年版，第14页。

表10　1929年全国国民消费需求总额

单位：元

食品	衣着	房租	燃料灯火	杂项	合计
15379227000	1528227000	2068416000	1338930000	5078700000	25393500000

1930年

本年度内所选样本调查共有4个，行业涉及工厂工人、手工业者、苦力和农家。选点包括全国大部分地区，其中以工商部所作全国30处家计调查最为代表，足以反映该年全国居民消费状况。为得出平均每人生活费额，我们将样本平均每家生活费除以各自平均每家人口数即得，然后再用算术平均法求出1930年人均生活费支出额，见表11。

表11　1930年人均生活费用支出

地点	平均每家人口数	食品	衣着	房租	燃料灯火	杂项	合计
（1）上海	8.00	45.36	3.00	3.14	—	9.00	60.50
（2）全国30处	4.60	40.53	5.60	9.44	7.35	13.67	76.59
（3）杭州	4.60	21.74	4.15	7.85	7.35	16.43	57.52
（4）河北清苑	6.00	21.05	2.67	0.18	0.88	1.82	26.60
平均		32.17	3.86	5.15	5.19	10.23	55.30

资料来源：（1）王振常：《上海贫民生活概况（附表）》，载《青年友》，第11卷2期，1931年；（2）据工商部《全国工人生活及工业生产调查统计总报告》（1930年）整理；（3）《杭州市工人生活状况》，《浙江省建设月刊》1930年1月；（4）张培刚：《清苑的农家经济》，载《社会科学杂志》第8卷1期，1937年。

1930年全国人口数，我们将1929年全国人口数，按吴承明先生前引文所估计的1913—1923年人口平均增长率1.4%的比率折算为462346380人[①]。这样，将全国人口数乘以上表平均每人生活费支出，即得1930年全国消费需求总额，见表12。

表12　1930年全国国民消费需求总额

单位：元

食品	衣着	房租	燃料灯火	杂项	合计
14873683040	1784657027	2381083857	2399577712	4729803467	25567754810

1931—1936年

这期间居民消费需求总额，我们不作另外估算，而采用叶孔嘉《中国国民收入，1931—1936》之中估计数字[②]。

我们将以上估算结果加以整理，推算出了近代中国经济发展中若干年份的国民消费需求总值，如表13。

[①] 该年人口数估计另有中国海关和美国学者侯继明(Chi-Ming Hou)两个估算，分别为4.389亿人和4.89亿人。
[②] 载《中国近代经济史会议论文集》，1977年，第128页。

表13　近代中国国民消费需求的长期变动（1887—1936）

单位：亿元（1933年币值）

年份	消费需求总额	消费需求各项内容总额				
		食品	衣着	房租	燃料灯火	杂项
1887	131.94	—	—	—	—	—
1917	132.45	98.47	9.00	10.76	8.23	5.99
1922—1925	166.96	107.94	28.54	6.67	13.90	9.91
1926	216.53	136.41	16.02	17.88	21.52	24.70
1927—1928	224.96	132.89	15.66	25.93	19.20	31.28
1929	238.25	144.29	14.34	19.40	12.56	47.64
1930	218.33	127.14	15.24	20.33	15.24	40.38
1931	265.90	169.20	22.10	13.50	21.20	39.90
1932	273.90	176.80	21.00	13.60	21.40	41.10
1933	273.20	175.20	21.70	13.70	21.60	41.00
1934	252.90	157.80	21.40	13.90	21.90	37.90
1935	267.60	168.10	23.10	14.10	22.20	40.10
1936	279.80	177.40	23.70	14.30	22.40	42.00

附录二
参考文献

一、中文著作

1. 《资本论》第3卷，人民出版社1975年版。
2. 《马克思恩格斯全集》第23、46卷，人民出版社1972、1979、1980年版。
3. 《马克思恩格斯选集》第1、2、3卷，人民出版社1995年版。
4. 《列宁全集》第1卷，人民出版社1984年版。
5. 《列宁选集》第1、3卷，人民出版社1995年版。
6. 《马克思恩格斯论中国》，人民出版社1957年版。
7. 巫宝三：《中国国民所得（一九三三年）》上册，中华书局1947年版。
8. 杨西孟：《上海工人生活程度的一个研究》，北平社会调查所1930年版。
9. 杨西孟：《生活费指数编制法》，商务印书馆1931年版。
10. 邓云特：《中国救荒史》，商务印书馆1937年版。
11. 卜凯著，张履鸾译：《中国农家经济》，商务印书馆1936年版。
12. 卜凯：《中国土地利用》，成都成城出版社1941年6月初版。
13. 李景汉：《定县社会概况调查》，中国人民大学出版社1986年再版。
14. 李景汉：《北平郊外之乡村家庭》，商务印书馆1928年版。
15. 王清彬、王树勋、林颂河等编：《第一次中国劳动年鉴》，北平社会调查所1928年版。

16. 邢必信等编:《第二次中国劳动年鉴》,北平社会调查所1932年版。

17. 林颂河:《塘沽工人调查》,北平社会调查所1930年版。

18. 上海市社会局编:《上海市工人生活程度》,中华书局1934年版。

19.《第一回广西年鉴》。

20.《第二回广西年鉴》。

21. 陶孟和:《北平生活费之分析》,北平社会调查所1930年版。

22. 陈达:《中国劳工问题》,商务印书馆1929年版。

23. 言心哲:《南京人力车夫生活的分析》,国立中央大学1935年版。

24. 言心哲:《农村家庭调查》,商务印书馆1935年版。

25. 戴乐仁等著,李锡周编译:《中国农村经济实况》,农民运动研究会1928年版。

26. 千家驹、韩德章、吴半农:《广西省经济概况》,商务印书馆1936年版。

27. 实业部国际贸易局编:《中国实业志》(山东省),1934年版。

28. 冯和法编:《中国农村经济资料》,黎明书局1933年版。

29. 冯和法:《中国农村经济论》,黎明书局1934年版。

30. 冯紫岗:《兰溪农村调查》,国立浙江大学1935年版。

31. 乔启明:《中国农村社会经济学》,商务印书馆1945年版。

32. 实业部编:《无锡工人生活费及其指数》,华东印务局1935年版。

33. 吴文晖:《南京棚户家庭调查》,国立中央大学1935年版。

34.《财政年鉴》1935年。

35.《财政年鉴》续编,1945年。

36.《申报年鉴》1936年。

37.《全年银行年鉴》1937年。

38.《中国金融年鉴》1947年。

39. 贾士毅:《民国财政史》上、下册,商务印书馆1917年版。

40. 贾士毅:《民国续财政史》第1册,商务印书馆1933年版。

41. 中国通商银行编:《五十年来之中国经济》,六联印刷股份有限公司1947年印刷。

42. 古梅编著:《中国农村经济问题》,上海中华书局1933年版。

43. 赵尔巽等撰:《清史稿》第13册,中华书局1976年版。

44.《光绪会典》。

45. 张之洞:《张文襄文集》。

46. 吴廷燮:《清财政考略》。

47.《皇朝经世文编》。

48. 顾炎武:《日知录》。

49. 郝懿行:《晒书堂笔录》。

50. 光绪《五台县新志》。

51. 乾隆《孝义县志》。

52. 千家驹编:《中国农村经济论文集》,中华书局1936年版。

53. 谭熙鸿主编:《十年来之中国经济》,中华书局1948年版。

54. 王振常:《上海贫民生活概况(附表)》,载《青年友》,第11卷2期,1931年。

55. 工商部编:《全国工人生活及工业生产调查统计总报告》,1930年。

56. 国民政府主计处统计局编:《中华民国统计提要》24年辑,商务印书馆1936年版。

57. 实业部国际贸易局编:《中国实业志》(浙江省),1934年版。

58.《杭州市经济调查》,1932年。

59. 郑友揆著,程麟荪译:《中国的对外贸易和工业发展(1840—1948年)》,上海社会科学院出版社1984年版。

60. 吴承明:《中国资本主义与国内市场》,中国社会科学出版社1985年版。

61. 许涤新、吴承明主编:《中国资本主义发展史》,第2、3卷,人民出版社1990年、1993年版。

62. 珀金斯著,宋海文等译:《中国农业的发展》,上海译文出版社1984年版。

63. 孔敏主编:《南开经济指数资料汇编》,中国社会科学出版社1988年版。

64. 梁方仲:《中国历代户口、田地、田赋统计》,上海人民出版社1980年版。

65. 胡焕庸:《中国人口地理》上册,华东师范大学出版社1984年版。

66. 南开大学经济研究所经济史研究室编著：《旧中国开滦煤矿的工资制度和包工制度》，天津人民出版社1983年版。

67. 蒂姆·赖特著，丁长清译：《中国经济和社会中的煤矿业（1895—1937）》，东方出版社1991年版。

68. 潘君祥、沈祖炜：《近代中国国情透视》，上海社会科学院出版社1992年版。

69. 赵津：《中国城市房地产业史论（1980—1949）》，南开大学出版社1994年版。

70. 陈翰笙：《帝国主义工业资本与中国农民》，复旦大学出版社1984年版。

71. 章开沅、朱英主编：《对外经济关系与中国近代化》，华中师范大学出版社1990年版。

72. 叶孔嘉：《中国国民收入，1931—1936》，《中国近代经济史会议论文集》，1977年出版。

73. 上海社会科学院经济研究所编：《中国近代面粉工业史》，中华书局1987年版。

74. 上海社会科学院经济研究所编：《江南造船厂厂史》，上海人民出版社1983年版。

75. 杨荫溥：《民国财政史》，中国财政经济出版社1985年版。

76. 郝延平著，陈潮、陈任译：《中国近代商业革命》，上海人民出版社1991年版。

77. 郝延平著，李荣昌等译：《十九世纪的中国买办：东西间桥梁》，上海社会科学院出版社1988年版。

78. 费正清主编：《剑桥中国晚清史》下册，中国社会科学出版社1990年版。

79. 许维雍、黄汉民：《荣家企业发展史》，人民出版社1985年版。

80. 阿瑟·恩·杨格著，陈泽宪、陈霞飞译：《1927至1937年中国财政经济情况》，中国社会科学出版社1981年版。

81. 丁世良、赵放主编：《中国地方志民俗资料汇编》（华北卷），书目文献出版社1989年版。

82. 《大生系统企业史》编写组：《大生系统企业史》，江苏古籍出版社1990年版。

83．上海社会科学院经济研究所编：《荣家企业史料》，上海人民出版社1980年版。

84．上海市纺织工业局等编：《永安纺织印染公司》，中华书局1964年版。

85．张仲礼主编：《中国近代经济史论著选译》，上海社会科学院出版社1987年版。

86．严中平等编：《中国近代经济史统计资料选辑》，科学出版社1955年版。

87．雷麦著，蒋学模、赵康节译：《外人在华投资》，商务印书馆1953年版。

88．张公权：《中国通货膨胀史》，文史资料出版社1986年版。

89．杜恂诚：《民族资本主义与旧中国政府（1840—1937）》，上海社会科学院出版社1991年出版。

90．中国人民银行上海市分行编：《上海钱庄史料》，上海人民出版社1960年版。

91．李文治编：《中国近代农业史资料》第1辑，北京三联书店1957年版。

92．章有义编：《中国近代农业史资料》第2、3辑，北京三联书店1957年版。

93．陈真、姚洛合编：《中国近代工业史资料》第1、4辑，北京三联书店1957、1961年版。

94．孙毓棠编：《中国近代工业史资料》第1辑，科学出版社1957年版。

95．汪敬虞编：《中国近代工业史资料》第2辑，科学出版社1957年版。

96．《中华民国史档案资料汇编》第2辑，江苏古籍出版社1986年版。

97．《中国统计年鉴》1984年。

98．矢野恒太郎纪念会编：《日本100年》，时事出版社1984年版。

99．南亮进著，毕志恒、关权译：《日本的经济发展》，经济管理出版社1992年版。

100．速水融、宫本又郎编，厉以平监译：《经济社会的成立17—18世纪》，载《日本经济史》第1卷，北京三联书店1997年版。

101．新保博、斋藤修编，厉以平监译：《近代成长的胎动》，载《日本经济史》第2卷，北京三联书店1997年版。

102．西川俊作、阿部武司编，厉以平监译：《产业化的时代》（上），载《日本经济史》第4卷，北京三联书店1997年版。

103．西川俊作、山本有造编，厉以平监译：《产业化的时代》（下），载《日本经济史》第5卷，北京三联书店1998年。

104．中村隆英、尾高煌之助编，厉以平监译：《双重结构》，载《日本经济史》第6卷，北京三联书店1997年版。

105．朱荫贵：《国家干预经济与中日近代化》，东方出版社1994年版。

106．严立贤：《中国和日本的早期工业化与国内市场》，北京大学出版社1999年版。

107．《主要资本主义国家经济统计集》，世界知识出版社1962年版。

108．罗志如等：《当代西方经济学说》上册，北京大学出版社1989年版。

109．P.布瓦松纳著，潘源来译：《中世纪欧洲生活和劳动（五至十五世纪）》，商务印书馆1985年版。

110．亨利·皮雷纳著，乐文译：《中世纪欧洲经济社会史》，上海人民出版社1991年版。

111．加德纳·阿克利，陈彪如译：《宏观经济理论》，上海译文出版社1981年版。

112．爱德华·夏皮罗，杨德明等译：《宏观经济分析》，中国社会科学出版社1985年版。

113．卡洛·M·奇波拉主编，胡企林等译：《欧洲经济史》第5卷，商务印书馆1988年版。

114．卡洛·M·奇波拉著，黄朝华译：《世界人口经济史》，商务印书馆1993年版。

115．阿瑟·刘易斯著，施炜等译：《二元经济论》，北京经济学院出版社1989年版。

116．西蒙·库兹涅茨编著，戴睿、易诚译：《现代经济增长：速度、结构与扩展》，北京经济学院出版社1989年版。

117. 凯恩斯著,徐毓枬译:《就业利息和货币通论》,商务印书馆1963年版。

118. H.钱纳里等著,李新华等译:《发展的型式1950—1970》,经济科学出版社1988年版。

119. 约翰·希克斯,厉以平译:《经济史理论》,商务印书馆1987年版。

120. 米契尔·卡特、罗德尼·马多克著,余永定译:《合理预期理论——八十年代的宏观经济学》,中国金融出版社1988年版。

121. 道格拉斯·C·诺思著,陈郁、罗华平译:《经济史中的结构与变迁》,上海三联书店、上海人民出版社1991年版。

122. 道格拉斯·C·诺思,厉以平、蔡磊译:《西方世界的兴起》,华夏出版社1989年版。

123. 杨治:《产业经济学导论》,中国人民大学出版社1985年版。

124. 臧旭恒:《中国消费函数分析》,上海三联书店1994年版。

125. 厉以宁:《消费经济学》,人民出版社1984年版。

126. 魏埙主:《现代西方经济学教程》上册,南开大学出版社1992年版。

127. 刘佛丁等:《近代中国的经济发展》,山东人民出版社1997年版。

128. 张东刚:《总需求的变动趋势与近代中国经济发展》,高等教育出版社1997年版。

129. 王玉茹:《近代中国价格结构研究》,陕西人民出版社1997年版。

130. 杜修昌:《农家经济分析——1936年我国四个地区177农家记账研究报告》,国家统计局内部刊物。

二、中文论文、资料

131. 王士达:《近代中国人口的估计》,载《社会科学杂志》第2卷1期,1931年3月。

132. 巫宝三:《〈中国国民所得(一九三三)〉修正》,载《社会科学杂志》第9卷2期,1947年。

133. 甘博、孟天培:《二十五年来北京之物价工资及其生活程度》,载《社会科学季刊》第4卷1、2合刊,1926年5月。

134. 陈长衡:《中国近八十年来人口增加徐速及今后调剂方法》,载《东方杂志》第24卷18号,1927年。

135. 冯华年:《天津手艺工人家庭生活调查之分析》,载《经济统计季刊》第1卷3期,1932年。

136. 张培刚:《清苑的农家经济》,载《社会科学杂志》第7卷1、2期、第8卷1期,1937年。

137. 张培刚:《民国二十五年的中国农业经济》,载《实业部月刊》第2卷4期,1936年。

138. 张培刚:《我国农民生活程度的低落》,载《东方杂志》第34卷第1号,1937年。

139. 张培刚:《成庄村的农家经济调查》,载《中国经济评论》,第2卷10号,1935年。

140. 谢海泉:《健全码头工会与航运事业的改进》,载《交通职工》第5卷2期,1937年。

141. 天津立法商学院:《新开河畔的贫民生活》,载《益世报》1935年7月10日。

142. 伍锐麟:《三水河口蛋民生活状况调查》,载《岭南学报》第5卷2期,1934年。

143. 朱世达:《蓬户劳苦大众生计之调查及研究》,载《教育与民众》第8卷2期,1936年。

144. 杨骏昌:《河北省之农村经济》,载《农村》第2卷1期,1937年。

145. 上海市社会局:《上海农家抽样调查》,载《经济统计月志》第2卷5期,1935年。

146.《浙江八县农村调查报告》,浙江大学农学院丛刊第8号,1930年。

147. 李植泉:《浙江吴兴蚕农生活费用及生活程度》,载《国民经济月刊》第1卷3期,1937年7月。

148. 鲁绍柳:《定县北西各村农民经营粉条副业之状况》,载《民间》第2卷3期,1936年。

149. 李景汉:《华北农村人口之结构与问题》,载《社会学界》第8

卷，1934年。

150. 李景汉：《京兆农村的状况》，载《现代评论》第3卷71期，1926年4月。

151. 张少微：《中国人口之健康》，载《实业部月刊》第2卷5期，1937年。

152. 刘东流：《天津铁路工人家属的婚姻疾病与教育程度的调查》，载《新中华》第5卷13期，1937年。

153. 王乃栋：《民国二十三年之内债及其用途》，载《大公报·经济周刊》第126期。

154. 韩德章：《河北深泽县农场经营调查》，载《社会科学杂志》第5卷2期，1934年。

155. 韦健雄：《无锡三个村的农业经营调查》，载《中国农村》第1卷9期，1935年。

156. 《杭州市工人生活状况》，载《浙江省建设月刊》1930年1月。

157. 陈光廷：《南京工人家计调查的经过及其编制结果》，载《南京社会特刊》1931年。

158. 卜凯著，孙文郁译：《河北盐山150农家之经济及社会调查》，金陵大学《农林丛刊》51号，1929年。

159. 乔启明：《中国农民生活程度之研究》，载《社会学刊》第1卷3期，1935年。

160. H.D.Brown：《四川成都平原五十个田家之调查》，载《中国经济月刊》第2卷1期，1927年。

161. 罗敦伟：《国民经济与手工业》，载《实业部月刊》第2卷6期，1937年6月。

162. 上海市社会局：《上海市区5874家手工业概况之分析》，载《实业部月刊》第2卷6期，1937年6月。

163. 郭子勋：《中国手艺工业概述》，载《实业统计》第2卷6期，1934年12月。

164. 河北省县政建设研究院：《定县经济调查报告》，1935年版。

165. 刘欣全和施玉受：《山东中兴煤矿工人调查》，载《社会科学杂志》，1932年3月。

166. 侯德封：《第三次中国矿业纪要》，1929年。

167. 侯德封:《第四次中国矿业纪要》,1932年。

168. 岭南社会研究所:《河南蛋民调查报告》,1933年。

169.《汉口市之农家调查》,载《汉口社会月刊》第5期,1929年。

170.《上海市140户农家调查》,载《上海社会月刊》第2卷5期,1930年11月。

171.《上海市中心区106户农民生活状况调查录》,载《上海社会月刊》第2卷12期,1931年6月。

172. 岭南社会研究所:《旧凤凰村调查报告》,1935年。

173. 中央农业实验所:《中国农家经济之记账研究》,该所《研究报告》第1卷12期,1936年。

174. 上海市社会局:《上海市人力车夫生活状况调查报告书》,载《社会半月刊》第1卷3期,1934年。

175. 汤成:《江苏无锡一百户农家经济调查》,载《农业周报》第5卷21期,1936年。

176. 方显廷:《中国经济之症结》,载《大公报·经济周刊》第153期,1936年2月17日。

177. 王子健:《中国劳工生活程度》,载《社会科学杂志》第2卷2期,1931年6月。

178. 吴承明:《中国近代农业生产力的考察》,载《中国经济史研究》1989年第2期。

179. 吴承明:《中国近代资本集成和工农业及交通运输业产值的估计》,载《中国经济史研究》1991年第4期。

180. 吴承明:《洋务运动与国内市场》,载《文史哲》1994年第6期。

181. 吴承明:《论二元经济》,载《历史研究》1994年第2期。

182. 章有义:《近代中国人口和耕地的再估计》,载《中国经济史研究》1991年第1期。

183. 张仲礼:《十九世纪八十年代中国国民生产总值的粗略估计》,载《南开经济研究所季刊》1987年增刊第1集。

184. 陈达:《上海工人的工资与实在收入(1930—1946)》,载《教学与研究》1957年第4期。

185. 方行:《清代江南农民的消

费》，载《中国经济史研究》1996年3期。

186. 刘佛丁、王玉茹:《中国近代化过程中国民收入分配问题考略》，载《中国经济史研究》1989年第4期。

187. 刘佛丁:《有关清代农业生产力发展水平的几个问题》，载《南开经济研究所年刊》1984年。

188. 刘佛丁:《试论我国民族资本企业的资本积累》，载《南开学报》1982年第2期。

189. 张东刚:《论中国近代化过程中的制度安排与变迁》，载《南开经济研究》1994年5期。

190. 张东刚:《近代中国国民消费需求总额估算》，载《南开经济研究》1999年第2期。

191. 王玉茹:《论两次世界大战之间中国经济的发展》，载《中国经济史研究》1987年第2期。

192. 王玉茹:《在近代化过程中日本和中国农业发展的比较研究》，载《南开经济研究》1992年第2期。

193. 王玉茹:《近代中国生产要素市场价格初探》，载《中国经济史研究》1994年第4期。

194. 李惠村:《南开生活费指数研究》，载《南开经济研究》1993年第4期。

195. 施坚雅:《十九世纪中国区域城市化》，载《城市史研究》1989年第1辑。

196. 沈祖炜:《中国近代商业市场的三重结构》，载《中国经济史研究》1994年增刊。

197. 丁长清、阎光华、刘佛丁:《旧中国工人阶级贫困化问题管见——析开滦煤矿工人的工资水平及其变动趋势》，载《南开经济研究所年刊》1984年。

198. 李伯重:《明清江南水稻生产集约程度的提高》，载《中国农史》1984年第1期。

199. 傅建成:《二十世纪上半期华北农村家庭生活费用分配结构分析》，载《中国农史》1994年第3期。

三、英文论著

200. Thomas G.Rawski, *Economic Growth in Prewar China*, University Of California Press, 1989.
201. The Japanese Family Budget Enduing of 1926—1927, *International Labor Review*, Vol.23, No.3, 1931.
202. Kokiohi Morimoto, *The Efficiency standard of Living in Japan*, 1931.
203. Fang Fu-an, Shanghai Labor, I.A General Survey of Labour Conditions in Shanghai, *Chinese Economic Journal*, 1930.
204. H.D.Lamson: The Standard of Living of Factory workers, *Chinese Economic Journal*, 1930.
205. S.D.Gamble: *The Annals of the American Academy of Political and Social Science*, Nov.1930.
206. Fang Fu-an, Shanghai Labour, II.One Hundred Labour Families in Yangtszepoo District, *Chinese Economic Journal*, 1930.
207. The Japanese Family Budget Enquiries 1926—1927, *International Labour Review*, 1931.
208. Shirras G.Findlay, *Report on an Enquiry into Working Class Budgets in Bombay*, 1923.
209. Ohkawa, kazushi and others, *The Growth Rate of the Japanese Economy since 1878*, Kinokunjya, Tokyo, 1957
210. *The China yearbook*, 1928.
211. International Labour Office, *Yearbook of Labour Statistics*, 1937.

四、日文论著

212. 東省鉄道經濟調查局:《北滿農業》，1928年。

213. 《冀東農村實態調查報告書》1937—1938年大連版。

214. 滿鉄:《滿蒙要覽》，1925年。

215. 日本興亞院華北連絡部編:《華北勞働問題概說》，新民印書館1940年7月版。

216. 日本銀行統計局:《明治以降本邦主要經濟統計》，1966年。

217. 稻葉泰三編:《覆刻版農家經濟調查報告——調查方法の変遷と累年成績》，1952年10月版。

218. 山田雄三編:《日本國民所得推計資料》，東洋經濟新報社1951年初版。

219. 中國農村慣行調查刊會編:《中國農村慣行調查》，岩波書店1981年版。

220. 一橋大學經濟研究所編:《解說日本經濟統計》，岩波書店1961年版。

221. 托馬斯·史密斯:《德川時代の年貢》，大内力訳，東京大學出版會1965年版。

222. 西川俊作:《江戶時代の政治經濟學》，日本評論社1979年版。

223. 西川俊作:《移行期の長州における穀物消費と人民の常食》，載《三田商學研究》第25卷4號，1982年。

224. 西川俊作、尾高煌之助、齋藤修編著:《日本經濟の200年》，日本評論社1996年版。

225. 西川俊作:《日本經濟の成長史》，東洋經濟新報社1985年版。

226. 大川一司編:《日本經濟の成長率——1878—1942年に関する實證的研究》，岩波書店1956年版。

227. 大川一司、速水佑次郎編:《日本經濟の長期分析——成長、構造、波動》，日本經濟新聞社1973年版。

228. 大川一司、南亮進編:《近代日本の經濟発展》，東洋經濟新報社1975年版。

229. 大川一司著:《經濟発展と日本の經驗》,大明堂1976年版。

230. 大川一司著:《日本經濟の構造―歷史の視點から―》,勁草書房1974年版。

231. 大川一司、篠原三代平、梅村又次編:《長期經濟統計:推計と分析》卷1《國民所得》,東洋經濟新報社1974年版。

232. 大川一司、篠原三代平、梅村又次編:《長期經濟統計:推計と分析》卷2《勞働力》,東洋經濟新報社1988年版。

233. 大川一司、篠原三代平、梅村又次編:《長期經濟統計:推計と分析》卷4《資本形成》,東洋經濟新報社1971年版。

234. 大川一司、篠原三代平、梅村又次編:《長期經濟統計:推計と分析》卷6《個人消費支出》,東洋經濟新報社1967年版。

235. 大川一司、篠原三代平、梅村又次編:《長期經濟統計:推計と分析》卷7《財政支出》,東洋經濟新報社1966年版。

236. 大川一司、篠原三代平、梅村又次編:《長期經濟統計:推計と分析》卷8《物價》,東洋經濟新報社1967年版。

237. 大川一司、篠原三代平、梅村又次編:《長期經濟統計:推計と分析》卷10《鉱工業》,東洋經濟新報社1972年版。

238. 大川一司、篠原三代平、梅村又次編:《長期經濟統計:推計と分析》卷12《鉄道と電力》,東洋經濟新報社1965年版。

239. 大川一司、篠原三代平、梅村又次編:《長期經濟統計:推計と分析》卷13《地域經濟統計》,東洋經濟新報社1983年版。

240. 中村哲:《明治維新の基礎構造》,未來社1968年版。

241. 楫西光速等:《日本資本主義の成立》第1卷,東京大學出版會1980年版。

242. 國民生活研究所編:《國民生活統計年報》(1965年版),至誠堂1966年版。

243. 速水融、齋藤修、杉山伸也編:《德川社會の展望―發展、構造、國際関係》,同文館1989年版。

244. 梅村又次:《建築工人の実際工資,1726—1958》,載《經濟研究》第12卷第2號,1961年。

245. 佐野陽子:《建築工人の実際工資,1830—1894》,載《三田學會雜誌》第55卷第11號,1962年。

246. 伊藤繁:《戰前期日本都市の成長》,載《日本勞慟協會雜誌》1982年第7、8月號。

247. 通商產業大臣官房調查統計部編:《工業統計50年史·資料篇Ⅰ》,大藏印刷局1961年版。

248. 安場保吉、齋藤修編:《原始工業化時期の經濟と社會》,日本經濟新聞社1988年版。

249. 中村隆英:《明治大正期の經濟》,東京大學出版會1985年版。

250. 中村隆英:《日本經濟:その成長と構造》(第3版),東京大學出版會1993年版。

251. 中村隆英編:《家計簿からみた近代日本生活史》,東京大學出版會1993年版。

252. 中鉢正美:《家計調查と生活研究》,同編:《家計調查と生活研究—生活古典叢書7》,光生館1971年版。

253. 総合研究開發機構:《生活水準の歷史的推移》,総合研究開發機構1985年版。

254. 総合研究開發機構:《生活水準の歷史的分析》,総合研究開發機構1988年版。

255. 総務厅統計局:《人口統計総覽》,東洋經濟新報社1985年版。

256. 鬼頭宏:《明治前期の主食構成とその地域的パターン》,載《上智經濟論集》,第31卷第2號。

257. 新保博:《近世物價と經濟發展》,東洋經濟新報社1978年版。

258. 山崎廣明:《日本化纖工業發展史論》,東京大學出版會1975年版。

259. 石井寬治:《日本經濟史》,東京大學出版會1991年版。

260. 高村直助:《近代日本棉業と中國》,東京大學出版會1987年版。

261. A.I.クスタイン等編:《中國の經濟發展》,日本創文社1979年版。

262. 南亮進:《動力革命と技術進步―戰前期製造業の分析―》,東洋經濟新報社1976年版。

263. 南亮進:《日本の經濟発展》,東京經濟新報社1981年版。

264. 南亮進著:《日本の經濟発展と所得分布》,一橋大學經濟研究叢書45,岩波書店1996年版。

265. 牧野文夫著:《招かれたプロメテウス―近代日本の技術発展》,風行社1996年版。

266. 農文協文化部:《日本民族の自立と食生活》,農山漁村文化協會1977年版。

267. 森末義彰、寶月圭吾、小西四郎編:《生活史Ⅲ》,體系日本史叢書17,山川出版社1979年版。

268. 日本外務省編:《日本外交年表並主要文書》上册,原書房1965年版。

269. 貨幣制度調查會:《貨幣制度調查會報告》,載日本銀行調查局編:《日本金融史資料》第16卷,昭和32年版。

270. 安藤良雄編:《近代日本經濟史要覽》,東京大學出版會1981年版。

271. 日本經濟企畫廳編:《國民所得白書》,1962年。

272. 多田吉三著:《日本家計研究史―わが國における家計調查の成立過程に關する研究》,晃洋書房1989年版。

273.《昭和國勢総覽》(下),東洋經濟新報社1981年版。

274. 上田貞次郎編:《日本人口問題研究》第3輯,協調會1937年。

275. 青木福太郎著:《生計費の研究》,寶文館藏版1933年。

276. 中川清:《日本の都市下層》,勁草書房1985年版。

277. 三木甫水:《官吏生活の窮狀》,載《統計學集誌》第148號,1898年。

278. 本山政雄:《講座現代生活研究Ⅰ生活的歷史》,1972年。

279. 横山源之助:《日本之下層社會》,教文館1957年,岩波文庫版。

280. 高野岩三郎:《東京に於ける二十職工家計調查》,載金井延在職二十五年紀念《最近社會政策》，有斐閣1916年。

281. 土屋喬雄編:《職工事情》第2卷，生活社1947年版。

282. 內務省社會局:《細民調查統計表》，1912年。

283. 農商務省農務局編:《農家經濟調查》，1924年。

284. 國民生活センター編:《國民生活統計年報》，至誠堂1971版。

后　记

我的博士论文《总需求的变动趋势与近代中国经济发展》入选首届宝钢教育基金专项设立的教育部优秀博士论文丛书《高校文科博士文库》，于1997年刊行于世。这是对我学术研究的莫大支持和鼓励。该书出版之际，适值我于日本鸣门教育大学做学术访问。而此次赴日本学术研究所选作的课题是"近代日本消费需求的变动研究"。其主旨是试图就日本在近代经济发展中消费需求的变动与经济发展之间关系进行深入研究，为日后进一步开展近代中国与日本消费需求变动比较研究奠定学术基础。

1998年4月归国之后，一直潜心致力于近代中日消费需求变动及其宏观经济效应的比较研究。在以往研究的基础上，进一步搜集、阅读和编制了大量有关中日两国消费支出的初始统计资料和研究文献，且发表了一系列相关学术论文。2000年3月，经教育部专家的严格筛选和评定，我有幸以《消费需求的变动与近代中日经济增长》为题，入选"2000年度教育部优秀青年教师资助计划"，本书即为本资助计划项目的最终研究成果。在此谨向教育部和各位专家表示诚挚的谢意。

在本课题研究期间，令人悲痛的是，恩师刘佛丁先生于2000年4月27日不幸辞世。先生生前躬亲教诲，启智惠德，关怀备至，厚爱有加。他那卓越的学术思想和高尚的人格风范一直激励着我，鞭策着我。先生的溘然长逝，使我痛失了一位可敬的师长和学术航标。甚感憾矣！谨以本书敬献于恩师，以表达弟子的怀念深情。

本书在申报立项和研究过程中，曾得到先辈师长多方惠赐。德高望重的吴承明先生和南开大学经济学院院长周立群教授对课题申报给予了大力推荐，两位专家中肯、精当的推荐意见为课题成功立项增添了厚重的砝码。须特言之，吴先生始终不渝地对我的学术研究给予满腔热情的教诲和提携，他那导师般的恩泽使我终生难忘。周立群教授竭力提携后学，甘愿为人梯的可敬品德令人敬佩。此外，一些国际学术前辈和同人对本课题亦倍加关注和厚爱，如日本法政大学尾高煌之助教授、一桥大学奥村宏教授、东京都立大学奥村哲教授、鸣门教育大学后藤修三教授、德岛大学帆刈浩之副教授等先生都给予了大力支持和帮助。人民出版社的责任编辑欧阳日辉先生为本书高质量的出版付出了大量的辛勤和汗水。在此谨致以衷心的谢忱。对于他们的恩惠和无私帮助，我将感怀永生。

本书获得了南开大学"211工程"项目的出版资助，南开大学严谨的学风和激励青年教师不断奋进的良好氛围促使我学术水平和人格品质不断提高，其中浸透着诸多师长和同人的热情支持，对此深表谢意。

另外，妻子王茜女士在完成其教学和科研任务之暇，负责了全部书稿的校对工作，且无私地承担了培养爱子张烨学业之重任，使我得以专心致志地完成本书的写作。仅以本书奉献于我的家庭和双亲，以致感激之情。

张东刚　稽首

2001年8月于南开禹斋

再版后记

消费需求与经济发展是经济学理论和经济史研究的重要问题。马克思在《资本论》中提出"有支付能力的需求"概念，凯恩斯的《就业、利息与货币通论》提出"有效需求"理论。在现代宏观经济分析框架中，消费需求更被公认为拉动经济增长的"三驾马车"之一和最终推动力。当今中国进入高质量发展的新时代，党的十九届五中全会提出，要加快构建以国内大循环为主体、国内国际双循环相互促进的新发展格局。今日之中国，贯彻新发展理念，扩大内需这个战略基点，改善民生领域的消费需求，不仅是促进经济高质量发展的内在要求，更是增强人民群众幸福感、不断实现人民对美好生活向往的应有之义。

我在1996年选定将中日近代化过程中消费需求变动与经济发展关系的比较作为博士后研究课题，赴日访学并搜集大量日本近代经济史料，结合一直以来对中国经济史的研究，撰写了本书，2000年有幸入选"教育部优秀青年教师资助计划"，2001年由人民出版社出版。本书运用现代经济学理论和统计实证方法，从宏观和微观两个层面对近代中日消费行为、消费水平、消费结构和消费需求变动的趋势、特征及其经济效应进行了系统性的分析，探讨了中日两国在近代经济增长与市场发展等方面的差异，其目的就是研究近代中日经济发展与不发展的原因，探究中日经济发展之模式。自出版以来，承蒙中日学术界关注，特别是已故著名经济史学家吴承明先生和日本一桥大学荣誉教授尾高煌之助均不吝溢美之词，给予高度评价，这也是对我极大的鼓舞和鞭策。近年来，随着我国经济社会史和新文化史的迅速发展，书中探讨的近代农村消费水平、城市文化和消费观念问题也引起了学者们的广泛兴趣，先后涌现出数十项相关的研究专著和论文，本书中一些观点和结论，今天仍然被学界引用。能够为消费需求与中日近代化研究贡献绵薄之力，诚为我从事经济史研究的初心和荣幸。值此初版二十周年之际，蒙四川人民出版社厚爱再版刊行，亦极愿借此良机再向学界求教，书中不足之处，敬请方家贤达惠赐指正。

　　回首当年撰写本书之际，得到先师刘佛丁先生的教诲极多，先生治学严谨、识见广博，引领我进入近代中国宏观经济研究这一领域，并不断启发我拓展新的研究视野。多年来，先生的学术思想和人格风范一直激励着我砥砺前行，本书着力最多的部分——使用百余项近代家计调查资料对中国近代代表性年份的消费需求总额进行估算——也是对先生近代宏观经济研究的继承和发展。在本书立项和研究过程中，还曾得到时任南开大学经济学院院长周立群教授、日本一桥大学奥村宏教授、东京都立大学奥村哲教授、已故鸣门教育大学后藤修三教授和德岛大学刘浩之教授等前辈的大力支持，点拨教诲，仿佛昨日，往事历历，如在目前。当此再版之际，再次向他们致以衷心的感谢！徐锋同志为本书的再版付出了大量辛劳，谨此并申谢悃！

张东刚

2021年5月18日于禹斋